"十四五"职业教育国家规划教材

高等职业教育校企合作"互联网+"创新型教材

城市轨道交通运营安全管理

第 2 版

主　编　招晓菊
参　编　刘开元　鹿国庆

机械工业出版社

本书为"十四五"职业教育国家规划教材、广东省省级精品课程和省级资源库配套教材。

本书以系统的观点，围绕城市轨道交通运营安全管理的整体运作，详细介绍了城市轨道交通运营安全管理相关理论知识及实际操作，主要内容包括城市轨道交通：运营安全管理概述、运营安全管理基础、运营安全相关法律法规、运营安全管理方法、危险源辨识与控制管理、行车与客运安全管理、安全技术管理、安全教育管理、应急救援、职业危害与防护。全书共10个模块，每个模块均引入了模块导学、学习目标，每个单元均提炼了单元要求、知识内容，模块内容学习后匹配有相应的"考核与提高""案例分析"等内容以便学习者巩固提高。

本书可供高等职业院校城市轨道交通运营管理及相关专业教学使用，也可作为相关岗位的培训或自学用书，同时可供城市轨道交通行业工程技术人员学习参考。

本书配有电子课件、课后习题答案、二维码视频资源等，**凡使用本书作为教材的教师**可登录机械工业出版社教育服务网 www.cmpedu.com 免费下载。咨询电话：010-88379375。

图书在版编目（CIP）数据

城市轨道交通运营安全管理／招晓菊主编 .—2版 .—北京：机械工业出版社，2021.3（2025.8重印）
高等职业教育校企合作"互联网＋"创新型教材
ISBN 978-7-111-67718-5

Ⅰ.①城… Ⅱ.①招… Ⅲ.①城市铁路—交通运输安全-交通运输管理-高等职业教育-教材 Ⅳ.①U239.5

中国版本图书馆CIP数据核字（2021）第041691号

机械工业出版社（北京市西城区百万庄大街22号 邮政编码100037）
策划编辑：蓝伙金　责任编辑：蓝伙金　谢熠萌
责任校对：梁　倩　封面设计：鞠　杨
责任印制：邓　敏
三河市宏达印刷有限公司印刷
2025年8月第2版第13次印刷
184mm×260mm·19.5印张·482千字
标准书号：ISBN 978-7-111-67718-5
定价：59.50元

电话服务　　　　　　　　　网络服务
客服电话：010-88361066　　机　工　官　网：www.cmpbook.com
　　　　　010-88379833　　机　工　官　博：weibo.com/cmp1952
　　　　　010-68326294　　金　书　网：www.golden-book.com
封底无防伪标均为盗版　　机工教育服务网：www.cmpedu.com

前　言

本书为"十四五"职业教育国家规划教材、广东省省级精品课程和省级资源库配套教材。

目前，我国城市轨道交通建设进入快速发展阶段。北京已经超越日本东京成为全球城市轨道交通客流量排行第1名的城市。截至2022年年底，中国大陆地区（不含港澳台）55个城市共开通城市轨道交通运营线路308条，运营线路总长度为10287.45km。

城市轨道交通行业的健康发展必然要求规范运营管理，保障运营安全，提高服务质量。

安全是生产企业永恒的话题，安全生产是企业的生命线，对于城市轨道交通行业尤其如此。若轨道交通运营缺乏安全保障、不安全，就无法正常运营，更谈不上为乘客提供快速、便捷、舒适的出行服务。因此，编写本书的目的，就是让读者对城市轨道交通的运营安全管理有一个全面的了解，并应用安全管理知识解决实际问题。

本书第2版在第1版基础上进行修订，为贯彻党的二十大精神，加强教材建设，推进教育数字化，编者对本书内容进行了全面梳理，结合行业产业的发展、三教改革的深入以及"城市轨道交通运营安全管理"课程标准的更新，教学内容有了相应的改变。修订如下主要内容：

（1）简化通用的安全法律法规相关内容。

（2）删减城市轨道交通运营安全管理体系概述、城市轨道交通运营方法等相关内容。

（3）增加城市安全管理方法危险源辨识与控制、城市轨道交通运营安全技术现场管理等相关内容。

（4）更新城市轨道交通运营规定、消防安全、电气安全相关内容。

（5）增加了二维码链接的视频资源。

本书特点：

1. 编写团队多元，校企合作，产教融合，契合职业发展

本书的建设遵循校企合作原则，积极邀请行业、企业专家共同编写。校企专家、教师共同解读轨道交通各岗位的职业岗位标准并编写本书。参编教师均具有双师素质，其中主编招晓菊主讲"城市轨道交通运营安全管理"课程13年，并主持该课程的校级、广东省省级精品资源课程的建设。其他参编人员均有丰富的现场经验和轨道交通企业培训、考评经验，丰富的专业教学及教材建设经验。校企合作使本书在一定程度上提供符合城轨专业学生职业发展特征的学习要素。

2. 改革内容，突出技能

本书围绕"职业能力为核心"的编写理念，主要表现为以下两个方面：

一是遵循"职业能力为核心"课程内容设计原则，突出对城市轨道交通运营管理专业

的岗位定位进行剖析及其职业能力分析，进行内容整合和选取，突出职业特色，同时，合理规划教学内容，注意线上与线下、课内与课外教学内容的分配与平衡。

二是遵循认知规律，将强调工学结合、企业的参与，紧密结合生产和工作实践，严格按照工作流程（内容）设计和划分不同工作任务（或工作场景），即由浅到深、循序渐进，又能独立设计、单项训练、阶段考核，形成不同能力培养的层次化。

3. 案例驱动，突出实践性、职业性和开放性

本书以企业真实案例（工作任务）为载体，设计学习任务。每一个教学模块一般都设计三个以上的学习单元，每个模块具体又包括"模块导学""学习目标""情境导入""单元要求""知识内容""考核与提高""案例分析"等环节，融入企业元素，使理论学习、方法训练和技能掌握三个环节相衔接。

书中的案例全部来自企业现场，本书将典型企业案例作为导入案例或学习情景引入，每个教学案例或情境的描述对应学习任务的要点、知识点、技能点。考虑到学习的特点，典型案例又尽可能地用来自地铁公司，包含行车、设备、火灾、施工、自然灾害等，有详尽的事故过程、原因分析、处理、整改措施和影响点评等，以进一步突出了实践性、职业性和开放性。

4. 建设精品在线开放课程，配套资源丰富

"互联网+"新形势下，线上线下混合式教学模式使课程教学从面授的以教为主变为以学为主，从而课程对教学资源的需求有了新变化。"城市轨道交通运营安全管理"作为广东省级精品资源共享课程、"广东省高职教育城市轨道交通运营管理专业教学资源库"的专业核心课程，课程在独立的网站及平台上建设配套了丰富的教学资源，如"智慧职教"上本课程的教学资源超过1000条，包括电子教案、电子课件、教学案例、教学微课、教学音频、教学动画、文字图片及课程在线题库、拓展链接等教学资源，能够为教、学、练、考几个不同的环节提供便利，助推教育数字化。同时，本书配套多个二维码视频、课后习题及解答，使学生在示范练习、反馈中不断提高。

本书由深圳信息职业技术学院招晓菊担任主编，并对全书进行统稿。深圳信息职业技术学院刘开元、鹿国庆参加编写。

编写过程中参考、借鉴了相关文献、书籍及资料，在此对专家及相关作者一并表示深深的感谢。本书的编写和出版得到了机械工业出版社和深圳信息职业技术学院有关领导及城市轨道交通运营管理专业教研室的大力支持，以及深圳市地铁集团有限公司领导和专家的帮助，在此表示衷心的感谢。

由于编者水平有限，本书中难免存在不足之处，真诚希望各界读者提出批评及改进意见。

编 者

二维码索引

序号	名称	二维码	页码	序号	名称	二维码	页码
1	手摇道岔		77	9	车站突发事件处理流程		150
2	城市轨道交通车站运营管理存在的危险源分析		113	10	施工安全管理		169
3	危险性评价及评价危险控制影响因素		116	11	城市轨道交通消防安全概述		183
4	危险源的控制管理		118	12	火灾的分类		185
5	整侧屏蔽门无法关闭处理流程		144	13	防火灭火基本知识		187
6	司机室		146	14	设备的危险及设备事故分类		215
7	司机台		146	15	特种设备与特种作业		217
8	司机室室外组成部分		146	16	危险化学品的分类		223

（续）

序号	名称	二维码	页码	序号	名称	二维码	页码
17	应急管理组织架构及应急预案的基本要求和内容		261	22.5	大面积停电的行车指挥工作		270
18	应急预案的编制步骤		262	22.6	大面积停电的运营恢复工作		270
19	城市轨道交通运营相关的主要应急预案		263	23	火灾现场应急处理		270
20	城市轨道交通突发事件分类及信息报告原则		267	24	特殊气象的应急处理		271
21	运营突发事件的处理原则		270	25	正线车辆脱轨的应急处理		272
22.1	大面积停电的信息发布工作		270	26	大客流应急处理		272
22.2	大面积停电的客运组织工作		270	27	列车故障救援应急处理		274
22.3	大面积停电的应急处理原则		270	28	危险、危害、有毒物质泄漏应急处理		274
22.4	大面积停电的故障维修工作		270				

目 录

前 言
二维码索引
模块一 城市轨道交通运营安全管理概述 1
  单元一 安全与城市轨道交通运营 2
  单元二 城市轨道交通运营安全影响因素分析 4
  单元三 城市轨道交通运营安全管理体系 10
  考核与提高 15
  案例分析 15

模块二 城市轨道交通运营安全管理基础 16
  单元一 安全相关的基本概念及相互关系 16
  单元二 可靠性理论 25
  单元三 事故致因理论 30
  单元四 事故预防理论 38
  考核与提高 45
  案例分析 48

模块三 城市轨道交通运营安全相关法律法规 49
  单元一 安全生产工作方针政策 50
  单元二 安全管理制度 52
  单元三 安全生产法规 60
  单元四 安全生产相关法律法规 66
  单元五 城市轨道交通运营管理规定及相关规章制度 71
  考核与提高 82
  案例分析 85

模块四 城市轨道交通运营安全管理方法 86
  单元一 PDCA 管理法与运营安全管理 86
  单元二 城市轨道交通运营安全分析 90

  单元三 城市轨道交通运营安全评价 99
  考核与提高 106
  案例分析 106

模块五 城市轨道交通危险源辨识与控制管理 107
  单元一 危险源分类及辨识的内容 107
  单元二 危险源评价和控制管理 116
  单元三 安全色与安全标志 124
  考核与提高 131
  案例分析 132

模块六 城市轨道交通行车与客运安全管理 133
  单元一 行车安全管理 134
  单元二 客流组织安全管理 159
  单元三 施工作业安全管理 168
  单元四 调试、试验安全管理 173
  考核与提高 179
  案例分析 181

模块七 城市轨道交通安全技术管理 182
  单元一 消防安全管理 183
  单元二 电气安全管理 203
  单元三 设备安全管理 213
  单元四 危险化学品安全管理 223
  考核与提高 228
  案例分析 231

模块八 城市轨道交通安全教育管理 232
  单元一 人员心理和生理与安全 233
  单元二 团队与安全 238
  单元三 安全教育与培训 241
  单元四 安全文化与安全 248
  考核与提高 253
  案例分析 255

模块九 城市轨道交通应急救援 256
  单元一 城市轨道交通应急预案 257
  单元二 城市轨道交通常见的突发事件应急处理 265
  单元三 现场急救常识 275

考核与提高 ………………………………………………………………………… 279
模块十　城市轨道交通职业危害与防护 ………………………………………… 283
　单元一　职业病与防治 …………………………………………………………… 284
　单元二　常见的职业危害与防治 ………………………………………………… 288
　单元三　常见防护用品及其使用 ………………………………………………… 295
　考核与提高 ………………………………………………………………………… 299
　案例分析 …………………………………………………………………………… 301
参考文献 …………………………………………………………………………… 302

模块一

城市轨道交通运营安全管理概述

◆【模块导学】

2003年2月18日上午9点45分，韩国大邱城市轨道交通1号线列车刚驶入中央路车站，56岁男性乘客金大汉点燃随身携带的两个装满汽油的塑料瓶，火势迅速蔓延到车厢内的座椅、顶板和地板，乘客被困在车厢内无法逃生。3min后，另一列列车从对向驶入中央路车站，也被引燃起火。列车驾驶员立即采取措施，车门按常规开启，乘客争先恐后地向外逃生。但不久后，由于列车电源发生故障，车厢门突然关闭，致使一部分乘客被困在车厢内。事故发生3h后，火情得到控制。事故最终导致198人死亡，147人受伤，财产损失高达47亿韩元。

"韩国大邱地铁纵火事故"反映出如下问题和漏洞：

1. 城市轨道交通工作人员应对措施不当

首先，两名列车驾驶员在火灾发生后，既没有采取灭火措施，也没有及时引导乘客疏散，而是自己逃离现场，特别是后来进入中央路车站的1080次列车驾驶员在逃离火灾现场时拔走了列车的主控钥匙，致使列车完全停电，不能自动打开车门，导致大量乘客窒息死亡。其次，工作人员没有及时观察监控画面，火势蔓延后也没有及时下达停驶指令，致使列车在火灾事故发生情况下还继续进站，造成了更大的人员伤亡。

2. 安全标准滞后

韩国专家特别指出，韩国现行的消防法只注重固定的建筑和设备，而飞机、船舶、火车等移动的大众交通工具的火灾预防处置在消防法中尚属空白。据韩国媒体报道，大邱市城市轨道交通1997年开通时采用的防火安全标准，是20世纪70年代韩国首次开通城市轨道交通时的标准，已经不适应当前城市轨道交通运营管理的需要，这也是导致此次事故大量人员伤亡的主要原因。

3. 安全教育流于形式，公众缺乏自救常识

韩国每年都会举行"民防训练"，组织市民学习火灾、爆炸、交通事故等紧急情况下的安全逃生知识。但韩国媒体和专家指出，这些"民防训练"大多流于形式，没有起到真正的教育效果。例如，发生事故时没有利用应急装置手动打开车门，这种盲从使数百人都没有离开燃烧的列车，导致造成惨重的人员伤亡。由于缺乏应对紧急事件的基本常识，很多乘客丧失了逃生的宝贵时机。

在过去的150多年中，美国、俄罗斯、西班牙、加拿大、法国、英国、德国、葡萄

牙、阿塞拜疆、日本、韩国等国家的城市轨道交通系统都发生过不同程度的事故，例如火灾、爆炸、毒气、人为纵火、列车相撞、列车脱轨、停电、踩踏以及乘客坠落站台等，并造成了重大人员伤亡。

【学习目标】

(1) 能阐述城市轨道交通运营安全的内涵。
(2) 能分析城市轨道交通运营安全的影响因素，提出相应防范措施。
(3) 能阐述城市轨道交通运营安全对不同人员的素质要求。
(4) 能阐述城市轨道交通运营安全管理体系建设内容。
(5) 能阐述安全生产标准化的内容和流程。

单元一　安全与城市轨道交通运营

【情境导入】

目前，我国企业安全生产形势极其严峻，火灾、爆炸、毒气泄漏和中毒等事故频繁发生，造成了严重的人员伤亡、财产损失和重大环境污染。据统计，近年来全国发生各类事故100余万起，死亡人数超过13万，每年因各类事故造成的经济损失在1500亿元（约占当年GDP的2%）以上。

近年来，现实中一些触目惊心的重大事故的发生，使人们对安全管理的重要意义有了更深刻的认识，城市轨道交通安全管理越来越受到重视。国家有关部门通过各种形式强调并要求城市轨道交通企业在建立现代企业制度、推进股份制改造、强化科学管理的同时，要实实在在地做好安全生产管理工作，坚决扭转安全管理落后、纪律松懈、秩序混乱的状况。

【单元要求】

(1) 掌握城市轨道交通运营安全的内涵。
(2) 熟知城市轨道交通运营安全的特点。
(3) 了解城市轨道交通运营安全的重要性。

【知识内容】

一、城市轨道交通运营安全的内涵

城市轨道交通系统是一个庞大而复杂的系统，其技术专业门类从传统的土木建筑、机械、电机电器，到属于高新技术的电子产品、自动控制、信息传输等技术范畴。从城市轨道交通运营功能来看，大体可以分为三大系统：

(1) 列车运行系统。列车运行系统包括隧道、站台、线路、车辆、牵引供电、信号、通信、控制中心、车站行车等。

（2）客运服务系统。客运服务系统包括车站及其照明、售检票及计算中心、导向及预告措施、消防、环控、自动扶梯、电梯、车站服务等。

（3）检修保障系统。检修保障系统是为了保障列车运行系统和客运服务系统设备良好，能随时启动重新投入运行而具备的检修手段及检修能力等。

城市轨道交通运营安全就是指不发生行车、客运、人身伤亡、火灾爆炸、设备设施故障等事故。城市轨道交通运营安全问题的产生与繁重的旅客运输任务及城市轨道交通系统自身的特点，如线路深处地下、车站出入口少、系统复杂、人员密集、疏散大、空间封闭、运营专业性和时效性强等紧密相关，而这些又是城市轨道交通系统所无法改变的事实。因此，城市轨道交通运营安全管理难度较大。

城市轨道交通系统内部各子系统之间及系统与系统外部有着紧密的关联，一旦某个子系统出现问题，就会迅速影响和波及其他子系统，形成连锁反应，进而影响整个系统的正常功能，造成系统部分或整体功能的瘫痪。研究发现，影响轨道交通运营安全的因素主要包括车辆技术状况、设施设备运行状况、通信信号与行车组织、车站公共安全隐患、意外事故及突发事件等。因此，提高城市轨道交通运营安全性应以三大系统正常、协调地运行为基础，以安全事故为对象，从事故的防范、监控、处理三方面全面入手，建立城市轨道交通运营安全体系。

二、城市轨道交通运营安全特点

作为伴随生产而存在的安全问题，城市轨道交通运营安全同样具有系统性、相对性、依附性、长期性、艰巨性和间接效益性等特性。城市轨道交通运营安全除了有一般生产安全的普遍特性，还具有其自身的特点，主要表现在以下几个方面：

（1）影响大。由于城市轨道交通在全国范围发展迅速，作为城市公共交通的骨干甚至主体所占的比重越来越大，其系统一旦发生事故，就会影响整条线路乃至整个城市的线路网络，导致运营中断，必然会对整个城市的地面交通造成巨大压力，直接影响社会生产、人民生活和社会安全。

（2）涉及面广。城市轨道交通运营系统由车辆、供电、通信、信号、线路、机电设备、员工、乘客、周边环境等众多因素组成，犹如一架庞大、复杂的联运机，其中任何一个环节出现问题，都有可能危及运营安全。同时城市轨道交通系统又是交通系统的重要组成部分，若道路交通出现拥堵等现象，会涉及轨道交通系统；而轨道交通一旦出现停运，道路交通将不堪重负甚至面临瘫痪。

（3）受外界环境影响大。城市轨道交通线路站点多、分布广，社会治安状况、公众对轨道交通运营安全知识的了解程度等直接影响运营安全；轨道交通一年四季、每天长时间连续不停地运转，雨雪、风暴、地震等特殊天气都将直接影响城市轨道交通运营安全。

（4）风险大。城市轨道交通系统设备先进、结构复杂，加上行车密度较大，客流量较大，运营安全的风险也随之增大。

此外，城市轨道交通运营安全还具有动态性、失控后的严重性、问题的反复性、对管理的强依赖性、安全问题的复杂性等特点。

三、安全在城市轨道交通运营中的地位

城市轨道交通运营安全的特点决定了运营企业必须把安全放在各项工作的首位。

（1）安全是城市轨道交通运营适应经济和社会发展的先决条件。城市轨道交通作为一种新型的公共交通方式，在城市公共交通系统中起到了重要的作用。它更好地解决了城市传统交通方式带来的一系列问题，为城市居民的出行带来了极大的便利，为城市的发展带来了更大的潜力。在很多城市，城市轨道交通经济发展迅速，城市轨道交通的建设已经成为一个城市加速发展的动力机。

（2）安全是城市轨道交通运营服务最重要的质量保证。城市轨道交通运营生产的意义就是有计划、有目的、有成效地实现乘客空间位置的移动，"位移"就是城市轨道交通的产品，其产品质量特性包括安全、准点、迅速、经济、便利和文明服务，其中安全最为重要，即城市轨道交通运营要有效保证人员安全，否则其服务质量必将受到严重影响，如果发生运营重大伤亡事故，其后果不堪设想。安全已经成为城市轨道交通的生命线。

（3）安全是城市轨道交通运营各项工作质量的综合反映。城市轨道交通线路长、车站多、人流密集，运营工作环境复杂，工种作业类别繁多且需协调作业，有任何环节出现问题，都有可能造成运营安全事故带来人员伤害甚至伤亡。因此，安全管理工作贯穿城市轨道交通运营生产的整个过程，涉及每一个作业环节甚至每一个作业人员。

（4）安全是城市轨道交通发展的重要保证。如果城市轨道交通运营安全形势不稳，安全事故得不到有效控制，势必造成运营混乱、作业分散，以及造成严重的社会不良影响，城市轨道交通的发展就会失去重要前提和基础，难以顺利推进。

单元二　城市轨道交通运营安全影响因素分析

【情境导入】

城市轨道交通的优点显而易见，随着城市规模的不断扩大，城市轨道交通越来越受到青睐。但是，如何保证城市轨道交通安全运营，现在已经成为大城市公共管理水平的一大考验。我国各大城市近年来兴起了"地铁热"，却也出现了不少城市轨道交通事故。2009年12月22日6时54分，上海城市轨道交通1号线发生两列列车侧面冲撞事故，导致高峰时段大量市民出行受到影响，并引起广泛关注。2011年7月5日上午9时36分，京港城市轨道交通4号线动物园站A口扶梯发生溜梯故障，上行扶梯突然失控变为下行，导致扶梯上的数十名地铁乘客从高处摔下，造成一名男童死亡，3人重伤，27人轻伤。请您想一想，这两起事故跟城市轨道交通运营安全哪些影响因素有关系？如何才能有效地控制运营的风险和提高城市轨道交通运营质量？

【单元要求】

（1）掌握人在保障运营安全方面的重要性。
（2）了解人对城市轨道交通运营安全的特殊作用。
（3）掌握城市轨道交通运营安全对不同人员的素质要求。

(4)了解影响城市轨道交通运营安全的设备、环境因素和管理因素。

【知识内容】

城市轨道交通运营系统是一个在时间、空间上分布很广的开放的动态系统,运营安全影响因素错综复杂,涉及面广,从系统论的观点出发,与运营安全有关的因素可以划分为四类,即人、机器、环境和管理。这种分类具有以下优点:

1)它是从构成运营系统的最基本元素出发,从事故的最基本原因着手,具有普遍意义。

2)充分体现安全是一项全员、全要素、全过程的活动。系统中的"人"是指作为工作主体的人;"机"是指人所控制的一切对象的总称(包括固定设备和移动设备);"环境"是指人、机共处的特定的工作条件(包括内部环境和外部环境)。

3)考虑了人、机、环境对安全的影响,尤其考虑了三者之间的相互作用,包括人–人、人–机、机–机、机–环境、人–环境、人–机–环境之间对安全的影响和相互作用等。

4)以管理作为控制、协调手段,协调人、机、环境之间的相互关系,并通过反馈作用将系统状态的信息反馈给管理系统,从而改进安全管理方法,最终得到更为安全的系统。

一、单因素影响分析

城市轨道交通运营系统是一个在时间、空间上分布很广的开放的动态系统,运营安全影响因素错综复杂,涉及面很广。从系统论的观点出发,与运营安全直接有关的因素可以划分为三类:人、设备、环境。

1. 人员因素影响分析

(1)人在保障运营安全方面的重要性。随着自动化程度的不断提高,表面上看起来似乎系统对人的依赖程度减少了,但在系统设计、制造和生产使用阶段,人仍扮演着重要角色。

在安全问题中,人是矛盾的主要方面,因为即使是高度自动化的系统也不可能完全避免人的介入,不可能完全不受人的操纵和控制。有德国安全专家认为,人是一种安全因素和防护对象,机器只是一种安全因素,环境也只是一种安全因素和应予以保护的财富。在人–机–环境系统中,只有人才能向安全问题提出挑战,一个掌握足够技能和装备的人能够发现并纠正系统故障,并且使其恢复到正常状态。不幸的是,绝大多数事故的发生均与人的不安全行为有关。众所周知,无论是切尔诺贝利核事故与三里岛核事故,还是韩国大邱地铁火灾和我国温州动车事故均与人的差错及组织管理有关。

人对于安全的主导作用,在城市轨道交通运营安全方面也不例外。城市轨道交通运营安全与许多活动有关,所有活动都依赖于高效、安全和可靠的人的行为。在城市轨道交通运营工作的每个环节、每项作业中,都是由人来参与并处于主导地位的,人操纵、控制、监督各项设备,完成各项作业,与环境进行信息交流,与其他作业协调一致。正是由于人在运营工作中的重要地位,使得人的因素在运营安全中起着关键的作用。

人对城市轨道交通运营安全的特殊作用可归纳为以下三点:

1)人的主导性。在人和设备的有机结合体中,人是主导方面。设备必须由人来设计、制造、使用和维护,即使是技术状态良好的安全设备,也只有通过人的正确使用,才能发挥它的保安作用。

2)人的主观能动性。当情况突然变化时,人能立即采取相应的措施和灵活的方法,排除故障等不安全因素,使系统恢复正常运转。只有人才具有主观能动性,从而具有合理处理意外情况的能力。

3)人的创造性。人能够通过研究和学习,不断地提高和改进现有系统的安全水平。

(2)影响城市轨道交通运营安全的人员分类。影响城市轨道交通运营安全的人员可以分为以下两类:

1)运营系统内的工作人员。这一类人员主要是指供电系统、通信系统、信号系统、给水与排水系统、防灾与报警系统、环境与设备监控系统、机车车辆系统、车辆段检修设备系统、自动售检票系统、通风空调与采暖系统等部门的各级领导人员、专职管理人员和基层作业人员,他们是保证运营安全的关键的人。城市轨道交通运营实践表明,工作人员特别是运营第一线的职工和负有管理责任的人员,他们的思想品质、技术业务水平及心理、生理素质、心理素质等不适应城市轨道交通运营工作的要求,往往是酿成事故的重要原因。

2)运营系统外的人员。这一类人员主要是指乘客、轨道交通沿线的居民、可能穿越轨道交通线路的机动车驾驶员以及可能影响轨道交通运营的其他人员等。运营系统外的人员不直接从事运营活动,因此其对运营安全的影响主要表现在不遵守安全有关规定,安全意识和安全技能不强等。

影响城市轨道交通运营安全的人的因素,就是指上述人员的安全素质,包括思想素质、技术业务水平,生理、心理素质,以及群体素质等。

对运营系统外人员的安全素质要求主要体现在要严格遵守有关规定,具备安全法规知识,具有较强的安全意识和一定的安全技能。运营安全对不同人员有不同的素质要求,具体如图1-1所示。

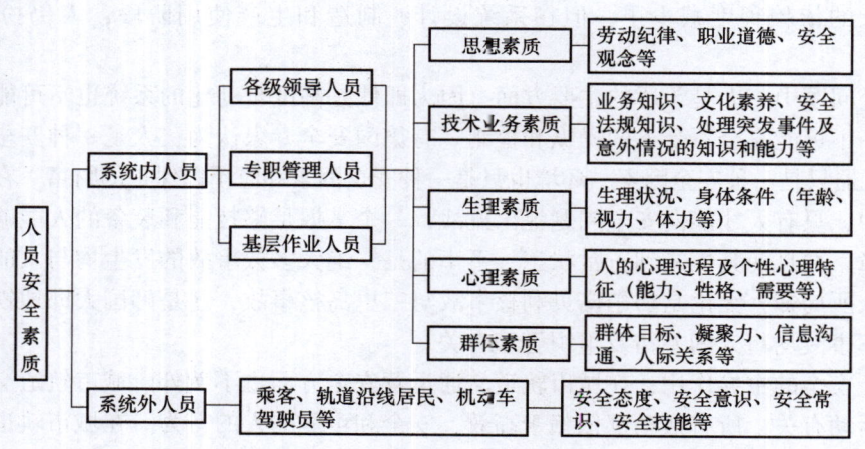

图1-1 城市轨道交通运营安全对不同人员的素质要求

2. 设备影响因素分析

设备是除人之外,影响城市轨道交通运营安全的另一个重要因素,质量良好的设备既是轨道交通运营的物质基础,又是运营安全的重要保证。

（1）与运营安全有关的设备类型。影响城市轨道交通运营安全的基础设施设备主要包括土建设施站台、隧道、桥涵、路基、轨道、线路设备、供电系统设备、车辆系统设备、通信系统设备、信号系统设备、环控通风系统和采暖设备、给排水系统、防灾报警系统、重大危险源监控系统和电梯与自动扶梯系统等。

1）供电系统设备。供电系统的主要危险是电气火灾和触电。电气火灾的原因主要包括电路短路，导线接头不牢或焊接不良，电缆沟、电缆井内电缆过密，散热不良等。引起触电事故的主要原因除了设备缺陷、设计不周等技术因素外，更多时候是人为的违章作业、违规操作造成的。因此，确保运营工作人员操作的正确性，并进行有效监督，对有效防止城市轨道交通运营安全事故是很有意义的。

2）车辆系统设备。城市轨道交通车辆在运营过程中存在的危险因素包括列车失控、轨道损伤或断裂、列车脱轨、列车相撞、安全标志不醒目、列车内电器设备安全防护措施不当引起火灾触电等。这些问题都可能造成严重的伤亡事故，并且应急救援以及人员疏散都很困难。如果列车发生火灾，相关材料又选择不当，燃烧后就会产生有毒烟气，将进一步加重事故后果。

3）通信、信号系统。城市轨道交通专用通信系统是直接为城市轨道交通运营、管理服务的，是保证列车及乘客安全，是列车快速、高效运作的必不可缺的信息传输系统。当发生紧急情况时，通信系统应能迅速转为应急通道，为防灾、救援和事故处理提供方便。

同时，若通信系统的电源发生故障或通信设备本身发生故障，各种行车、票务及控制信息出现间断性不可靠传输，则易引发事故或使事态扩大。

信号系统是整个城市轨道交通运营的大脑，可以保证列车和乘客的安全，实现快速、高密度、有序运行的功能。若信号系统不完善或信号系统设备故障，则运营整体将处于瘫痪状态，难以保证运营安全。

4）环控通风系统。城市轨道交通环境密闭，空间狭窄，连通地面的疏散口相对较少，逃生路径长。若发生火灾，不仅火势蔓延快，而且积聚的高热浓烟很难自然排除，人员疏散和灭火抢险都很困难，乘客、工作人员和抢险救援人员的生命安全将会受到严重的威胁。环控通风系统故障、管理不到位，如将通风通道或风亭改作自行车停放处、商铺或其他管理用房也是影响运营安全的因素之一。

5）给排水系统。给排水系统存在的危险有害因素包括给排水管道防腐、绝缘效果不佳，污水乱排，车站出入口防洪设计不符合要求，车站发生渗漏，地表水侵入，车站地面塌陷遇水倒灌，杂散电流腐蚀给排水管道，污水、垃圾排入隧道，隧道防水设计等级不够，隧道内排水系统不完善等，这些都会影响城市轨道交通运营安全，带来环境污染和职业伤害等。

6）防灾报警系统。防灾报警系统是每个轨道交通车站都必须配备的系统，它用于对车站进行全方位的监控，将产生的不安全情况及时上传反馈并报警。

7）重大危险源监控系统。该系统是为了监控存在于轨道交通运营系统中的各个方面的危险源，及时上报危险源的情况，为预防事故的发生提供保障。

8）自动扶梯系统。在轨道交通每个车站中都有自动扶梯和升降梯，扶梯和升降梯若不能及时检修、保养，就有可能发生突然故障或运行不稳的情况，进而造成人员伤亡事故，这也是轨道交通常见的安全事故。

9) 其他辅助设施设备。车站其他辅助设施设备存在的危险因素包括车站地面材料不防滑或防滑效果不明显，站厅乘客疏散区、站厅疏散通道内有妨碍疏散的设施或堆放物品，屏蔽门安全标志不醒目，采用接触轨受流方式的站台存在电位层等。

(2) 影响运营安全的设备因素。影响运营安全的设备因素主要是指运营基础设备和运营安全技术设备的安全性能，包括设计安全性和使用安全性。

1) 设计安全性。设备的设计安全性是指设备的可靠性、可维修性、可操作性以及先进性等。

设备的可靠性是指设备在规定条件下、规定时间内，处于正常工作的能力，它可以用可靠度、故障前平均时间、故障率等来衡量。

设备的可维修性是指设备易于维修的特性，即设备发生故障后容易排除故障的能力。可维修性与维修的含义不同，维修是指设备保持和恢复功能的作业活动，是在使用中设备发生故障后，由设备维修部门采取的行动，而可维修性则是设备的固有特性之一。可维修性好，可使设备在需要维修时以最少的资源人力、技术、测试设备、工具、备件、材料等在最短的时间内顺利完成任务。城市轨道交通运营系统长期不间断地运行，对设备可维修性的要求较高，尤其希望维修时间越短越好。

设备的可操作性是指机器设计要便于人进行操纵。因此，机器设备在设计过程中，要同时考虑人与机器两方面的因素。

设备的先进性是指尽量利用最新科技成果，采用先进的装备，淘汰落后的设备，如用自动闭塞取代半自动、路签闭塞等。

2) 使用安全性。设备的使用安全性包括设备的运行时间、维护保养情况等。设备运行时间越短，即设备越新，其使用安全性越好；设备维修保养越好，其使用安全性也越好。

3. 环境影响因素

环境影响因素又分为内部环境和外部环境。

(1) 内部环境。内部环境通常是指作业环境，即作业场所人为形成的环境条件，包括周围的空间和一切生产设施所构成的人工环境。然而，城市轨道交通运营系统是一个非常复杂的宏观大系统，它是由系统硬件运营基础设备和运营安全技术设备、系统工作人员（运营系统内的各级管理人员和基层作业人员）、组织机构管理机构、运行机构、维修机构等以及社会经济因素政治、经济、文化、法律等相互作用而构成的社会-技术系统。

因此，影响运营安全的内部环境决不仅仅是作业环境，它还包括通过管理所营造的运营系统内部的社会环境，即运营系统外部社会环境因素在运输系统内的反映，它涉及面很广，包括运营系统内部的政治、经济、文化、法律等环境。

(2) 外部环境。影响运营安全的外部环境包括自然环境和社会环境。自然环境是指自然界提供的、人类暂时难以改变的生产环境。在各种自然灾害中，最常见的是地震，严重影响城市轨道交通运营安全，危害极大。此外，气候因素（如风、雨、雷、电、雾、雪、冰等）、季节因素（如春、夏、秋、冬）、时间因素以及白天、黑夜都是不容忽视的事故因素。社会环境包括社会的政治环境、经济环境、技术环境、管理环境、法律环境以及社会风气等，它们对运营安全均有不同程度的影响，较为直接的是城市轨道交通所在城市治安和车站秩序状况。

二、各种因素相互影响分析

1. "人–人"之间

城市轨道交通运营是由多部门、多层次人员分工与协作来实现的。人与人之间相互作用、相互影响、相互依赖、相互制约，必须协调配合，才能有效保证运营的顺利运行。如果人与人之间的协调配合不好，就会造成事故隐患乃至发生运营事故。

2. "人–机"之间

在"人"与"机"的关系中，"人"是行为的主体，由人操纵"机"运转，人的劳动能力、劳动态度直接影响"机"的运转状况。同时自动化"机"可以部分监督人的行为，减少人为偏差。所以人–机之间是相互作用和相互影响的关系。

3. "人–环境"之间

人的活动是在一定的环境中进行的，受环境的影响和制约。一方面，人从环境中获取物质、能量和信息，可以创造、改造环境；另一方面，环境反作用于人，使人必须适应环境。

4. "人–机–环境"之间

人–机–环境构成运营安全保障系统最基本的组成要素，根据系统的整体性思想，单纯一个要素的良好状态并不能保证系统的优化，为充分发挥系统的整体功能，必须有效地组合与协调三者之间的关系。

三、管理因素影响分析

城市轨道交通运营安全管理，是指管理者按照安全运营的客观规律，对运营系统的人、财、物、信息等资源进行计划、组织、指挥、协调和控制，以达到减少或避免交通运营事故的目的。城市轨道交通运营安全管理，包含以下五个方面的含义：

1）其目的是消灭和减少运营事故及其损失。
2）其主体是运营系统的各级管理人员。
3）其对象是人、财、物、信息等。
4）其方法是计划、组织、指挥、协调和指挥。
5）其本质是充分发挥人的积极性和创造性，调动一切积极因素，促使各种矛盾向有利于运营安全的方向发展。

管理对运营安全的重要性，主要体现在以下三个方面：

1）管理有助于提高运营系统内人员、设备和环境的安全性，如进行人员安全教育与培训等。
2）管理具有协调运营系统内人、机、环境之间关系的功能，包括人–人关系、人–机关系，人–环境关系，人–机–环境关系。
3）管理具有优化运营系统人–机–环境整体安全功能的能力，具有运筹、组合总体优化的作用。

影响城市轨道交通运营安全管理的因素很多，主要有安全组织、安全法制、安全信息、安全技术、安全教育和安全资金等。

单元三　城市轨道交通运营安全管理体系

【情境导入】

世界各国的城市轨道交通在运营过程中，都曾发生过各类事故。据统计，仅日本1962—1971 年10 年间，城市轨道交通灾害及严重事故累计达43 件。1993 年4 月，新加坡城市轨道交通发生过一起列车追尾相撞事故，造成100 多人受伤；同年10 月，美国曼哈顿城市轨道交通列车发生火灾，数百人被困于车内。2002 年韩国城市轨道交通也发生罕见事故，造成车毁人亡的悲剧。由于城市轨道交通列车多是运行于隧道之中或者高架线路之上，发生事故后的处理和救援工作十分不便。可见，加强城市轨道交通运营安全管理工作具有非常重要的意义，研究如何完善城市轨道交通运营安全管理体系，尽量减少人员伤亡或减轻事故损失都是不可缺少的环节。

【单元要求】

（1）了解城市轨道交通运营安全管理组织机架及其职责。
（2）了解城市轨道交通运营安全管理的主要内容。
（3）了解城市轨道交通运营安全管理体系建设内容。
（4）了解职业健康安全管理体系模式。
（5）了解安全生产标准化的内容和流程。

【知识内容】

一、城市轨道交通运营安全管理组织机架

为了保证安全法规的贯彻执行，加强安全的监督管理，必须设立安全管理机构。城市轨道交通运营企业设立安全委员会，委员由企业领导和各级部门经理组成，安委会办公室常设在安全监察部。按照"横向到边、纵向到底"的原则，建立"总部级－分公司（中心）级－部门级－车间级－班组级"五级安全管理网络。城市轨道交通运营企业运营总部安全管理网络如图1-2 所示。

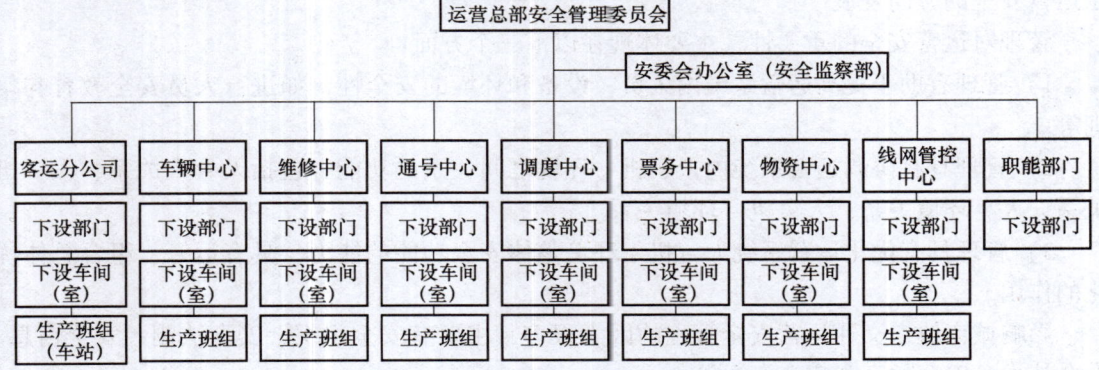

图1-2　城市轨道交通运营企业运营总部安全管理网络

运营总部安全管理委员会建立安全管理集体决策机制，统一部署和监督安全生产管理工作，其主要的职责包括：

1）统筹、监察安全工作，确保运营安全、稳定。

2）审定并定期评审运营安全方针，建立目标和指标管理系统，实现对上级监管部门的安全承诺。

3）建立、健全运营安全管理体系。

4）审定运营安全经费预算。

5）决策、统筹、协调安全生产方面的重大问题。

各客运分公司、车辆中心、维修中心和通号中心一般会成立安全管理委员分会，而其他单位由安全第一责任人负责本单位业务范围内的安全管理工作。

二、城市轨道交通运营安全管理主要内容

城市轨道交通运营安全管理涉及面很广，内容非常丰富，主要包括安全组织管理、安全法规管理、安全信息管理、安全技术管理、安全教育管理及安全资金管理等，如图 1-3 所示。

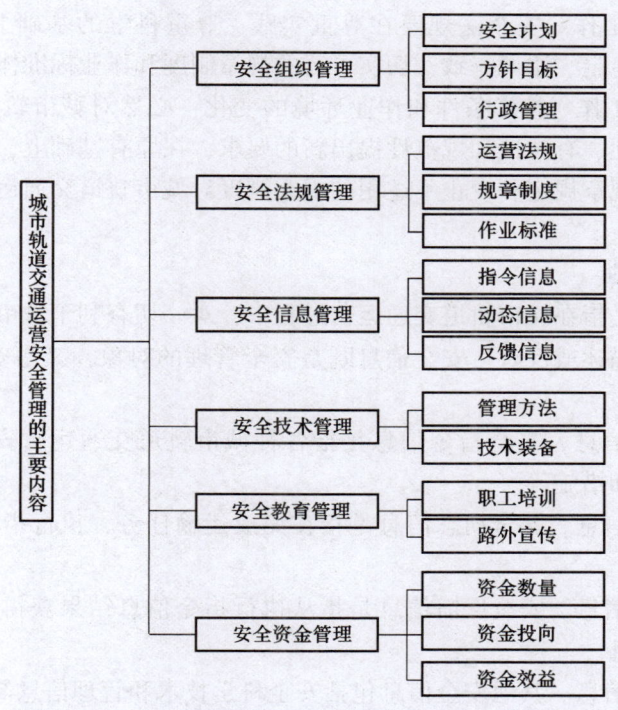

图 1-3 城市轨道交通运营安全管理的主要内容

1. 安全组织管理

安全组织管理是城市轨道交通运营安全管理的实施主体，负责安全的组织领导、协调平衡、监督检查工作，使城市轨道交通企业安全管理体制有效地正常运转，保证安全目标的实现。其主要内容有：

（1）安全计划管理。安全计划管理负责城市轨道交通安全的中长期规划和近期计划的

编制和组织实施，以及方针、目标和政策的制订与落实。

（2）安全行政管理。安全行政管理包括各级城市轨道交通运营安全管理机构的设置和职责划分、安全工作组织领导的原则和方法的确定以及保证职工安全生产的组织手段。

组织手段包括：

1）安全劳动管理。安全劳动管理主要是对直接制约城市轨道交通运营安全的关键因素如人员配备与组合、定员与班制、劳动定额和分配关系等合理地规定与协调。

2）职工生活管理。职工生活管理主要是为保证职工以饱满的热情和旺盛的精力投入安全生产，在职工物质生活、精神生活和医疗卫生等方面所做出的妥善安排。

3）安全行为管理。安全行为管理主要是运用各种安全管理手段对个人行为、群体行为、管理行为及人际关系进行激励、约束和协调。

2. 安全法规管理

安全法规管理的任务是严格遵循国家有关城市轨道交通运营安全的法律、法规等条文规定，对各种城市轨道交通规章制度和作业标准进行研究、制订、修改、完善、贯彻和落实，使城市轨道交通运营安全管理工作做到有法可依、有章可循、违法必究、违章必查。其主要工作有以下两项：

（1）建立健全工作。安全法规要在尊重实践、尊重科学的基础上，通过建立、修订、补充逐步形成相对稳定、协调一致、切实可行的规章制度和作业标准体系。

（2）增加废止工作。技术条件和作业环境的变化，必然对城市轨道交通安全规章制度和作业标准的针对性、有效性和规范性提出新的要求，在原有基础上，及时增加城市轨道交通运营生产急需的规章规定和废止不适用的规章制度对城市轨道交通运营安全具有同等重要的作用，不可偏废。

3. 安全信息管理

安全信息一般是指在城市轨道交通运营过程中，对一切有利于城市轨道交通运营的指令和系统安全状态的描述或反映。安全信息既是安全管理的对象，又是安全管理的重要支持。安全信息包括：

（1）安全指令信息。安全指令信息是指各种城市轨道交通运营安全法规和安全方针、政策、目标、计划和措施等。

（2）安全动态信息。安全动态信息是指在完成运输任务，执行指令信息过程中的正面和负面效应的反映。

（3）安全反馈信息。安全反馈信息是指从执行指令信息结果获得，能反馈用来调整和控制安全生产的信息。

（4）其他安全信息。其他安全信息包括安全科学技术和管理信息等。

从某种意义上说，城市轨道交通运营安全管理就是准确、及时、经济地收集、加工、传递、存储、检索、输出一切对城市轨道交通运营安全有用有利的信息管理，并用城市轨道交通运营安全所需的安全指令信息、安全动态信息、安全反馈信息和其他先进的安全科技和管理信息，精心指挥、精心组织、精心管理运输生产，不断开创城市轨道交通运营安全生产的新局面。为此，就要有严密的组织和先进的手段加以保证，如建立健全各种信息中心和网络，并广泛应用电子计算机和各种先进的信息处理技术。

4. 安全技术管理

技术除泛指操作技能外，广义地讲还包括相应的生产工具和其他物资设备以及生产工艺过程或作业程序、方法。安全技术管理的任务是正确执行国家有关技术政策、标准、规程和城市轨道交通运营的主要技术政策，为城市轨道交通运营安全提供可靠的技术依据和技术措施；充分发挥科技是第一生产力的作用，不断吸收现代科技先进成果，促进城市轨道交通运营安全管理的科技含量日益提高。由此可见，城市轨道交通运营安全技术管理包括对城市轨道交通运营安全硬技术设备的维护与管理，以及对城市轨道交通运营安全软技术的开发与应用。

1）城市轨道交通运营安全硬技术设备的管理是指对城市轨道交通运营基础设施和安全技术设备的研制、试验、引进、装配、维护和安全质量管理等。

2）城市轨道交通运营安全软技术的开发与应用，包括与城市轨道交通运营安全有关的各种操作办法、管理方法、城市轨道交通运营安全管理基础理论及安全科学理论的研究与应用。

5. 安全教育管理

为了实现城市轨道交通运营安全，必须通过各种形式和方法，对广大干部和职工进行经常性的安全教育，其内容主要有：

（1）安全思想教育。安全思想教育是安全教育的重点所在，内容包括安全生产的方针、政策、重要意义，劳动纪律、作业纪律，城市轨道交通运营各项规章制度和典型事故案例教育等。通过正反两方面的教育使基层作业人员和各级管理人员牢固树立"安全第一"的思想，强化"预防为主"的意识，正确处理好安全与效率、效益的关系。

（2）安全知识教育。安全知识教育包括安全生产技术知识和安全管理知识教育，目的是解决应知的问题。前者包括城市轨道交通运营特点、安全特性、设备性能、各部门作业方法及规范要求、事故成因及预防等；后者主要是针对城市轨道交通运营安全管理人员而进行的安全教育，内容包括城市轨道交通运营安全管理体制和各部门安全管理体系的构成与运作、事故预测和预防、系统安全评价的基本原理和方法、人机工程学、安全心理学、行为科学等有关知识与应用。

（3）安全技能教育。安全技能教育是通过对城市轨道交通运营作业人员进行长期、反复训练及本人实践，把所学到的安全知识转化为动手能力的过程，主要是解决应会的问题，内容包括城市轨道交通运营岗位熟练操作、防止误操作和处理异常情况的技术、知识和能力。

（4）事故应急处理教育。城市轨道交通运营事故应急处理教育一般应包括事故应急处理知识教育、自我保护和自救互援教育、事故现场保护方法教育和事故应急处理演习等。通过上述教育能有效地防止事故损失扩大，为清理事故和迅速恢复正常城市轨道交通运营秩序创造有利条件。

此外，城市轨道交通运营安全是一项全员参与的活动，对各种城市轨道交通运营参与者进行的城市轨道交通运营安全知识、安全常识及安全法内容的宣传、教育也是安全教育管理的重要内容，应与地方政府配合进行。

6. 安全资金管理

要搞好城市轨道交通运营安全，必须有相应的安全资金保证。安全资金管理包括对保证交通安全所需资金进行筹集、调拨、使用、结算、分配等,以及经济评价、经济分析、实行财务监督等。

三、运营安全管理体系建设

城市轨道交通运营安全管理以职业健康管理体系和安全标准化为基础,可以很好地逐步建立和完善运营安全管理体系。

1. 职业健康安全管理体系

职业健康安全管理体系(OHSAS18001)是一个国际性职业安全卫生管理体系评审的系列,目的是通过管理减少及防止因意外而导致生命、财产、时间的损失,以及对环境的破坏。OHSAS18001为组织提供一套控制风险的管理方法,通过专业性的调查评估和相关法规要求的符合性鉴定,找出存在于企业的产品、服务、活动、工作环境中的危险源,针对不可容许的危险源和风险制订适宜的控制计划,执行控制计划,定期检查评估职业健康安全规定与计划,建立包含组织结构、职责、培训、信息沟通、应急准备与响应等要素的管理体系,持续改进职业健康安全绩效。职业健康安全管理体系模式如图1-4所示。

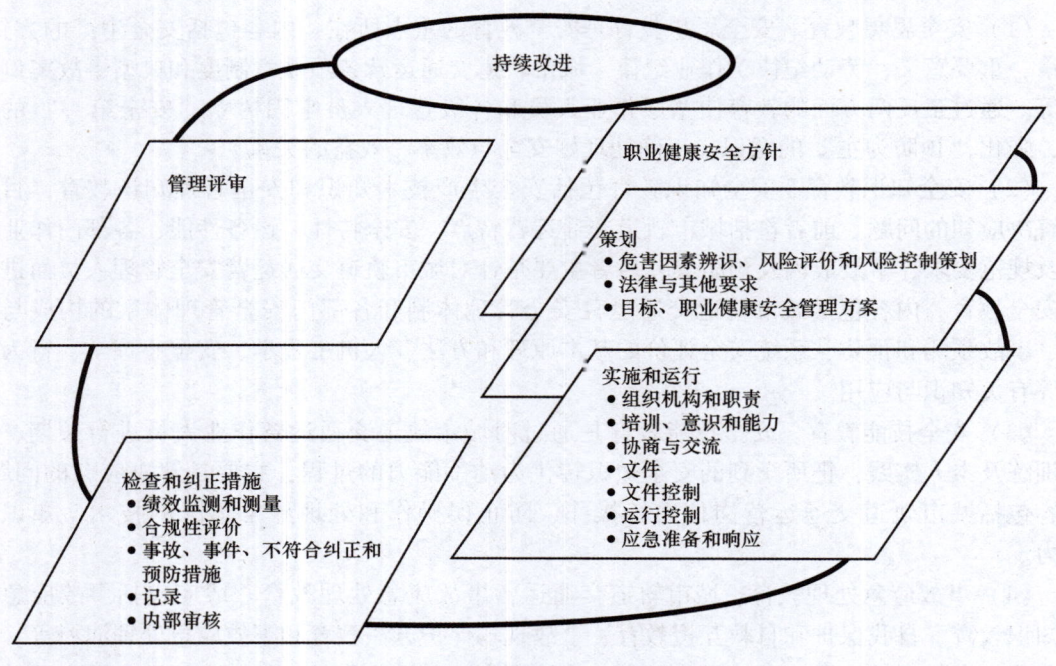

图1-4 职业健康安全管理体系模式

2. 安全生产标准化

安全生产标准化包含安全目标,组织机构和职责,安全生产投入,法律法规与安全管理制度,教育培训,生产设备设施,作业安全,隐患排查和治理,重大危险监控,职业健康,应急救援,事故报告、调查和处理,绩效评定和持续改进等方面,具体内容和流程如图1-5所示。

这一演变的过程，为安全预防管理提供了可能。通过管理，可以消除引发事故的原因，消除隐患，将事故消灭在萌芽状态。

3. 监督原则

安全管理的重要手段是监督、检查日常的安全工作事项。实践表明，事故结局为轻微伤害和无伤害的事件占很大比例，而导致这些事故的原因往往不被重视或习以为常。事实上，轻微伤害和无伤害事故的背后，隐藏着与造成严重事故相同的原因，因此日常的检查工作显得非常重要，不能流于形式，要细致、警觉，甚至要对一些不起眼的，尤其是容易引起忽视的小事"吹毛求疵"，只有这样，才能及时发现和消除小隐患，避免大事故。

4. 教育原则

安全管理不仅仅是安全部门的责任，它是一项群力群防的工作，要求每一位员工都应有良好的安全意识、预防意识、危机意识，这样才有利于从根本上消除和降低人的不安全行为和物的不安全状态。因此，必须通过安全知识的教育、安全技能的培训、安全政策的宣传、安全信息的传播等各种手段，充分引起人们对安全问题的重视，明确安全生产操作规程，掌握安全生产的方法。

5. 全面原则

安全管理涉及生产活动的方方面面，涉及从开工到竣工的全部生产过程，涉及全部的生产时间，涉及一切变化着的生产因素。安全生产无小事、无盲区、无死角，因此，必须坚持全员、全过程、全方位、全天候的动态安全管理。

单元二　可靠性理论

【情境导入】

第二次世界大战期间，军事装备已大量采用电子产品，但是由于当时产品不可靠，造成重大损失。因此，从 20 世纪 50 年代开始，人们开始有组织地、系统地研究电子产品的可靠性。如今，可靠性理论与技术已成功应用在结构和产品设计中，并产生了明显的经济和社会效益。与此同时，关于可靠性分析方法的研究趋于活跃，可靠性理论已应用于安全管理。城市轨道交通系统是一个牵涉多种技术领域，由多种设备、多种硬软件、多种设施组成的复杂系统。我国在大力建设城市轨道交通系统的同时，必须不断地研究和提高整个系统的安全性与可靠性。

【单元要求】

（1）掌握可靠性理论的基本概念的定义及内容。
（2）了解可靠性度量的方法。
（3）掌握影响人的可靠性的因素及如何提高人的可靠性。

【知识内容】

可靠性理论是从电子技术领域发展起来的，近年发展到机械技术及现代工程管理领域，成为一门新兴的边缘学科。可靠性与安全性有密切的关系，是系统的两大主要特性，它的很多理论已应用于安全管理。可靠性的理论基础是概率论和数理统计，其任务是研究系统或产品的可靠程度，提高质量和经济效益，提高生产的安全性。

一、基本术语

1. 可靠性、维修性、有效性和耐久性

（1）可靠性。可靠性的经典定义是：产品或系统（设备）在规定条件下和规定时间内完成规定功能的能力。一个设备或系统本身不出故障的概率称为"结构可靠性"，满足精度要求的概率称为"性能可靠性"。狭义可靠性通常包括"结构可靠性"和"性能可靠性"。可靠性是判断、评价系统性能的一个重要指标，系统由于性能低下而不能完成规定的功能的现象称为故障或失效。系统的可靠性越高，发生故障的可能性越小，完成规定功能的可能性越大。

（2）维修性。对于可修复的产品，一旦出现故障是可能修复的，修复的能力通常用维修性表示。维修性是指在规定条件下使用的产品在规定的时间内，按规定的程序和方法进行维修时，保持或恢复到能完成规定功能的能力。

（3）有效性。产品的狭义可靠性和维修性能反映产品的有效工作能力，这一能力称为有效性，它是指可以维修的产品在某时刻具有或维持规定功能的能力。

（4）耐久性。耐久性是指当按照规定的程序和方法进行维修时，产品在规定的使用和维修条件下，达到某种技术或经济指标极限时，完成规定功能的能力。考虑产品的有效性和耐久性就可获得产品的广义可靠性。

轨道交通车辆的可靠性通常以在某一时间段或走行公里数内的故障数量来表示。通常，故障可分为影响运营业务、影响运行计划或影响维修成本的故障。借鉴可靠性维修理论，中国香港地铁以及其他国家的地铁、轻轨系统都采用了新的维修组织方式，即分散维修方式。分散维修方式是指将传统的预防计划维修内容化整为零，充分利用非运营时间和运营非高峰时间来做车辆维修。采用分散维修方式不仅可以在满足运营需要的前提下，对车辆进行足够的维修，也可以在满足维修需要的前提下，尽可能多地提供车辆上线运行。采用这一维修模式后，可在新线开通时可以减少购置车辆数，也可以减少原有维修模式下的备用车辆数。

将可靠性维修理论运用于实践，目的在于能够找出车辆制造过程中关键的功能和部件，对运行过程中产生的故障进行机理分析，确定是维修处理还是对部件重新设计、升级改造，以免使用过程中在关键的功能或部件上出现故障。

2. 可靠度、维修度和有效度

（1）可靠度。可靠度是衡量可靠性的尺度，它是指产品或系统（设备）在规定条件下和规定时间内完成规定功能的概率。

（2）维修度。维修度是表示维修难易的客观指标。其定义是在规定条件下和规定时间内，可修复产品或系统（设备）在发生故障后能够完成维修的概率。其中，"规定的条件"无疑与维修人员的技术水平、熟练程度、维修方法、备件以及补充部件的后勤体制等密切相关。

（3）有效度。有效度就是在某种使用条件下和规定的时间内，产品或系统（设备）保持正常使用状态的概率。为了满足某种有效度，最好一开始就做到高可靠度或高维修度；当然也可以使可靠度较低，通过提高维修度来满足所需的有效度，但这样就会经常发生故障，

从而提高了维修费用。反之，若采用高可靠度、低维修度，则产品的初始费用过高。所以，设计师必须在产品的价值和产品的可靠度二者之间进行均衡。

3. 用时间计量的可靠度、维修度和有效度

可靠度、维修度和有效度除了可以用概率度量外，还可以用时间度量。

（1）故障前平均工作时间（MTTF）。故障前平均工作时间是指不可修复的产品，由开始工作直到发生故障前连续的正常工作时间。显然这时间 t 可以认为是 $0 \sim \infty$ 内的一个任意可能值。因而对某一产品或零件的故障前的平均时间，应理解为它们连续正常工作时间的数学期望 $E(t)$，于是有

$$\text{MTTF} = E(t) = \int_0^\infty t f(t) \mathrm{d}t \tag{2-5}$$

式中　$f(t)$——寿命 t 的概率密度函数。在可靠性理论中，它也是故障概率密度函数。

（2）平均故障间隔时间（MTBF）。平均故障间隔时间是指产品发生了故障后经修理或更换零件仍能正常工作，其在两次相邻故障间的平均工作时间。如第一次工作 t_1 时间后出现故障，经修复后第二次工作 t_2 时间后出现故障，第 n 次工作 t_n 时间后出现故障，则平均故障间隔时间为

$$\text{MTBF} = \frac{1}{n} \sum_{i=1}^{n} t_i \tag{2-6}$$

式中　n——各单元发生故障的总次数；

　　　t_i——第 $(i-1)$ 次到第 i 次故障间隔时间。

（3）平均故障修复时间（MTTR）。平均故障修复时间是指产品出现故障后到恢复正常工作时所需要的时间。若第一次故障修复的时间为 τ_1，第二次故障修复时间为 τ_2，第 n 次故障修复时间为 τ_n，则

$$\text{MTTR} = \frac{1}{n} \sum_{i=1}^{n} \tau_i \tag{2-7}$$

式中　n——各单元发生故障的总次数；

　　　τ_i——第 i 次故障修复时间。

二、人的可靠性

在系统安全工程中将人作为系统的元素来处理，人是系统的一个重要组成部分，因此引入了人的可靠性。人的可靠性定义：人在系统工作的任何阶段，在规定的最小时间限度内（假定时间要求是给定的）成功地完成一项工作或任务的概率。人的可靠性将直接影响全系统的工作可靠性。在系统设计阶段，遵循人的因素的原则能有效地提高人的可靠性。另一方面，诸如仔细地挑选和培训有关人员等也有助于提高人的可靠性。

国内外由于人的操作不可靠所造成的重大事故已屡见不鲜。据统计，在现有的机器或系统故障中，有高达 60%～80% 的故障是由于人的失误（也即人的不可靠）所引起的。而且近年来，这个比例还有上升的趋势。导致这个比例上升的原因主要有两个：

1）机器或系统日趋庞大和复杂，致使人的工作能力下降，导致人的失误增加。

2）虽然人的能力没有下降，但是随着科学技术的不断进步，机器或系统的可靠性不断提高，而人的能力又不可能随之而提高，致使人的失误所产生的问题相对突出。

因此，如何提高人的可靠性已成为当前国内外人的安全行为管理研究的热点、重点和难点。

1. 应力

应力是影响人的行为及其可靠性的一个重要因素。显然，一个承受过重应力的人会有较高的可能性造成失误。根据研究表明，应力不完全是一种消极因素。实际上，适度的应力有利于把人的工作效率提高到最佳状态。如果应力过轻，任务简单且单调，反而会使人觉得工作没有意义而变得迟钝，因而人的工作效率不会达到高峰状态。相反，若应力过重，超过中等应力情况下，将引起人的工作效率下降。引起下降的原因是多方面的，如疲劳、忧虑、恐惧或其他心理上的应力。

（1）职业应力。职业应力是指因工作方面的原因造成心理压力而引起的应力。职业应力可分为以下四种类型：

1）类型Ⅰ：与工作负荷有关。在超负荷工作的情况下，任务要求超过了个人满足要求的能力；同样，在低负荷工作的情况下，一个人完成的工作调动不起积极性。低负荷工作的例子有：不需要动脑筋；没有发挥个人专长和技能的机会；重复性工作等。

2）类型Ⅱ：与职业变动有关。职业改变破坏了个人行为上的、心理上的和认识上的功能模式。这种应力类型出现在与生产率增长有关的机构中，职业变动的形式如调整编制、职务提升、科研开发和重新安置等。

3）类型Ⅲ：与职业上受到挫折有关。当工作不能满足预先的目标时，会导致这种情况，如缺乏联系、分工不明确、官僚主义、缺乏职业开发准则等。

4）类型Ⅳ：其他可能的职业性环境因素，如振动、噪声、高温、光线太暗或太亮、不好的人际关系等。

（2）个人应力。个人应力是指一般工作人员可能因某种原因造成了心理压力而引起的应力。个人应力因素中有些是在一个人的一生中遇到的实际问题，常见的一些如下：

1）必须与性格难以捉摸的人在一起工作。

2）不喜欢做现在的工作或事情。

3）与配偶或子女有矛盾。

4）严重的经济困难造成的心理上的压力。

5）在工作中有可能成为编外人员。

6）在工作中得到晋升的机会很少。

7）缺乏完成现在工作的能力或做一项凭自己的能力和经验不屑去做的工作。

8）健康欠佳。

9）时间上要求很紧的工作或为了按期完成工作，不得不加班干。

10）工作上上级提出过多的要求等。

2. 人的差错（失误）

（1）人的差错的含义。人的差错是指人在执行规定任务时发生失误（或做了禁止的动作）而可能导致预定操作中断或引起人员伤亡和财产损失。人的差错对系统产生的影响随不同的系统而不同，造成的后果也是不一样的。因此，必须对人的差错的特点、类型以及后果加以分析，并定量化地给出它们发生的概率。人的差错的发生有各种不同原因，大多数人的差错发生的原因是基于这样一个事实，即人可以用各种不同的方式去做各种不同的事情。

因此，人的差错的原因主要包括：

1）在工作环境中光线不合适或工作环境中温度太高或高噪声的环境。

2）操作人员由于培训上的不足而没有达到一定的技能或思想意识不到位，因而造成失误。

3）仪器设备的设计太差，质量不好。

4）工作图样不合理。

5）工作人员的空间太挤。

6）目标不明确或任务太复杂。

7）使用工具错误。

8）操作规程写的质量太差或者有错误。

9）管理太差。

10）信息和语言交流上太差等。

【案例解析】未确认屏蔽门开启状态开车事件

> ● 事故经过
>
> 　　2005年7月15日，某地铁公司当值驾驶员×××值乘117次列车在×××车站打开车门进行开关门作业后，未确认屏蔽门是否开放，就进入驾驶员室确认启动联锁屏，驾驶员走出驾驶室，也未再次确认屏蔽门，见发车指示器（DTI）已经到点，随即关闭车门动车，致使屏蔽门一直未开没有发现，保安也没有及时反映情况。
>
> ● 事故原因
>
> 　　1）驾驶员安全意识较弱、服务意识不到位。服务行为未严格执行标准化作业，驾驶员站台作业马虎大意，在未确认车门和屏蔽门打开的情况下，急于确认启动联锁屏，顾此失彼。
>
> 　　2）从心理行为上分析，受屏蔽门肯定会自动打开的习惯性思维的影响，忽略了不正常或故障情况，过于放心和依赖保安人员，因而未确认。
>
> 　　3）驾驶员当天身体不舒服患感冒，精神状态不佳。
>
> ● 整改措施
>
> 　　1）进一步加强驾驶员安全服务意识教育。进一步加强服务意识，提高服务水平，强调驾驶员在乘客服务中的作用。要求驾驶员必须确认好车门、屏蔽门在打开的情况下，才进入驾驶室，通过启动联锁屏确认车门打开状态。
>
> 　　2）必须做到站站、次次确认，遇车门或屏蔽门未打开，应及时干预和排除故障，不能过分依赖设备和其他人员，承担起自身职责。
>
> 　　3）驾驶员如确因身体原因，自我感觉不能支持开车，必须及时向队长提出换人顶岗。
>
> （资料来源：深圳地铁安全案例汇编。）

（2）容错与防错措施。为了真正做到减少人的错误，在实际工作中人们想了许多办法，如检查单制度、双岗制等，行之有效的方法有以下几种：

1）提高操作的冗余度。建立相互监督和相互纠错的交叉检查制度是提高人的可靠性的重要途径。研究表明，在简单重复性任务的操纵过程中，人犯错误发生率为百分之一到千分之一。如果做好交叉检查，班组（乘务组）整体的出错频率就会大大下降，可靠度就可以大大提高；人与机在功能上的重复也是重要的监督手段。因此，真正做好人－机间、人－人间的监督和核查工作是减少人的错误的重要途径。

2）系统界面改进。技术改进、容错和防错装置或程序的采用是减少人员操作错误的重要途径。例如，航空运输中近地警告系统（GPWS）的大面积采用，减少了约90%的可控飞行撞地事故。

3）提高人的意识水平。保持良好的心境和情绪，避免消极心理和有害态度的影响；调整工作负荷，改变技能层次，增加任务难度等，都能在一定程度上增强意识水平。

4）检查单制度。事先对问题的解决方案进行归纳，并制成检查单卡，一旦发生类似问题，对照检查单，可以从容不迫地应对。当然，检查单必须读，而不能背。读检查单要口到、手到、眼到，还要心到，才能使错误不漏掉。

5）按章办事，坚持标准操作程序。标准操作程序综合考虑安全、效益和操作方便，是精心设计和经验累积的结果，有些甚至是血的代价换来的。偏离标准操作程序是各类交通事故的主要因素。只有严格按章作业，杜绝违章操作，才能保证安全和效益。

6）班（机）组分工明确，配合协调。现代轨道交通运营更加强调班（机）组的协调与配合。班（机）组成员之间应当进行信息交换以达到信息共享、协调配合互相提醒，及时纠正错误。如果班（机）组缺少合理分工、协调配合、充分的交流，可能造成班（机）组成员之间的操作矛盾，不了解对方的操作意图，这是十分危险的。

7）主动报告安全问题，实事求是对待人的错误。我国部分航空公司根据自己的实际情况，建立了自愿报告制度。应当说明的是自愿（主动）报告制度是事件报告体系的有益补充。尽管为了鼓励主动报告，很多单位采取了减轻处罚或免于处罚的做法，但没有任何单位不加限制地无条件不处罚。也就是说减轻处罚或免于处罚要依照造成后果、情节轻重和动机如何等来决定。处罚也是必不可少的，要看问题的实质和情节轻重，不能一概而论。

单元三　事故致因理论

【情境导入】

在城市轨道交通事故中，人员伤亡或者财产损失是事故的结果，违章操作、设备故障等是导致事故发生的直接原因，但调度指挥不当、人员安全培训不到位、操作环境欠佳、管理制度存在缺陷等原因也可能致使事故发生。因此，事故的发生并不是孤立的原因引起的，而是由众多的环节所组成的；伤亡事故的发生不是一个孤立的事件，而是一系列原因事件相继发生的结果。为了防止事故，必须弄清事故为什么会发生，即造成事故发生的原因因素（事故致因因素）有哪些，并在此基础上，研究如何通过消除、控制事故因素来防止事故发生。

【单元要求】

（1）掌握海因里希事故因果连锁论的基本内容及防止事故的措施。
（2）掌握管理失误论的基本内容及防止事故的措施。

（3）掌握轨迹交叉论的基本内容及防止事故的措施。
（4）掌握能量意外释放理论的基本内容及防止事故的措施。

【知识内容】

事故是一种可能给人类带来不幸后果的意外事件。在科学技术落后的古代，人们往往把事故的发生看作是人类无法违抗的"天意"或"命中注定"，而祈求神灵保佑。随着社会的发展、科学技术的进步，特别是工业革命以后工业事故频繁发生，人们在与各种工业事故斗争的实践中不断总结经验，探索事故发生的规律，相继提出了阐明事故为什么会发生，事故是怎样发生的以及如何防止事故发生的理论。由于这些理论着重解释事故发生的原因以及针对事故致因因素如何采取措施防止事故，所以被称作事故致因理论，事故致因理论是指导事故预防工作的基本理论。

事故致因理论是一定生产力发展水平的产物。在生产力发展的不同阶段，生产过程中出现的安全问题有所不同，特别是随着生产方式的变化，人在生产过程中所处地位的变化，引起人们安全观念的变化，产生了反映安全观念变化的不同的事故致因理论。到目前为止，事故致因理论的发展还很不完善，还没有给出对于事故致因进行预测、预防的普遍而有效的方法，某个事故致因理论只能在某类事故的研究、分析中起到指导或参考作用。

一、海因里希事故因果连锁论

在事故因果连锁论中，以事故为中心，事故的结果是伤害（伤亡事故的场合），事故的原因包括直接原因、间接原因和基本原因三个层次。由于对事故的各层次的原因的认识不同，形成了不同的事故致因理论。因此，人们也经常用事故因果连锁的形式来表达某种事故致因理论。

海因里希首先提出了事故因果连锁论，用以阐明导致事故的各种原因因素之间及与事故、伤害之间的关系。该理论认为，伤害事故的发生不是一个孤立的事件，尽管伤害可能发生在某个瞬间，却是一系列互为因果的原因事件相继发生的结果。海因里希把工业伤害事故的发生、发展过程描述为具有一定因果关系的事件的连锁，即：①人员伤亡的发生是事故的结果。②事故的发生是由于人的不安全行为或物的不安全状态。③人的不安全行为或物的不安全状态是由于人的缺点造成的。④人的缺点是由于不良环境诱发的，或者是由先天的遗传因素造成的。海因里希最初提出的事故因果连锁过程包括如下五个因素。

1. 遗传及社会环境

遗传因素及社会环境是造成人的性格上缺点的原因。遗传因素可能造成鲁莽、固执等不良性格；社会环境可能妨碍教育，助长性格上的缺点发展。

2. 人的缺点

人的缺点是使人产生不安全行为或造成机械、物质不安全状态的原因，它包括鲁莽、固执、过激、神经质、轻率等性格上的先天的缺点，以及缺乏安全生产知识和技能等后天的缺点。

3. 人的不安全行为或物的不安全状态

所谓人的不安全行为或物的不安全状态是指那些曾经引起过事故或可能引起事故的人的行为或机械、物质的状态，它们是造成事故的直接原因。

4. 事故

事故是由于物体、物质、人或放射线的作用或反作用，使人员受到伤害或可能受到伤害的、出乎意料的、失去控制的事件。坠落、物体打击等能使人员受到伤害的事件是典型的事故。

5. 伤害

伤害即直接由于事故产生的人身伤害。

人们用多米诺骨牌来形象地描述这种事故因果连锁关系，得到图 2-1 所示的海因里希事故因果连锁。在多米诺骨牌中，一颗骨牌被碰倒了，就会发生连锁反应，其余的几颗骨牌相继被碰倒。如果移去连锁中的一颗骨牌，则连锁被破坏，事故过程就被中止。海因里希认为，企业事故预防工作的中心就是防止人的不安全行为、消除机械的或物质的不安全状态，中断事故连锁的进程从而避免事故的发生。

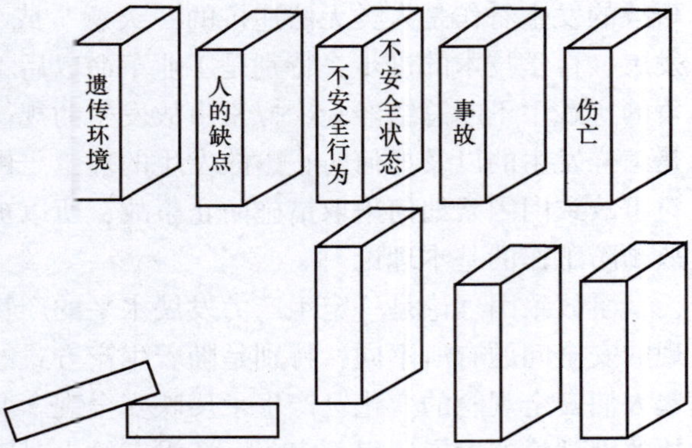

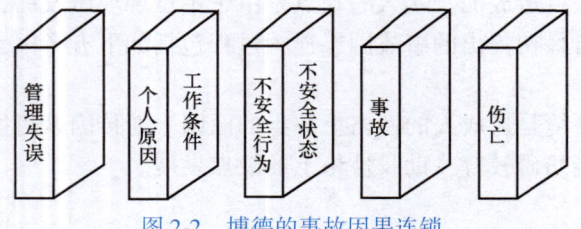

图 2-1　海因里希事故因果连锁

安全管理工作的中心是防止人为的不安全行为，消除机械的或物质的危害，这就必须加强探测技术和控制技术的研究。人为的失误常常是事故的直接原因，它是问题的中心。控制事故的方法也必然针对人的失误，包括防止管理者失误，加强工人的安全教育和培训等。

二、管理失误论

在海因里希的事故因果连锁中，把遗传和社会环境看作事故的根本原因，表现出它的时代局限性。尽管遗传因素和人员成长的社会环境对人员的行为有一定的影响，但不是影响人员行为的主要因素。在企业中，如果管理者能够充分发挥管理的控制机能，则可以有效地控制人的不安全行为和物的不安全状态。

博德在海因里希事故因果连锁的基础上，提出了反映现代安全观点的事故因果连锁，即博德的事故因果连锁，如图 2-2 所示。

图 2-2　博德的事故因果连锁

1. 控制不足——管理失误

事故因果连锁中一个最重要的因素是安全管理。安全管理者应该懂得管理的基本理论和原则。控制是管理机能（计划、组织、指导、协调及控制）中的一种机能，安全管理中的控制是指损失控制，包括对人的不安全行为、物的不安全状态的控制，它是安全管理工作的核心。

大多数正在生产的工业企业中,由于各种原因,完全依靠工程技术上的改进来预防事故既不经济也不现实,只有通过专门的安全管理工作,经过较长期的努力才能防止事故的发生。管理者必须认识到,只要生产没有实现高度安全化,就有发生事故及伤害的可能性,因而安全管理活动中必须包含有针对事故连锁中所有要因的控制对策。

在安全管理中,企业领导者的安全方针、政策及决策占有十分重要的地位,它包括生产及安全的目标,资料的利用,责任及职权范围的划分,职工的选择、训练、安排、指导及监督,信息传递,设备、器材及装置的设计、采购、维修及保养,正常及异常时的操作规程等。

2. 基本原因——起源论

所谓起源论,在于找出问题的基本的、背后的原因,而不仅停留在表面的现象上。只有这样,才能实现有效的控制。管理系统随着生产的发展而不断变化、完善,十全十美的管理系统并不存在。管理上的缺欠会导致事故基本原因的出现。为了从根本上预防事故,必须查明事故的基本原因,并针对查明的基本原因采取对策。

基本原因包括个人原因及与工作有关的原因,只有找出这些基本原因才能有效地控制事故的发生。个人原因包括:缺乏知识或技能,动机不正确,身体上或精神上的问题。工作方面的原因包括:操作规程不合适,设备、材料不合格,异常的磨损及异常的使用方法等,以及温度、压力、湿度、粉尘、有毒有害气体、蒸气、通风、噪声、照明、周围的状况(容易滑倒的地面、障碍物、不可靠的支持物、有危险的物体)等环境因素。

3. 直接原因——征兆

不安全行为或不安全状态是事故的直接原因,这是必须加以追究的原因。但是,直接原因不过是深层原因的征兆,是一种表面的现象。在实际工作中,如果只抓住了作为表面现象的直接原因而不追究其背后隐藏的深层原因,就永远不能从根本上杜绝事故的发生。安全管理人员应该能够预测及发现直接原因,采取恰当的改善措施;同时,为了采取长期的控制对策,必须努力找出其基本原因。

4. 事故——接触

从实用的目的出发,往往把事故定义为最终导致人员肉体损伤、死亡的,或财物损失的事件。但是,越来越多的安全专业人员从能量的观点把事故看作人的身体或构筑物、设备与超过其阈值的能量的接触,或人体与妨碍正常生理活动的物质的接触。于是,防止事故就是防止接触。为了防止接触,可以通过改进装置、材料及设施防止能量释放,通过训练提高工人识别危险的能力、使工人正确佩戴个人保护用品等来实现。

5. 伤害——损坏——损失

事故后果包括人员伤害和财物损坏,二者统称为损失。

在许多情况下,可以采取恰当的措施使事故造成的损失最大限度地减少。例如,对受伤人员的迅速抢救,对设备进行抢修以及日常对人员进行应急训练等。

三、轨迹交叉论

海因里希曾经调查了美国的 75 000 起工业伤害事故,发现占总数 98% 的事故是可以预防的,只有 2% 的事故超出人的能力所能达到的范围,是不可预防的;在可预防的工业事故中,以人的不安全行为为主要原因的事故占 88%,以物的不安全状态为主要原因的事故占

10%。根据海因里希的研究,事故的主要原因或者是由于人的不安全行为或者是由于物的不安全状态,没有一起事故是由于人的不安全行为及物的不安全状态共同引起的。于是,他得出结论:几乎所有的工业伤害事故都是由于人的不安全行为造成的。

后来,这种观点受到了许多研究者的批判。根据日本的统计资料,1969年机械制造业休工8天以上的伤害事故中,96%的事故与人的不安全行为有关,91%的事故与物的不安全状态有关;1977年机械制造业休工4天以上的104 638件伤害事故中,与人的不安全行为无关的只占5.5%,与物的不安全状态无关的只占16.5%。这些统计数字表明,大多数工业伤害事故的发生,既是由于人的不安全行为,也是由于物的不安全状态。

对人和物两种因素在事故致因中地位认识的变化,一方面是由于生产技术进步的同时,生产装置、生产条件不安全的问题越发引起人们的重视;另一方面是随着人们对人的因素研究的深入,能够正确地区分人的不安全行为和物的不安全状态。正如约翰逊指出的,判断到底是不安全行为还是不安全状态,受到研究者主观因素的影响,取决于他对问题认识的深刻程度。许多人由于缺乏有关人失误方面的知识,把由于人失误造成的不安全行为看作是物的不安全状态。

现在,越来越多的人认识到,一起工业事故之所以能够发生,除了人的不安全行为之外,一定存在着某种不安全条件。斯奇巴(Skiba)指出,生产操作人员与机械设备两种因素都对事故的发生有影响,并且机械设备的危险状态对事故的发生作用更大些。他认为,只有当两种因素同时出现时,才能发生事故。反映这种认识的理论称为轨迹交叉论,该理论认为,在事故发展进程中,人的因素的运动轨迹与物的因素的运动轨迹的交点,就是事故发生的时间和空间,即人的不安全行为和物的不安全状态发生于同一时间、同一空间,或者说人的不安全行为与物的不安全状态相遇,则将在此时间、空间发生事故,如图2-3所示。

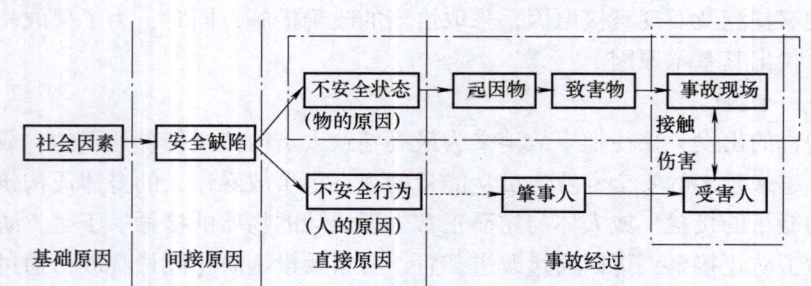

图2-3 轨迹交叉论事故模型

值得注意的是,许多情况下人的因素与物的因素又互为因果。例如,有时物的不安全状态诱发了人的不安全行为,而人的不安全行为又促进了物的不安全状态的发展,或导致新的不安全状态出现。因而,实际的事故并非简单地按照上述的人、物两条轨迹进行,而是呈现非常复杂的因果关系。轨迹交叉论作为一种事故致因理论,强调人的因素、物的因素在事故致因中占有同样重要的地位。按照该理论,可以通过避免人与物两种因素运动轨迹交叉,即避免人的不安全行为和物的不安全状态同时、同地出现,来预防事故的发生。

根据轨迹交叉论的观点,消除人的不安全行为可以避免事故。

常见不安全行为主要有违章指挥、违章操作行为和违反劳动纪律。

1. 违章指挥

违章指挥就是指违反国家的安全生产方针、政策、法律、条例、规程、标准、制度及生产经营单位的规章制度的指挥行为。常见的违章指挥行为有：

1）不认真按照安全生产责任制有关本职工作规定履行职责。
2）不按规定对员工进行安全教育培训强令员工冒险违章作业。
3）不按要求及时传达上级有关安全生产的文件、规定、通知等。
4）对暂停或停止使用的设备、设施未经检查消除隐患擅自安排使用。
5）对已发现的事故隐患不及时采取措施放任自流。
6）多工种、多层次同时作业时现场无人指挥和监护，不使用安全措施、不执行危险作业安全培训，安全措施不落实等。
7）设备检修安装不按工艺卡和检修规程进行施工、检查，擅自做主投入使用。
8）对存有安全隐患的设备强行安排生产任务，或在使用中不采取有效的防护措施，或安全防护装置缺损时仍安排作业。

2. 违章操作行为

凡是在劳动过程中违反国家法律法规和公司规定的各种规章制度（包括工艺卡、操作规程、检修规程、安全管理等方面的规程、规则、章程、办法以及有关安全工作的通知、决定等）的均属违章操作。常见的违章操作行为有：

1）不按规定穿戴和使用各类劳动保护用品。
2）工作不负责任，擅自离岗、串岗、饮酒、干私活以及从事与本职工作无关的活动。
3）发现安全隐患不向领导反映继续操作，自作主张擅自将安全防护装置拆除或弃之不用。
4）忽视安全、忽视警告冒险进入危险作业区域、特殊设备房间等。
5）不按操作规程、检修规程、工艺卡要求检修维护设备。
6）不按规定擅自在机器转动时进行加油、修理、焊接、清扫和排除故障等工作。
7）不按规定及时清理作业现场，堵塞安全消防通道。
8）不执行规定的安全防护措施和对违章指挥盲目服从不加抵制。
9）特种作业工种无证操作。
10）对易燃易爆物品不按规定进行储运和处理。

3. 违反劳动纪律

违反劳动纪律包括迟到、早退、中途溜号、工作途中干私活、擅自离岗、串岗、消极怠工、不服从分配、不听指挥影响正常工作等。但是，应该注意到，人与机器不同，机器在人们规定的约束条件下运转，自由度较少；而人的行为受各自思想的支配，有较大的行为自由性。这种行为自由性一方面使人具有搞好安全生产的能动性，另一方面也可能使人的行为偏离预定的目标，发生不安全行为。由于人的行为受到许多因素的影响，控制人的行为是件十分困难的工作。

消除物的不安全状态也可以避免事故。通过改进生产工艺，设置有效安全防护装置，根除生产过程中的危险条件，使得即使人员产生了不安全行为也不致酿成事故。在安全工程中，把机械设备、物理环境等生产条件的安全称为本质安全，在所有的安全措施中首先应该考虑的就是实现生产过程、生产条件的本质安全。但是，受实际的技术、经济条件等客观条件的限制，完全地杜绝生产过程中的危险因素几乎是不可能的，只能努力减少、控制不安全因素，使事故不容易发生。

综上所述，为了有效地防止事故发生，必须同时采取措施消除人的不安全行为和物的不安全状态。

四、能量意外释放理论

1. 能量与事故

1961 年吉布森（Gibson）和 1966 年哈登（Haldon）等人提出了解释事故发生物理本质的能量意外释放论。这种理论的观点是：人受伤害的原因只能是某种能量向人体的转移，而事故则是一种能量的不正常或不期望的释放。

能量按其形式可分为机械能、动能、势能、热能、电能、化学能、原子能、辐射能（包括离子辐射和非离子辐射）、声能和生物能等。在能量意外释放论中，把能量引起的伤害分为两大类。第一类伤害是由于施加了超过局部或全身性的损伤阈值的能量而产生的，表 2-1 所列为人体受到超过其承受能力的各种形式能量作用时受伤害的情况。第二类伤害则是由于影响局部或全身性能量交换引起的，譬如因机械因素或化学因素引起的窒息（如冻伤、溺水、一氧化碳中毒等），表 2-2 所列为人体与外界的能量交换受到干扰而发生伤害的情况。人受到伤害都可归结为上述一种或若干种能量的不正常或不期望的转移。

表 2-1 人体受到超过其承受能力的各种形式能量作用时受伤害的情况

能量类型	事故类型	产生的伤害
机械能	物体打击、车辆伤害、机械伤害、起重伤害、高处坠落、坍塌、冒顶片帮、放炮、火药爆炸、瓦斯爆炸、锅炉爆炸、压力容器爆炸	刺伤、割伤、撕裂、挤压皮肤和肌肉、骨折、内部器官损伤
热能	灼烫、火灾	皮肤发炎、烧伤、烧焦、焚化、伤及全身
电能	触电	干扰神经-肌肉功能、电伤
化学能	中毒和窒息、火灾	化学性皮炎、化学性烧伤、致癌、致遗传突变、致畸胎、急性中毒、窒息
电离辐射	反应堆事故中，治疗性与诊断性照射，滥用同位素、辐射性粉尘的作用。具体伤害结果取决于辐射作用部位和方式	细胞和亚细胞成分与功能的破坏

表 2-2 人体与外界的能量交换受到干扰而发生伤害的情况

影响能量交换类型	事故类型	产生的伤害
氧的利用	中毒或窒息	局部或全身生理损害
其他		局部或全身生理损害（冻伤、冻死）、热痉挛、热衰竭、热昏迷

2. 能量与伤害严重程度

能量转移论的另一个重要概念是：在一定条件下，某种形式的能量能否造成伤害及事故，主要取决于：①人接触能量的大小。②接触时间和频率。③能量的集中程度。④屏障设置的早晚等。

该理论阐明了伤害事故发生的物理本质，指明了防止伤害事故就是防止能量意外释放，防止人体接触能量。根据这种理论，人们要经常注意生产过程中能量的流动、转换以及不同形式能量的相互作用，防止发生能量的意外释放或逸出。

用能量转移的观点分析事故致因的基本方法是：首先确认某个系统内的所有能量源，然后确定可能遭受该能量伤害的人员及伤害的可能严重程度，进而确定控制该类能量不正常或不期望转移的方法。

3. 防止能量造成伤害的措施

从能量意外释放论出发，预防伤害事故就是防止能量或危险物质的意外释放，防止人体与过量的能量或危险物质接触。约束、限制能量，防止人体与能量接触的措施称为屏蔽，这是一种广义的屏蔽。在工业生产中经常采用的防止能量意外释放的屏蔽措施主要有以下几种：

（1）用安全的能源代替不安全的能源。有时被利用的能源具有的危险性较高，这时可考虑用较安全的能源取代。例如，在容易发生触电的作业场所，用压缩空气动力代替电力，可以防止发生触电事故。但是应该注意，绝对安全的事物是没有的，以压缩空气做动力虽然避免了触电事故，而压缩空气管路破裂、脱落的软管抽打等都带来了新的危害。

（2）限制能量。在生产工艺中应尽量采用低能量的工艺或设备，这样即使发生了意外的能量释放，也不致发生严重伤害。例如，利用低电压设备防止电击，限制设备运转速度以防止机械伤害等。

（3）防止能量蓄积。能量的大量蓄积会导致能量突然释放，因此，要及时泄放多余的能量，防止能量蓄积。例如，通过接地消除静电蓄积，利用避雷针放电保护重要设施等。

（4）缓慢地释放能量。缓慢地释放能量可以降低单位时间内释放的能量，减轻能量对人体的作用。例如，各种减振装置可以吸收冲击能量，防止人员受到伤害。

（5）设置屏蔽设施。屏蔽设施是一些防止人员与能量接触的物理实体，即狭义的屏蔽。屏蔽设施可以被设置在能源上（例如安装在机械转动部分外面的防护罩），也可以被设置在人员与能源之间（例如安全围栏等）。人员佩戴的个体防护用品，可被看作是设置在人员身上的屏蔽设施。

（6）在时间或空间上把能量与人隔离。在生产过程中也有两种或两种以上的能量相互作用引起事故的情况。例如，一台吊车移动的机械能作用于化工装置，使化工装置破裂而有毒物质泄漏，引起人员中毒。针对两种能量相互作用的情况，可考虑设置两组屏蔽设施：一组设置于两种能量之间，防止能量间的相互作用；一组设置于能量与人之间，防止能量达及人体。

（7）信息形式的屏蔽。各种警告措施等信息形式的屏蔽，可以阻止人员的不安全行为或避免发生行为失误，防止人员接触能量。根据可能发生的意外释放的能量的大小，可以设置单一屏蔽或多重屏蔽，并且应该尽早设置屏蔽，做到防患于未然。从能量的观点出发，按能量与被害者之间的关系，可以把伤害事故分为三种类型，相应地应采取不同的预防伤害措施。

1）能量在规定的能量流通渠道中流动，人员意外地进入能量流通渠道而受到伤害。设置防护装置之类屏蔽设施防止人员进入，可以避免此类事故。警告、劝阻等信息形式的屏蔽可以约束人的行为。

2）在与被害者无关的情况下，能量意外地从原来的渠道里逸脱出来，开辟新的流通渠道使人员受伤。按事故发生时间与伤害发生时间之间的关系，又可分为两种情况：一是事故发生的瞬间人员即受到伤害，甚至受害者尚不知发生什么就遭受了伤害，这种情况下，人员没有时间采取措施避免伤害，为了防止伤害，必须全力以赴地控制能量，避免事故的发生；二是事故发生后人员有时间躲避能量的作用，可以采取恰当的对策防止受到伤害，例如，在发生火灾、有毒有害物质泄漏事故的场合，远离事故现场的人们可以恰当地采取隔离、撤退或避难等行动，避免遭受伤害，这种情况下人员行为正确与否往往决定他们的生死存亡。

3）能量意外地越过原有的屏蔽而开辟新的流通渠道，同时被害者误进入新开通的能量渠道而受到伤害，这种情况实际上较少发生。

单元四　事故预防理论

【情境导入】

事故有自然事故和人为事故之分。自然事故是指由自然灾害造成的事故，如地震、洪水、旱灾、山崩、滑坡、龙卷风等引起的事故。人为事故是指由人为因素而造成的事故，这类事故既然是人为因素引起的就能够预防。事故之所以可以预防是因为它具有一定的特性和规律，只要掌握了这些特性和规律，并能合理应用，事先采用有效措施加以控制，就可以预防和减少事故的发生及其造成的损失。

【单元要求】

（1）了解事故的三个发展阶段及其特征。
（2）了解事故预防的目标及其主要内容。
（3）掌握事故预防的基本原则。
（4）掌握事故发生的准则和事故预防的3E准则。
（5）理解本质安全化，初步掌握实现本质安全化的方法和途径。

【知识内容】

一、事故的发展阶段

如同一切事物一样，事故也有其发生、发展过程，因而是可以预防的。事故的发展，一般可归纳为三个阶段，即孕育阶段、生长阶段和损失阶段，各阶段都具有自己的特点。

1. 孕育阶段

事故的发生有其基础原因，即社会因素和上层建筑方面的原因，如地方保护主义，各种设备在设计和制造过程中潜伏着危险。这些就是事故发生的孕育阶段，此时，事故处于无形阶段，人们可以感觉到它的存在，估计到它必然会出现，而不能指出它的具体形式。

2. 生长阶段

在此阶段出现企业管理缺陷，不安全状态和不安全行为得以发生，构成了生产中的事故隐患，即危险因素，这些隐患就是"事故苗子"。在这一阶段，事故处于萌芽状态，人们可以具体指出它的存在，此时有经验的安全工作者已经可以预测事故的发生。

3. 损失阶段

当生产中的危险因素被某些偶然事件触发时，就要发生事故。包括肇事人的肇事，起因物的加害和环境的影响，使事故发生并扩大，造成人员伤亡和经济损失。

安全工作的目的，是要避免因发生事故而造成损失，因此要将事故消灭在孕育阶段和生长阶段。

二、事故预防目标

事故预防的目标包括道德、法律和经济三个方面。

1. 道德的目标

道德方面的目标，是从任何一个人都要关心他人的观念出发的。随着人们物质文化生活水平的逐步提高，人们对安全与健康的要求越来越强烈。环境问题、人口问题、产品安全问题和其他一些事务会引起广泛的讨论。越来越多的人认为，为了盈利或者其他目的而引起工作场所之内或者之外人的安全与健康问题，从道德上讲，是无法接受的；由于死亡和伤残而造成的痛苦和艰难，是无法用金钱来衡量的。雇主比起过去，现在道德义务的观念要更强。

有关道德目标的一个衡量尺度就是士气，它与法律和经济两个目标相关。工人的士气可以通过积极参加事故预防的演习而得到加强，也可因为事故而被削弱。不良的公共形象，影响了企业内部和外部的无形资产，公众信心的减弱会削弱企业与社区的联系、市场位置、市场占有额乃至其自身的名气。

2. 法律的目标

法律的目标，是由国家的法律所规定的，当企业违背及未能遵守法律时，就会受到起诉及一系列强制性的行动处理。根据法律，当工人和其他人是由于企业破坏了其法律义务或未能达到法律所规定的标准而受到伤害时，就应得到依法规定的赔偿。

3. 经济的目标

经济方面的目标，是确保企业的财政状况，持续保证职业安全健康，避免造成与事故相关的损失，包括雇主的现金损失、社区及社会因工人伤亡而受到的损失、财产的损失及工作受到影响而造成的损失。伤亡事故经济损失是指企业职工在劳动生产过程中发生伤亡事故所引起的一切经济损失，包括直接经济损失和间接经济损失。其中直接经济损失是指因事故造成人身伤亡及善后处理支出的费用和毁坏财产的价值，这部分损失项目可以列入保险之中。间接经济损失是指因事故导致产值减少、资源破坏和受事故影响而造成其他损失的价值，一般包括没有保险的财产损失、计划的延期、加班的支出、为事故而引起的管理付出及因维修、重建而造成的产量下降等费用。

三、事故预防原则

事故有其固有规律，除了人类无法左右的自然因素造成的事故（如地震、洪水、泥石流等）以外，在人类生产和生活中所发生的各种事故绝大部分是可以预防的。

事故的预防工作应该从技术和组织管理两个方面考虑，应当遵循的基本原则有以下两方面。

1. 技术原则

在生产过程中，客观上存在的隐患是事故发生的前提。因此，要预防事故的发生，就需要针对隐患采取有效的技术措施进行治理。在采取有效技术措施进行治理过程中，应当遵循的基本原则是：

（1）消除潜在危险原则。该原则即从本质上消除事故隐患，其基本做法是，以新的系统、新的技术和工艺代替旧的不安全的系统和工艺，从根本上消除发生事故的可能性。例如，用不可燃材料代替可燃材料，改进机器设备，消除人体操作对象和作业环境的危险因素，消除噪声、尘毒对工人的影响等，从而最大可能地保证生产过程的安全。

（2）降低潜在危险严重度的原则。该原则即在无法彻底消除危险的情况下，最大限度地限制和减少危险程度。例如，手电钻工具采用双层绝缘措施，利用变压器降低回路电压，在高压容器中安装安全阀等。

（3）闭锁原则。闭锁是在系统中通过一些元器件的机器联锁或机电、电气互锁，作为保证安全的条件。例如，冲压机械的安全互锁器，电路中的自动保护器。

（4）能量屏蔽原则。能量屏蔽是在人、物与危险源之间设置屏障，防止意外能量作用到人体和物体上，以保证人和设备的安全。例如，建筑高空作业的安全网、核反应堆的安全壳等都应起到保护作用。

（5）距离保护原则。距离保护是当危险和有害因素的伤害作用随着距离的增加而减弱时，应尽量使人与危害源距离远一些。例如，化工厂建立在远离居民区、爆破时的危险距离控制等。

（6）个体保护原则。个体保护是根据不同作业性质和条件，配备相应的保护用品及用具，以保护作业人员的安全与健康。例如，采取安全带、护目镜、绝缘手套等保护用品及用具。

（7）时间防护原则。该原则即使人处在危险和有害因素作用的环境中的时间缩短到安全限度之内。

（8）坚固原则。坚固原则是指提高结构强度，提升安全系统性能。

（9）薄弱环节原则。薄弱环节原则是指利用薄弱元件，使它在危险因素尚未达到危险值之前已预先破坏，如熔丝、安全阀、爆破片等。

（10）取代操作人员的原则。该原则是在特殊或严重危险条件下，用机器人去代替人操作。

（11）警告、禁止信息原则。该原则是用光、声、色等其他标志作为传递组织和技术信息的目标，以保证安全。例如，警灯、警报器、安全标志、宣传画等。

应该根据需要，确定采取相关的预防事故的技术原则。

2. 组织管理原则

预防事故的发生，不仅要遵循上述的技术原则，而且还要在组织管理上采取相关的措施，才能最大限度地减少事故发生的可能性。

（1）系统整体性原则。安全工作是一项系统性、整体性的工作，它涉及企业生产过程中的各个方面。安全工作的整体性要体现出：有明确的工作目标，综合地考虑问题的原因，动态地认识安全状况；而且落实措施要有主次，要有效地抓住各个环节，并且能够适应变化的要求。

（2）计划性原则。安全工作要有计划和规划，近期的目标和长远的目标要协调进行。工作方案、人财物的使用要按照规划进行，并且有最终的评价，形成闭环的管理模式。

（3）效果性原则。安全工作的好坏，要通过最终成果指标来衡量。但是，由于安全问题的特殊性,安全工作的成果既要考虑经济效益,又要考虑社会效益。正确认识和理解安全的效果性,是落实安全生产措施的重要前提。

(4) 党政工团协调安全工作原则。党制订正确的安全生产方针和政策,教育干部和群众遵章守法,了解和解决工人的思想负担,把不安全行为变为安全行为。政府实行安全监察管理职责,不断改善劳动条件,提高企业生产的安全性。工会代表工人的利益,监督政府和企业把安全工作搞好。青年是劳动力中的有生力量,青年工人中往往事故发生率高,因此,动员青年开展事故预防活动,是安全生产的重要保证。

(5) 责任制原则。各级政府及相关的职能部门和企事业单位应当实行安全生产责任制,对违反劳动安全法规和不负责任的人员而造成的伤亡事故应当给予行政处罚,造成重大伤亡事故的应当追究刑事责任。只有将安全责任落到实处,安全生产才能得以保证,安全管理才能有效。

综上所述,事故的预防要从技术、组织管理和教育多方面采取措施,从总体上提高预防事故的能力,才能有效地控制事故,保证生产和生活的安全。

 【案例解析】铸造混砂机死亡事故

- 事故经过

某工厂铸造车间配砂组老工人张某,经常早上提前上班检修混砂机内舱,以保证上班时间正常运行。某年某月某日7时20分,张某来到车间打开混砂机舱门,没有在混砂机的电源开关处挂上"有人工作禁止合闸"的警告牌便进入机内检修。他怕舱门开大了影响他人行走,便将舱门仅留150mm的缝隙。7时50分左右,本组配砂工人李某上班后,没有预先检查一下机内是否有人工作,便随意将舱门推上,顺手开动混砂机试车,当听到机内有人喊叫时,大惊失色,立即停机,但滚轮在惯性作用下继续转动,混砂机停稳后,李某与刚上班的其他职工将张某救出,张某头部流血不止,事故发生后车间领导立即上报,7时55分工厂卫生所医务人员闻讯立即赶到现场,对张某做了止血包扎,随车立即将张某送往医院救治,但由于头部受伤严重,经抢救无效于8时40分死亡。

- 事故原因

1) 张某进入混砂机内检修,未挂"有人工作禁止合闸"警告牌,是事故的主要原因。

2) 配砂工人李某试车前,没有预先检查机内是否有人就推上舱门,致使混砂机的舱门连锁开关安全装置失效,随后又起动混砂机,是这次事故的直接原因。

- 事故预防(整改)措施

1. 组织措施

1) 召开全厂中层以上领导干部事故现场会,举一反三吸取教训,开展全厂性"杜绝三违"活动,纠正侥幸心理,杜绝违章行为,增强职工的安全意识和自我保护能力。

2) 建立"加班、值班人员安全教育程序"。以人为本,控制和管理好加班、值班人员在非常规作业中的人身安全。

3) 充实《检修混砂机安全技术操作规程》内容,在进入混砂机内工作时,除了切断电源挂上"有人工作禁止合闸"警告牌外,必须请电工取下熔丝由进入机内的检修人员随身保管,并派人在机外监护,防止事故发生。

> 2. 技术措施
> 1）车间技术人员组织对所有混砂机的门机连锁安全控制装置进行检查，保证其灵敏可靠。
> 2）对混砂机舱门进行改造，加装限制关门机构，由进入机舱维修者控制，否则不能将舱门关闭，保证连锁开关的有效性。

四、事故法则

美国安全工程师海因里希（H. W. Heinrich）曾统计了 55 万件机械事故，其中死亡、重伤事故 1666 件，轻伤 48 334 件，其余则为无伤害事故。从而得出一个重要结论：在机械事故中，死亡或重伤、轻伤与无伤害的事故的比例为 1∶29∶300，即在每 330 次事故中，可能会造成死亡或重伤事故 1 次，轻伤、微伤事故 29 次，无伤害事故 300 次。这就是著名的海因里希事故法则，即事故的统计规律，又称 1∶29∶300 法则。人们将事故法则的比例关系绘制成三角形图，称为事故三角形，如图 2-4 所示。

不同的行业，不同类型的事故，无伤、轻伤、重伤的比例不一定完全相同。但是这个统计规律告诉人们，在进行同一项活动时，无数次意外事件必然导致重大伤亡事故的发生，要消除 1 次死亡或重伤事故以及 29 次轻伤事故，必须首先消除 300 次无伤害事故。也就是说，要防止重大伤亡事故必须减少和消除无伤害事故，防止灾害的关键，不在于防止伤害，而是要从根本上防止事故。所以，安全工作必须从基础抓起，如果基础安全工作做得不好，小事故不断，就很难避免大事故的发生。

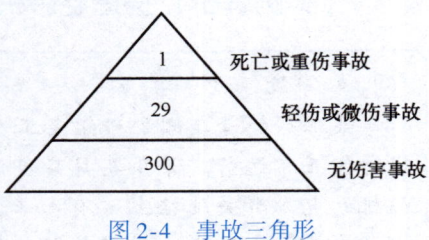

图 2-4　事故三角形

五、事故预防的 3E 准则

海因里希把造成人的不安全行为和物的不安全状态的主要原因归结为四个方面的问题：不正确的态度，技术、知识不足，身体不适，不良的工作环境。针对这四个方面的原因，海因里希提出工程技术方面改进、说服教育、人事调整和惩戒四种对策。这四种安全对策后来被归纳为众所周知的 3E 原则，即：

1）工程技术（Engineering），即利用工程技术手段消除不安全因素，实现生产工艺、机械设备等生产条件的安全。

2）教育（Education），即利用各种形式的教育和训练，使职工树立"安全第一"的思想，掌握安全生产所必需的知识和技能。

3）强制（Enforcement），即借助于规章制度、法规等必要的行政乃至法律的手段约束人们的行为。

这里，安全技术对策着重解决物的不安全状态的问题；安全教育对策和安全管理对策则主要着眼于人的不安全行为的问题，安全教育对策主要使人知道应该怎么做，而安全管理对策则要求人必须怎么做。

一般来讲，在选择安全对策时应该首先考虑工程技术措施，然后才是教育、训练。在实际工作中，应该针对不安全行为和不安全状态的产生原因灵活地采取对策。例如，针对职工的不正确态度问题，应该考虑工作安排上的心理学和医学方面的要求，对关键岗位上的人员要认真挑选，并且加强教育和训练，如能从工程技术上采取措施，则应该优先考虑；对于技术、知识不足的问题，应该加强教育和训练，提高其知识水平和操作技能；尽可能地根据人机学的原理进行工程技术方面的改进，降低操作的复杂程度。为了解决身体不适的问题，在分配工作任务时要考虑心理学和医学方面的要求，并尽可能从工程技术上改进，降低对人员素质的要求。

对于不良的物理环境，则应采取恰当的工程技术措施来改进。即使在采取了工程技术措施，减少、控制了不安全因素的情况下，仍然要通过教育、训练和强制手段来规范人的行为，避免不安全行为的发生。

为了防止事故发生，不仅要在上述三个方面实施事故预防与控制的对策，而且还应始终保持三者间的均衡，合理地采取相应措施，并综合使用上述措施，才有可能搞好事故预防工作。

六、本质安全化方法

1. 系统本质安全化

系统中的人、物及人物关系称为安全的三要素，如果再细分就是人、物（原材料等）、机（工具）、环境及它们之间的关系。系统中这些要素中的任一要素均能独立地成为实现安全的充分条件。例如，人若能对危害因素具有绝对的抵御能力，或物（机、环境）绝对不会造成危害，或它们之间的关系能在时空、能量上不发生任何危险性联系，结果都是安全的，这样的系统就是本质安全化的。

但是，在现实的生产、生活中不可能做到绝对的本质安全化，能做到的只能是与现实社会、科技、经济等发展水平相适应的相对的本质安全化，即本质安全也是相对的安全，是可接受的危险。系统本质安全化主要从以下方面入手：

1）人通过良好的安全教育、训练，从而具有良好的安全生理、心理、知识、技能与应急应变反应能力的综合素质；同时具有完善的人身防护。

2）所处理的原料、中间体、产品等物质具有良好的安全性能，避免选用有潜在危险性或性能不明的物质。

3）所用机械设备具有完备的安全及冗余设计、安全装置、安全指示、报警、连锁、排出等机构，且作用明确，可靠性高，即使出现了故障，也不会导致事故。

4）工艺过程无害化、安全化，工艺布置可以阻断、隔离危险的发展与继续、避免事故及损失。

5）创造能充分发挥人、机、物正常功能的"合适"环境条件，包括光线、温度、湿度、通风、噪声、活动空间等，而且还要考虑到雷雨、风暴、地震、洪水等不正常自然条件时的安全措施。

6）科学而严密的安全管理，如在线检测与监控，达到人、机、物、环境全系统最佳的动态协调。

在以上这些本质安全化所要求的基本内容中，最能体现本质安全化的集中在：

1）系统的安全性，依靠系统自身而不是系统外附加的安全装置与措施来保证。

2）构成系统的人对机、物、环境的良好适应性。

3）保证机、物、环境对人的最大适应性，即使人出现了失误与误操作，机、物、环境也能自动避免事故灾害的发生，保障生命、财产的安全。

2. 本质安全化方法

预防事故应当采取的本质安全化方法，主要从物的方面考虑，包括降低事故发生概率和降低事故严重程度。

（1）降低事故发生概率的措施。影响事故发生概率的因素很多，如系统的可靠性、系统的抗灾能力、人的失误和违章等。

在生产作业过程中，既存在自然的危险因素，也存在人为的生产技术方面的危险因素。这些因素能否导致事故发生，不仅取决于组成系统各要素的可靠性，而且还受到企业管理水平和物质条件的限制。因此，降低系统事故的发生概率，最根本的措施是设法使系统达到本质安全化，使系统中的人、物、环境和管理安全化，一旦设备或系统发生故障，它能自动排除、切换或安全地停止运行；当人发生操作失误时，设备、系统能自动保证人机安全。

要做到系统的本质安全化，应采取以下综合措施：

1）提高设备的可靠性。要控制事故的发生概率，提高设备的可靠性是基础。为此，应采取以下措施：

① 提高元件的可靠性。设备的可靠性取决于组成元件的可靠性，要提高设备的可靠性，必须加强对元件的质量控制和维修检查。一般可采取：使元件的结构和性能符合设计要求和技术条件，选用可靠性高的元件代替可靠性低的元件；合理规定元件的使用周期，严格检查维修，定期更换或重建。

② 增加备用系统。在规定时间内，多台设备同时全部发生故障的概率等于每台设备单独发生故障的概率的乘积。因此，在一定条件下，要增加备用系统（设备），使每台单元设备或系统都能完成同样的功能，一旦其中一台或几台设备发生故障，系统仍能正常运转，不致中断正常运行，从而提高系统运行的可靠性，也有利于系统的抗灾救灾。例如，对企业中的一些关键性设备，如供电线路、电动机、水泵等均配置一定量的备用设备，以提高其抗灾能力。

③ 对处于恶劣环境下运行的设备采取安全保护措施。为了提高设备运行的可靠性，防止发生事故，对处于恶劣环境下运行的设备应当采取安全保护措施。如对处于有摩擦、腐蚀、侵蚀等条件下运行的设备，应采取相应的防护措施；对振动大的设备应加强防振、减振和隔振等措施等。

④ 加强预防性维修。预防性维修可以有效排除事故隐患、排除设备的潜在危险，为此，应制订相应的维修制度，并认真贯彻执行。

2）选用可靠的工艺技术，降低危险因素的感度。危险因素的感度是指危险因素转化成为事故的难易程度。危险因素的存在是事故发生的必要条件，降低危险因素的感度，关键是选用可靠的工艺技术。

3）提高系统的抗灾能力。系统的抗灾能力是指当系统受到自然灾害和外界事物干扰时，自动抵抗而不发生事故的能力；或者是指系统中出现某危险事件时，系统自动将事态控制在一定范围的能力。例如，采用漏电保护装置、安全监测、监控装置等安全防护装置。

4）减少人的失误。由于人在生产过程中的可靠性远比机电设备差，很多事故是因人的失误造成的。降低系统事故发生概率，必须首先减少人的失误，主要方法有：对工人进行充分的安全知识、安全技能、安全态度等方面的教育和训练；以人为中心，改善工作环境，为工人提供安全性较高的劳动生产条件；提高机械化程度，尽可能用机器操作代替人工操作，减少现场工作人员；用人机工程学原理进行系统设计，合理分配人机功能，并改善人机接口的安全状况。

5）加强监督检查。实践表明，对系统中的人、事、物进行严格的监督检查，在各种劳动生产过程中是必不可少的，只有加强安全检查工作，才能有效地保证企业的安全生产。建立健全各种自动制约机制，加强专职与兼职、专管与群管相结合的安全检查工作是安全管理工作中重要的一环。

（2）降低事故严重度的措施。事故严重度是指因事故造成的财产损失和人员伤亡的严重程度。事故的发生是由于系统中的能量失控造成的，事故的严重度与系统中危险因素转化为事故时释放的能量有关，能量越高，事故的严重度越大。因此，降低事故严重度具有十分重要的作用。目前，一般可采取的措施有：

1）限制能量或分散风险。为了减少事故损失，必须对危险因素的能量进行限制，如各种油库、火药库的储存量的限制，各种限流、限压、限速等设备就是对危险因素的能量进行限制。此外，通过把大的事故损失化为小的事故，损失可达到分散风险的效果。

2）防止能量逸散的措施。防止能量逸散就是设法把有毒、有害、有危险的能量源储存在有限允许范围内，而不影响其他区域的安全，如防爆设备的外壳、密闭墙、密闭火区、放射性物质的密封装置等。

3）加装缓冲能量的装置。在生产中，设法使危险源能量释放的速度减慢，可大大降低事故的严重度，而使能量释放速度减慢的装置称为缓冲能量装置。在工业企业和生活中使用的缓冲能量装置较多，如汽车、轮船上装备的缓冲设备、缓冲阻车器，以及各种安全带、安全阀等。

4）避免人身伤亡的措施。避免人身伤亡的措施包括两个方面的内容：一是防止发生人身伤害，如采用遥控操作、提高机械化程度、使用整体或局部的人身个体防护都是避免人身伤害的措施，在生产过程中及时注意观察各种灾害的预兆，以便采取有效措施，防止事故发生；二是一旦发生人身伤害时，采取相应的急救措施，即使不能防止事故发生，也可及时撤离人员，避免人员伤亡。做好救护和工人自救准备工作，对降低事故的严重度有着十分重要的意义。

【考核与提高】

一、单项选择题

1.（　　）是为了使生产过程在符合物质条件和工作秩序下进行，防止发生人身伤亡和财产损失等生产事故，消除或控制危险有害因素，保障人身安全与健康，设备和设施免受损坏，环境免遭破坏的总称。

A. 安全　　　　　　B. 安全生产　　　　C. 安全卫生　　　　D. 安全条件

2. 安全生产管理的目标是减少、控制危害和事故，尽量避免生产过程中由于（　　）所造成的人身伤害、财产损失及其他损失。

A. 事故　　　　　　B. 危险　　　　　　C. 管理不善　　　　D. 违章

3. 从安全生产的角度，（　　）是指可能造成人员伤害、疾病、财产损失、作业环境破坏或其他损失的根源或状态。

A. 危险　　　　　　B. 危险度　　　　　C. 危险源　　　　　D. 重大危险源

4. 根据安全工程学的一般原理，危险性定义为事故频率和事故后果严重程度的（　　）。

A. 总和　　　　　　B. 差值　　　　　　C. 乘积　　　　　　D. 除数

5. 危险是事故可能性与事故严重性的结合，所以（　　）。
   A. 事故的可能性增大1倍，危险就增大1倍
   B. 事故的严重性增大1倍，危险就增大1倍
   C. 事故严重性越大，危险就越大
   D. 当事故可能性不变时，危险与事故严重性有关

6. 可造成人员死亡、伤害、职业病、财产损失或其他损失的意外事件称为（　　）。
   A. 事故　　　　　　B. 不安全　　　　　C. 危险源　　　　　D. 事故隐患

7. 事故隐患泛指生产系统中（　　）的人的不安全行为、物的不安全状态和管理上的缺陷。
   A. 经过评估　　　　　　　　　　　　　　B. 存在
   C. 可导致事故发生　　　　　　　　　　　D. 不容忽视

8. 为提高系统可靠性，减小系统故障，在系统中附加一些元部件或者手段的设计方法为（　　）。
   A. 并联设计　　　　　　　　　　　　　　B. 串联设计
   C. 最坏情况设计　　　　　　　　　　　　D. 冗余设计

9. 人机系统的整体可靠性原则是指：从人机系统的整体可靠性出发，合理确定人与机器的（　　），从而设计出经济可靠的人机系统。
   A. 功能分配　　　　B. 大小　　　　　　C. 经济性　　　　　D. 可靠性

10. 根据骨牌理论提出的防止事故措施是（　　）。
    A. 防止能量失控转移　　　　　　　　　　B. 防止人、物运动的时空交叉
    C. 从骨牌顺序中移走某一个中间骨牌
    D. 从事故模型中移走最后一个表示事故发生的图形

11. 下列对"本质安全"理解不正确的是？（　　）
    A. 包括设备和设施等本身固有的失误安全和故障安全功能
    B. 是安全生产管理预防为主的根本体现
    C. 可以是事后采取完善措施而补偿的
    D. 设备或设施含有内在的防止发生事故的功能

12. 机械上常在防护装置上设置为检修用的可开启的活动门，应使活动门不关闭机器就不能开动；在机器运转时，活动门一打开机器就停止运转，这种功能称为（　　）。
    A. 安全联锁　　　　B. 安全屏蔽　　　　C. 安全障碍　　　　D. 密封保护

13. 在高速运转的机械飞轮外部安装防护罩，属于（　　）安全技术措施。
    A. 限制能量　　　　B. 隔离　　　　　　C. 故障设计　　　　D. 设置薄弱环节

14. 海因里希对55万件事故案例进行了详细调查研究后得出了海因里希法则，事故后果为严重伤害、轻微伤害和无伤害的事故件数之比为（　　）。
    A. 1∶29∶300　　　B. 1∶10∶300　　　C. 1∶10∶100　　　D. 1∶100∶500

15. 根据本质安全的概念，（　　）是从本质安全角度出发而采取的安全措施。
    A. 切割机械上设置的光控断电装置　　　　B. 汽车上设置的安全气囊
    C. 为探险人员配备的卫星定位仪　　　　　D. 煤矿工人佩戴的自救器

16. "3E原则"认为可以采取（　　）三种对策防止事故的发生。
    A. 工程技术对策、教育对策、强制对策
    B. 安全管理对策、监督与监察对策、强规对策
    C. 工程技术对策、教育对策、监督与监察对策
    D. 预防对策、教育对策、强制对策

二、多项选择题

1. 海因里希因果连锁理论认为企业安全工作的中心是（   ）。
   A. 防止人的不安全行为　　　　　　　　B. 消除物的不安全状态
   C. 弥补安全管理中的缺陷　　　　　　　D. 改善工作环境　　　E. 克服人的缺点
2. 本质安全是指设备、设施或技术工艺含有内在的能够从根本上防止发生事故的功能，具体包括（   ）。
   A. 失误——安全功能　　　　　　　　　B. 技术——安全功能
   C. 规划——安全功能　　　　　　　　　D. 设备——安全功能
   E. 故障——安全功能
3. 属于防止事故发生的安全技术措施基本原则有（   ）。
   A. 消除危险源　　　　　　　　　　　　B. 限制能量或危险物质
   C. 隔离　　　　　　　　　　　　　　　D. 减少故障和失误
4. 下列哪些属于事故预防工程技术对策中需要遵循的技术性原理？（   ）
   A. 消除潜在危险的原理　　　　　　　　B. 闭锁原理
   C. 能量屏障原理　　　　　　　　　　　D. 薄弱环节原理
5. 下列哪些属于事故预防工程技术对策中冗余性原理的措施？（   ）
   A. 电路中使用熔丝　　　　　　　　　　B. 工业生产中降低额定电压
   C. 用不燃材料代替可燃材料　　　　　　D. 增加钢丝绳强度
6. 下列哪些属于事故预防工程技术对策中闭锁原理的措施？（   ）
   A. 冲压机械的安全互锁器　　　　　　　B. 工业生产中降低额定电压
   C. 电路中的自动保安器　　　　　　　　D. 在高压容器中安装卸压阀
7. 下列哪些属于事故预防工程技术对策中消除潜在危险原理的措施？（   ）
   A. 用不燃材料代替可燃材料　　　　　　B. 用导爆管技术代替导火绳起爆的方法
   C. 手电钻采用双层绝缘措施　　　　　　D. 在高压容器中安装卸压阀
8. 下列哪些属于事故预防工程技术对策中薄弱环节原理的措施？（   ）
   A. 电路中使用熔丝　　　　　　　　　　B. 煤气发生炉的防爆膜
   C. 压力容器的卸压阀　　　　　　　　　D. 增加钢丝绳强度
9. 下列哪些属于事故预防工程技术对策中能量屏障原理的措施？（   ）
   A. 建筑高处作业使用安全网　　　　　　B. 反应堆的安全壳
   C. 工业生产中降低额定电压　　　　　　D. 在高压容器中安装卸压阀
10. 下列论述中，（   ）不符合本质安全化原则的论点。
    A. 从技术、教育、身体、态度以及管理等方面入手，可以从根本上消除安全隐患
    B. 从根本上消除人的不安全行为和物的不安全状态，达到预防事故发生的目的
    C. 安全是相对的，所以不可能实现真正的本质安全化
    D. 设备是可以实现本质安全化的，但对人是无法实现本质安全化的
    E. 在进行工程项目时，必须从本质上实现安全化

三、判断题

1. 事故的发生是完全没有规律的偶然事件。（   ）
2. 事故的直接原因只能是物的不安全状态。（   ）
3. 事故的直接原因是物的不安全状态和人的不安全行为。（   ）
4. 本质安全化正是建立在以人为中心的事故预防技术的理念之上，它强调先进技术手段和物质条件在保障安全生产中的重要作用。（   ）
5. 通过人—机—环境系统的优化配置，使系统处于最安全状态是实现本质安全化的基本途径之

一、( )
6. 根据事故致因理论，事故是由于物的不安全状态或人的不安全行为所致。(   )
7. 从宏观讲，根据统计，事故发生的原因中，主要的原因是人的失误和不安全行为。(   )
8. 根据系统安全工程的观点，安全是指生产系统中免遭不可承受财产损失。(   )
9. 企业安全管理的手段有：行政手段、法制手段、经济手段、文化手段等。(   )
10. 在生产过程中，如果物的状态、人的行为和环境条件不能满足依据事故发生与预防规律的认识所制订的标准、规章、规定、规程等，就有可能发生事故。(   )

四、简答题
1. 基于事故的基本特征，分析学校周边环境，应如何在这个环境中预防事故、加强安全意识？
2. 安全管理的定义和目的是什么？
3. 你对安全、危险、风险、事故、隐患、危险源的概念是如何理解的？简述它们之间的相互关系。
4. 结合具体事故案例，运用上述人的可靠性理论分析行车安全事故发生的原因。
5. 预防事故应当遵循哪些基本原则？
6. 预防人的差错的容错与防错措施主要有哪些？
7. 何谓事故致因理论？掌握事故致因理论有何作用？
8. 何谓事故法则？从事故法则中可以得到何种启示？
9. 结合城市轨道交通运输系统，说明事故预防的3E原则。

【案例分析】列车越站事件

2008年×月×日16时29分，2102次列车自车辆段出发后，以ATO模式运行至竹子林站载客运营。约16时33分，当列车进入车公庙站时，驾驶员按规定打开驾驶室灯，但列车却因目的地码错误而直接以60 km/h的速度逼过车公庙站，待驾驶员发现后，立即转换成SM模式驾驶维持运行。

请结合本模块的学习内容，分析事故原因并提出相应的防范措施。

(资料来源：深圳地铁安全案例汇编。)

模块三 城市轨道交通运营安全相关法律法规

◆【模块导学】

2011年9月27日14时10分，上海地铁10号线新天地站设备故障，上海交通大学至南京东路上下行采用电话闭塞方式，列车限速运行。期间14时51分，列车从豫园至老西门下行区间两列车不慎发生追尾，14时51分，虹桥路站至天潼路站9站路段实施临时封站措施，其余两端采取小交路方式保持运营，启动公交配套应急预案，公安、武警等赶赴现场协助疏散。截至2011年9月27日20时38分，两列事故列车内500多名乘客已经全部撤离车站。其中有271名伤员就诊，已有180人出院，61位在住院，30人在急诊室观察24h后无事后出院。大部分为轻微伤乘客，未发现重伤，受伤乘客已受到及时的医护处理，无人死亡。

2011年10月6日，上海地铁"9·27"事故调查组公布事故调查结果，认定"9·27"事故是一起造成重大社会影响的责任事故。经事故调查组认定，事故的直接原因是：地铁行车调度员在未准确定位故障区间内全部列车位置的情况下，违规发布电话闭塞命令；接车站值班员在未严格确认区间线路是否空闲的情况下，违规同意发车站的电话闭塞要求，导致地铁10号线1005号列车与1016号列车发生追尾碰撞。

依照有关规定，12名事故责任人受到严肃处理：给予申通集团地铁10号线调度控制中心运营副调度员施某留用察看一年、调离调度工作岗位处分；给予地铁10号线调度控制中心调度长汤某某、地铁10号线调度控制中心副经理（主持工作）阚某、申通集团总调度所副主任朱某某行政撤职处分；给予申通集团运管中心副总经理兼总调度所主任戴某行政记大过处分；给予地铁运营一公司老西门站值班员贝某、地铁运营一公司总经理朱某某、申通集团维保中心供电公司副总经理沈某某、申通集团维保中心供电公司总经理王某某行政记过处分。申通集团副总裁兼运营中心总经理邵某某对事故负有主要领导责任，给予行政降级处分。申通集团总裁俞某某、申通集团董事长应某某对事故负有重要领导责任，给予行政记大过处分。

事故调查组还责成申通集团对此次事故中负有责任的其他相关人员，按企业相关规定予以严肃处理。

上海市安全监管局依据《中华人民共和国安全生产法》（以下简称《安全生产法》）《生产安全事故报告和调查处理条例》等法律和行政法规规定，对申通集团按法律法规规定的上限给予经济处罚。

【学习目标】

（1）能熟知我国的安全生产指导方针，提高对安全生产重要性的认识。
（2）能树立"安全第一"的思想，正确处理好安全与生产的关系。
（3）能接受和辨别企业在安全生产管理中的职责。
（4）能解析如何强化和落实安全管理机制和措施。
（5）能熟知安全法规的主要内容、本质、特征和作用。
（6）能了解《安全生产法》、《中华人民共和国消防法》（以下简称《消防法》）、《中华人民共和国劳动法》（以下简称《劳动法》）、《工伤保险条例》的基本规定。
（7）能解析《劳动法》中规定的劳动者的权利与义务。
（8）能解析工伤保险及《工伤保险条例》的适用范围面。
（9）能辨别轨道交通运输安全管理的主要法规依据。

单元一　安全生产工作方针政策

【情境导入】

方针是一个国家或政党确定的引导事业前进的方向和目标，是为达到事业前进的方向和一定目标而确定的一个时期的指导原则。从 1949 年至今，我国安全生产方针在逐渐演变，这种演变随着我国政治和经济的发展在渐进，是安全生产工作的方向。落实安全生产方针，既是党和国家的要求，也是搞好安全生产，保障从业人员的生命安全健康，保障企业的生产经营顺利进行的根本要求。

【单元要求】

（1）理解安全生产的内涵。
（2）理解我国安全生产方针的内涵。

【知识内容】

一、安全生产

安全生产是指企事业单位在劳动生产过程中的人身安全、设备和产品安全，以及交通运输安全等。概括地说，安全生产是为了使生产过程在符合物质条件和工作秩序下进行，消除或控制危险有害因素，防止发生人身伤亡和财产损失等生产事故，保障人身安全与健康、设备和设施免受损坏、环境免遭破坏的总称。它既包括对劳动者的保护，也包括对生产、财物、环境的保护，使生产活动正常进行。

安全生产是安全与生产的统一，其宗旨是安全促进生产，生产必须安全。搞好安全工作，改善劳动条件，可以调动职工的生产积极性；减少职工伤亡，可以减少劳动力的损失；

减少财产损失，可以增加企业效益，促进生产的发展；而生产必须安全，则是因为安全是生产的前提条件，没有安全就无法生产。

在城市轨道交通运营过程中，保障员工的人身安全、乘客安全和设备安全等一系列安全生产工作就是运营安全生产工作。城市轨道交通企业要建立安全生产长效机制，实现安全生产长治久安，全面推进安全生产五要素显得尤为重要。

所谓"五要素"是指安全文化、安全法制、安全责任、安全科技和安全投入。其中，安全文化，即加强安全文化建设，强化全民安全意识，提高全民安全素质；安全法制，即健全安全法制，依法规范全社会的安全行为；安全责任，即强化安全责任，建立严格的安全生产责任制和问责制；安全科技，即推进安全科技进步，实施"科技兴安"战略，解决影响安全生产的重大科技问题；安全投入，即加大安全投入，建立国家、地方和企业共同投入的机制。可以说，"五要素"基本抓住了当前我国在政府层面上的安全和企业层面的安全生产工作的要害和重点。

二、我国安全生产工作方针

1901年，美国的钢铁工业因经济萧条而事故频发，美国钢铁公司的董事长埃尔·巴德贾基·凯利致力于防止事故的发生，确定"安全第一"（Safety First）为公司的经营方针，其结果，不仅工伤事故大为减少，而且产量和质量都有所提高，公司克服了经济萧条而变得日益繁荣。此后，这一口号在全世界流行开来。1987年，全国劳动安全监察会议中明确规定我国的安全生产工作方针为"安全第一，预防为主"。《中华人民共和国安全生产法》在2014年第二次修正时进一步完善了安全生产工作方针，把原文修改为"安全生产工作应当以人为本，坚持安全发展，坚持安全第一、预防为主、综合治理的方针"。

安全生产方针是安全工作总的指导方针。新的安全生产工作方针体现了全新的理念，安全生产工作以人为本，体现了安全生产工作的核心，既是要求安全生产工作始终要把人的因素放在第一位，是出发点，又是经济社会发展的根本目的。安全生产工作必须坚持安全发展，这是科学发展的基础。在我国，安全生产工作具有战略性地位。

"安全第一"，就是在进行生产活动时，时刻把安全工作放在重要位置，当作头等大事来做好。"安全寓于生产之中"，安全与生产密不可分，必须正确处理安全与生产的辩证统一关系，明确"生产必须安全，安全促进生产"的道理，任何生产活动中都存在着不安全因素，存在着发生伤亡事故的危险性。要进行生产，就必须首先解决其中的各种不安全问题。无数事实证明，安全生产事故特别是伤亡事故不仅会给受伤害者本人及其家属带来巨大的不幸，也会干扰生产的顺利进行，给企业带来严重的经济损失。搞好安全工作，创造安全的生产劳动条件，不仅可以避免或减少各种事故，而且还能更好地发挥职工的积极性和创造性，促进生产迅速发展。

"预防为主"，就是要掌握安全生产事故发生和预防规律，针对生产过程中可能出现的不安全因素，预先采取防范措施，消除和控制它们，做到防微杜渐、防患于未然。科学技术的进步，安全工程的发展，使得人们可以在事故发生之前预测事故、评价事故危险性、先行采取措施消除或控制不安全因素，实现"预防为主"。"安全第一"与"预防为主"两者相辅相成，前者是明确认识问题，后者是明确方法问题。"安全第一"明确指出了安全工作的重要性，它是处理安全工作与其他工作关系的总原则、总要求。在组织生产活动时，必须优先考虑安全，并采取必要的安全措施；当安全和生产发生矛盾时，必须先解决安全问题再进行生产。"预防为主"则要求一切安全工作必须立足于预防，一切生产活动必须在初始阶段就考虑安全措施，并贯彻于生产活动的始终。

"综合治理"，是新《中华人民共和国安全生产法》在原来"预防为主、安全第一"的基础上，将"综合治理"补充规定为安全生产工作的方针，使安全生产工作方针更为完善，注入了新的内涵，进一步增强了针对性以及对安全生产工作的指导意义，这也是我国安全生产工作实践经验的总结。安全生产是一项系统工作，具有长期性、艰巨性和复杂性，需要多方面统筹协调，综合运用法律、经济、行政、技术和管理等手段，综合施治。

安全第一是原则，预防为主是手段，综合治理是方法。在"安全第一、预防为主、综合治理"方针指导下，城市轨道交通企业进一步深化了运营安全管理体制的改革，制定了一系列运营安全的政策、规章、制度，把安全运营的重点放在建立事故预防体系上，真正把安全第一、预防为主落到实处，采取综合治理，实现人、机、物、环境的统一，有效地防止和减少了运营安全事故。

单元二　安全管理制度

【情境导入】

安全生产管理制度不是凭空想象出来的，是人在生产过程中经过一次次的失败之后取得的一次次的应验和教训，是人在生产作业过程中付出鲜血和生命的代价才换来的。因此，安全生产管理制度是实践经验的总结、智慧的结晶。同样的人，不同的制度，可以产生不同的文化和氛围以及差距巨大的结果。这就是制度的力量！

【单元要求】

（1）掌握我国现行的安全生产管理体制的内容及内涵。
（2）初步掌握企业安全管理五项基本制度的内容、作用以及实施要点。
（3）了解建设项目的安全审查制度的内容。

【知识内容】

在我国，企业必须建立以安全生产责任制为核心的安全管理制度。安全生产责任制、安全技术措施计划、安全生产教育、安全生产检查以及伤亡事故的调查和处理制度构成了我国企业安全管理基本制度，称为"五项制度"。在此基础上，国家又制定了建设项目安全审查制度。

一、安全生产责任制度

1. 安全生产责任制的定义

安全生产责任制是按照"安全第一、预防为主、综合治理"的安全生产工作方针和"管生产必须管安全，谁主管谁负责"的原则，将各级负责人员、各职能部门及其工作人员和各岗位生产人员在安全生产方面应做的事情和应负的责任加以明确规定的一种制度，即用制度的形式明确各类人员对安全生产应负的责任。安全生产责任制是企业岗位责任制和经济责任制的重要组成部分，是企业各项安全生产规章制度的核心，是安全管理制度的核心。

我国企业实行以"一把手"负责制为核心的安全生产责任制，在明确了"一把手"的安全生产责任的基础上，规定各级人员的安全生产责任。

企业法人代表对整个企业的安全生产负责，各部门、单位的"一把手"对自己管辖部门、单位的安全生产负责，其任务是贯彻执行国家有关安全生产的法令、制度和保持管辖范围内的职工安全和健康。在管理生产、经营的同时，必须负责管理安全工作，做到"五同时"，即在计划、布置、检查、总结、评比生产的时候，同时计划、布置、检查、总结、评比安全生产、事故预防工作。

2. 安全生产责任制的主要内容

建立一个完善的安全生产责任制的总体要求是：横向到边、纵向到底，由企业的主要负责人组织建立。具体的内容主要包括两个方面：一是纵向方面，从上到下明确所有人员的安全生产职责；二是横向方面，明确各职能部门（包括党、政、工、团）的安全生产职责。

企业在建立安全生产责任制时，在纵向方面至少应包括下列几类人员：

（1）企业的主要负责人。企业的主要负责人是本单位安全生产的第一责任人，对安全生产工作全面负责。

（2）生产经营单位其他负责人。企业其他负责人的职责是协助主要负责人做好安全生产工作，应根据具体分管工作，对其在安全生产方面应承担的具体职责做出规定。

（3）生产经营单位各职能部门负责人及其工作人员。各职能部门的安全生产职责需根据各部门职责分工做出具体规定。各职能部门负责人对本部门职责范围内的安全生产工作负责，其职责是按照本部门的安全生产职责，组织有关人员做好本部门安全生产责任制的落实；各职能部门的工作人员则是在本人职责范围内做好有关安全生产工作，对自己职责范围内的安全生产工作负责。

（4）班组长。班组是做好生产经营单位安全生产工作的关键环节。班组长全面负责本班组的安全生产工作，是安全生产法律、法规和规章制度的直接执行者。班组长的主要职责是贯彻执行本单位对安全生产的规定和要求，督促本班组的工人遵守有关安全生产制度和安全操作规程，切实做到不违章指挥，不违章作业，遵守作业纪律。

（5）岗位工人。岗位工人对本岗位的安全生产负直接责任。岗位工人的主要职责是接受安全生产教育和培训，遵守有关安全生产规章和安全操作规程，遵守劳动纪律，不违章作业。特种作业人员必须接受专门的培训，经考核合格取得操作资格证书方可上岗作业。

3. 安全生产责任制的落实

安全生产责任制的制定必须得到执行和落实才有现实意义。因此，要重视安全生产责任制的贯彻落实，应做好以下几项工作：

1）要提高对安全生产重要性的认识。只有认识到安全生产的重要性，尤其是生产经营单位最高管理层认识到安全生产的重要性，才能把安全生产责任制作为安全工作的基础来抓，形成人人要安全、人人负责的局面。

2）要利用各种宣传形式，加强对职工安全责任制的教育，使每一个岗位的人员都知道自己在安全生产中应负的责任和应有的权限。

3）在建立安全生产责任制时，要充分发动职工，广泛听取意见，使安全生产责任制有群众基础，便于执行。

4）将安全生产责任制条文具体化为每一个岗位的工作程序，并把这种程序标准化，严格执行。

5）建立严格考核制度，定期检查责任制的执行情况。

6）要不断总结经验，不断根据生产经营单位发展及生产变化情况修改和补充责任制的内容，使之适应生产经营单位发展的新情况。

二、安全生产教育制度

安全生产教育制度是对企业各类人员进行安全生产教育的制度，它包括"三级教育"、特种作业人员的专门培训、经常性的安全教育等内容。

1. 三级教育

所谓"三级教育"是对新工人、参加生产实习的人员、参加生产劳动的学生和新调到本厂工作的工人集中一段时间，连续进行入厂教育、车间教育和岗位教育三个级别的安全教育，三级教育制度是生产经营企业必须坚持的基本安全教育制度和主要形式。

2. 特种作业培训

对操作者本人，尤其是对他人和周围设施的安全有重大危害因素的作业，称为特种作业。直接从事特种作业者，称为特种作业人员。特种作业范围包括电工作业、锅炉司炉、压力容器操作、起重机械作业、爆破作业、金属焊接（气割）作业、煤矿井下瓦斯检验、机动车辆驾驶、机动船舶驾驶和轮机操作、建筑登高架设作业以及符合特种作业基本定义的其他作业。

对从事特种作业的人员，要进行专门的安全技术和操作知识的教育和训练，经过国家有关部门考核合格后，发给"特种作业人员操作证"。特种作业人员在进行作业时，必须随身携带"特种作业人员操作证"。

3. 经常性安全生产教育

无论何种教育都不可能是一劳永逸的，安全教育同样如此，必须坚持不懈、经常不断地进行，这就是经常性安全教育。在经常性安全教育中，安全思想、安全态度教育最重要。进行安全思想、安全态度教育，要通过采取多种形式的安全教育活动，激发员工搞好安全生产的热情，促使员工重视和真正实现安全生产。

企业进行经常性安全生产教育，建立安全活动日和在班前班后会上布置、检查安全生产情况等制度，对职工经常进行安全教育，并且注意结合职工文化生活，进行各种安全生产的宣传活动。在采用新的生产方法，使用新的技术、设备，制造新的产品或调换工人工作的时候，要对工人进行新操作法和新工作岗位的安全教育。企业的经常性安全教育可按下列形式进行：

1）在每天的班前班会上说明安全注意事项，讲评安全生产情况。

2）开展安全活动日，进行安全教育、安全检查、安全装置维护。

3）召开安全生产会议，专题计划、布置、检查、总结、评比安全生产工作。

4）召开事故现场会，分析造成事故的原因及其教训，确认事故的责任者，制订防止事故重复发生的措施，有针对性地进行安全教育。

5）总结发生事故的规律，针对性地进行安全教育。

6）组织工人参加安全技术交流，观看安全生产展览、电影、电视等，张贴安全生产宣传画、宣传标语等，时刻提醒注意安全。

【案例解析】 与车抢道事故

- 事故经过

2002年4月1日晚上8时30分左右，某污水截排工程现场，正在工作的盾构机工作温度过高发出警报，带班工长通知操作人员回地面休息。发出信号后，蓄电池车驾驶员鸣喇叭起动，此时担任出土泥斗车引导工作的劳务工龙某（工作位置在设备台车3~4节间一侧的平台）因急于跟同伴返回地面，从两斗车中间跨越至行走通道，被已经起动的蓄电池车撞倒，送医院抢救无效死亡。

- 直接原因

1）龙某缺乏安全意识，违章从工作位置向泥斗车间隙中跨越，与车抢道。
2）蓄电池车警告灯位置不合适，信号不明显。

- 间接原因

蓄电池车操作人员和指挥人员的岗位责任制和相关管理制度不健全。

- 事故教训

1）严格执行相关的安全操作规程，坚决杜绝违章冒险行为。
2）加强安全教育，提高作业人员的安全素质和安全意识，提高遵章守纪自觉性。
3）施工车辆、机械设备的安全装置应配备齐全，保持良好的机况。
4）进一步建立健全并落实安全生产责任制。

三、安全生产检查制度

1. 安全生产检查的定义

安全生产检查是指对生产过程及安全管理中可能存在的隐患、有害与危险因素、缺陷等进行查证，以确定隐患或有害与危险因素、缺陷的存在状态，以及它们转化为事故的条件，以便制订整改措施，消除隐患和有害与危险因素，确保生产的安全。

安全生产检查是安全生产管理工作的一项重要内容，是安全生产工作中运用群众路线的方法发现不安全状态和不安全行为的有效途径，是消除不安全因素、落实整改措施、改善劳动条件、防止事故的重要手段。

2. 安全生产检查的内容

安全生产检查的内容包括软件系统和硬件系统。软件系统检查是查思想、查意识、查制度、查管理、查事故处理、查隐患、查现场、查整改等。硬件系统检查包括查生产设备、查辅助设施、查安全设施、查作业环境等。从而纠正人的不安全行为、整改物的不安全状态和消除安全管理的缺陷等。

3. 安全生产检查的方式

安全生产检查的方式主要有以下几种：

（1）经常性安全检查。经常性安全检查是通过个别的、日常的巡视方式来实现的。在生产（施工）过程中进行经常性的预防检查能及时发现隐患，及时整改，保证生产的正常进行。经常性安全检查的形式一般有巡回检查、岗位检查、日查等。

（2）定期安全检查。定期安全检查是企业或主管部门定期组织的全面安全检查，如季节性检查、季度检查、半年或年度检查等。这种检查声势浩大，不仅能查出并解决一些隐患问题，而且在客观上还能起到"敲警钟"的作用。

（3）专业性安全检查。专业性安全检查是企业根据安全生产的需要，组织专业人员用仪器和其他检测手段，有计划、有重点地对某项专业工作进行的安全检查。通过检查，可以了解某专业方面的设备可靠程度、维护管理状况、岗位人员的安全技术素质等情况，如锅炉及压力容器安全检查、电气安全检查、起重机安全检查等。

（4）群众性安全检查。群众性安全检查是指发动群众普遍进行的安全检查。如组织职代会代表进行安全检查，检查出的问题以职代会的名义提交行政领导解决，就是群众性安全检查的一种形式。

（5）综合性检查。对安全生产进行的全面综合检查。

（6）隐患整改的跟踪检查。在安全检查中发现的事故隐患应及时整改，整改跟踪检查是为了了解整改措施的落实情况和整改的结果。

4. 安全生产检查的方法

（1）常规检查。常规检查是常见的一种检查方法，通常是由安全管理人员作为检查工作的主体，到作业场所的现场，通过感官或辅以一定的简单工具、仪器等，对作业人员的行为、作业场所的环境条件、生产设备设施等进行的定性检查。

常规检查完全依赖检查人员的经验和能力，检查的结果受检查人员个人素质的影响，因此，对检查人员个人素质的要求较高。

（2）安全检查表（SCL）法。安全检查表法是事先把系统加以剖析，列出各层次的不安全因素，确定检查项目，并把检查项目按系统的组成顺序编制成表，以便进行检查或评审，这种表就叫作安全检查表。安全检查表法是进行安全检查，监督各项安全规章制度的实施，发现和查明各种危险及隐患，及时发现并制止违章行为的一种有力工具。

安全检查表应列举需查明的所有可能会导致事故的不安全因素，注明检查时间、检查者、直接负责人等，以便分清责任。编制安全检查表的主要依据：有关标准、规程、规范及规定；国内外事故案例及本单位在安全生产管理中的经验；通过系统分析确定的危险部位及防范措施；新知识、新技术、新法规和新标准。

（3）仪器检查法。机器、设备内部的缺陷以及作业环境条件的真实信息或定量数据，只能通过仪器检查法来进行定量化的检查与测量。通过仪器检查发现安全隐患，为后续整改提供信息，检查不同对象所用的仪器和手段也不同。

5. 安全生产检查的工作程序

安全生产检查一般包括安全检查准备、实施安全检查、通过分析做出判断、及时做出决定进行处理和整改落实五个步骤。开展安全生产检查，必须有明确的目的、要求和具体计划，并建立由企业领导负责、有关人员参加的安全生产检查组织，以加强领导，做好检查工作。安全生产检查应该始终贯彻领导与群众相结合的原则，依靠群众，边检查、边改进，并及时地总结和推广先进经验；对于限于物质技术条件当时不能解决的问题，也应订出计划，按期解决。

四、安全技术措施计划

安全技术措施计划是企业计划的重要组成部分,是有计划地改善劳动条件的重要手段,也是做好安全生产工作、防止工伤事故和职业病的重要措施。

企业在编制生产技术、财务计划的同时,必须编制安全技术措施计划,企业领导人应对安全技术措施计划的编制和贯彻执行负责。通过编制和实施安全技术措施计划,可以把改善劳动条件工作纳入企业的生产经营计划中,有计划、有步骤地解决企业中一些重大安全技术问题,使企业劳动条件的改善逐步走向计划化和制度化。把安全技术措施中所需要的费用、设备、器材以及设计、施工力量等纳入计划,就可以统筹安排、合理使用,使企业在改善劳动条件方面的投资发挥最大的作用。

编制安全技术措施计划的主要依据:国家安全生产政策、法规,安全检查中发现的问题,职工提出的安全生产方面的建议,针对事故发生的主要原因所采取的措施,以及采用新技术、新工艺、新设备等应采取的安全措施。

五、伤亡事故报告和处理制度

根据《生产安全事故报告和调查处理条例》和《企业职工伤亡事故报告和处理规定》等有关规定,伤亡事故发生后,负伤者或事故现场有关人员应当立即直接或逐级报告企业负责人。企业负责人接到重伤、死亡、重大死亡事故报告后,应当立即报告企业主管部门和企业所在地安全部门、公安部门、人民检察院、工会。企业主管部门和安全部门接到死亡、重大死亡事故后,应当立即按系统逐级上报,死亡事故报至省、自治区、直辖市企业主管部门和劳动部门;重大死亡事故报至国务院有关主管部门、安全部门。

发生死亡、重大死亡事故的企业应当保护事故现场,迅速采取必要措施抢救人员和财产,防止事故扩大。轻伤、重伤事故由企业负责人或其指定人员组织生产、技术、安全等有关人员以及工会成员参加的调查组进行调查。死亡事故由企业主管部门会同企业所在地设区的市(或者相当于设区的市一级)安全部门、公安部门、工会组成调查组进行调查。重大死亡事故,按照企业的隶属关系由省、自治区、直辖市企业主管部门或国务院有关主管部门会同安全部门、公安部门、工会组成事故调查组进行调查。

事故调查组成员应当具有事故调查所需的某一方面专长,并与所发生的事故没有直接利害关系。死亡事故或重大死亡事故的事故调查组应当邀请人民检察院派员参加,也可以邀请其他部门有关人员和有关专家参加。事故调查组的职责是查明事故发生的原因、过程和人员伤亡、经济损失情况,确定事故责任者,提出事故处理意见和防范措施的建议,写出事故调查报告。

在整理和阅读调查材料的基础上,首先进行事故的伤害分析,然后分析和确定事故的直接原因和间接原因,最后进行事故的责任分析,确定事故的责任者。

在处理伤亡事故时,要坚持"四不放过"原则,即:事故原因分析不清不放过,事故责任者和群众没有受到教育不放过,没有制定出防范措施不放过,事故责任者没有受到处理不放过。

事故处理结束后,应当把事故资料归档。事故档案是企业技术档案的一个组成部分,事故档案建立后,应送企业技术档案室编号归档。

【案例解析】列车救援

● 事故经过

2013年1月17日,某地铁公司2033次TP401车担当运营任务。列车运行至北苑路北站时,TMS显示时间7时53分,距离停车标约30cm时,紧急制动。驾驶员试用RM模式、EUM模式推牵引,均显示EB紧急制动不缓解。断开ATP保险1、2,ATO保险5s后闭合。再次试用RM模式、EUM模式仍显示EB紧急制动不缓解。

7时54分,与行调联系说明情况,处理故障,同时打开车门让乘客乘降。

7时55分,驾驶员接行调预清人命令。接到预令后,驾驶员先查看紧急按钮、查看风压表均显示正常。使用ATP切除仍不缓解,牵引制动控制保险断开后重新闭合仍不缓解。闭合ESS闸刀试验,仍显示EB紧急制动不缓解。闭合关门旁路、常用制动不缓解,保险、开门旁路、带铅封闸刀破铅封后试验故障依然存在。

7时58分,TP401车2033次驾驶员接行调命令在北苑路北站清人,同时驾驶员向行调请求救援。清人完毕后驾驶员关闭车门。8时,将头尾开关打到"尾"位,跑到尾车将头尾开关打到"头"位,进行尾车牵引制动试验,尾车试验正常。

8时11分,2034次驾驶员使用电台联系不到行调,立即给行调打电话,接调度命令在北苑与2033次连挂,2034次北苑清人。北苑路北站至天北回太段,车次为2701。复诵调度命令无误后,2034次驾驶员向乘客做好相应广播,使用风闸,建立RM模式,以3km/h的速度进行连挂并进行了试拉。同时,2033次驾驶员返回头车,与救援列车驾驶员联系,通知改按站间自动闭塞,对标停车后清人。救援车驾驶员听从被救援车驾驶员指挥按信号、线路情况走车。8时20分,连挂列车凭出站信号机闪动绿色灯光发车。

● 事故原因

1)事故发生直接原因:司控器警惕按钮行程开关接线存在断点,接线已断裂。

2)管理和维修人员对5号线车辆隐患重视不足,此类故障已经发生多次,未引起相关人员足够重视。

3)未能完善单驾驶员制实行后车辆故障的应急处置措施。

4)部分维修人员对提高车辆维检修质量和水平的认识不足,未能避免此类故障再次发生。

● 事故处理

事故发生后,本着"四不放过"的原则,依据《绩效管理实施细则》的相关条款对相关责任人、责任单位进行考核。

● 整改措施

1)完善5号线车辆维修维护规程和标准,落实检修工艺标准,加强日常检查、测试等工作。

2)完善相关车辆故障应急处置办法。

3)结合其他事故开展安全大讨论。

(资料来源:http://www.docin.com/p-697215264.html。)

六、建设项目安全审查制度

建设项目的安全审查包括由可行性研究报告开始到初步设计、施工直至竣工验收的全过程的审查。

1. 建设项目"三同时"

建设项目"三同时"是指生产性基本建设项目的劳动安全卫生设施必须符合国家规定的标准，必须与主体工程同时设计、同时施工、同时投入生产和使用，以确保建设项目竣工投产后，符合国家规定的劳动安全卫生标准，保障劳动者在生产过程中的安全与健康。

"三同时"的要求是针对我国境内的新建、改建、扩建的基本建设项目、技术改造项目和引进的建设项目，它包括在我国境内建设的中外合资、中外合作和外商独资的建设项目。

建设项目中引进的国外技术和设备应符合我国规定或认可的劳动安全卫生标准；全部设计应符合我国有关规范和规定的要求。建设项目"三同时"是企业安全生产的重要保障措施，是一种事前保障措施。

2. 主要内容

实施建设项目"三同时"制度，要求与建设项目配套的劳动安全卫生设施，从项目的可行性研究、初步设计、施工、试生产、竣工验收到投产使用均应与主体同步进行。

（1）可行性研究。建设单位或可行性研究承担单位在进行可行性研究时，应同时进行劳动安全卫生论证，并将其作为专门章节编入建设项目可行性研究报告中，将劳动安全卫生设施所需资金纳入投资计划。

在建设项目可行性研究阶段，应按有关要求实施建设项目卫生预评价。建设项目劳动安全卫生预评价工作应在建设项目初步设计会审前完成。预评价机构在完成预评价工作并形成预评价报告后，由建设单位将预评价报告交由具备评审资质的单位进行评审后，将预评价报告和评审意见按相关规定一并报相应级别的安全生产监督管理部门审批。

（2）初步设计。设计单位在编制初步设计文件时，应严格遵守我国有关劳动安全卫生的法律、法规和标准，并依据安全生产监督管理机构批复的劳动安全卫生预评价报告中提出的措施建议，同时编制劳动安全卫生专篇，完善初步设计。

（3）施工。施工单位在进行主体工程施工时，应同时严格按照设计的施工图样和要求，对劳动安全卫生设施进行施工，并对劳动安全卫生设施的工程质量负责。

（4）试生产。建设单位在试生产和设备调试阶段，应同时对劳动安全卫生设施进行试生产和设备调试，并对其效果做出评价。

建设单位在试生产之前，应制定出完整的劳动安全卫生方面的规章制度及事故预防和应急处理预案，并按有关法律要求，对相关人员进行安全卫生教育培训。

建设单位在试生产运行正常后、竣工验收之前，应自主选择、委托安全生产监督管理部门认可的机构进行劳动条件检测、危害程度分级和有关设备的安全卫生检测、检验，并将试运行中，劳动安全卫生设备的运行情况、措施的效果、检测检验的数据、存在的问题及采取的措施写入建设项目劳动安全卫生验收专题报告中。

凡符合需要进行预评价条件的建设项目，还需根据国家有关安全验收评价的法规要求，由建设单位委托具有资质的机构进行安全验收评价，形成安全验收评价报告，并由建设单位将评价报告交由具备评审资质的机构进行评审和出具评审意见。

（5）竣工验收。建设单位在竣工验收之前，应将建设项目劳动安全卫生验收专题报告、验收评价报告及评审意见按相关规定报送相应级别的安全生产监督管理部门审批。

安全生产监督管理机构根据建设部门报送并审批的建设项目劳动安全卫生验收专题报告或验收评价报告及评审意见，进行预验收或专项审查验收，提出劳动安全卫生方面的改进意见，直至建设单位按照预验收或专项审查验收改进意见如期整改后，再进行正式竣工验收。

建设项目劳动安全卫生设施和技术措施经安全生产监督管理部门竣工验收通过后，建设项目应及时办理"建设项目劳动安全卫生验收审批表"。

（6）投产使用。建设项目正式投产使用后，建设单位必须同时将劳动安全卫生设施投产使用，不得擅自将劳动安全卫生设施闲置不用或拆除，需进行日常维护和保养，确保其效果。

单元三　安全生产法规

【情境导入】

人类最早的劳动安全立法，可追溯到13世纪德国政府颁布的《矿工保护法》，1802年英国政府制定的最初工厂法《保护学徒的身心健康法》。

我国最早的劳动安全相关法规，要算1922年5月1日在广州召开的第一次劳动大会上，提出了《劳动法大纲》，其主要内容是要求资本家合理地规定工时、工资及劳动保护等。中华人民共和国成立后，我国的安全生产立法工作发展迅速，取得了显著成绩。

【单元要求】

（1）了解安全生产法规的基本概念。
（2）了解安全生产法规体系结构及其内容。
（3）熟悉《安全生产法》的主要内容及基本规定。
（4）熟悉《安全生产法》规定的用人单位、员工的基本权利与义务。

【知识内容】

一、安全生产法规的概念

安全生产法规是指国家机关为加强安全生产监督管理，落实安全生产技术措施，保护人民群众生命和财产的安全，防止和减少安全生产事故，促进经济发展，按照一定的法律程序制定并颁布实施的法律规范。

安全生产法规的主要任务是调整在生产经营活动中相关组织之间及其与从业人员之间在安全生产方面权利和义务的关系，保护有关人员的人身和财产的安全。

安全生产法规具有国家强制性，一切生产经营单位、行政机关、社会团体和从业人员以及相关方都必须严格遵守，认真执行。对违反安全生产法规的行为，造成重大后果的，要追究法律责任，并根据情节轻重分别给予行政处分、经济处罚，直至追究刑事责任。

二、安全生产法律体系

安全生产法律体系是指我国全部现行的、不同的法律规范形成的有机联系的统一整体。根据法律地位和效力不同，安全生产法律体系分为法律、法规、规章和法定安全生产标准。

法律是安全生产法律体系中的上位法，居于整个体系的最高层级，其法律地位和效力高于行政法规、地方法规、部门规章、地方政府规章等下位法。我国现行的有关安全生产的专门法律主要有《安全生产法》《消防法》《道路交通安全法》《海上交通安全法》《矿山安全法》；与安全生产相关的法律主要有《劳动法》《职业病防治法》《工会法》《矿产资源法》《铁路法》《公路法》《民用航空法》《港口法》《建筑法》《煤炭法》《电力法》等。

法规分为行政法规和地方性法规。安全生产行政法规的法律地位和效力低于有关安全生产法律，高于地方性安全生产法规、部门规章等。地方性安全生产法规的法律地位和法律效力低于有关安全生产的法律、行政法规，高于地方政府安全生产规章；经济特区和民族自治地方安全生产法规的法律地位和效力与地方性安全生产法规相同。

规章分为部门规章和地方政府规章。部门规章是国务院有关部门依照安全生产法律、行政法规的授权制定发布的，部门安全生产规章的法律地位和效力低于法律、行政法规，高于地方政府规章。地方政府规章是最低层级的安全生产立法，其法律地位和效力低于其他上位法，不得与上位法相抵触。

虽然我国没有技术法规的正式用语，也未将其纳入法律体系的范畴，但许多安全生产立法却将安全生产标准作为生产经营单位必须执行的技术规范而载入法律，安全生产标准法律化是我国安全生产立法的重要趋势。法定安全生产标准主要是指强制性安全生产标准，分为国家标准和行业标准，对生产经营单位具有同样的约束力。

三、安全生产法

《安全生产法》于2002年6月29日经第九届全国人大常委会第28次会议审议通过，自2002年11月1日起施行。2014年8月31日《安全生产法》第一次修正，自2014年12月1日起施行。2021年6月10日《安全生产法》第二次修正，2021年9月1日起施行。

1. 法律地位和立法宗旨

《安全生产法》是我国第一部安全生产基本法律，在我国安全生产法律体系中，《安全生产法》的法律地位和法律效力是最高的，是各类生产经营单位及其从业人员实现安全生产所必须遵守的行为规范，是各级人民政府和各有关部门进行监督管理和行政执法的法律依据，是制裁各种安全生产违法犯罪行为的法律武器。

《安全生产法》的立法宗旨就是"为了加强安全生产工作，防止和减少生产安全事故，保障人民群众生命和财产安全，促进经济社会持续健康发展"。

2. 适用范围

《安全生产法》是对所有生产经营单位的安全生产普遍适用的基本法律。《安全生产法》的第二条对适用范围做了规定，明确："在中华人民共和国领域内从事生产经营活动的单位（以下统称生产经营单位）的安全生产，适用本法；有关法律、行政法规对消防安全和道路交通安全、铁路交通安全、水上交通安全、民用航空安全以及核与辐射安全、特种设备安全另有规定的，适用其规定。"

3. 基本规定

(1) 安全生产工作的方针。《安全生产法》第三条规定:"安全生产工作应当以人为本,坚持人民至上、生命至上,把保护人民摆在首位,树立安全发展理念,坚持安全第一、预防为主、综合治理的方针,从源头上防范化解重大安全风险"。

(2) 生产经营单位安全生产责任制度。《安全生产法》第四条规定:"生产经营单位必须遵守本法和其他有关安全生产的法律、法规,加强安全生产管理,建立、健全安全生产责任制和安全生产规章制度,加大对安全生产资金、物资、技术、人员的投入保障力度,改善安全生产条件,推进安全生产标准化、信息化建设,构建安全风险分级管控和隐患排查治理双重预防机制,健全风险防范化解机制,提高安全生产水平,确保安全生产"。该条规定主要是依法确定了以生产经营单位作为主体、以依法生产经营为规范、以安全生产责任制为核心的安全生产管理制度。

《安全生产法》第二十七条规定:"生产经营单位的主要负责人和安全生产管理人员必须具备与本单位所从事的生产经营活动相应的安全生产知识和管理能力。"

《安全生产法》第二章具体规定了生产经营单位的安全生产保障的责任,主要包括:从事生产经营活动应当具备的安全生产条件、安全生产资金投入、安全生产管理机构和安全生产管理人员的配置、生产经营单位主要负责人和安全生产管理人员安全资格、从业人员安全生产培训、特种作业人员范围和要求、建设项目安全设施"三同时"、安全警示标志、安全设备达标和管理、特种设备检测检验、生产安全工艺设备管理、危险物品管理、重大危险源管理、生产设施场所安全距离和紧急疏散、爆破吊装等作业现场安全管理、劳动防护用品规定、交叉作业的安全管理、工伤保险的规定等。

(3) 生产经营单位主要负责人的安全责任。生产经营单位主要负责人是生产经营活动和安全生产工作中的决策者和指挥者,对于落实安全生产责任制,加强安全管理,确保生产安全至关重要。只有明确生产经营单位主要负责人在安全生产中的地位和责任,才能真正促使生产经营单位重视并抓好安全生产工作,防止和减少事故的发生。

《安全生产法》第五条规定:"生产经营单位的主要负责人是本单位安全生产第一责任人,对本单位的安全生产工作全面负责。其他负责人对职责范围内的安全生产工作负责。"生产经营单位主要负责人是指直接领导、指挥生产经营单位日常生产经营活动、能够承担生产经营单位安全生产工作主要领导责任的决策人,如厂长、经理等。

按照《安全生产法》第二十一条规定,生产经营单位的主要负责人对本单位安全生产工作负有下列职责:一是建立、健全并落实本单位安全生产责任制,加强安全生产标准化建设;二是组织制定并实施本单位安全生产规章制度和操作规程;三是组织制定并实施本单位安全生产教育和培训计划;四是保证本单位安全生产投入的有效实施;五是组织并落实安全风险分级管控和隐患排查治理双重预防工作机制,督促、检查本单位的安全生产工作,及时消除生产安全事故隐患;六是组织制定并实施本单位的生产安全事故应急救援预案;七是及时、如实报告生产安全事故。

(4) 工会在安全生产工作中的地位和权利。工会是代表从业人员对生产经营单位的安全生产进行监督、维护从业人员合法权益的群众性组织,是协助生产经营单位加强安全管理的助手,是政府监督管理的重要补充。《安全生产法》第七条规定:"工会依法对安全生产工作进行监督。生产经营单位的工会依法组织职工参加本单位安全生产工作的民主管理和民主监督，维护职工在安全生产方面的合法权益。生产经营单位制定或者修改有关安全生产的规章制度，应当听取工会的意见。"

《安全生产法》在第六十条明确了工会参加安全管理和监督的权利："工会有权对建设项目的安全设施与主体工程同时设计、同时施工、同时投入生产和使用进行监督，提出意见。工会对生产经营单位违反安全生产法律、法规，侵犯从业人员合法权益的行为，有权要求纠正；发现生产经营单位违章指挥、强令冒险作业或者发现事故隐患时，有权提出解决的建议，生产经营单位应当及时研究答复；发现危及从业人员生命安全的情况时，有权向生产经营单位建议组织从业人员撤离危险场所，生产经营单位必须立即做出处理。工会有权依法参加事故调查，向有关部门提出处理意见，并要求追究有关人员的责任。"

（5）生产安全事故责任追究。《安全生产法》第十六条规定："国家实行生产安全事故责任追究制度，依照本法和有关法律、法规的规定，追究生产安全事故责任人员的法律责任。"《安全生产法》规定要实行责任追究的，是指发生人为责任事故，对负有责任的单位或者人员进行责任追究。生产安全事故责任者所承担的法律责任的主要形式包括行政责任和刑事责任。

（6）安全生产标准。安全生产标准是法律规范的重要补充，《安全生产法》第十一条规定："国务院有关部门应当按照保障安全生产的要求，依法及时制定有关的国家标准或者行业标准，并根据科技进步和经济发展适时修订。生产经营单位必须执行依法制定的保障安全生产的国家标准或者行业标准。"依照法律规定，执行法定的保障安全生产的国家标准和行业标准，是生产经营单位的法定义务，生产经营单位必须执行安全生产方面的国家标准或行业标准，特别是强制性的标准。

（7）安全生产宣传教育。安全生产事关人民群众生命和财产安全，要实现《安全生产法》保护人民群众生命和财产安全的立法宗旨，做好安全生产工作，就必须依靠和发动广大职工群众乃至全民积极主动、自觉自愿地参与，从而提升全民的安全意识，弘扬安全文化，树立以人为本的理念。

《安全生产法》第十三条规定："各级人民政府及其有关部门应当采取多种形式，加强对有关安全生产的法律、法规和安全生产知识的宣传，增强全社会的安全生产意识。"第七十七条规定："新闻、出版、广播、电影、电视等单位有进行安全生产公益宣传教育的义务，有对违反安全生产法律、法规的行为进行舆论监督的权利。"

（8）安全生产科技进步和奖励。实现安全生产，必须依靠科技进步，先进的安全生产科学技术对提高安全生产水平具有不可替代的重要作用。只有重视和鼓励安全生产科学技术的研究，推广先进的安全生产技术，才能不断改善安全生产条件，不断装备先进可靠的安全设备设施，加强预防生产安全事故和消除事故隐患的手段和能力，实现科技兴安、科技保安。《安全生产法》第十八条规定："国家鼓励和支持安全生产科学技术研究和安全生产先进技术的推广应用，提高安全生产水平。"第十九条规定："国家对在改善安全生产条件、防止生产安全事故、参加抢险救护等方面取得显著成绩的单位和个人，给予奖励。"

4. 从业人员的权利和义务

生产经营单位的从业人员是各项安全生产经营活动最直接的劳动者，是各项法定安全生产的权利享有者和义务承担者。《安全生产法》第六条规定："生产经营单位的从业人员有依法获得安全生产保障的权利，并应当依法履行安全生产方面的义务。"《安全生产法》第三章对从业人员的安全生产权利义务做了全面、明确的规定，并且设定了严格的法律责任，为保障从业人员的合法权益提供了法律依据。

（1）从业人员的权利。《安全生产法》规定了各类从业人员必须享有的、有关安全生产和人身安全的最重要、最基本的权利。这些基本安全生产权利，可以概括为以下五项：

1）获得安全保障、工伤保险和民事赔偿的权利。《安全生产法》明确赋予了从业人员享有工伤保险和获得伤亡赔偿的权利，同时规定了生产经营单位的相关义务。

《安全生产法》第五十一条规定："生产经营单位必须依法参加工伤保险，为从业人员缴纳保险费。国家鼓励生产经营单位投保安全生产责任保险。"

《安全生产法》第五十二条规定："生产经营单位与从业人员订立的劳动合同，应当载明有关保障从业人员劳动安全、防止职业危害的事项，以及依法为从业人员办理工伤保险的事项。生产经营单位不得以任何形式与从业人员订立协议，免除或者减轻其对从业人员因生产安全事故伤亡依法应当承担的责任。"

《安全生产法》第五十六条规定："因生产安全事故受到损害的从业人员，除依法享有工伤社会保险外，依照有关民事法律尚有获得赔偿权利的，有权向本单位提出赔偿要求。"

2）得知危险因素、防范措施和事故应急措施的权利。《安全生产法》第五十三条规定，生产经营单位从业人员有权了解其作业场所和工作岗位存在的危险因素及事故应急措施。

3）对本单位安全生产的批评、检举和控告的权利。从业人员对生产经营单位的安全生产情况尤其是安全管理中的问题和事故隐患最了解、最熟悉，只有依靠他们并且赋予必要的安全生产监督权和自我保护权，才能做到预防为主，防患于未然。

4）拒绝违章指挥和强令冒险作业的权利。《安全生产法》第五十四条规定："从业人员有权对本单位安全生产工作中存在的问题提出批评、检举、控告；有权拒绝违章指挥和强令冒险作业。生产经营单位不得因从业人员对本单位安全生产工作提出批评、检举、控告或者拒绝违章指挥、强令冒险作业而降低其工资、福利等待遇或者解除与其订立的劳动合同。"《安全生产法》赋予了从业人员拒绝违章指挥和强令冒险作业的权利，不仅是为了保护从业人员的人身安全，也是为了警示生产经营单位负责人和管理人员必须照章指挥，保证安全，并不得因从业人员拒绝违章指挥和强令冒险作业而对其进行打击报复。

5）紧急情况下的停止作业和紧急撤离的权利。由于生产场所存在不可避免的自然和人为的危险因素，这些因素将会或者可能会对从业人员造成人身伤害，《安全生产法》赋予了从业人员停止作业和紧急撤离的权利。第五十五条规定："从业人员发现直接危及人身安全的紧急情况时，有权停止作业或者在采取可能的应急措施后撤离作业场所。生产经营单位不得因从业人员在前款紧急情况下停止作业或者采取紧急撤离措施而降低其工资、福利等待遇或者解除与其订立的劳动合同。"

从业人员在行使这项权利时，必须明确：一是危及从业人员人身安全的紧急情况必须有确实可靠的直接根据，个人猜测或错误判断而实际并不属于危及人身安全的除外，不得滥用该项权利。二是紧急情况必须直接危及人身安全，间接危及人身安全的不应撤离，而应采取有效的措施。三是出现危及人身安全的紧急情况时，首先是停止作业，然后要采取可能的应急措施；采取措施无效的，再撤离作业场所。四是该项权利不适用于某些从事特殊职业的从业人员，如飞行员、船舶驾驶人员、车辆驾驶人员等，根据法律、国际公约和职业惯例，在发生危及人身安全的紧急情况下，他们不能或不能先行撤离作业场所或岗位。

【案例解析】 冒险作业事故

> 某煤矿为独眼井多头生产，某日，该矿地面11kW局扇停风，约2h后，机电人员买来一台5.5kW的局扇并安装好，恢复了通风。16名工人下井后，测量瓦斯体积分数为5.5%。矿工小王上井找矿长，说："井下瓦斯含量太高，是不是等一等再下井。"矿长说："你们先凑合着干一班，我马上派人再去买风机。"小王说："这事人命关天，怎么能凑合呢，我可不敢下去。"矿长说："你是领导还是我是领导，听我的，先下去干活，要不就扣你这个月的奖金。"小王只好下井工作。5h后，井下发生瓦斯爆炸事故，包括小王在内的16名矿工全部遇难。
>
> 这是一起强令从业人员冒险作业引发的特大生产安全事故。
>
> 《安全生产法》第五十一条规定："从业人员有权对本单位安全生产工作中存在的问题提出批评、检举、控告；有权拒绝违章指挥和强令冒险作业。""生产经营单位不得因从业人员对本单位安全生产工作提出批评、检举、控告或者拒绝违章指挥、强令冒险作业而降低其工资、福利等待遇或者解除与其订立的劳动合同。"
>
> 当前，一些生产经营单位的负责人安全生产意识淡薄，或者片面追求经济效益，在不具备安全生产条件的情况下，强令从业人员冒险作业，这种现象并不在少数。
>
> 本案中，由于11kW的局扇被更换为5.5kW的局扇后，送风能力不够，不能有效地排放瓦斯，造成井下瓦斯含量严重超限，但该矿矿长赚钱心切，急于出煤，不顾工人的建议，明知井下瓦斯含量严重超限，当达到爆炸值时，还强令工人冒险作业。同时，当工人向矿长提出"等一等再下井"的建议时，矿长非但不接受建议，还威胁要扣发奖金。这是一种严重的违法行为，应当依法承担相应的法律责任。
>
> （资料来源：http://www.wangxiao.cn/aq/moni/530600134985.html。）

（2）从业人员的安全生产义务。从业人员依法享有权利，同时也必须承担相应的义务，从业人员的安全生产义务主要有以下四项：

1）遵章守规、服从管理。《安全生产法》第五十七条规定："从业人员在作业过程中，应当严格落实岗位安全责任，遵守本单位的安全生产规章制度和操作规程，服从管理，正确佩戴和使用劳动防护用品。"

生产经营单位的负责人和管理人员有权依照规章制度和操作规程进行安全管理，监督检查从业人员遵章守规的情况。从业人员不服从管理，违反安全生产规章制度和操作规程的，由生产经营单位给予批评教育，依照有关规章制度给予处分；造成重大事故、构成犯罪的，依法追究刑事责任。

2）正确佩戴和使用劳动防护用品。生产经营单位提供必要的、安全的劳动防护用品，从业人员应正确佩戴和使用劳动防护用品，这是避免或者减轻作业和事故中的人身伤害的条件，是从业人员人身安全的保障。因此，正确佩戴和使用劳动防护用品是从业人员必须履行的法定义务，也是保障从业人员人身安全和生产经营单位安全生产的需要。

3）接受安全培训，掌握安全生产技能。从业人员的安全生产意识和安全技能的高低，直接关系到生产经营活动的安全可靠性。必须对新招聘、转岗的从业人员进行专门的安全生产教育和业务培训，必须对从业人员定期进行安全生产培训。为了明确从业人员接受培训、提高安全素质的法定义务，《安全生产法》第五十八条规定："从业人员应当接受安全生产教育和培训，掌握本职工作所需的安全生产知识，提高安全生产技能，增强事故预防和应急处理能力。"

4）发现事故隐患或其他不安全因素及时报告。发现事故隐患并及时报告是贯彻预防为主的方针，加强事前防范的重要措施。从业人员是事故隐患和不安全因素的第一当事人，发现事故隐患和不安全因素后没有及时报告，将会延误采取措施进行紧急处理的时机，错失避免事故的发生和降低事故损失的机会。为此，《安全生产法》第五十九条规定："从业人员发现事故隐患或者其他不安全因素，应当立即向现场安全生产管理人员或者本单位负责人报告；接到报告的人员应当及时予以处理。"

《安全生产法》第一次明确规定了从业人员安全生产的法定义务和责任，具有重要的意义：第一，安全生产是从业人员最基本的义务和责任，从业人员必须具有高度的法律意识。第二，安全生产是从业人员的天职，安全生产义务是所有从业人员必须遵守的行为规范。从业人员必须尽职尽责，严格照章办事，不得违章违规。第三，从业人员如不履行法定义务，必须承担相应的法律责任。第四，安全生产义务的设定，为事故处理及责任追究提供明确的法律依据。

单元四　安全生产相关法律法规

【情境导入】

安全生产法律法规不仅要求企业消除劳动过程中危及人身安全及健康的不安全因素，防止各种伤亡事故和职业病的发生；同时也要求消除由于发生事故对社会和环境的危害。随着科学技术和生产的迅速发展，人们依靠科技进步积极采用安全卫生工程技术的规范也不断增加，并在实践运用中取得明显效果。因此，安全生产法律法规除了具有强制性之外，还具有科技与法相互结合、相互渗透的性质，它包括技术规范和社会规范两大类法律规范。

【单元要求】

（1）熟悉消防工作的原则以及《消防法》主要条款规定的内容。
（2）熟悉《劳动法》规定的劳动者的权利、义务以及对妇女及未成年人的保护条款。
（3）熟悉工伤保险的概念、特征以及工伤认定相关规定。

【知识内容】

一、消防法

《消防法》由1998年4月29日第九届全国人民代表大会常务委员会第二次会议通过。根据2019年4月23日第十三届全国人民代表大会常务委员会第十次会议《关于修改〈中华人民共和国建筑法〉第八部法律的决定》修正。其立法目的是为了预防火灾和减少火灾危害，加强应急救援工作，保护人身、财产安全，维护公共安全。

《消防法》第二条规定了消防工作的原则："消防工作贯彻预防为主、防消结合的方针，按照政府统一领导、部门依法监管、单位全面负责、公民积极参与的原则,实行消防安全责任制,建立健全社会化的消防工作网络。"

《消防法》中有关安全生产的主要条款有:

第五条规定:任何单位和个人都有维护消防安全、保护消防设施、预防火灾、报告火警的义务。任何单位和成年人都有参加有组织的灭火工作的义务。

第二十一条规定:禁止在具有火灾、爆炸危险的场所吸烟、使用明火。因施工等特殊情况需要使用明火作业的,应当按照规定事先办理审批手续,采取相应的消防安全措施;作业人员应当遵守消防安全规定。

进行电焊、气焊等具有火灾危险作业的人员和自动消防系统的操作人员,必须持证上岗,并遵守消防安全操作规程。

第二十八条规定:任何单位、个人不得损坏、挪用或者擅自拆除、停用消防设施、器材,不得埋压、圈占、遮挡消火栓或者占用防火间距,不得占用、堵塞、封闭疏散通道、安全出口、消防车通道。人员密集场所的门窗不得设置影响逃生和灭火救援的障碍物。

第四十四条规定:任何人发现火灾都应当立即报警。任何单位、个人都应当无偿为报警提供便利,不得阻拦报警。严禁谎报火警。

人员密集场所发生火灾,该场所的现场工作人员应当立即组织、引导在场人员疏散。

任何单位发生火灾,必须立即组织力量扑救。邻近单位应当给予支援。

消防队接到火警,必须立即赶赴火灾现场,救助遇险人员,排除险情,扑灭火灾。

二、劳动法

《劳动法》由 1994 年 7 月 5 日第八届全国人民代表大会常务委员会第八次会议通过。根据 2009 年 8 月 27 日第十一届全国人民代表大会常务委员会第十次会议《关于修改部分法律的决定》第一次修正。根据 2018 年 12 月 29 日第十三届全国人民代表大会常务委员会第七次会议《关于修改〈中华人民共和国劳动法〉第七部法律的决定》第二次修正。《劳动法》的立法目的是保护劳动者的合法权益,调整劳动关系,建立和维护适应社会主义市场经济的劳动制度,促进经济发展和社会进步。适用于在中华人民共和国境内的企业、个体经济组织(以下统称用人单位)和与之形成劳动关系的劳动者。国家机关、事业组织、社会团体和与之建立劳动合同关系的劳动者,依照本法执行。

1. 劳动者的权利

(1) 平等就业和选择职业的权利。劳动者享有平等就业和选择职业的权利是《劳动法》规定的一项重要法律原则。具有劳动能力的公民不仅应享有获得职业的权利,还应享有根据自己的意愿选择适合自己才能和爱好的职业。且《劳动法》第十二条规定:劳动者就业,不因民族、种族、性别、宗教信仰不同而受歧视。

(2) 享有取得劳动报酬及休息、休假的权利。劳动者付出劳动,依照合同及国家有关规定取得劳动报酬,是劳动者的权利,而及时足额地向劳动者支付工资是用人单位的义务。《劳动法》第五十条规定:工资应当以货币的形式支付给劳动者本人,并且不得克扣或无故拖欠劳动者的工资。

(3) 享有获得劳动安全卫生保护的权利。第五十二条规定:用人单位必须建立、健全劳动安全卫生制度,严格执行国家劳动安全卫生规程和标准,对劳动者进行劳动安全卫生教育，防止劳动过程中的事故，减少职业危害。

第五十六条规定：劳动者对用人单位管理人员违章指挥、强令冒险作业，有权拒绝执行；对危害生命安全和身体健康的行为，有权提出批评、检举和控告。

第五十四条规定：用人单位必须为劳动者提供符合国家规定的劳动安全卫生条件和必要的劳动防护用品，对从事有职业危害作业的劳动者应当定期进行健康检查。

（4）享有接受职业技能培训的权利。第六十八条规定：用人单位应当建立职业培训制度，按照国家规定提取和使用职业培训经费，根据本单位实际，有计划地对劳动者进行职业培训。从事技术工种的劳动者，上岗前必须经过培训。

（5）享受社会保险和福利的权利。第七十条规定：国家发展社会保险事业，建立社会保险制度，设立社会保险基金，使劳动者在年老、患病、工伤、失业、生育等情况下获得帮助和补偿。

第七十二条规定：社会保险基金按照保险类型确定资金来源，逐步实行社会统筹。用人单位和劳动者必须依法参加社会保险，缴纳社会保险费。

第七十三条规定：劳动者在退休、患病、负伤、因工伤残或者患职业病、失业和生育的情形下，依法享受社会保险待遇。

（6）享有提请劳动争议处理的权利。第七十七条规定：用人单位与劳动者发生劳动争议，当事人可以依法申请调解、仲裁、提起诉讼，也可以协商解决。调解原则适用于仲裁和诉讼程序。

第七十九条规定：劳动争议发生后，当事人可以向本单位劳动争议调解委员会申请调解；调解不成，当事人一方要求仲裁的，可以向劳动争议仲裁委员会申请仲裁。当事人一方也可以直接向劳动争议仲裁委员会申请仲裁。对仲裁裁决不服的，可以向人民法院提起诉讼。

第八十三条规定：劳动争议当事人对仲裁裁决不服的，可以自收到仲裁裁决书之日起十五日内向人民法院提起诉讼。一方当事人在法定期限内不起诉又不履行仲裁裁决的，另一方当事人可以申请人民法院强制执行。

（7）法律规定的其他劳动权利。第七条规定：劳动者有权依法参加和组织工会。

第八条规定：劳动者依照法律规定，通过职工大会、职工代表大会或者其他形式，参与民主管理或者就保护劳动者合法权益与用人单位进行平等协商。

2. 劳动者的义务

（1）应当完成劳动任务。劳动者应当完成劳动任务，这是劳动者应尽的最主要的义务，是劳动关系范围内的法定的义务，也是强制性的义务。

（2）应当提高职业技能。提高职业技能是劳动者完成劳动任务的保证，也是劳动者的义务。劳动者应当努力提高职业技能，提高技术业务水平和实际操作能力，适用岗位工作的需要。

（3）应当执行劳动安全卫生规程。执行劳动安全卫生规程，按章操作、按章作业，是保证劳动者人身安全的需要，也是劳动者应当履行的法定义务。

（4）应当遵守劳动纪律和职业道德。遵守劳动纪律和职业道德是作为劳动者的起码条件，劳动纪律是劳动者在共同劳动中所必须遵守的劳动规则和秩序。

3. 女职工保护

《劳动法》第五十八条明确规定:"国家对女职工和未成年工实行特殊劳动保护。"其中未成年工是指年满十六周岁未满十八周岁的劳动者。

第五十九条规定:禁止安排女职工从事矿山井下、国家规定的第四级体力劳动强度的劳动和其他禁忌从事的劳动。

第六十条规定:不得安排女职工在经期从事高处、低温、冷水作业和国家规定的第三级体力劳动强度的劳动。

第六十一条规定:不得安排女职工在怀孕期间从事国家规定的第三级体力劳动强度的劳动和孕期禁忌从事的劳动。对怀孕7个月以上的女职工,不得安排其延长工作时间和夜班劳动。

第六十三条规定:不得安排女职工在哺乳未满1周岁的婴儿期间从事国家规定的第三级体力劳动强度的劳动和哺乳期禁忌从事的其他劳动,不得安排其延长工作时间和夜班劳动。

4. 未成年工保护

第六十四条规定:不得安排未成年工从事矿山井下、有毒有害、国家规定的第四级体力劳动强度的劳动和其他禁忌从事的劳动。第六十五条规定:用人单位应当对未成年工定期进行健康检查。

【读一读】
> 劳动强度指数是区分体力劳动强度等级的指标,由该工种的平均劳动时间率、平均能量代谢率两个因素构成的。劳动强度指数越大,体力劳动强度也越大。反之,体力劳动强度越小。GB 3869—1997《体力劳动强度分极》中规定:劳动强度指数小于15时,体力劳动强度为Ⅰ级。

三、工伤保险

《工伤保险条例》是2003年4月27日颁布,2004年1月1日起施行的,并于2010年12月20日修订后重新公布,自2011年1月1日起施行。《工伤保险条例》的立法目的是保障因工作遭受事故伤害或者患职业病的职工获得医疗救治和经济补偿,促进工伤预防和职业康复,分散用人单位的工伤风险。

1. 工伤保险的概念及其特征

工伤保险是指国家或政府通过建立社会保险机构向企业(雇主)强制征收工伤保险费形成工伤保险基金,在员工(雇员)意外遭遇工伤事故或职业病而丧失劳动能力、中断经济收入时,由工伤保险基金在物质和经济上给予补偿和帮助的一种社会保险制度。

(1)权利主体。工伤保险补偿权利的权利主体是特定的。享有工伤保险权利的主体只限于本企业的职工或者雇工,其他人不能享有这项权利。接受工伤保险的员工(雇员)必须是遭遇法定范围内的工伤事故或职业病而丧失劳动能力的员工(雇员)。

(2)义务和责任主体。依照《安全生产法》和《工伤保险条例》的规定,生产经营单位和企业有为从业人员上工伤保险、缴纳保险费的义务,个人不缴纳任何费用,生产经营单位和企业是工伤保险的义务和责任主体。

(3) 保险补偿的原则。工伤保险补偿实行"无责任补偿"即无过错补偿的原则,工伤保险不强调造成工伤的原因、过错及其责任,只要确认职工在法定情形下发生工伤,就依法享有获得经济补偿的权利。

(4) 补偿风险的承担。按照无责任补偿原则,工伤补偿的第一承担者本应是企业或业主,但工伤保险是以社会共济方式确定补偿风险承担者的,因此不需要企业和业主直接负责补偿,而是将补偿风险转由社保机构承担,由社保机构负责支付工伤保险补偿金,缓解了部分企业、行业因伤亡事故、职业病的负担。

(5) 补偿与预防、康复相结合原则。工伤保险是法定的强制性社会保险,是通过对受害人实施医疗救治和给予必要的经济补偿以保障其经济权利的补救措施。从根本上说,它是由政府监管、社保机构经办的社会保障制度,不具有惩罚性。工伤事故一旦发生,补偿是理所当然的,但工伤保险最重要的工作还包括预防和康复工作。

2. 《工伤保险条例》的适用范围

中华人民共和国境内的企业、事业单位、社会团体、民办非企业单位、基金会、律师事务所、会计师事务所等组织和有雇工的个体工商户(以下称用人单位)应当依照本条例规定参加工伤保险,为本单位全部职工或者雇工(以下称职工)缴纳工伤保险费。

中华人民共和国境内的企业、事业单位、社会团体、民办非企业单位、基金会、律师事务所、会计师事务所等组织的职工和个体工商户的雇工,均有依照本条例的规定享受工伤保险待遇的权利。

3. 工伤范围

《工伤保险条例》第十四条规定,职工有下列情形之一的,应当认定为工伤:

1) 在工作时间和工作场所内,因工作原因受到事故伤害的。
2) 工作时间前后在工作场所内,从事与工作有关的预备性或者收尾性工作受到事故伤害的。
3) 在工作时间和工作场所内,因履行工作职责受到暴力等意外伤害的。
4) 患职业病的。
5) 因工外出期间,由于工作原因受到伤害或者发生事故下落不明的。
6) 在上下班途中,受到非本人主要责任的交通事故或者城市轨道交通、客运轮渡、火车事故伤害的。
7) 法律、行政法规规定应当认定为工伤的其他情形。

4. 视同工伤

《工伤保险条例》第十五条规定,职工有下列情形之一的,视同工伤:

1) 在工作时间和工作岗位,突发疾病死亡或者在48h之内经抢救无效死亡的。
2) 在抢险救灾等维护国家利益、公共利益活动中受到伤害的。
3) 职工原在军队服役,因战、因公负伤致残,已取得革命伤残军人证,到用人单位后旧伤复发的。

职工有前款第一项、第二项情形的,按照本条列的有关规定享受工伤保险待遇;职工有前款第三项情形的,按照本条例的有关规定享受除一次性伤残补助金以外的工伤保险待遇。

《工伤保险条例》第十六条规定,故意犯罪的、醉酒或者吸毒的、自残或者自杀的,不得认定为工伤或者视同工伤。

5. 劳动能力鉴定

职工发生工伤，经治疗伤情相对稳定后存在残疾、影响劳动能力的，应当进行劳动能力鉴定。

劳动能力鉴定是指劳动功能障碍程度和生活自理障碍程度的等级鉴定。劳动功能障碍分为十个伤残等级，最重的为一级，最轻的为十级。

生活自理障碍分为三个等级：生活完全不能自理、生活大部分不能自理和生活部分不能自理。

劳动能力鉴定标准由国务院劳动保障行政部门会同国务院卫生行政部门等部门制定。

劳动能力鉴定由用人单位、工伤职工或者其近亲属向设区的市级劳动能力鉴定委员会提出申请，并提供工伤认定决定和职工工伤医疗的有关资料。

6. 工伤认定申请

职工发生事故伤害或者按照职业病防治法规定被诊断、鉴定为职业病，所在单位应当自事故伤害发生之日或者被诊断、鉴定为职业病之日起 30 日内，向统筹地区劳动保障行政部门提出工伤认定申请。遇有特殊情况，经报劳动保障行政部门同意，申请时限可以适当延长。逾期未申请的，所规定工伤保险待遇的各项费用由用人单位负担。

用人单位未按上述规定提出工伤认定申请的，工伤职工或者其直系亲属、工会组织在事故伤害发生之日或者被诊断、鉴定为职业病之日起 1 年内，可以直接向用人单位所在地统筹地区劳动保障行政部门提出工伤认定申请。职工或者其直系亲属认为是工伤，用人单位不认为是工伤的，由用人单位承担举证责任。

提出工伤认定申请的，应当提交工伤认定申请表、与用人单位存在劳动关系（包括事实劳动关系）的证明材料、医疗诊断证明或者职业病诊断证明书（或者职业病诊断鉴定书）。工伤认定申请表应当包括事故发生的时间、地点、原因以及职工伤害程度等基本情况。

工伤保险机构收到申请后，应在规定时间内做出是否认定为工伤的书面决定，并通知用人单位和员工或其亲属。

单元五　城市轨道交通运营管理规定及相关规章制度

【情境导入】

日本铁路发达，铁路立法历史久远，其多层次、多系统的发展与其完备的法律体系密不可分。日本铁路方面的法律、政令和省令等共约 226 部，其中法律 58 部、政令 38 部和省令 130 部，统称为"铁道六法"。依其管理的种类及业务范围，可以分为铁道事业、铁道营业、设施与车辆、运转与保安、铁道整备和国铁改革等类别。而按照法律之间的关系，日本铁路的法律体系又可分为基本法、配套法规、实施细则和公司章程 4 个层次。

法制化、制度化管理是城市轨道交通良性运行的根本性制度保证，无论规划管理、建设管理或运营管理都是如此。世界各国城市轨道交通管理的成功经验，无一不是通过完善的法律法规、规章制度来约束和规范管理者、生产经营者及参与者的行为。全面法制化的管理是城市轨道交通健康发展的必要条件，依法经营、依规操作是城市轨道从业者的职业底线。

【单元要求】

（1）了解《城市轨道交通运营管理规定》中有关运营管理、安全管理、应急管理以及法律责任等相关规定。

（2）熟悉城市轨道交通行车安全管理规定及行车相关岗位人员的职责。

（3）熟悉列车驾驶作业安全准则。

（4）了解城市轨道交通乘客安全准则。

【知识内容】

一、城市轨道交通运营管理规定

为规范城市轨道交通运营管理，保障运营安全，提高服务质量，促进城市轨道交通行业健康发展，交通运输部制订了《城市轨道交通运营管理规定》，并于2018年5月14日经第7次部务会议通过，自2018年7月1日起施行。

城市轨道交通是指城市公共交通系统中大运量的城市地铁、轻轨等城市轨道公共客运系统。《城市轨道交通运营管理规定》（以下简称《规定》）适用于地铁、轻轨等城市轨道交通的运营及相关管理活动。

1. 运营基础要求

《规定》坚持"规划建设为运营、运营服务为乘客"的理念，明确城市轨道交通工程项目可行性研究报告和初步设计文件中应当设置运营服务专篇，从车站设施、设备兼容性、线网衔接等方面，细化了运营服务专篇的内容，理顺运营与前期规划建设的衔接；提出建立城市轨道交通初期运营前、正式运营前、运营期间安全评估制度；明确从业人员管理、设施设备准入与运行维护管理、风险隐患管控治理等相关要求。

（1）工程项目验收及试运行的规定。城市轨道交通工程项目验收合格后，由城市轨道交通运营主管部门组织初期运营前安全评估。通过初期运营前安全评估的，方可依法办理初期运营手续。

运营单位应当全程参与城市轨道交通工程项目按照规定开展的不载客试运行，熟悉工程设备和标准，察看系统运行的安全可靠性，发现存在质量问题和安全隐患的，应当督促城市轨道交通建设单位（以下简称建设单位）及时处理。

初期运营期间，运营单位应当按照设计标准和技术规范，对土建工程、设施设备、系统集成的运行状况和质量进行监控，发现存在问题或者安全隐患的，应当要求相关责任单位按照有关规定或者合同约定及时处理。

（2）安全评估的规定。城市轨道交通线路初期运营期满一年，运营单位应当向城市轨道交通运营主管部门报送初期运营报告，并由城市轨道交通运营主管部门组织正式运营前安全评估。通过安全评估的，方可依法办理正式运营手续。对安全评估中发现的问题，城市轨道交通运营主管部门应当报告城市人民政府，同时通告有关责任单位要求限期整改。

开通初期运营的城市轨道交通线路有甩项工程的，甩项工程完工并验收合格后，应当通过城市轨道交通运营主管部门组织的安全评估，方可投入使用。受客观条件限制难以完成甩项工程的，运营单位应当督促建设单位与设计单位履行设计变更手续。全部甩项工程投入使用或者履行设计变更手续后，城市轨道交通工程项目方可依法办理正式运营手续。

（3）运营单位安全生产保障责任的规定。运营单位承担运营安全生产主体责任，应当建立安全生产责任制，设置安全生产管理机构，配备专职安全管理人员，保障安全运营所必需的资金投入。

运营单位应当按照有关规定，完善风险分级管控和隐患排查治理双重预防制度，建立风险数据库和隐患排查手册，对于可能影响安全运营的风险隐患及时整改，并向城市轨道交通运营主管部门报告。

城市轨道交通运营主管部门应当建立运营重大隐患治理督办制度，督促运营单位采取安全防护措施，尽快消除重大隐患；对非运营单位原因不能及时消除的，应当报告城市人民政府依法处理。

城市轨道交通运营主管部门和运营单位应当建立城市轨道交通智能管理系统，对所有运营过程、区域和关键设施设备进行监管，具备运行控制、关键设施和关键部位监测、风险管控和隐患排查、应急处置、安全监控等功能，并实现运营单位和各级交通运输主管部门之间的信息共享，提高运营安全管理水平。

运营单位应当建立网络安全管理制度，严格落实网络安全有关规定和等级保护要求，加强列车运行控制等关键系统信息安全保护，提升网络安全水平。

2. 运营服务

《规定》要求建立运营服务质量承诺制度，运营单位要向社会公布运营服务质量承诺，行业管理部门定期对运营单位服务质量进行监督考评，并向社会公布结果；建立投诉受理制度，督促运营单位不断改进提升服务水平。

（1）运营服务质量的规定。运营单位应当按照有关标准为乘客提供安全、可靠、便捷、高效、经济的服务，保证服务质量。

运营单位应当通过标识、广播、视频设备、网络等多种方式按照下列要求向乘客提供运营服务和安全应急等信息：

1）在车站醒目位置公布首末班车时间、城市轨道交通线网示意图、进出站指示、换乘指示和票价信息。

2）在站厅或者站台提供列车到达时间、间隔时间、方向提示、周边交通方式换乘、安全提示、无障碍出行等信息。

3）在车厢提供城市轨道交通线网示意图、列车运行方向、到站提示、换乘提示、开关车门提示等信息。

4）首末班车时间调整、车站出入口封闭、设施设备故障、限流、封站、甩站、暂停运营等非正常运营信息。

（2）乘客乘车规范和投诉受理的规定。城市轨道交通运营主管部门应当制订城市轨道交通乘客乘车规范，乘客应当遵守。拒不遵守的，运营单位有权劝阻和制止，制止无效的，报告公安机关依法处理。

乘客及其他人员因违法违规行为对城市轨道交通运营造成严重影响的，应当依法追究责任。

城市轨道交通运营主管部门和运营单位应当分别建立投诉受理制度。接到乘客投诉后，应当及时处理，并将处理结果告知乘客。

3. 安全支持保障

《规定》要求，城市轨道交通工程项目应当按照规定划定保护区，并在具备条件的保护区设置提示或者警示标志；作业单位需制订安全防护方案，征得运营单位同意后，方可办理相关许可手续，并对作业影响区域进行动态监测；明确保护区作业巡查有关要求，对地面、高架线路沿线建（构）筑物等妨碍瞭望和侵界情况的处置进行规定，加强城市轨道交通线路保护；对危害城市轨道交通设施设备运行、影响运营安全的禁止性行为进行规定。

（1）划定保护区及安全防护的规定。城市轨道交通工程项目应当按照规定划定保护区。运营前，建设单位应当向运营单位提供保护区平面图，并在具备条件的保护区设置提示或者警示标志。

在城市轨道交通保护区内进行下列作业的，作业单位应当按照有关规定制订安全防护方案，经运营单位同意后，依法办理相关手续并对作业影响区域进行动态监测。

运营单位有权进入作业现场进行巡查，发现危及或者可能危及城市轨道交通运营安全的情形，运营单位有权予以制止，并要求相关责任单位或者个人采取措施消除妨碍；逾期未改正的，及时报告有关部门依法处理。

（2）禁止危害城市轨道交通设施设备运行及运营安全的行为的规定。禁止下列危害城市轨道交通运营设施设备安全的行为：

1）损坏隧道、轨道、路基、高架、车站、通风亭、冷却塔、变电站、管线、护栏护网等设施。

2）损坏车辆、机电、电缆、自动售检票等设备，干扰通信信号、视频监控设备等系统。

3）擅自在高架桥梁及附属结构上钻孔打眼，搭设电线或者其他承力绳索，设置附着物。

4）损坏、移动、遮盖安全标志、监测设施以及安全防护设备。

禁止下列危害或者可能危害城市轨道交通运营安全的行为：

1）拦截列车。

2）强行上下车。

3）擅自进入隧道、轨道或者其他禁入区域。

4）攀爬或者跨越围栏、护栏、护网、站台门等。

5）擅自操作有警示标志的按钮和开关装置，在非紧急状态下动用紧急或者安全装置。

6）在城市轨道交通车站出入口5m范围内停放车辆、乱设摊点等，妨碍乘客通行和救援疏散。

7）在通风口、车站出入口50m范围内存放有毒、有害、易燃、易爆、有放射性和有腐蚀性等物品。

8）在出入口、通风亭、变电站、冷却塔周边躺卧、留宿、堆放和晾晒物品。

9）在地面或者高架线路两侧各100m范围内升放风筝、气球等低空飞行物体和无人机等低空飞行器。

《规定》明确将建立城市轨道交通重点岗位从业人员不良记录和乘客违法违规行为信息库,并按照规定将有关信用信息及时纳入交通运输和相关统一信用信息共享平台,鼓励经常乘坐城市轨道交通的乘客担任志愿者。

4. 应急处置

《规定》要求运营单位健全涵盖综合应急预案、专项应急预案和现场处置方案的应急预案体系,并储备必要的应急物资,配备应急救援装备和队伍,完善应急值守和报告制度。运营单位应当定期组织运营突发事件应急演练,其中综合应急演练和专项应急预案演练每半年至少组织一次,现场处置方案演练纳入日常工作,开展常态化演练。建立运营安全重大故障和事故报送制度,不断提高安全防范和应急处置水平。

(1) 制订应急预案的规定。城市轨道交通所在地城市及以上地方各级人民政府应当建立运营突发事件处置工作机制,明确相关部门和单位的职责分工、工作机制和处置要求,制订完善运营突发事件应急预案。

运营单位应当按照有关法规要求建立运营突发事件应急预案体系,制订综合应急预案、专项应急预案和现场处置方案。运营单位应当组织专家对专项应急预案进行评审。

(2) 应急处置的规定。因地震、洪涝、气象灾害等自然灾害,或恐怖袭击、刑事案件等社会安全事件,或其他因素可能影响城市轨道交通正常运营时,应参照运营突发事件应急预案做好监测预警、信息报告、应急响应、后期处置等相关应对工作。

运营单位应当储备必要的应急物资,配备专业应急救援装备,建立应急救援队伍,配齐应急人员,完善应急值守和报告制度,加强应急培训,提高应急救援能力。

(3) 应急演练的规定。城市轨道交通运营主管部门应当按照有关法规要求,在城市人民政府领导下会同有关部门定期组织开展联动应急演练。

运营单位应当定期组织运营突发事件应急演练,其中综合应急预案演练和专项应急预案演练每半年至少组织一次。现场处置方案演练应当纳入日常工作,开展常态化演练。运营单位应当组织社会公众参与应急演练,引导社会公众正确应对突发事件。

5. 法律责任

(1) 城市轨道交通运营单位法律责任的规定。运营单位有下列行为之一的,由城市轨道交通运营主管部门责令限期改正;逾期未改正的,处以5000元以上3万元以下的罚款,并可对其主要负责人处以1万元以下的罚款:

1) 未全程参与试运行。
2) 未按照相关标准对从业人员进行技能培训教育。
3) 列车驾驶员未按照法律法规的规定取得职业准入资格。
4) 列车驾驶员、行车调度员、行车值班员、信号工、通信工等重点岗位从业人员未经考核上岗。
5) 未按照有关规定完善风险分级管控和隐患排查治理双重预防制度。
6) 未建立风险数据库和隐患排查手册。
7) 未按要求报告运营安全风险隐患整改情况。
8) 未建立设施设备检查、检测评估、养护维修、更新改造制度和技术管理体系。
9) 未对设施设备定期检查、检测评估和及时养护维修、更新改造。
10) 未按照有关规定建立运营突发事件应急预案体系。

11）储备的应急物资不满足需要，未配备专业应急救援装备，或者未建立应急救援队伍、配齐应急人员。

12）未按时组织运营突发事件应急演练。

有下列行为之一的，由城市轨道交通运营主管部门责令相关责任人和单位限期改正、消除影响；逾期未改正的，可以对个人处以5000元以下的罚款，对单位处以3万元以下的罚款；造成损失的，依法承担赔偿责任；情节严重构成犯罪的，依法追究刑事责任：

1）高架线路桥下的空间使用可能危害运营安全的。

2）地面、高架线路沿线建（构）筑物或者植物妨碍行车瞭望、侵入限界的。

（2）城市人民政府城市轨道交通主管部门工作人员法律责任的规定。

城市轨道交通运营主管部门不履行本规定职责造成严重后果的，或者有其他滥用职权、玩忽职守、徇私舞弊行为的，对负有责任的领导人员和直接责任人员依法给予处分；构成犯罪的，依法追究刑事责任。

二、行车安全管理规定

1. 地铁的行车调度管理

行车有关人员必须服从行调指挥，执行行调命令，行调应严格按运营时刻表指挥行车。指挥列车运行的命令和口头指示，只能由行调发布。

（1）运营控制中心（OCC）。

1）OCC是地铁运营日常管理、设备维修、行车组织的指挥中心，设有主任调度员、行调、电调、环调，通过各调度员，对全线列车运营和设备运行情况进行总的监视、控制、协调、指挥和调度。

2）OCC是地铁运营信息收发中心。

3）OCC代表运营分公司与外界协调联络地铁运营支援工作。

（2）车厂控制中心（DCC）。

1）DCC是车厂管理、车辆维修组织和作业的控制中心，DCC设有车辆轮值工程师及助理、车厂调度员。

2）DCC负责车厂范围内的行车组织、维修施工管理。

3）DCC负责车辆日常检修、清洁、定修和临修工作控制，为地铁运营及设备维修施工提供数量足够和工况良好的客车和工程列车。

（3）车厂信号控制室。

1）车厂信号控制室设有微机联锁设备，集中控制车厂范围内的进路、道岔和信号机，隶属车厂调度员管理。

2）车厂信号控制室与车站通过进路照查电路，共同组织与监控列车进出车厂。

3）车厂信号控制室设置一名车厂信号楼值班员和一名外勤值班员，负责排列车厂内的调车作业和列车进出车厂的运行进路。

（4）OCC、DCC、车厂信号控制室及车站的工作关系。

1）主任调度员是OCC轮值调度班组长，各调度员由主任调度员协调统一指挥，在处理突发事件、事故时，各调度员有责任向主任调度员提供本岗位的协助处理方案，并及时报告相关信息。

2）行车工作由行调统一指挥。

3）供电设备运作由电调统一指挥。

4）环控和防灾报警设备运作由环调统一指挥。

5）行车设备的维护和故障处理由行调统一指挥，在封锁范围内，也可授权或指定相关专业现场负责人指挥。

6）DCC 为运营分公司二级调度机构，服从 OCC 统一指挥。

7）车站的行车工作由值班站长、车厂的行车工作由车厂调度员统一指挥。

8）客车上的员工由驾驶员负责指挥，工程列车上的员工由车长负责指挥。

9）正线发生行车设备故障，车站值班站长（值班员）应及时报告行调，由行调通知各相关专业调度或值班人员派人组织抢修。

2. 地铁车站行车组织

地铁车站行车组织工作由车站当班值班站长统一负责，值班站长必须服从行调的统一指挥，执行行调命令。

（1）正常情况下行车组织。

1）联锁站值班站长或行车值班员通过 LOW 工作站监视列车运行情况。

2）值班站长或行车值班员根据列车所处状态，播放录音广播，做好乘客服务，监视站台列车和乘客候车秩序，确保站台安全。

（2）非正常情况下车站行车组织。

1）在车站级控制时，行车值班员在 LOW 工作站上设置列车进路，监视列车在该联锁区的运行情况，发现问题按规定处理并及时报告行调。确认进路防护信号开放后，当运营停车点不能自动取消时，待列车停稳 10s 后取消运营停车点。

2）需要人工准备进路时，车控室人员负责召集人员。相关人员到位后应做好人工排列进路准备工作。人工准备进路必须不少于 2 人，其中一人岗位职务必须是车站值班员及以上，另一人岗位职务必须是站务员及以上。

3）手摇道岔工作必须严格执行"手摇道岔六步曲"，即一看、二开、三摇、四确认、五加锁、六汇报，具体如下：

一看：查看道岔尖轨及辙叉心是否有异物；查看道岔开通位置是否正确（如正确，则转至第四步；如不正确，则转至第二步）。

二开：打开盖孔板（如转辙机处于通电状态，必须先切断转辙机电源）及钩锁器的锁，拆下钩锁器。

手摇道岔

三摇：将手摇把插入手摇把孔，摇道岔转向所需的位置，在听到"咔嚓"的落槽声后停止（如听不到落槽声时，则确认尖轨密贴即可）。

四确认：手指尖轨口呼："尖轨密贴开通×位"，双人共同确认尖轨密贴、道岔位置开通正确。

五加锁：用钩锁器锁定道岔尖轨，并将钩锁器加锁（折返站需经常转换的道岔钩锁器锁可只挂不锁）。

六汇报：向行调汇报道岔开通位置正确（通过无线对讲），车控室通过调度电话监听（遇无线对讲故障时，准备进路人员通过轨旁电话向车控室汇报道岔开通位置正确，车控室报告行调）；采用站间闭塞法时，准备进路人员向车控室汇报，车控室向行调报告。

【案例解析】错排进路接车事故

● 事故经过

2004年12月16日00时16分，某地铁公司行调指示××站将P40302道岔开通右位并加锁。当时该车站车控室有值班员李××、站务员刘××、陈××3人，李××指示刘××和陈××将P40302道岔开通右位。刘××和陈××来到道岔P40302处，误以为已开通右位的道岔开通左位，遂将该道岔摇至开通另一方向并加锁，并回到车控室后汇报"道岔P40302开通右位并加锁"，李××未详细询问即向行调汇报"道岔开通右位并加锁"。08时02分，9702次列车驾驶员在列车距P40302道岔15m处发现道岔位置开通错误，立即采取制动，列车在距道岔10m处停车。

● 事故原因

1）未执行手摇道岔必须两名胜任人员且其中1人必须为值班员以上的规定。
2）未严格执行手摇道岔"六步曲"，摇岔人员未执行现场汇报制度。
3）现场作业人员对道岔知识模糊、无视手摇道岔确认、现场汇报制度，导致错排接车进路。

● 整改措施

1）进一步强化员工行车业务专项培训。各站对本站全体员工每日均要进行至少一次行车业务培训（区段闭塞法的学习，人工排列进路及行车日志、调度命令和路票的填写），每次培训要有记录和对参训员工的考评。
2）进一步强化员工安全意识，使每个员工牢固树立"安全第一"的思想，在工作中要严格执行规章制度，坚决贯彻"自控、他控、互控"原则，确保行车安全。
3）加强车站管理。

● 影响及点评

该次事件人工排列进路时，错误开通道岔位置，列车在距道岔10m处停车，虽未造成后果，但性质严重，应引起警戒；尤其是在开通运营后，需要人工排列进路时，准备进路的人员便担负了确保旅客和行车安全的主要责任，而"六步曲"是确保准确、快速地将道岔摇到进路所需位置的有效保障，应严格遵守和执行。

（资料来源：深圳地铁安全案例汇编。）

3. 其他员工的安全要求

1）严禁擅自进入行车重地和主要设备场所。
2）在车站不能影响车门、屏蔽门的正常运行。
3）不能随意进出端门，不能影响驾驶员操作等。
4）严禁在城市轨道交通限界内坐卧、休息、吸烟。
5）线路附近，不准舞动绿色、黄色、红色物品。
6）严禁擅自触动非本人操作的设备、电闸、阀门、各开关按钮等。

三、列车驾驶作业安全准则

列车驾驶员的操作应在正常情况下确保"准确"，在非正常情况下确保"安全"，所有操作均动作紧凑、快速正确。列车驾驶作业包括调车作业、整备作业、正线作业、折返作业、站台作业等，具体的作业安全准则有以下内容。

1. 调车作业安全准则

1）设置铁鞋防溜时，不拿出铁鞋不动车。
2）凭自身动力动车时，没有制动不动车。
3）机车、车辆制动没有缓解不动车。
4）调车作业目的不清不动车。
5）调车作业没有联控不动车。
6）没有信号或信号不清不动车。
7）道岔开通不正确不动车。
8）侵限、侵物不动车。

2. 整备作业安全准则

1）整备作业前必须了解列车停放位置及列车状态。
2）检查列车走行部时，必须确认列车已降下受电弓。
3）严禁跨越地沟，进行车底检查时戴好安全帽，应注意空间位置，避免碰伤。
4）受电弓升起后，严禁触摸电气带电部分、进行地沟检查及攀登车顶。
5）检查列车时必须佩戴检查灯、一字螺钉旋具，并严格按要求整备列车，列车没有经过整备严禁动车。
6）车库内动车前，必须确认地沟无人和两侧无侵限物后方可动车。

3. 列车运行安全准则

1）驾驶员在取得驾驶员驾驶证并经鉴定合格后，方准独立驾驶。
2）严格遵守各种规章制度，按照要求操作使用设备，正确执行各项作业程序，确保列车运行安全。
3）严格按运营时刻表动车，动车前必须确认行车凭证。列车退行或推进运行时，运行前端必须有人引导。
4）班前注意休息，班中集中精力，保持不间断瞭望。严禁在列车运行中打盹、看书或干与工作无关的事。
5）接受调度命令或行车指示时，驾驶员必须认真逐句复诵并领会命令内容。

【案例解析】列车冒进信号险性事故

- 事故经过

1999 年 11 月 19 日 21 时 11 分，某地铁公司 1209 次列车以 ATO 驾驶模式到达 ×× 车站 1 道停稳自动开门后，到达驾驶员发现显示屏没有列车自动折返符号且 AR 灯不亮，立即报告行调。行调即要求到达驾驶员在列车正点开车前提前 1min 关客室门以做好故障的处理和换室的准备。在列车停稳后，1210 次接班驾驶员张某便进入驾驶室，接着到达驾驶员就通过驾驶室对讲通知接班驾驶员，告诉他列车没有自动折返功能并已报行调，且行调同意提前 1min 关门和采用 RM 模式开出车站。

21 时 13 分，1210 次列车后室驾驶员就按行调的要求提前 1min 关门，待客室门关好后关了主控钥匙并通知了前方驾驶人便交班下车。列车关门时，接班驾驶员张某正在填写车辆状态卡，待后室驾驶员关了主控钥匙且过了30s后，张××才开启本端驾驶室主控钥匙。当主控钥匙开启时，列车立即出现紧急制动，经按压RM按钮后列车恢复正常状态。在没有确认站务员是否显示"车门关好信号"和S111信号机显示状态下，列车于21时13分40秒开车。当列车起动后驾驶员张某看见前方道岔（W123#）开通下行线才停车。

当时××车站值班站长、站务员、行调均发现驾驶员臆测动车，行调当即呼叫驾驶员，该站按紧急停车按钮。列车停车后已越出车站S111信号机和压上W123#。报行调经同意后退回1道。21时15分42秒，1210次列车在S111信号机显示绿灯后从车站开车。

- 事故原因

1）当事人张某安全意识淡薄，没有树立高度的责任感。对在信号系统故障情况下的行车，不但没有高度重视，而且精力分散，在没有确认前方进路的前提下，就盲目动车。

2）当事人张某在非正常情况驾驶时，思想不集中，盲目动车。

3）当事人严重违反了《行规》中规定"司机凭进路防护信号行车"的要求。

4）当事人严重违反了《客车司机手册》中规定"启动前，应确认客室门已关好，联锁站确认进路防护信号已开放"的要求。

- 整改措施

1）加强技术业务学习，努力提高员工的业务素质水平，增强员工的应变能力。

2）加强安全思想教育，增强工作责任感、使命感，严格执行各项规章制度和标准化作业程序，杜绝臆测行车。

3）加强班组安全管理，落实各项安全制度。

4）在信号、车辆等设备故障的情况下，要充分利用通信设备，加强联络，使自控、互控、他控工作落在实处。

（资料来源：广州地铁安全案例汇编。）

4. 折返作业安全准则

1）严格遵守交接班制度。

2）关门前必须确认行车凭证、道岔、进路正确。

3）动车前确认所有人员均在安全区域。

5. 站台作业安全准则

1）开关屏蔽门、车门时，必须严格执行开关门作业程序。

2）列车到站停稳后，应先确认列车停在规定的范围内。

3）跨出站台开关屏蔽门、车门时，应注意列车与站台间的空隙，避免摔伤。

4）关屏蔽门、车门前应先确认车载信号或进路防护信号开放或者具有行车凭证。

5）动车前，驾驶员应确认屏蔽门、车门关好，同时确认屏蔽门与车门间空隙无人无物方可进驾驶室。

6. 人身安全准则

1）升弓前，必须确认所有人员均在安全区域。

2）严禁擅自带无关人员进入驾驶室，因工作需要有人登乘驾驶室时必须确认其相关登乘证件。

3）在正线或出入厂线，禁止未经行调同意擅自进入线路。

四、乘客安全守则

为加强城市轨道交通运营管理，规范和保障城市轨道交通的正常运营秩序，确保乘客安全、顺畅地乘坐城市轨道交通，不同城市的城市轨道交通运营企业都会有各自的乘客守则，凡进入城市轨道交通车站范围（含出入口、通道）者均须自觉遵守该守则，下面是乘客守则中有关的安全守则内容。

（1）严禁乘客携带以下物品进站乘车。

1）易燃、易爆、有毒、有害危险化学品（如雷管、炸药、鞭炮、汽油、柴油、煤油、油漆、电石、液化气、各种酸类等）、放射性、腐蚀性物品、压力容器等危险品，或有刺激性气味的物品，城市轨道交通工作人员一旦发现有权暂扣其物品，并拒绝其进站乘车或交公安机关依法处罚。

2）非法持有枪械弹药和管制刀具（持有效证件执行公务的国家安全、军务、警务、海关等特种人员可照章携带），城市轨道交通工作人员一旦发现有权暂扣其物品，并拒绝其进站乘车或交公安机关依法处罚。

3）气球、锄头、扁担、铁锯、铁棒、运货平板推车、自行车、笨重物品，或其他可能妨碍他人在站（车）内通行、危及乘客人身安全和影响城市轨道交通运营秩序的超长、超宽、超高的物品，城市轨道交通工作人员一旦发现有权暂扣其物品，并拒绝其进站乘车或对其处以500元的罚款，并送交公安机关依法处理。

（2）在车站内或列车内禁止以下行为。

1）攀爬、跨越或钻越围栏、栏杆、检票闸机，违者由有关部门责令改正，并处以200元的罚款。

2）跳下站台，进入轨道、隧道或其他限制区域，违者有关部门责令改正，并处以1000元的罚款。

3）强拉屏蔽门（车门）、拍打屏蔽门（车门）、阻止屏蔽门（车门）关闭，以及用任何方式阻碍列车的正常运行，违者由有关部门责令改正，并处以500元的罚款。

4）非法拦车，在非紧急状态下动用紧急或安全装置，违者由有关部门责令改正，并处以1000元的罚款；构成治安处罚的，由公安机关依法处理；构成犯罪的，依法追究刑事责任。

5）擅自操作有警示标志的按钮、开关装置，违者有关部门责令改正，并处以1000元的罚款；构成治安处罚的，由公安机关依法处理；构成犯罪的，依法追究刑事责任。

6）损毁、移动、涂污车站、出入口、通道、通风亭或列车内的设备、装置和装饰，违者除按价赔偿外，还将由有关部门责令改正，并处以1000元的罚款；构成治安处罚的，由公安机关依法处理；构成犯罪的，依法追究刑事责任。

7）在城市轨道交通出入口外侧30m内放置易燃、易爆、危险物品，违者由公安机关依法处罚。

8）使用自动扶梯运送笨重物件，城市轨道交通工作人员有权禁止其使用，造成损失的必须由使用责任人负责赔偿。

9）在车站或列车内滋事斗殴，违者由公安机关依法处罚。

10）其他危害地铁运营安全的行为，由有关部门责令改正，并处以 200 元以上 1000 元以下的罚款；构成治安处罚的，由公安机关依法处理；构成犯罪的，依法追究刑事责任。

（3）学龄前儿童、醉酒者、精神病患者、突发病人、智障人士、行动不便者等乘客进站乘车须有健康成年人陪同。否则，由此导致的伤亡事故，由其本人、家属或法定监护人负全部责任。

（4）使用自动扶梯时，应握紧扶手、靠右站稳，同行人应照顾好儿童和老人，不得多人挤站在同一级扶梯或在扶梯上打闹、奔跑。

（5）携带小孩的乘客应注意照看好随行的小孩。不得在车站、列车内互相推挤，以防掉下站台或被列车挤伤。发现以上情况，城市轨道交通工作人员有权予以警告并责令改正，若造成伤亡事故者，由当事人本人负责。

（6）上下车时，应留意列车与站台间的空隙，当列车关门的提示警铃鸣响时，应停止上下车，乘车时不要手扶车门或挤靠车门。

（7）发生意外情况，乘客应保持镇静，遵守秩序并听从城市轨道交通工作人员的指挥。

（8）当事人自身（或第三方）过错造成伤亡事故的，由其自行（或第三人）承担责任。由此造成城市轨道交通运营损失以及伤害他人的，视情节轻重移交有关部门追究肇事者相应的民事或刑事责任。

【考核与提高】

一、单项选择题

1. 如下保障安全生产的要素中，哪一项不属于安全生产"五要素"？（ ）
   A. 安全文化 B. 安全责任 C. 安全法制 D. 安全检查
2. 在生产经营单位的安全生产工作中，最基本的安全管理制度是（ ）。
   A. 安全生产目标管理制 B. 安全生产承包责任制
   C. 安全生产奖励制度 D. 安全生产责任制
3. 安全生产责任追究是国家法律规定的一项法定制度，根据责任人员在事故中承担责任的不同，分为直接责任者、主要责任者和（ ）。
   A. 间接责任者 B. 领导责任者
   C. 次要责任者 D. 重要责任者
4. 新建、改建、扩建建设项目安全设施的"三同时"工作应在（ ）进行。
   A. 建设项目正式投产前 B. 建设项目正式投产后
   C. 建设项目施工开始前 D. 建设项目施工开始后
5. 安全生产监督管理的基本特征是权威性、强制性和（ ）。
   A. 普遍适用性 B. 普遍约束性
   C. 持续改进性 D. 社会规范性
6. 目前，进行事故调查处理应坚持实事求是、尊重科学、（ ）、公正公开和分级管辖的原则。
   A. 严刑峻法 B. 四不放过 C. 三不放过 D. 五不放过
7. 要做到"安全第一"，就必须（ ）。
   A. 将高危作业统统关掉 B. 安全系数越高越好
   C. 实行"安全优先"的原则 D. 责任者自主
8. "三同时"是生产经营单位安全生产的（ ）措施，是一种（ ）保障措施。

A. 重要保障；事前 B. 安全管理；安全生产
C. 重要保障；安全生产 D. 安全管理；事前

9. (　　)是用人单位各项安全生产规章制度的核心。
A. 安全生产责任制 B. 安全生产管理制度
C. 安全检查制度 D. 安全操作规程

10. 根据安全生产概念和工作要求，对于生产经营单位，安全生产需要保护的第一对象是(　　)。
A. 设备　　　　B. 从业人员　　　　C. 管理人员　　　　D. 技术人员

11. 不属于安全生产检查的方法的选项是(　　)。
A. 仪器检查法 B. 常规检查法
C. 安全检查表法 D. 设备和人员抽查法

12. 安全生产立法一般是指国家制定的现行有效的安全生产法律、行政法规、(　　)和部门规章、地方政府规章等文件。
A. 企业标准　　　　B. 国家标准　　　　C. 部门法规　　　　D. 地方性法规

13. 《中华人民共和国安全生产法》是自(　　)起施行的。
A. 2002年6月29日 B. 2002年11月1日
C. 1998年9月1日 D. 2003年9月1日

14. 从业人员发现(　　)，应当立即向现场安全生产管理人员或者本单位负责人报告；接到报告的人员应当及时予以处理。
A. 事故隐患 B. 不安全因素
C. 重大危险源 D. 事故隐患或者其他不安全因素

15. 根据《消防法》，消防工作贯彻(　　)的方针，坚持专门机关与群众结合的原则，实行防火安全责任制。
A. 预防为主，安全第一 B. 安全第一，预防为主
C. 预防为主，防消结合 D. 防消结合，预防为主

16. 生产经营单位的主要负责人和安全生产管理人员必须具备与本单位所从事的生产经营活动相应的(　　)和管理能力。
A. 安全生产技术 B. 安全生产技能
C. 安全意识 D. 安全生产知识

17. 生产经营单位应当向从业人员如实告知作业场所和工作岗位存在的(　　)、防范措施以及事故应急措施。
A. 危险因素 B. 事故隐患
C. 设备缺陷 D. 重大危险源

18. 下列哪种人不享受《工伤保险条例》规定的工伤保险待遇？(　　)
A. 事业单位的工作人员 B. 个体工商户的雇工
C. 国有企业员工 D. 外资企业的雇员

19. 职工有下列哪种情形，应当视同工伤？(　　)
A. 患职业病 B. 自残或者自杀
C. 职工原军队服役，因战、因公负伤致残，已取得革命伤残军人证，到用人单位后旧伤复发
D. 因工外出期间，由于工作原因受到伤害或者发生事故下落不明

20. 国家对女职工和未成年工实行(　　)。
A. 特殊社会保障　　B. 特殊劳动保护　　C. 特殊劳动保险　　D. 特殊工伤保险

21. 根据《劳动法》的规定，除文艺、体育和特种行业外，禁止用人单位招用(　　)的未成年人。
A. 已满16周岁　　B. 未满16周岁　　C. 16~18周岁　　D. 18~21周岁

二、判断题

1. 特种作业人员上岗作业前，必须进行专门的安全技术和操作技能的培训教育，增强其安全生产意识，并获得证书后方可上岗，有经验的从业人员除外。（　　）
2. 安全检查表法，严格意义上只是提供了检查内容的提纲，并没有解决检查过程中如何查证。（　　）
3. 在使用安全检查表法时，应借助相应的检测仪器，有必要时，还可送专门检验机构进行检验，不能用人的感官查证。（　　）
4. 当生产和安全发生矛盾时，要把生产放在首位。（　　）
5. 根据《安全生产法》等法律法规的规定，生产经营单位必须制订本单位安全生产的规章制度和操作规程。（　　）
6. 安全生产规章制度和操作规程是从业人员从事生产经营、确保安全的具体规范和依据。（　　）
7. 正确佩戴和使用劳动防护用品是从业人员必须履行的法定义务，这也是保障从业人员人身安全和生产经营单位安全生产的需要。（　　）
8. 任何单位或个人对事故隐患或者安全生产违法行为 有权向负有安全生产监督管理职责的部门报告或举报。（　　）
9. 制定《安全生产法》最重要的目的是制裁各种安全生产违法犯罪行为。（　　）
10. 在农业中从事个体种植、养殖业的农户，不属于《安全生产法》的调整范围。（　　）
11. 生产经营单位为了逃避应当承担的事故赔偿责任，在劳动合同中与从业人员订立"生死合同"是非法的，无效的，不受法律保护。（　　）
12. 如果工伤事故责任在伤者，那么它将不享受工伤保险补偿。（　　）
13. 享受因工伤残保险的职工就算违法犯罪也不能被企业开除。（　　）
14. 企业的从业人员没有经过安全教育培训，不了解规章制度，因而发生重大伤亡事故的，行为人不应负法律责任，应由发生事故的企业负有直接责任的负责人负法律责任。（　　）
15. 特种作业人员未经专门的安全作业培训，未取得特种作业操作资格证书，上岗作业导致事故的，应追究生产经营单位有关人员的责任。（　　）
16. 生产经营单位的从业人员是指该单位从事生产经营活动各项工作的所有人员，包括管理人员、技术人员和各岗位的工人，但不包括临时聘用的人员。（　　）
17. 依照《安全生产法》，生产经营单位的从业人员享有工伤保险和伤亡求偿权；危险因素和应急措施的知情权；安全管理的批评检控权；拒绝违章指挥和强令冒险作业权；紧急情况下的停止作业和紧急撤离权。（　　）
18. 安全生产责任制是一项最基本的安全生产制度，是其他各项安全规章制度得以切实实施的基本保证。（　　）

三、名词解释

"五同时"；"三同时"；"四不放过"；"五要素"。

四、简答题

1. 什么是安全生产？
2. 我国安全生产管理体制是什么？
3. 我国的安全生产方针是什么？如何理解？
4. 什么是三级安全教育？
5. 安全生产检查主要有哪几种方式？
6. 女职工的特殊保护的内容是什么？
7. 什么是工伤？
8. 简述《安全生产法》规定的从业人员的四项义务。

【案例分析】触电事故

2008年×月×日17时30分，某城市轨道交通工程工地正在进行中间风井出土运输和旋喷桩施工。旋喷桩施工的后配套在进行水泥浆搅拌，现场水泥用量大，水泥空袋比较多。当天下雨，地面比较湿滑，现场负责场内清理杂物的作业人员A赤脚在清理水泥空袋时滑倒，其他现场人员发现A没有立即站起来，当即去搀扶，此时发现A神志尚清醒。现场工人将事情报告项目部后，项目部人员立即拨打120急救电话，并组织进行人工呼吸现场抢救，同时报告项目负责人，并及时联系A的亲属。17时50分医院救护人员赶到出事工地，立即对A开展救护并就近送往医院进行抢救，18时15分救护车将伤者送到医院，A经抢救无效死亡。次日，医院出具电击猝死死亡证明。

请结合本模块的学习内容，分析事故原因并提出相应的防范措施。

模块四 城市轨道交通运营安全管理方法

◆【模块导学】

各级安全管理的领导和管理人员要了解和掌握本单位生产实际和安全生产管理现状，熟知与本单位生产经营活动相关的法律法规、标准规范、安全操作规程和事故案例，以及安全管理的基本理论与方法，造就一双"慧眼"，以便结合本单位实际，熟练、准确地发现安全问题和隐患所在，采取措施，及时整改问题和隐患，不断改进和加强本单位安全生产工作。

➤【学习目标】

(1) 能阐述 PDCA 循环四个阶段的内容。
(2) 能接受 PDCA 循环的特点和方法应用。
(3) 能阐述安全分析的方法及其适用性。
(4) 能应用安全检查表、事件树分析和因果分析图法进行安全分析。
(5) 能阐述安全评价的含义、程序和分类。
(6) 能应用安全评价方法中的安全检查表和作业条件危险性评价法。

单元一　PDCA 管理法与运营安全管理

【情境导入】

全国近 2 万企业在 21 世纪初就建立了职业健康安全管理体系，应用了 PDCA 安全管理模式，至今已达 5 万多家企业。各单位通过对辨识的危险源进行风险评价，实行分级管理，控制或减少安全生产事故，降低职业病的发病率。按照 PDCA 的管理要求，运用 PDCA 循环方法降低了人为失误，逐渐减少习惯性违章行为，不断持续改进企业的安全管理绩效，实现安全生产零事故目标。同时，PDCA 安全管理模式的应用将我国传统的安全管理进行了系统的规范和改进，并使我国城市轨道交通企业的安全管理模式与国际接轨。

【单元要求】

(1) 掌握 PDCA 循环四个阶段的内容。

(2) 了解 PDCA 循环的特点。
(3) 掌握 PDCA 循环的应用方法。

【知识内容】

一、PDCA 循环

PDCA 循环又称质量环，是管理学中的一个通用模型，最早由休哈特于 1930 年构想，后来被美国质量管理专家戴明博士在 1950 年再度挖掘出来，并加以广泛宣传和运用于持续改善产品质量的过程，从而 PDCA 循环也被称为"戴明环"。

二、PDCA 循环的四个阶段

PDCA 是英语单词 Plan（策划）、Do（实施）、Check（检查）和 Action（处置）的第一个字母的组合，PDCA 循环就是按照这样的顺序进行质量管理，并且循环不止地进行下去的科学程序。

P（Plan）策划：确定方针和目标，建立行动方案。

D（Do）实施：又称执行，依照计划推行，实施行动计划。

C（Check）检查：确认是否依计划的进度在实行，以及是否达成预定的计划，评估结果。

A（Action）处置：采取措施，以持续改进过程绩效。对于没有解决的问题，应提交给下一个 PDCA 循环解决，或设定新的改进目标，PDCA 循环的四个阶段如图 4-1 所示。

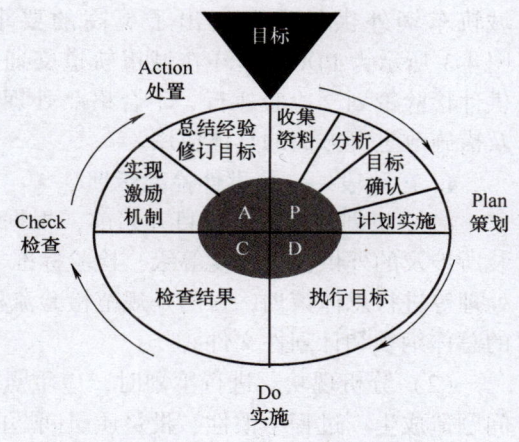

图 4-1 PDCA 循环的四个阶段

三、PDCA 循环的特点

PDCA 循环的四个阶段不是运行一次就结束，而是周而复始地进行，一个循环完了，解决一些问题，未解决的问题进入下一个循环，这样阶梯式上升，PDCA 循环的特点如图 4-2 所示。它具有如下特点：

1）大环套小环，小环保大环，互相促进，推动大循环。

2）PDCA 循环是爬楼梯上升式的循环，每转动一周，质量就提高一步，不断前进、不断提高。

3）PDCA 循环是综合性循环，4 个阶段是相对的，它们之间不是截然分开的。

4）推动 PDCA 循环的关键是"处理"阶段，该阶段的重点又在于修订标准，包括技术标准和

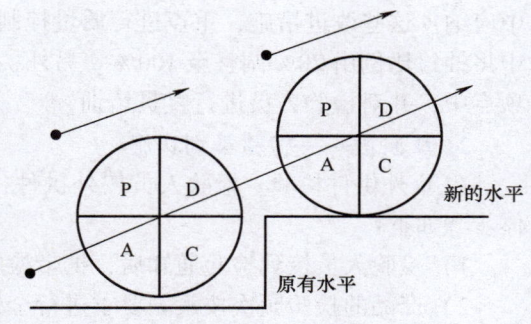

图 4-2 PDCA 循环的特点

管理制度。没有标准化和制度化，就不可能使 PDCA 循环转动向前。

PDCA 循环的管理模式，不仅在质量管理体系中运用，也适用于一切循序渐进的管理工作，体现着科学认识论的一种具体管理手段和一套科学的工作程序。PDCA 管理模式的应用对提高城市轨道交通运营安全管理日常工作的效率有很大的益处。

四、应用实例

城市轨道交通车辆总成组装涉及粘接、电联接、机械、管道、设备等各大工序物料种类 1000 余种，需要质量检验人员进行开箱检验的外供件共计 130 余项，各类外供件质量问题频繁反复出现，给城市轨道交通车辆质量控制及生产造成巨大挑战。而城市轨道交通车辆的安全性是城市轨道交通运营关注的重点和检验城轨车辆质量的客观标准，这就对城轨车辆外供件质量提出了更高的要求。图 4-3 所示为 PDCA 循环在城市轨道交通外供件检验策划、检验执行、不合格品处理以及措施改进等方面的具体应用。

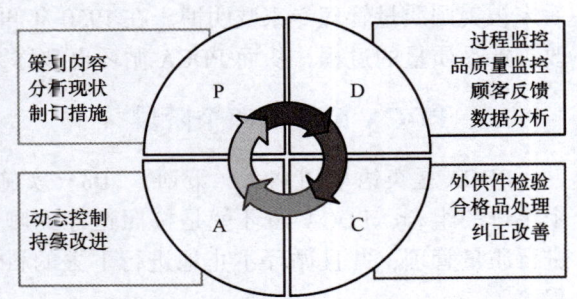

图 4-3　PDCA 循环在城市轨道交通车辆外供件中的应用

1. P 阶段——外供件检验策划

（1）策划内容。在项目开始前，根据产品特性和项目质量保证要求，需对城轨车辆组装所涉及的外供件重要度等级、检验标准、检验方法、检验频次、所需工装工具、不合格品处理等进行总体策划，目的是规范检验流程和方法，它是质量检验人员进行外供件质量控制的总体纲领和计划性文件。

（2）分析现状。进行策划时，应重点分析过往项目中存在的问题，针对因外供件质量问题造成生产过程中惯性、批量质量问题的案例进行梳理，分析产生质量问题的各种影响因素，在下一次的质量控制环节进行改进提升。例如，在生产过程中发现，车底架设备蓄电池箱内线缆接头处线芯破损，此时设备已经安装到位，电联接接线已经完成，普查发现有 50% 蓄电池箱存在同类问题。后经过调查有如下原因：

1）蓄电池开箱检查抽检比例过低，批量不合格未被发现。

2）检验人员在检查时，对照检查标准并未提及该项检验。

（3）制订措施。在结合现状分析的基础上，应着手制订改进措施，在外供件检验策划中应纳入这些改进措施，重点进行质量控制。例如，针对蓄电池质量问题，在后期检验过程中将抽检比例由 20% 调整至 100%。另外，将蓄电池箱内线缆接头处线芯检查项点加入标准项点中，并对检验人员进行宣贯培训。

2. D 阶段——检验策划实施

（1）外供件检验。检验人员按外供件检验策划要求，对相应外供件产品进行检验，具体步骤如下：

1）检验人员接到检验通知后，携带检验工具，按照外供件检验项点进行逐项检查。

2）产品的检验频次按策划要求进行全检或抽检，当抽检发现不合格品概率增高时，应现场增加抽检比例。

3）对不合格品做好记录（包括不合格状态、数量、供应商信息），张贴不合格品标签进行追溯。

（2）不合格品处理。外供件检验过程中发现的不合格品，检验人员应立即进行处理。

1）对不合格品进行标志、隔离。

2）按照公司内部《不合格品控制程序》规定执行，检验人员对不合格状态进行分析，必要时联系供应商，制订不合格品返工、返修或退货措施。

3）检验人员将检验过程中出现的不合格品信息，录入不合格品信息台账，进行跟踪处理，同时作为后续分析不合格品原因的基础信息。

3. C 阶段——执行过程监视

在执行外供件检验过程时，进行监视和测量，对检验过程、产品质量、顾客满意度等方面进行监视和检查，确保策划执行过程不偏离，避免不合格品流入下道工序造成质量损失，监视和测量可以通过内审、专项检查、过程检验等不同方式进行，发现不合格过程或不合格品，要立即组织分析原因，制定纠正措施。

（1）过程监控。公司质量管理人员应对外供件检验过程进行监控，确保检验过程符合策划要求，监控可以从以下几点进行：

1）检验人员资质是否具备，技能水平能否达到要求。

2）检验所需的设备、工装工具等辅助用品是否齐备，计量工具是否在检定周期内。

3）物料的不合格信息记录是否符合公司质量体系规定的要求。

4）不合格品处理是否及时、有效。

（2）产品质量监控。外供件产品检验后流入下道工序，但并不能保证所有物料合格，在生产过程中有必要对外供件产品质量进行监控，及时发现不合格产品，进行原因分析，为外供件产品检验提供改进机会。

1）定期对每一类外供件不合格信息进行统计，识别批量、惯性质量问题，同时设置班组自检，所有装车的物料，班组在安装之前都应进行全检，发现不合格立即通知检验人员进行处理。

2）部分外供件的产品特性在来料检验中很难或根本无法检测，产品的不合格特性在后续组装、调试过程中才会暴露，此时班组应及时报告检验人员处理，检验人员做好记录。

3）设置工序里程碑式专项检查，发现外供件检验过程中漏检问题、不合格品被使用等不合格行为。

（3）顾客反馈。监视顾客感受时，可以从诸如顾客满意度调查、来自顾客的关于交付产品质量方面数据、用户意见调查之类的来源获得输入。对于顾客的概念，不止于城市轨道车辆成品采购方，在车辆生产的每一道工序，下工序都是上工序的顾客，因此，车辆组装过程中各工序都是外供件产品检验工序的顾客。

（4）数据分析。通过对外供件检验过程及实物产品进行监视、测量，收集不合格信息，对不合格质量问题进行分类、整理，针对每一项问题进行细致、深入的原因分析，建立不合格信息问题台账。

4. A 阶段——改进措施

基于检查阶段的结果，采用建立不合格品信息问题台账的方式，开展不合格品统计、分析工作，造成不合格品的原因是多种多样的，对每一项问题进行深入分析，制订问题解决措施，提供改进机会。具体步骤如下：

1）重点关注批量、惯性质量问题，及时反馈供应商要求其加强产品质量管控。

2）及时更新不合格品信息问题台账，定期召集检验人员及班组人员进行案例宣传，在后续外供件产品检验中重点检查、跟踪验证。

3）对于人的不合格行为造成的不合格发生，应进行教育加考核的方式，同时梳理现有制度、流程的合理性，及时进行修订。

4）对于改善有效的措施，应进行宣传，必要时纳入相关的标准和规章制度中，固化已经取得的成绩。

每一个 PDCA 循环都是一个过程，从外供件检验策划开始，执行检验计划，检验产品质量，最后到分析原因、改进措施，提出新的解决措施成为下一个 PDCA 循环的 P 阶段，周而复始地进行，在下一次的外供件检验策划中，将已暴露出来的问题作为策划的一部分，PDCA 循环每循环一次，解决一部分问题后就向前推进一步，在不断解决问题的过程中更加完善外供件检验工作，不断提升产品质量。

单元二　城市轨道交通运营安全分析

【情境导入】

1999 年 5 月，白俄罗斯城市轨道交通车站因人数过多发生拥挤导致意外，造成 54 人被踩死；我国广州城市轨道交通 2 号线开通后，仅 2009 年 1~11 月就发生 33 起信号机故障，严重影响了列车的安全有效运行；2010 年 5 月 25 日上午，深圳城市轨道交通华强路站发生踩踏事件，事故造成 15 人轻伤。这些带来人员伤亡或财产损失的事故的引发因素和形式都是不同的。如何才能把握运营系统的安全薄弱环节所在，寻求预防事故发生的最佳途径，为运营安全管理提供依据显得尤其重要，这也正是城市轨道交通运营安全分析的内容。

【单元要求】

（1）了解安全分析的内涵。
（2）了解安全分析的方法及其适用性。
（3）掌握安全检查表的定义及其类型。
（4）掌握事件树分析法的定义及其编制。
（5）掌握因果分析图法的定义及其绘制。

【知识内容】

一、概述

安全分析是使用系统工作的原理和方法，辨别、分析系统中存在的危险因素，并根据实际需要对其进行定性、定量描述的技术方法。其目的是保证系统安全运行，查明系统中的危险因素，以便采取相应的措施控制危险。

城市轨道交通运营安全分析主要是从事故的预防和预测角度出发，通过对运营事故的发生原因、概率及各种隐患表现的定性或定量分析，识别系统的安全性和危险性。其目的在于：找出引发事故的因素及其不同的组织形式，把握运营系统的安全薄弱环节所在，寻求预防事故发生的最佳途径，并为运营安全系统评价和运营安全管理提供依据。

1. 安全分析的内容

1）对可能出现的初始的、诱发的及直接引起事故的各种危险因素及其相互关系进行调查和分析。

2）对与系统有关的环境条件、设备、人员及其他有关因素进行调查和分析。

3）对能够利用适当的设备、规程、工艺或材料控制或根除某种特殊危险因素的措施进行分析。

4）对可能出现的危险因素的控制措施及实施这些措施的方法进行调查和分析。

5）对不能根除的危险因素失去控制或减少控制可能出现的后果进行调查和分析。

6）对危险因素一旦失去控制，为防止伤害和损害的安全防护措施进行调查和分析。

2. 安全分析方法的分类

常用的安全分析方法主要有以下几种：①统计图表分析。②因果分析图。③安全检查表。④预先危险性分析。⑤故障模式及影响分析。⑥危险性和可操作性研究。⑦事件树分析。⑧事故树分析。

3. 安全分析方法的特点及适用范围

安全分析方法都有各自的特点，有一定的适应范围，相互之间可以相互补充，而不是比较高低，关键在于根据不同的需要，采用切实可行的安全系统分析方法，达到预期的目的，以下为常用几种方法的特点或其适用范围。

1）统计图表分析：定量分析，适用于系统发生事故。

2）因果分析图：分层分析，用途广泛。

3）安全检查表：适用于检查设计、系统和工艺过程。

4）预先危险性分析：检修后开车、制订操作规程、技术改造后、使用新工艺等。

5）故障模式及影响分析：以硬件为对象，主要用于设计阶段。

6）危险性和可操作性研究：适用于流体或能量的流动情况分析。

7）事件树分析：能够分析出各种事件发展的可能结果，是动态的宏观分析方法。

8）事故树分析：适用于找出各种失效事件之间的关系。

城市轨道交通安全分析方法一般要根据分析的目的、资料的影响、系统的特点、系统的危险性等几个方面来选择。

二、统计图表方法

1. 比重图

比重图是一种表示事物构成情况的平面图形，可以在平面上直观地、形象地反映事物的各种构成所占的比例。可方便地对各类事故进行统计分析。

2. 趋势图

趋势图是按一定的时间间隔统计数据，利用曲线的连续变化来反映事物动态变化的图形。趋势图借助于连续曲线的升降变化来反映事物的动态变化过程，有助于掌握事故发生规律、预测未来的变化趋势，以便采取预防措施，降低事故损失。

趋势图通常用直角坐标系来表示，横坐标表示时间间隔，纵坐标表示事物数量尺度。

3. 直方图

直方图是由建立在直角坐标系上的一系列高度不等的柱状图形组成，直角坐标系上的横坐标表示需要分析的各种因素，柱状图形的高度代表了对应于横坐标的某一指标的数值。

4. 圆图法

圆图法把要分析的项目，按比例画在一个圆内。

三、安全检查表方法

1. 安全检查表概述

安全检查表是安全系统分析中一种常见的分析方法，是为检查某些系统的安全状况而事先制订的问题清单。其基本任务是发现和查明系统的各种危险和隐患，监督各项安全法规、制度、标准的实施，制止违章行为，预防事故，消除危险，保障安全。

在城市轨道交通运营安全管理中，为了使安全检查工作能够正确、及时地发现问题和解决问题，避免安全检查流于形式，出现疏忽和漏检，需要一种按系统工程思想进行检查的方法，安全检查表就是为此目的而编制的。实践表明，安全检查表是进行系统安全检查、预防事故、改善劳动条件的一种重要手段。

（1）安全检查表的含义。安全检查表是为了系统地发现作业、设备、环境、管理以及各种操作规程和技术措施中的不安全因素而事先拟好的问题清单。根据系统工程分解和综合的原理，事先把检查对象加以剖析，把大系统分割成若干个小的子系统，然后确定检查项目，查出不安全因素所在，以正面提问的方式，将检查项目按系统或子系统的顺序编制成表，以便进行检查和避免漏检查，这种表就称为安全检查表。

安全检查表是通过分析、筛选、简化，能发现问题、查找问题的一种工具。它针对性强，富有实效，对分析系统的安全状况有较好的指导作用，因而得到广泛应用。

（2）安全检查表的内容及要求。安全检查表可以根据运营安全管理的层级结构编写，也可按照专题编写。

为了使检查表能全面查出不安全因素，又便于操作，根据安全检查的需要、目的、被检查的对象，可编制多种类型的相对通用的安全检查表，如：项目工程设计审查用的安全检查表，项目工程竣工验收用的安全检查表，企业综合安全管理状况的检查表，企业主要危险设备、设施的安全检查表，不同专业类型的检查表，面向车间、工段、岗位不同层次的安全检查表等。制订安全检查表的人员应当是熟悉该系统或该专业的安全技术法规。

1）安全检查表的项目及要求。安全检查表的检查项目，应列出所有可能导致事故发生的因素或状态，即要求所列检查项目系统、全面、完善。检查的项目越全面，检查的地方越彻底，漏掉的安全隐患就越少，安全的可靠性就越高。

2）安全检查表采用的方式。安全检查表一般采用正面提问的方式，要求发问明确、回答清楚，并以"是"或"否"来回答。"是"表示符合要求，"否"表示还存在问题，有待改进。在每个提问后面也可以设整改措施栏，将整改措施简要填写在栏目内；每个检查表均需注明检查时间、检查者、直接负责人等，以便分清责任。

3）检查依据。为了使提出的问题有依据，可以收集有关此项问题的规章制度、规范标准中所规定的要求，分别简要列出它们的名称和所在章节，附于每项提问后面，以便查对。

（3）安全检查表的类型。安全检查表的类型繁多，分类的方式不一，绝大多数是按用途分类的。根据城市轨道交通运营的特点，按其用途安全检查表可分为以下几种类型：

1）运营设备、机械装置、设施定期安全检查表。由于城市轨道交通运营系统部门复杂、设备繁多，因此应该根据各自的设备情况，制订相应的安全检查表，供日常巡回检查或定期检查时使用。

2）运用安全检查表。为了城市轨道交通运营安全，需要采取各种手段和措施，对不同生产过程制订相应的安全检查表，不定期地进行检查，如调车作业检查表、车站开站前检查表等。

3）消防用安全检查表。城市轨道交通运营一般在封闭的空间内运行，如果消防工作不到位，一旦发生火灾，将会造成惨重的损失。因此，在重要地点必须建立严格的防火制度，设立必要的消防器材，制订切实可行的具体措施，并经常或定期进行安全检查，以及时发现问题和解决问题，不留隐患。

4）专业性安全检查表。由专业机构或职能部门编制和使用，主要用于定期的安全检查或季节性检查，如对电气设备、自动扶梯、垂直电梯等专业性检查。

5）设计审查用安全检查表。在设计之前，要为设计人员提供相应的安全检查表，表中要列出相应的有关规程、标准。这样既可扩大设计者的知识面，也能使他们乐于采纳这些标准中所列的数据要求，避免与安全人员意见不同而起冲突。设计人员事先参照安全检查表进行设计，比设计完成后再照检查表修改要效率高得多。

（4）安全检查表的优缺点。

安全检查表具有以下优点：

1）有充足的时间编制和讨论。它可以做到系统化、完整化，不漏掉可能导致危险的关键因素，可以克服目的性不明确、形式化的安全检查法，起到提高检查质量的效果。

2）方式科学。它采用提问方式，给人的印象深刻，有问有答，能使人知道如何做才是正确的，因而可起到安全教育的作用。

3）和生产责任制相结合。由于不同检查对象有不同的检查表，和生产责任制相结合易于分清责任，同时检查表还可以注明对改进措施的要求，隔一段时间可以重新检查改进。

4）简明易懂，容易掌握。它既可以现阶段使用，又可以为进一步使用更先进的安全系统工程方法，进行事故预测和安全评价打下基础。

5）评价准确。根据已有的规章制度、规程、标准化要求及检查执行、遵守的情况，容易得出准确的评价；发现违纪的，可立即纠正或采取必要措施。

安全检查表具有以下缺点：

1）只能做定性的评价，不能定量。

2）只能对已经存在的对象评价。

3）编制安全检查表的难度和工作量大。

4）要有事先编制好的各类检查表，有赋分、评级标准。

5）安全检查表的质量受编制人员的知识水平和经验影响。

2. 安全检查表编制

（1）安全检查表的编制方法。

1）经验法。经验法是由熟悉被检查对象的人员和具有实践经验的人员，以三结合的方式（工人、工程技术人员、管理人员）组成一个小组，依据人、物、环境的具体情况，根据以往积累的实践经验以及有关统计数据，按照规程、规章制度等文件的要求，编制安全检查表。

2）分析法。分析法是根据已经编制的事故树、事件树的分析、评价结果来编制安全检查表。可以通过事故树进行定性分析，找出检查对象的薄弱环节，以这些薄弱环节作为安全检查的重点对象，编制成安全检查表。

采用经验法编制的安全检查表，检查项目十分冗长、繁杂，既费人力，又费时间，工作效率低，检查的方式、方法相对落后，使用效果不如分析法。采用分析法编制的安全检查表，经过事故树、事件树的定性定量分析来确定检查项目，因而检查表较为精练和完善。虽然检查项目可能较少，但每一个检查项目都是保证系统安全的关键环节，所以分析法是安全检查表编制方法的发展方向。

（2）安全检查表的编制步骤。
1）确定被检查对象，组织有关人员。
2）熟悉被分析的系统。
3）调查不安全因素。
4）搜集与系统有关的各种资料，包括规范、标准、制度等。
5）明确规定安全要求。
6）根据具体情况和要求确定编制方法，编制安全检查表。
7）通过反复使用，不断修改、补充完善。

（3）安全检查表的格式。安全检查表的格式是由它的性质决定的，它是以问与答的形式出现，一般由两部分内容组成：
1）标明安全检查表的名称和被检查系统名称（单位、工种）、检查日期、检查者等。
2）序号、检查项目（即检查内容要求逐条编号）、检查结果、整改措施等。

（4）编制安全检查表应注意的问题。
1）所列项目应简明扼要、突出重点、抓住要害。
2）各类安全检查表都有其适用对象，不宜通用。
3）各级安全检查项目应各有侧重。
4）对危险部位应详细检查，确保一切隐患在可能造成严重后果之前被发现。
5）落实安全检查实施人员。
6）发现问题要及时处理或向上级反映。

四、事件树分析

1. 事件树分析概述

（1）定义。事件树分析法（Event Tree Analysis，ETA）是安全系统工程中常用的一种演绎推理分析方法，起源于决策树分析（DTA），它是一种按事故发展的时间顺序由初始事件开始推论可能的后果，从而进行危险源辨识的方法。

事件树分析法是一种时序逻辑的事故分析方法，它以一初始事件为起点，按照事故的发展顺序，分成阶段，一步一步地进行分析，每一事件可能的后续事件只能取完全对立的两种状态（成功或失败，正常或故障，安全或危险等）之一的原则，逐步向结果方面发展，直到达到系统故障或事故为止。这种方法将系统可能发生的某种事故与导致事故发生的各种原因之间的逻辑关系用一种称为事件树的树形图表示,通过对事件树的定性与定量分析,找出事故发生的主要原因,为确定安全对策提供可靠依据,以达到预测与预防事故发生的目的。

目前,事件树分析法已从宇航、核产业进入到一般电力、化工、机械、交通等领域,它可以进行故障诊断、分析系统的薄弱环节、指导系统的安全运行、实现系统的优化设计等。

(2) 作用。

1) ETA 可以事前预测事故及不安全因素,估计事故的可能后果,寻求最经济的预防手段和方法。

2) 事后用 ETA 分析事故原因,十分方便明确。

3) ETA 的分析资料既可作为直观的安全教育资料,也有助于推测类似事故的预防对策。

4) 当积累了大量事故资料时,可采用计算机模拟,使 ETA 对事故的预测更为有效。

5) 在安全管理上用 ETA 对重大问题进行决策,具有其他方法所不具备的优势。

2. 事件树编制

事件树的编制需要确定初始事件、判定安全功能、绘制事件树和简化事件树。

(1) 确定初始事件。事件树分析是一种系统地研究作为危险源的初始事件如何与后续事件形成时序逻辑关系而最终导致事故的方法。正确选择初始事件十分重要,初始事件是事故在未发生时,其发展过程中的危害事件或危险事件,如机器故障、设备损坏、能量外逸或失控、人的误动作等。可以用两种方法确定初始事件:

1) 根据系统设计、系统危险性评价、系统运行经验或事故经验等确定。

2) 根据系统重大故障或事故树分析,在中间事件或初始事件中选择。

(2) 判定安全功能。系统中包含许多安全功能,在初始事件发生时消除或减轻其影响以维持系统的安全运行。常见的安全功能如下:

1) 对初始事件自动采取控制措施的系统,如自动停车系统等。

2) 提醒操作者初始事件发生了的报警系统。

3) 根据报警或工作程序要求操作者采取的措施。

4) 缓冲装置,如减振、压力泄放系统或排放系统等。

5) 局限或屏蔽措施等。

(3) 绘制事件树。从初始事件开始,按事件发展过程自左向右绘制事件树,用树枝代表事件发展途径。首先考察初始事件发生时最先起作用的安全功能,把可以发挥功能的状态画在上面的分枝,不能发挥功能的状态画在下面的分枝。然后依次考察各种安全功能的两种可能状态,把发挥功能的状态(又称成功状态)画在上面的分枝,把不能发挥功能的状态(又称失败状态)画在下面的分枝,直到到达系统故障或事故为止。

(4) 简化事件树。在绘制事件树的过程中,可能会遇到一些与初始事件或与事故无关的安全功能,或者其功能关系相互矛盾、不协调的情况,需用工程知识和系统设计的知识予以辨别,然后从树枝中去掉,即构成简化的事件树。

在绘制事件树时,要在每个树枝上写出事件状态,树枝横线上面写明事件过程内容特征,横线下面注明成功或失败的状况说明。事件树的基本形式如图 4-4 所示。

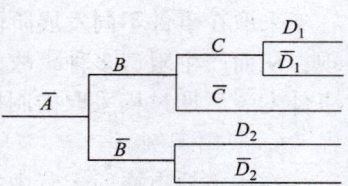

图 4-4 事件树的基本形式

3. 事件树定性分析

事件树定性分析在绘制事件树的过程中就已进行，绘制事件树必须根据事件的客观条件和事件的特征做出符合科学性的逻辑推理，用与事件有关的技术知识确认事件可能状态，所以在绘制事件树的过程中就已对每一发展过程和事件发展的途径做了可能性的分析。

事件树画好之后的工作，就是找出发生事故的途径和类型以及预防事故的对策。

（1）找出事故连锁。事件树的各分枝代表初始事件一旦发生后其可能的发展途径。其中，最终导致事故的途径即为事故连锁。一般地，导致系统事故的途径有很多，即有许多事故连锁。事故连锁中包含的初始事件和安全功能故障的后续事件之间具有逻辑"与"的关系，显然，事故连锁越多，系统越危险；事故连锁中事件树越少，系统越危险。

（2）找出预防事故的途径。事件树中最终达到安全的途径指导我们如何采取措施预防事故。在达到安全的途径中，发挥安全功能的事件构成事件树的成功连锁，如果能保证这些安全功能发挥作用，则可以防止事故。一般地，事件树中包含的成功连锁可能有多个，即可以通过若干途径来防止事故发生。显然，成功连锁越多，系统越安全，成功连锁中事件树越少，系统越安全。

由于事件树反映了事件之间的时间顺序，所以应该尽可能地从最先发挥功能的安全功能着手。

4. 事件树的定量分析

事件树定量分析是指根据每一事件的发生概率，计算各种途径的事故发生概率，比较各个途径概率值的大小，做出事故发生可能性序列，确定最易发生事故的途径。一般地，当各事件之间相互统计独立时，其定量分析比较简单。当事件之间相互统计不独立时（如共同原因故障、顺序运行等），则定量分析变得非常复杂。这里仅讨论前一种情况。

（1）各发展途径的概率。各发展途径的概率等于自初始事件开始的各事件发生概率的乘积。

（2）事故发生概率。事件树定量分析中，事故发生概率等于导致事故的各发展途径的概率和。

定量分析要有事件概率数据作为计算的依据，而且事件过程的状态又是多种多样的，一般都因缺少概率数据而不能实现定量分析。

5. 事故预防

事件树分析把事故的发生发展过程表述得清楚而有条理，对设计事故预防方案，制订事故预防措施提供了有力的依据。

从事件树上可以看出，最后的事故是一系列危害和危险的发展结果，如果中断这种发展过程就可以避免事故发生。因此，在事故发展过程的各阶段，应采取各种可能措施，控制事件的可能性状态，减少危害状态出现概率，增大安全状态出现概率，把事件发展过程引向安全的发展途径。

采取在事件不同发展阶段阻截事件向危险状态转化的措施，最好在事件发展前期过程实现，从而产生阻截多种事故发生的效果。但有时因为技术经济等原因无法控制，这时就要在事件发展后期过程采取控制措施。显然，要在各条事件发展途径上都采取措施才行。

6. 应用实例

在城市轨道交通运营中，严禁旅客携带易燃品上车，以确保旅客安全。但有的旅客仍会违反规定携带易燃品，进站时若没被及时发现，就会将其带上列车，这就可能引起火灾事故，造成人员伤亡和财物损失；若处理得当，也可避免火灾事故发生。列车上有易燃品引起火灾的事件树如图 4-5 所示。

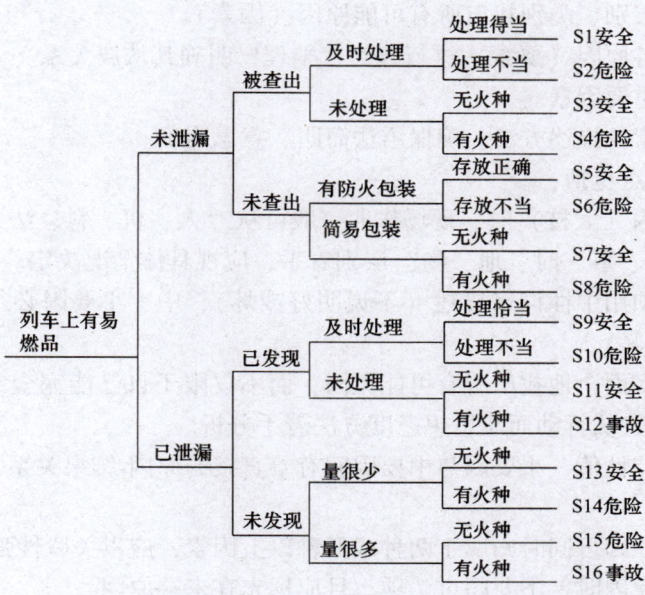

图 4-5　列车上有易燃品引起火灾的事件树

五、因果图分析法

因果图分析法是通过因果图表现出来的，因果图又称特性要因图。它是 1953 年在日本川琦制铁公司，由质量管理专家石川馨最早使用的，又称石川图。由于因果分析图形状像鱼刺，所以也称鱼刺图。

因果图分析法（技术）运用于管理中，它是以结果作为特性，以原因作为因素，逐步深入研究和讨论项目目前存在问题的方法。

1. 基本概念

因果图分析法即是用因果分析图分析各种问题产生的原因和由此原因可能导致后果的一种管理方法。它由结果、原因和枝干三部分组成。

（1）结果。结果表示期望进行改善、追查和控制的对象。

（2）原因。原因表示对结果可能施加影响的因素。一般情况下，可从人的不安全行为（安全管理、设计者、操作者等）和物的不安全状态（设备缺陷、环境不良等）两大因素中从大到小、从粗到细、由表及里进行深入分析。

（3）枝干。枝干表示原因与结果、原因与原因之间的关系。中央的枝干为主干，用双箭头表示。从主干两边依次展开的枝干为大枝（大原因即直接原因），大枝两侧展开的枝干为中枝（间接原因），中枝两侧展开的枝干为小枝（造成间接原因的上一层原因），用单箭头表示。

2. 因果图分析法的应用步骤

因果图分析法在应用的过程中可以分为两大步骤，一是分析问题原因，二是绘制"鱼刺图"。

(1) 分析问题原因。

1) 针对问题，可以选择层别方法（如人、机、料、法、环等）。

2) 分别对各层别、类别找出所有可能原因（因素）。

3) 将找出的各原因（要素）进行归类、整理，明确其从属关系。

4) 分析选取重要因素。

5) 检查各要素的描述方法，确保语法简明、意思明确。

其中的分析要点包括：

1) 确定大要因（大枝）时，现场作业一般可从"人、机、料、法、环"着手，管理类问题一般可从"人、事、时、地、物"层别着手，应视具体情况决定。

2) 大要因必须用中性词来描述（不说明好或坏），中、小要因必须使用价值判断（如不良、不足、不当等）。

3) 应尽可能多而全地找出所有可能原因，而不仅限于自己能完全掌握或正在执行的内容。对人的原因，宜从行动而非思想态度方法着手分析。

4) 中要因与特性值、小要因与中要因间有着直接的原因-结果关系，小要因要分析至可以直接制订对策。

5) 如果某种原因可同时归属于两种或两种以上因素，应以关联性强的为准。

6) 选取重要原因时，不要超过7项，且应标志在末端原因。

(2) 绘制"鱼刺图"。

1) 确定要分析的对象（某个特定问题或事故），写在图的右边，画出主干，箭头指向右端。

2) 采用原因穷举法，分析产生问题或事故的原因。原因分析法应细化到能采取措施进行处置为止。

3) 整理原因，确定造成事故的因素分类项目，如安全管理、操作者、材料、方法、环境、设备等，画大枝。

4) 将项目深入分析，中枝表示对应的项目造成事故的原因，一个原因画出一个枝，文字记在中枝线的上下。

5) 把所有原因从大到小，层层展开，一直到不能再分为止，按其关系用箭头线连接起来，画到图纸上。

6) 主要原因要做标记（如用线框起来），作为重点控制对象。

7) 注明因果分析图的名称。

要点：针对结果，分析原因；先主后次，层层深入；绘图时，应保证大枝与母线成60°夹角，中枝与母线平行，因果分析图示意图如图4-6所示。

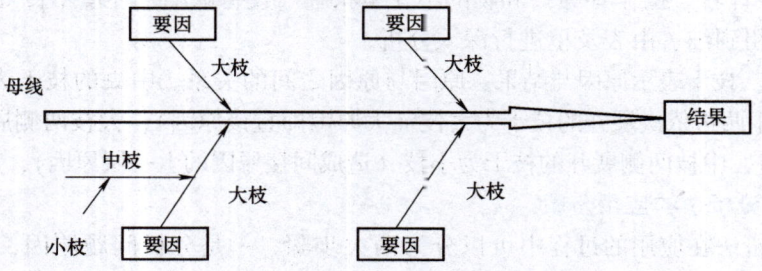

图4-6　因果分析图示意图

3. 因果图分析法的适用范围及应用注意

因果图分析法主要用于全面质量管理方法，近十几年来，已经被广泛使用于安全管理领域的分析中，成为一种重要的事故分析方法。此法简便实用，易于推广，当事故发生后，用其寻找原因能使大家的认识系统化、条理化，使图中的因果关系层次分明。但在应用这种方法时，应注意寻找原因，防止只停留在罗列表面现象，而不深入分析因果关系的情况，原因表达要简练明确。

城市轨道交通运营安全管理工作人员应用因果分析法可以用来追查复杂的运营事故原因和分析复杂的运营隐患，以便采取相应的处置措施；也可以用来分析工作状况以及工作中可能出现的差错和问题，以便采取预防性和控制性措施。因果分析法属于定性分析方法，因果分析图反映的因果关系直观、醒目、条例分明、使用方便、效果好。

4. 应用举例

在分析完成之后，应用特殊符号标示出重要因素，并根据分析所得的原因找出相应的措施。撞车事故因果分析图如图 4-7 所示。

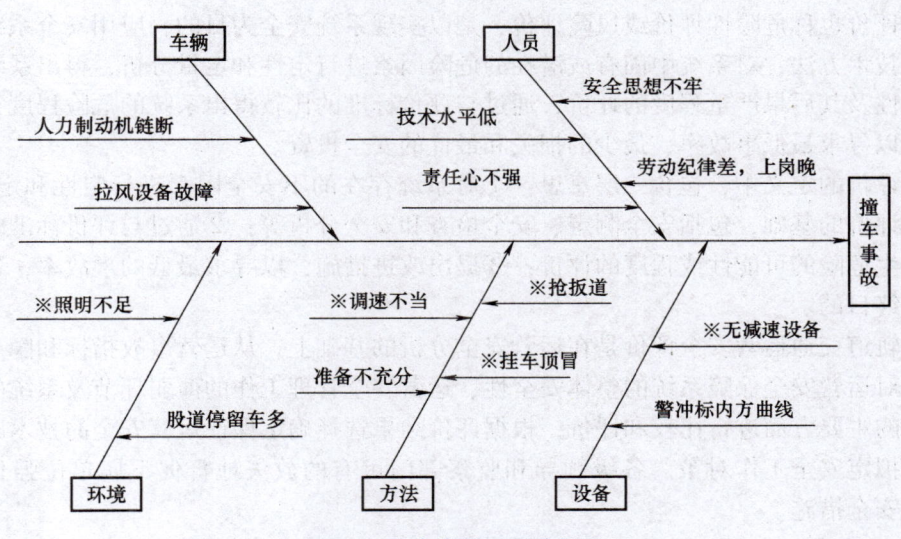

图 4-7　撞车事故因果分析图

单元三　城市轨道交通运营安全评价

【情境导入】

当前我国处于城市轨道交通发展的黄金时期，但我国的轨道交通评价体系和评价方法还没有形成系统，评价标准单一，且大多的研究都处于理论阶段。和发达国家相比，我国城市轨道交通运营安全管理经验还很不足，因此，必须对运营风险进行分析，从风险管理的角度对城市轨道交通运营进行安全评价，通过运营安全管理标准化和综合评价，正确评价运营安全管理现状，查找运营安全管理方面的缺陷和不足，不断优化城市轨道交通运营安全管理模式，减少运营事故发生率，提高运营安全总体水平，使城市轨道交通真正成为方便快捷安全的交通方式。

【单元要求】

(1) 了解安全评价的含义和内容。
(2) 了解安全评价的程序和分类。
(3) 了解常用的安全评价方法。
(4) 掌握安全检查表评价的定义及其应用。
(5) 掌握作业条件危险性评价法。

【知识内容】

一、概述

1. 安全评价的含义

安全评价也称危险性评价或风险评价，是以实现系统安全为目的，应用安全系统工程原理和工程技术方法，对系统中固有或潜在的危险因素进行定性和定量分析，得出系统发生危险的可能性及其后果严重程度的评价，通过与评价标准的比较得出系统的危险程度，提出改进措施，以寻求最低事故率、最少的损失和最优的安全投资。

安全评价的定义中，包含三层意思：①对系统存在的不安全因素进行定性和定量分析，这是安全评价的基础，包括安全测定、安全检查和安全分析等；②通过与评价标准的比较得出系统发生危险的可能性或程度的评价；③提出改进措施，以寻求最低的事故率，达到安全评价的最终目的。

城市轨道交通运营安全评价是在运营安全分析的基础上，从运营事故指标和隐患指标两个方面，对运营安全保障系统的整体安全性、运营安全管理工作的薄弱环节及系统的主要矛盾和矛盾的主要方面进行比较和评价，根据评价结果选择确定保证运营安全的技术路线和投资方向，拟定安全工作对策。各级领导和监察部门可有的放矢地督促下属单位强化安全管理，落实安全措施。

2. 安全标准

经量化的风险或危害性是否达到要求的安全程度，需要有一个界限、目标或标准进行比较，这个标准就是安全标准。

安全标准的确定主要取决于一个国家、行业或部门的政治、经济、技术和安全科学发展的水平，确定安全标准就是确定一个社会各方面可允许的、可接受的危险程度。

安全标准的确定方法有统计法和风险与收益比较法。对系统进行安全评价时，也可根据综合评价得到的危险指数进行统计分析，确定使用一定范围的安全标准。

3. 安全评价的内容

安全评价的主要内容包括：高度概括评价结果；从风险管理角度给出评价对象在评价时与国家有关安全生产的法律法规标准、规范的符合性结论；给出事故发生的可能性和严重程度的预测性结论及采取安全对策措施后的安全状态等。

从危险源的角度出发，安全评价包括对第一危险源危险性的评价和对第二危险源危险性的评价两个方面。

评价第一类危险源的危险性时，主要考察以下几个方面：
1）能量或危险物质的量。
2）能量或危险物质意外释放的强度。
3）能量的种类或危险物质的危险性质。
4）意外释放的能量或危险物质的影响范围。

评价危险源控制情况，可以考虑以下几个方面：
1）防止人失误的能力。
2）对失误后果的控制能力。
3）防止故障传递能力。
4）失误或故障导致事故的难易。
5）承受能量释放的能力。
6）防止能量蓄积的能力。

4. 安全评价的分类

按实施阶段不同，安全评价可分为三类：安全预评价、安全验收评价、安全现状评价。

（1）安全预评价。适用范围：安全预评价是在项目建设前，根据建设项目可行性研究报告的内容，分析和预测该建设项目可能存在的危险、有害因素的种类和程度，提出合理可行的安全对策措施和建议，用于指导建设项目的初步设计。

基本内容：安全预评价内容主要包括危险及有害因素识别、危险度评价和安全对策措施及建议。它是以拟建建设项目为研究对象，根据建设项目可行性研究报告提供的生产工艺过程、使用和产出的物质、主要设备和操作条件等，研究系统固有的危险及有害因素，应用系统安全工程方法，对系统的危险性和危害性进行定性、定量分析，确定系统的危险、有害因素及其危险、危害程度；针对主要危险、有害因素及其可能产生的危险、危害后果提出消除、预防和降低的对策措施；评价采取措施后的系统是否能满足规定的安全要求，从而得出建设项目应如何设计、管理才能达到安全要求的结论。

（2）安全验收评价。安全验收评价是在建设项目竣工后正式生产运行前或工业区建设完成后，通过检查建设项目安全设施与主体工程同时设计、同时施工、同时投入生产和使用的情况或工业区内的安全设施、设备、装置投入生产和使用情况，检查安全生产管理措施到位情况，检查安全生产规章制度健全情况，检查事故应急救援预案建立情况，审查确定建设项目、工业区建设满足安全生产法律法规、标准、规范要求的符合性，从整体上确定建设项目、工业园区的运行状况和安全管理情况，做出安全验收评价结论的活动。

（3）安全现状评价。安全现状评价针对生产经营活动、工业园区的事故风险、安全管理等情况，辨识与分析其存在的危险、有害因素，审查确定其与安全生产法律法规、规章、标准、规范要求的符合性，预测发生事故或造成职业危害的可能性及其严重程度，提出科学、合理、可行的安全对策措施建议，做出安全现状评价结论的活动。

安全现状评价既适用于对一个生产经营单位或一个工业园区的评价，也适用于某一特定的生产方式、生产工艺、生产装置或作业场所的评价。

5. 安全评价的程序

安全评价程序主要包括：前期准备，危险、有害因素辨识与分析，划分评价单元，定性、定量评价，提出安全对策措施建议，做出安全评价结论，编制安全评价报告，安全评价的程序见表4-1。

表4-1 安全评价的程序

项　　目	内　　容
前期准备	明确被评价对象和范围，搜集国内外相关法律法规、技术标准及工程、系统的技术资料
危险、有害因素辨识与分析	根据被评价的工程、系统的情况，辨识和分析危险、有害因素，确定危险、有害因素存在的部位、存在的方式、事故发生的途径及其变化的规律
划分评价单元	在危险、有害因素辨识和分析的基础上，划分评价单元。评价单元的划分应科学、合理、便于实施评价，相对独立且具有明显的特征界限
定性、定量评价	根据评价单元的特征，选择合理的评价方法，对评价对象发生事故的可能性和严重程度进行定性、定量评价
安全对策措施建议	根据危险、有害因素辨识结果与定性、定量评价结果，遵循针对性、技术可行性、经济合理性的原则，提出消除或减弱危险、有害因素的技术和管理措施及建议
安全评价结论	根据客观、公正、真实的原则，严谨、明确地做出评价结论
安全评价报告	根据安全评价的结果编制相应的安全评价报告

6. 常用的安全评价方法

（1）安全检查表方法。为了查找工程、系统中各类设备设施、物料、工件、操作、管理和组织措施中的危险、有害因素，事先把检查对象加以分解，将大系统分割成若干小的子系统，以提问或打分的形式，将检查项目列表逐项检查，避免遗漏，这种表称为安全检查表，用安全检查表进行安全检查的方法称为安全检查表方法。

（2）危险指数方法。危险指数方法是通过评价人员对几种工艺现状及运行的固有属性（是以作业现场危险度、事故概率和事故严重度为基础，对不同作业现场的危险性进行鉴别）进行比较计算，确定工艺危险特性重大性大小及是否需要进一步研究的安全评价方法。危险指数评价可以运用在工程项目的各个阶段（可行性研究、设计、运行等），可以在详细的设计方案完成之前运用，也可以在现在装置危险分析计划制订之前运用。它也可用于在役装置，作为确定工艺操作危险的依据。

（3）预先危险分析方法。预先危险分析方法是一项实现系统安全危害分析的初步或初始工作，在设计、施工和生产前，首先对系统中存在的危险性类别、出现条件、导致事故的后果进行分析，目的是识别系统中的潜在危险，确定危险级别，防止危险发展成事故。

（4）故障假设分析方法。故障假设分析方法是一种对系统工艺过程或操作过程的创造性分析方法。它一般要求评价人员用"what...if"作为开头对有关问题进行考虑，任何与工艺安全有关或与之不太相关的问题都可提出并加以讨论。通常将所有的问题记录下来，然后分门别类进行讨论，所提出的问题要考虑到任何与装置有关的不正常的生产条件，而不仅是设备故障或工艺参数变化。

故障假设分析方法比较简单，评价结果一般以表格形式表示，主要内容有：提出的问题、回答可能的后果、降低或消除危险性的安全措施。

（5）危险和可操作性研究。危险和可操作性研究是一种定性的安全评价方法，它的基本过程是以关键词为引导，找出过程工艺状态的变化（即偏差），然后分析找出偏差的原因、后果及可采取的对策，其侧重点是工艺部分或操作步骤各种具体值。危险和可操作性研究方法可按分析的准备，完成分析和编制分析结果报告三个步骤来完成。其本质就是通过系列会议对工艺流程图和操作规程进行分析，由各种专业人员按照规定的方法对偏离设计的工艺条件进行过程危险和可操作性研究。有鉴于此，虽然某一个人也可能单独使用危险和可操作性研究方法，但与其他安全评价方法的明显不同之处是，其他方法可由某人单独使用，而危险和可操作研究分析则必须由一个多方面的、专业的、熟练的人员组成的小组来完成。

（6）故障类型和影响分析。故障类型和影响分析是系统安全工程的一种方法。根据系统可由划分为子系统、设备和元件的特点，按实际需要将系统进行分割，然后分析各自可能发生的故障类型及其产生的影响，以便采取相应的对策，提高系统的安全可靠性。

（7）故障树分析。故障树是一种描述事故因果关系的有方向的"树"，是系统安全工程中的重要的分析方法之一。它能对各种系统的危险性进行识别评价，既适用于定性分析，又能进行定量分析，具有简明、形象化的特点，体现了以系统工程方法研究安全问题的系统性、准确性和预测性。

（8）事件树分析。事件树分析是用来分析普通设备故障或过程波动（称为初始事件）导致事故发生的可能性。

在事件树分析中，事故是典型设备故障或工艺异常（称为初试事件）引发的后果。与故障树分析不同，事件树分析是使用归纳法（不是演绎法），是可提供记录事故后果的系统性的方法，并能确定导致事件后果与初始事件的关系。

（9）作业条件危险性评价法。作业条件危险性评价法以所评价的环境与某些作为参考环境的对比为基础，将作业条件的危险性作为因变量（D），事故或危险事件发生的可能性（L）、暴露于危险环境的频率（E）及危险严重程度（C）作为自变量，确定了它们之间的函数关系。该方法采取对所评价的对象根据情况进行"打分"的办法，然后根据公式计算出其危险性分数值，再在按经验将危险性分数值划分的危险程度等级表或图上，查出其危险程度。这是一种简单易行的评价作业条件危险性的方法。

（10）定量风险评价方法。识别危险分析方面，定性和半定量的评估是非常有价值的，但是这些方法仅是定性分析，不能提供足够的定量分析，特别是不能对复杂并存在危险的工艺流程等提供决策的依据和足够的信息。风险可以表征为事故发生的频率和事故的后果的乘积，定量风险评价对这两方面均进行评价，可以将风险的大小完全量化，并提供足够的信息，为业主、投资者、政府管理者提供定量化的决策依据。

二、安全检查表评价法

安全检查表（Safety Check List，SCL）是系统安全工程的一种最基础、最简便、广泛应用的系统危险性评价方法。目前，安全检查表在我国不仅用于查找系统中各种潜在的事故隐患，还对各检查项目给予量化，用于进行系统安全评价。

安全检查表是由一些对工艺过程、机械设备和作业情况熟悉并富有安全技术、安全管理经验的人员，事先对分析对象进行详尽分析和充分讨论，列出检查单元和部位、检查项目、检查要求、各项赋分标准、评定系统安全等级分值标准等内容的表格（清单）。

对系统进行评价、验收时，对照安全检查表逐项检查、赋分，从而评价出系统的安全等级。当安全检查表用于在设计、维修、环境、管理等方面查找缺陷或隐患时，可省略赋分、评级等内容和步骤。

1. 逐项赋值法

这种方法应用范围较广，它是针对安全检查表的每一项检查内容，按其重要程度不同由专业讨论赋予一定的分值。评价时，单项检查完全合格者给满分，部分合格者按规定标准给分，完全不合格者记零分。这样逐项逐条检查评分，最后累计所有各项得分，就得到系统评价总分。根据实际评价得分多少，按标准规定评价系统总体安全等级的高低。

$$m = \sum_{i=1}^{n} n_i$$

式中 m——企业安全评价的结果值；
n——评价项目个数。

2. 加权平均法

这种评价计值方法是把企业的安全评价按专业分为若干评价表，所有评价表不管评价条款多少，均按统一体系分别评价记分，如 10 分或 100 分制等，并按照各评价表的内容对总体安全评价的重要程度，分别赋予权重系数（各评价表权重系数之和为 1）。按各评价表评价所得的分值，分别乘以各自的权重系数并求和，就可得到企业安全评价的结果值。即：

$$m = \sum_{i=1}^{n} k_i m_i \quad \text{且} \sum_{i=1}^{n} k_i = 1$$

式中 m——企业安全评价的结果值；
m_i——按某一评价表评价的实际测量值；
k_i——按某一评价表实际测量值的相应权重系数；
n——评价表个数。

【例 4-1】 某城市轨道交通车站劳动安全检查表按评价范围给出 5 个检查表，分别是车间安全生产管理检查表、安全教育与宣传检查表、安全工作应知应会检查表、作业场所情况检查表、安全生产检查和推广安全生产管理新技术检查表。5 个表均采用 100 分制计分，各检查表得分的权重分别为 0.25、0.15、0.35、0.15、0.1，若按以上 5 个检查表评价该车站的实际得分分别为 85、90、75、65、80，则该车站劳动安全评价值为

$$m = \sum_{i=1}^{n} k_i m_i = 0.25 \times 85 + 0.15 \times 90 + 0.35 \times 75 + 0.15 \times 65 + 0.1 \times 80 = 78.75$$

若标准规定 80 分以上为安全级，则可知该地铁车站的安全状况并不令人满意，需要进行整改。

三、作业条件危险性评价法

作业条件危险性评价法是一种简易的衡量人们在某种具有潜在危险的环境中作业的危险性的半定量评价方法，它是由美国安全专家格雷厄姆和金尼提出的。该方法以与系统风险率有关的三种因素指标值之积来评价系统人员伤亡风险的大小，并将所得作业条件危险性系数值与规定的作业条件危险性等级相比较，从而确定作业条件的危险程度。

作业条件的危险性取决于三个因素：发生事故的可能性大小（L），人体暴露在这种危险环境中的频繁程度（E），一旦发生事故可能会造成的损失后果（C）。给三种因素的不同等级分别确定不同的分值，然后，以三个分值的乘积 D 来评价作业条件危险性的大小，即：

$D = LEC$。

D 值大，说明该系统危险性大，需要增加安全措施，减少发生事故的可能性，或者降低人体暴露的频繁程度，或者减轻事故损失，直至调整到允许范围。

三种因素的不同等级取值标准和危险性大小的范围划分参照表 4-2 ~ 表 4-5。

表 4-2　事故发生的可能性（L）

分数值	事故发生的可能性
10	完全可以预料
6	相当可能
3	可能，但不经常
1	可能性小，完全意外
0.5	很不可能，可以设想
0.2	极不可能
0.1	实际上不可能

表 4-3　暴露于危险环境的频繁程度（E）

分数值	暴露于危险环境的频繁程度
10	连续暴露
6	每天工作时间内暴露
3	每周一次，或偶然暴露
2	每月一次暴露
1	每年几次暴露
0.5	非常罕见地暴露

表 4-4　发生事故可能会造成的损失后果（C）

分数值	发生事故可能会造成的损失后果
100	大灾难，许多人死亡
40	灾难，数人死亡
15	非常严重，一人死亡
7	严重，躯干致残
6	重大，手足伤残
3	较大，受伤较重
1	较小，轻伤

表 4-5　危险等级划分（D）

分数值	危险程度
>320	极其危险，停产整改
161 ~ 320	高度危险，立即整改
771 ~ 160	显著危险，及时整改
20 ~ 70	一般危险，需要观察
<20	稍有危险，注意防止

对于任何有人作业的具体系统，都可以按照实际情况选取三种因素的分数值，然后计算 D 值，根据 D 值大小，可以判定系统的危险程度高低。

【例 4-2】　某平交叉道口工作人员接车时，有时会被列车、汽车撞伤，或被列车坠落物件打伤。从以前 10 年内的事故统计资料看，无一人死亡，轻伤仅发生两件。作业时间为每天工作 8h，为了评价该道口岗位作业条件的危险性，首先要确定每种因素的分数值：

1）事故发生的可能性（L）：属于"可能性小，完全意外"，$L=1$。
2）暴露于危险环境的频繁程度（E）：道口工每天都在这样条件下操作，$E=6$。
3）发生事故可能会造成的损失后果（C）：轻伤，$C=1$。

于是有

$$D = L \cdot E \cdot C = 6 < 20$$

可知，该道口岗位作业条件的危险性等级为"稍有危险，注意防止"。

这种评价方法的特点是简便、可操作性强，有利于掌握企业内部危险点的危险情况，有利于促进整改措施的实施。问题是三种因素中事故发生的可能性只有定性概念，没有定量标准。评价实施时很可能在取值上因人而异，影响评价结果的准确性。对此，可在评价开始之前确定定量的取值标准，如"完全可以预料"是平均多长时间发生一次，"相当可能"是多长时间一次等，这样即可按统一标准评价系统内各子系统的危险程度。

【考核与提高】

简答题
1. 安全检查表分析方法的优缺点是什么？
2. 如何编制安全检查表？
3. 如何采用因果图分析法分析列车追尾事故的发生原因？
4. 试绘制列车追尾事故的事件树。

【案例分析】列车冒进信号险性事故

> 2006年×月×日9时52分　广铁接班驾驶员李某从03A003最后一个车门上车进入03A003车驾驶室，接班学员张某前往另一端驾驶室与交班机班办理备品交接。
>
> 9时53分　驾驶员李某驾驶30311次（03003车）到达折返线，接班驾驶员李某与交班驾驶员李某用驾驶室对讲机进行交接，交接完毕时，在到达端接行车备品的学员张某返回到03A003车驾驶室。
>
> 9时55分　驾驶员李某驾驶30312次（03003车）动车，在经过W102道岔时，驾驶员听到有异响后拉停客车，接着又将方向手柄置"向后"位，并推主控手柄退行，第一次停车后，因不能看到S102信号机，又推主控手柄继续退行越过S102信号机后停车。驾驶员李某与学员确认S102为绿灯信号，道岔开通直股后，驾驶员立即动车前往上行站台。
>
> 9时56分　30312次（03003车）到达广州东站上行站台。
>
> 9时58分　广州东站LSMC上报警显示："道岔W102受干扰"（LSMC上显示红圈），X202信号机不能开放，经车站操作两个来回，W102道岔不能恢复正常，广州东站报行调，行调要求车站人工办理进路。
>
> 10时02分　30312次（03003车）由广州东站上行站台开出。
>
> 请结合本模块的学习内容，分析事故原因并提出相应的防范措施。
>
> （资料来源：广州地铁安全案例汇编。）

模块五 城市轨道交通危险源辨识与控制管理

◆【模块导学】

2011年7月5日9时36分，北京城市轨道交通4号线动物园站A出口上行电扶梯发生设备故障，正在搭乘的上行电梯之间倒转，部分乘客出现摔倒情况，人群纷纷跌落，导致踩踏事件的发生。京港地铁公司启动相关应急预案，受伤乘客均被送往医院救治。事故致1人死亡，2人重伤，26人轻伤。事故发生后，北京市政府有关部门要求城市轨道交通运营企业立即对设备进行安全隐患排查，确保城市轨道交通运营安全。

事故调查组认定，由于北京城市轨道交通4号线动物园站A出口自动扶梯的固定零件损坏，导致驱动主机发生位移，造成驱动链的断裂，致使扶梯出现逆向下行的现象。此事故是一起责任事故，扶梯制造单位、日常维护保养单位对此次事故的发生负有主要责任。

从城市轨道交通建设施工到正式运营的各个环节存在着诸多的危险因素，特别是设备，它是保障城市轨道交通正常运行的基本条件。线路系统、车辆系统、车站系统、信号系统、通信系统、供电系统、通风/排烟系统、给/排水系统、公用工程及辅助设施等方面均存在诸多危险因素。因此，分析城市轨道交通在施工、运营中存在的危险因素并采取有效的措施，对于防止轨道交通事故的发生，改善运营的安全状况，降低事故损失都具有十分重要的意义。

➡【学习目标】

（1）能熟知危险源辨识的内容，辨识常见的危险源。
（2）能了解危险源辨识的方法，解析第一类危险源及第二类危险源之间的相互关系。
（3）能初步对危险源的危险性做出评价。
（4）能掌握危险源的控制方法。

单元一　危险源分类及辨识的内容

【情境导入】

危险源存在于确定的系统中，不同的系统范围，危险源的区域也不同。从全国范围来说，对于危险行业（如石油、化工等），具体的一个企业（如炼油厂）就是一个危险源。而从一个企业系统来说，可能是某个车间、仓库就是危险源，一个车间系统可能某台设备是危险源。具体到城市轨道交通系统，一个城市的轨道交通系统、轨道交通运营企业、轨道交通线路直至某一车站、某一设备等，均可能是危险源。因此，分析危险源应按系统的不同层次来进行，并且要正确使用辨识方法及时辨识危险源，采取针对性的措施整治事故隐患。

【单元要求】

（1）了解危险源的定义、分类以及常见的危险源。

（2）掌握第一类危险源、第二类危险源的性质、特点，并了解第一类危险源及第二类危险源之间的相互关系。

（3）能基本明确危险源辨识、风险评价及控制的方法和程序，了解危险源辨识、风险评价及控制的完整性、系统性和科学性。

【知识内容】

危险源是事故发生的前提，是事故发生过程中能量与物质释放的主体。因此，危险源的有效管理对于确保生产经营的顺利进行以及员工的安全健康具有重要的意义。

一、危险源和危险、有害因素分类

危险源（hazard）是指一个系统中具有潜在能量和物质释放危险的、在一定的触发因素作用下可转化为事故的部位、区域、场所、空间、岗位、设备及其位置，即可能导致伤害、疾病、财产损失、工作环境破坏或这些情况组合的根源或状态。系统安全的观点认为系统中存在的危险源是事故发生的根本原因，系统中不可避免地会存在着某些种类的危险源。系统安全的基本内容就是辨识系统中的危险源，采取措施消除或控制系统中的危险源，实现系统安全。

1. 危险源分类

根据危险源在事故发生、发展过程中的作用，危险源可划分为以下两大类：

（1）第一类危险源。根据能量意外释放理论，能量或危险物质的意外释放是伤亡事故发生的物理本质。于是，把生产过程中存在的、可能发生意外释放的能量（能源或能量载体）或危险物质称作第一类危险源，如生产中涉及的生产、储存危险物质的设备、容器或场所等。常见的危险源主要有：

1）产生、供给能量的装置、设备，如锅炉、变电所。

2）使人体或物体具有较高势能的装置、设备、场所，如起重、提升机械。

3）能量载体，如运动的部件或机械，带电的导体。

4）一旦失控可能产生巨大能量的装置、设备、场所，如强烈放热反应的化工装置、充满爆炸性气体的空间等。

5）一旦失控可能发生能量突然释放的装置、设备、场所，如各种压力容器等。

6）危险物质，如易燃、易爆、有毒的物质。

7）生产、加工、储存危险物质的装置、设备、场所，如石油、化工生产装置，炸药生产、存储设备设施。

8）人体一旦与之接触将导致人受伤的物体，如工件的毛刺、刀具的刃。

第一类危险源的危险性主要表现为导致事故而造成后果的严重程度方面，第一类危险源具有的能量越多，一旦发生事故其后果越严重。相反，第一类危险源处于低能量状态时比较安全。同样，第一类危险源包含的危险物质的量越多，对人的危害性越大。表5-1列举了导致各种伤害事故的典型的第一类危险源。

表5-1 导致各种伤害事故的典型的第一类危险源

事故类型	能量源或危险物的产生、存储	能量载体或危险物
物体打击	产生物体的落下、抛出、破裂、飞散的设备、场所、操作	落下、抛出、破裂、飞散的物体
车辆伤害	车辆，使车辆移动的牵引设备、坡道	运动的车辆
机械伤害	机械的驱动装置	机械的运动部分、人体
起重伤害	起重、提升机械	被吊起的重物
触电	电源装置	带电体、高跨步电压区域
灼烫	热源设备、加热设备、炉、灶、发热体	高温物体、高温物质
火灾	可燃物	火焰、烟气
高处坠落	高度差大的场所，人员借以升降的设备、装置	人体
坍塌	土石方工程的边坡、料堆、料仓、建筑物、构筑物	边坡土（岩）体、物料、建筑物、构筑物、载荷
冒顶片帮	矿山采掘空间的围岩体	顶板、两帮围岩
放炮、火药爆炸	炸药	
瓦斯爆炸	可燃性气体、可燃性粉尘	
锅炉爆炸	锅炉	蒸汽
压力容器爆炸	压力容器	内部容纳物
淹溺	江、河、湖、海、池塘、洪水、储水容器	水
中毒窒息	产生、储存、聚积有毒有害物质的装置、容器、场所	有毒有害物质

（2）第二类危险源。导致能量或危险物质约束或限制措施破坏或失效的各种因素称作第二类危险源。第二类危险源往往是一些围绕第一类危险源随机发生的现象，它们出现的情况决定事故发生的可能性，第二类危险源出现得越频繁，发生事故的可能性越大。人的不安全行为和物的不安全状态是造成能量或危险物质意外释放的直接原因，从系统安全的观点而言，包括人、物、环境三个方面的问题，即第二类危险源主要包括以下三种：

1）人的失误。人的失误是指人的行为结果偏离了被要求的标准，即没有完成规定功能的现象。人的失误会造成能量或危险物质控制系统故障，使屏蔽破坏或失效，从而导致事故发生。人的不安全行为也属于人的失误，人的不安全行为一般是指违反安全操作规程、违章指挥、违反劳动规律的行为，这些行为往往会直接导致事故发生，如带电修理受电弓而发生触电等。

2）物的故障。物的故障是指机械设备、装置、元部件等由于性能低下而不能实现预定的功能的现象。从安全功能的角度，物的不安全状态是指机械设备、物质等明显的不符合安全要求的状态，也是物的故障，如没有防护装置的传动齿轮等。物的故障和物的不安全状态可能直接使约束、限制能量或危险物质的措施失效而发生事故；有时一种物的故障可能导致另一种物的故障，最终造成能量或危险物质的意外释放；物的故障有时会诱发人失误；人失误会造成物的故障，实际情况比较复杂。物的故障可能是固有的，由于设计、制造缺陷造成的，也可能由于维修、使用不当或磨损、腐蚀、老化等原因造成的。

3）环境因素。环境因素主要是指系统运行的环境，包括温度、湿度、照明、粉尘、通风换气、噪声和振动等物理环境以及企业和社会的软环境。不良的物理环境会引起物的故障或人失误，企业的管理制度、人际关系或社会环境影响人的心理进而可能引起人失误。

第一类危险源是伤亡事故发生的能量主体，决定事故后果的严重程度；第二类危险源是第一类危险源造成事故的必要条件，决定事故发生的可能性。两类危险源相互关联、相互依存，第一类危险源的存在是事故发生的前提，是第二类危险源出现的前提，第二类危险源的出现是第一类危险源导致事故的必要条件。一起伤亡事故的发生是两类危险源共同作用的结果，因此，危险源辨识的首要任务是辨识第一类危险源，在此基础上再辨识第二类危险源；第二类危险源是围绕第一类危险源随机发生的，故其控制较第一类危险源的控制更加困难。

> 【读一读】
> 有些资料把危险源划分为三大类，其中第三类危险源是指不符合安全的组织因素，包括组织程序、组织文化、规则、制度等。例如，安全文化理念方面缺失、安全培训缺失、安全管理松懈以及人员挑选、考核、配备方面的问题（如未考虑人的职业适合性问题、健康状况异常、负荷超限、心理异常、生理异常、从事禁忌作业、辨识功能异常）等。

2. 危险、有害因素分类

危险因素指能对人造成伤亡或对物造成突发性损害的因素，有害因素指能影响人的身体健康，导致疾病，或对物造成慢性损害的因素。危险、有害因素是构成事故的物质基础，一定程度上可以认为危险、有害因素的和就是危险源。危险源在特定条件下若因管理不当转为事故隐患就会直接引发事故。

根据GB/T 13861—2009《生产过程危险和有害因素分类与代码》的规定，将生产过程中的危险、有害因素分为以下4大类。

（1）人的因素。指在生产活动中，来自人员自身或人为性质的危险和有害因素，包括：

1）心理、生理性危险和有害因素。

2）行为性危险和有害因素。

（2）物的因素。指机械、设备、设施、材料等方面存在的危险和有害因素，包括：

1）物理性危险和有害因素。

2）化学性危险和有害因素。

3）生物性危险和有害因素。

（3）环境因素。指生产作业环境中的危险和有害因素，包括：

1）室内作业场所环境不良。

2）室外作业场所环境不良。

3）地下（含水下）作业环境不良。

4）其他作业环境不良。

（4）管理因素。指管理和管理责任缺失所导致的危险和有害因素，包括：

1）职业安全卫生组织机构不健全。

2）职业安全卫生责任制未落实。

3）职业安全卫生管理规章制度不完善。
4）职业安全卫生投入不足。
5）职业健康管理不完善。
6）其他管理因素缺陷。

二、危险源辨识方法

危险源辨识（Hazard Identification）是指发现、识别系统中的危险源，它是有针对性地采取措施控制危险源的重要基础。以前，人们主要根据以往的事故经验进行危险源辨识。例如，海因里希建议通过与操作人员交谈或到现场安全检查、查阅以往的事故记录等方式发现危险源；日本中央劳动灾害防止协会推广危险预知活动进行危险源辨识。目前，常用的危险、危害因素辨识方法大致可分为直观经验法和系统安全分析方法两大类，选用哪种方法要根据分析对象的性质、特点、寿命的不同阶段和分析人员的知识、经验和习惯来定。

1. 直观经验法

（1）对照、经验法。对照、经验法是对照有关标准、法规、检查表或依靠分析人员的观察分析能力，借助于经验和判断能力对评价对象的危险、有害因素进行分析的方法。

20世纪60年代以后，国外开始根据法规、标准和安全检查表进行危险源辨识。安全检查表是集合以往的事故分析、找出的问题形成的，其优点是简单易行；其缺点是重点不突出，又难免挂一漏万，这类方法的最大缺点是过去没有经验的问题无法列入其中。

（2）类比方法。类比方法是利用相同或相似工程系统或作业条件的经验和劳动安全卫生的统计资料来类推、分析评价对象的危险、有害因素。

2. 系统安全分析法

随着系统安全工程的兴起，系统安全分析方法逐渐成为危险源辨识的主要方法。系统安全分析是从安全的角度进行的系统分析，它通过揭示系统中可能导致系统故障或事故的各种因素及其相互关联来辨识系统中的危险源。它既可以用来辨识可能带来严重后果的危险源，也可以用来辨识没有事故先例的系统的危险源。系统越复杂，越需要利用系统安全分析方法辨识危险源。

目前常用的系统安全分析方法有：①预先危害分析（PHA）。②事故后果分析。③故障类型和影响分析（FMEA）。④危险性和可操作性研究（HAZOP）。⑤事件树分析（ETA）。⑥故障树分析（FTA）。⑦管理疏忽和危险树（MORT）。

三、危险源辨识的程序与内容

危险源辨识的程序如图5-1所示。

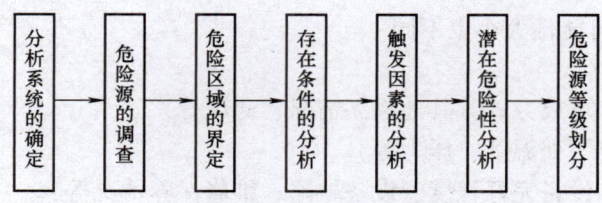

图5-1 危险源辨识的程序

1. 分析系统的确定

在危险源调查之前,首先确定所要分析的系统。例如,是将整个地域、企业,还是某个车间,或是某个车间的其中一个工艺过程作为分析系统。

2. 危险源的调查

要从危险因素(强调突发性和瞬间性)和危害因素(强调在一定时间范围内的积累作用)两个方面着手对所分析的系统进行调查。危险源调查的主要内容包括:

(1) 区域平面图。它包括功能分区(生产、管理、辅助生产、生活区)布置,有害、危险物品(或物质)分布,建筑物、构筑物分布,安全距离、卫生防护距离,运输路线等。

(2) 区域的环境条件。它包括周围环境,气象条件,抢险救灾的支持条件等。

(3) 区域的危险源分布。它包括危险源的种类数量(物理性危险源,化学性危险源,生物性危险源,心理、生理性危险源,行为性危险源,其他危险源等)、危险程度、危险源的所属者或管理者等。

(4) 生产工艺过程。它包括物料的毒性、腐蚀性、燃爆性,工艺过程的温度、压力、速度、作业及控制条件,事故及失控状态。

(5) 生产工艺设备及材料情况。它包括工艺布置,设备名称、容积、温度、压力,设备性能,设备本质安全化水平,工艺设备的固有缺陷,所使用的材料种类、性质、危害,使用的能量类型及强度,特殊单体设备、装置(锅炉房、乙炔站、氧气站、油库、危险品库)等。

(6) 作业环境情况。它包括安全通道情况,生产系统的结构、布局,作业空间布置等。

(7) 操作情况。它包括操作过程中的危险,工人接触危险的频度等。

(8) 事故情况。它包括过去曾经发生的事故及危害状况,事故处理应急方法,故障处理措施。

(9) 安全防护。它包括危险场所安全防护措施,安全标志,燃气、物料使用等劳动组织、管理措施。

3. 危险区域的界定

危险区域的界定,即划分危险源点的范围。首先应对系统进行划分,可按设备、生产装置及设施来划分子系统,也可按作业单元划分系统。然后分析每个子系统中所存在的危险源点,一般将具有能量、物质、操作人员作业空间、生产聚集危险物质的设备、容器作为危险源点。最后以源点为核心加上防护范围即为危险区域,这个危险区域就是危险源的区域。

4. 存在条件及触发因素分析

危险源应由三个要素构成:潜在危险性、存在条件和触发因素。存在条件是指危险源所处的物理、化学状态和约束条件状态。触发因素是危险源转化为事故的外因,而且每一类型的危险源都有相应的敏感触发因素。存在条件及触发因素的分析是危险源辨识的重要环节,因为一定数量的危险物质或一定强度的能量,由于存在条件不同,所显现的危险性也不同,被触发转换为事故的可能性大小也不同。

存在条件分析包括:

1) 储存条件(如堆放方式、其他物品情况、通风等)。

2) 物理状态参数(如温度、压力等)。

3) 设备状况(如设备完好程度、设备缺陷、维修保养情况等)。

4) 防护条件(如防护措施、故障处理措施、安全标志等)。

5）操作条件（如操作技术水平、操作失误率等）。
6）管理条件等。

触发因素可分为人为因素和自然因素，人为因素包括个人因素（如操作失误、不正确操作、心理因素等）和管理因素（如不正确的训练、指挥失误、错误安排等）；自然因素是指引起危险源转化的各种自然条件及其变化（如气候条件参数变化、雷电、振动、地震等）。

5. 潜在危险性分析

潜在危险性是指一旦触发事故，可能带来的危险程度或损失大小，或者危险源可能释放的能量强度或危险物质量的大小。

潜在危险性分析可以根据使用的危险物质量来描述危险源的危险性。危险源转化为事故，其表现是能量和危险物质的释放，因此危险源的潜在危险性可用能量的强度和危险物质的量来衡量。

6. 危险源等级划分

危险源分级实质上是对危险源的评价，危险源等级划分一般按危险源在触发因素作用下转化为事故的可能性大小和发生事故的后果严重程度划分。按事故出现可能性大小可分为非常容易发生、容易发生、较容易发生、不容易发生、难以发生、极难发生；根据危害程度可分为可忽略、临界的、危险的、破坏性的等级别。从控制管理角度，通常根据危险源的潜在危险性大小、控制难易程度、事故可能造成损失的情况进行综合分级。

城市轨道交通运营企业危险源辨识的范围包括运营企业所有的活动、所有的设备设施、所有的人员（包括乘客、承包商和参观访问者）。危险源辨别、评价及更新主要在以下时机进行：

1）新线开通运营前。
2）企业每年组织对危险源进行一次重新识别和评价。
3）新的活动出现之前。
4）相关的法律、法规、标准和其他要求发生变化。
5）新改扩涉及行车、客运、人身、消防安全的项目及行车、维修改变方式实施之前。
6）新改扩涉及行车、客运、人身、消防安全的项目及行车、维修改变方式投用之前。
7）行车一般事故、轻伤事故、一般火灾以上事故发生之后或企业认为有必要时。
8）相关方对企业运营要求发生变化。

四、城市轨道交通车站运营管理存在的危险源分析

1. 车站设备设施相关

1）下雨时，车站出入口台阶湿滑或清洁卫生时，地面湿滑，导致乘客摔伤。
2）车站地面材料不防滑或防滑效果不明显，导致乘客及工作人员滑倒。
3）安全指示、疏散标志、安全出口标志设置不完善，突发事件下不能及时诱导人员疏散，引发人员伤害事故发生。
4）售票问讯处没有凹槽，乘客伸手取票或款，导致刮伤手背。
5）闸机夹人，导致夹伤人员。
6）站厅栏杆玻璃边缘锋利，广告灯箱脱落砸人或框边缘锋利有刺，导致划伤人员手指。
7）公共区的供电插座没有加保护罩，乘客使用可能引发触电事故。

城市轨道交通车站
运营管理存在的
危险源分析

8）PIS 系统灾害下若不能发布灾害信息，则不能及时引导人员疏散。

9）CCTV 系统若监控不完善，则会导致突发事件情况下不能尽快监控处置。

10）在自动扶梯运行中，可能会发生反转、梯级下陷、驱动链断裂、梯级下滑、扶手带断裂等故障，导致乘客（特别是老人、小孩）受到伤害。

11）电梯故障打不开，乘客被困在电梯里，导致人员窒息。

12）车站的电气设备引发火灾。此外，若火灾探测报警不能及时报警有效启动防灾设施或消防栓设置不完善，则不能及时扑救灭火，将导致火灾扩大，造成财产损失或人员伤害。

【案例解析】广告灯箱脱落事故

- 事故经过

2005 年 1 月 16 日上午 8 时 50 分，某地铁公司××车站值班站长按照规定对车站进行全面巡视，当巡视到车站 B 出入口右边的广告灯箱时，发现该灯箱没有上锁，且内面安装的光管处在通电工作状态。他考虑到保障乘客安全，并节约用电，遂将灯箱的电源切断。在操作过程中，灯箱上部四个固定的活页突然脱落，致使整个灯箱外盖（玻璃和铁框）砸落下来，该值班站长右手四个手指和左手手背受伤，头部被玻璃砸伤，玻璃碎片扎伤额头，头部流血。当时，整个灯箱外盖掉落后，把该值班站长压倒在地，在保安员的帮助下，他才得以脱身。

- 原因分析

1）灯箱广告画脱落后整改的责任没有落实到位，车站报修后，迟迟没人处理，车站基于客运服务的要求，由车站人员负责去张贴掉落的广告画或将其撕下，导致事件发生。

2）广告灯箱的安装质量存有问题，固定活页没有固定好，活页脱落致使打开外盖时，外盖整体掉落。

- 整改措施

1）建议对全线广告灯箱进行巡查和整改，特别是站台层灯箱，在活塞风作用下，易松脱，导致行车事故，应引起重视。

2）明确责任接口，对灯箱广告画脱落情况，车站负责汇报，具体整改应由报业集团负责落实。

3）建立限时修复机制，广告公司应明确责任人。对广告画脱落的灯箱，车站与相应责任人联系，在规定时间内修复。

4）车站人员不参与广告画掉落的处理，也不负责开关单个广告灯箱电源的工作，如有广告画掉落，应及时与广告公司联系。

- 影响及点评

该次事件源于广告灯箱的安装存在问题，导致员工人身受伤害。该事件直接促使报业集团对全线广告灯箱进行全面的检查和改造，初步消除了这方面的安全隐患，但深层的问题还需引起重视，即明确责任接口，理顺与车站范围内其他部门的关系，加强沟通，不缺位也不越位。

（资料来源：深圳地铁安全案例汇编。）

2. 屏蔽门系统相关

1）屏蔽门的安全标志不清，可能造成人员伤害。此外，在发生火灾等突发事故时，屏蔽门不利于事故救援，人员疏散。

2）屏蔽门操作工程中，活动门与列车门不能一一对应，阻碍乘客和列车驾驶员的上下车，导致意外事故，造成人员伤害。

3）屏蔽门与列车门之间的间隙使乘客在上下车时存在卡在屏蔽门与列车门之间的危险，导致人员伤害。

4）屏蔽门机械故障或电气故障导致开关动作失灵或屏蔽门与信号、车门无法联动，影响列车正常运营安全，紧急情况下容易发生门打不开、关不上、门轧人等情况导致乘客恐慌、混乱、挤压等。

5）屏蔽门紧急按钮失效，导致紧急情况下门打不开，妨碍人员疏散。

6）屏蔽门接地断线或接错、接地电阻失效，导致屏蔽门带电，造成触电事故。

7）屏蔽门故障（如破碎、打不开、关不上等），导致列车晚点。

3. 人员管理相关

1）车站的客流或换乘车站高峰、突发大客流时，导致发生人员踩踏事故。

2）疏散标志、指示不清，在突发事件下大量客流聚集导致发生踩踏事故。

3）自动扶梯运行中发生反转，导致乘客踩踏事故。

4）客拥挤、嬉戏、打闹，易导致人员摔伤，影响正常运营。

5）乘客无故打开屏蔽门进入轨道，导致人员伤害。

6）屏蔽门（车门）即将关闭时，人员抢上、抢下，导致夹伤人员。

7）人员无故按压电扶梯紧急停车按钮，导致造成人员摔伤。

8）人员乘坐电扶梯时拥挤、站立不稳，导致人员被摔伤。

9）电梯即将关闭时，乘客抢上被夹，导致人员被夹伤。

10）乘客乘坐自动扶梯时将头、手或胳膊伸出扶手以外，导致被扶梯周围建筑碰伤或挤伤。

11）乘客倚靠、扶摸车门或站在车辆接缝处或踏进站台与列车两者空隙内导致人员伤害。

12）乘客无故按压列车 PECU 按钮或无故打开列车车门，导致列车晚点等。

13）工作人员违章操作、用火不慎、乘客携带易燃易爆物品乘车、人为纵火等因素，导致火灾或爆炸。

【案例解析】屏蔽门和车门之间夹人至死事件

● 事故经过

2007年11月6日18时57分，×××城市轨道交通××线××站，一名33岁女性乘客在乘车过程中卡在屏蔽门和车门之间，列车起动后掉下站台，经医院抢救无效后身亡。

● 整改措施

1）城市轨道交通运营方发出安全提醒，提醒乘客屏蔽门内也有紧急拉手，城市轨道交通运营公司提醒广大乘客文明乘坐城市轨道交通，这既能维护良好乘车环境，也能加强乘客自身保护。

2）列车驾驶员在执行标准化作业时一定要严格执行乘务室"稳、准、熟"的要求。特别是高峰时段乘客较多的情况下，容易出现乘客抢上抢下的现象，列车驾驶员立岗时一定要认真确认，灵活掌握站台关门时机，熟悉各站站停时间，要有意识地避免和减少抢、赶、急、漏等不良作业行为，克服麻痹心理。

4. 建筑防淹相关

1）遇暴雨、洪水等恶劣自然天气，若排水设施存在缺陷可能造成车站内设备设施被淹，严重时可能影响城市轨道交通正常运营。

2）暴雨天气中若出现严重结构渗水，导致积水进入站台站厅造成地面湿滑，可能影响乘客安全。

3）暴雨天气中若出现严重结构渗水，导致积水进入重要电气设备房如高低压室、信号设备室等，可能会对电气设备造成危害，进而影响运营安全。

单元二　危险源评价和控制管理

【情境导入】

危险源辨识出来后，其影响后果如何？发生事故的概率多大？造成的损失多大？如何有效地进行防范？这就需要对危险源进行评估与控制。作为危险源管理的基础，评估是组织确定安全需求的一个重要途径，属于组织安全管理本系策划的过程。持续对全管理范围内所有危险源进行辨识、风险评价和风险控制，是消除事故隐患的基础。

【单元要求】

（1）了解危险性评价的定义、方法以及评价中需考虑的因素。

（2）掌握危险源控制的方法及注意事项。

（3）熟悉城市轨道交通运营生产中存在的危险源，并掌握其控制方法。

（4）熟悉危险源辨识、评价与控制的实施程序。

【知识内容】

一、危险性评价

危险性评价及评价
危险控制影响因素

危险性评价（Risk Assessment）是对系统中危险源危险性的综合评价，是评价危险源导致事故、造成人员伤亡或财产损失的危险程度的工作。一般地，危险性涉及危险源导致事故的可能性和一旦发生事故造成人员伤亡、财产损失的严重程度两方面的问题，即包括对危险源控制措施效果的评价和对危险源自身危险性的评价。危险性评价方法有相对的评价法和概率的评价法两大类。

系统中危险源的存在是绝对的，任何工业生产系统中都存在许多危险源。受实际人力、物力等方面因素的限制，不可能彻底消除或完全控制危险源，只能集中有限的人力、物力消除或控制危险性较大的危险源。当危险源的危险性很小可以被忽略时，不必采取控制措施。

在危险性评价的基础上，应按其危险性的大小把危险源排序，为确定采取控制措施的优先次序提供依据。

评价第一类危险源的危险性时，主要考察以下四个方面的情况。

1. 能量或危险物质的量

第一类危险源导致事故的后果严重程度，主要取决于事故时意外释放的能量或危险物质的多少。一般地，第一类危险源拥有的能量或危险物质越多，则事故时可能意外释放的量也多。因此第一类危险源拥有的能量或危险物质的量是危险性评价中的最主要指标。当然，有时也会有例外的情况，有些第一类危险源拥有的能量或危险物质只能部分地意外释放。

2. 能量或危险物质意外释放的强度

能量或危险物质意外释放的强度是指事故发生时单位时间内释放的能量。在意外释放的能量或危险物质的总量相同的情况下，释放强度越大，能量或危险物质对人员或物体的作用越强烈，造成的后果越严重。

3. 能量的种类和危险物质的危险性质

不同种类的能量造成人员伤害、财物破坏的机理不同，其后果也很不相同。危险物质的危险性主要取决于自身的物理、化学性质，燃烧爆炸性物质的物理、化学性质决定其导致火灾、爆炸事故的难易程度及事故后果的严重程度；工业毒物的危险性主要取决于其自身的毒性大小，在引起急性中毒的场合，常用半数致死剂量评价其自身的毒性。

4. 意外释放的能量或危险物质的影响范围

事故发生时意外释放的能量或危险物质的影响范围越大，可能遭受其作用的人或物越多，事故造成的损失越大。例如，有毒有害气体泄漏时可能影响到下风侧的很大范围。

评价第一类危险源的危险性的主要方法有后果分析和划分危险等级两种方法：①后果分析通过详细地分析、计算意外释放的能量、危险物质造成的人员伤害和财物损失，定量地评价危险源的危险性。后果分析需要的数学模型准确度较高、需要的数据较多、计算复杂，一般仅用于危险性特别大的重大危险源的危险性评价。②划分危险等级是一种相对的评价方法，它通过比较危险源的危险性，人为地划分出一些危险等级来区分不同危险源的危险性，为采取危险源控制措施或进行更详细的危险性评价提供依据。划分危险等级的方法是一种简单易行，得到广泛应用的方法。一般地，危险等级越高，危险性越高。

采取了危险源控制措施后的危险性评价，可以查明危险源控制措施的效果是否达到了预定的要求。如果采取了控制措施后危险性仍然很高，则需要进一步研究对策，采取更有效的措施降低危险性。

二、评价危险控制的影响因素

评价危险源控制情况，可以从以下六个方面来考虑。

1. 防止人失误的能力

必须能够防止在装配、安装、检修或操作过程中发生可能导致严重后果的人失误，如单向阀门应不易安反、三线电源插头不能插错等。

2. 对失误后果的控制能力

一旦人失误可能引起事故时，应能控制或限制对象部件或元件的运行，以及与其他部件或元件的相互作用。例如，若按 A 钮起动之前按 B 钮可能引起事故，则应实行连锁，使之先按 B 钮也没有危险。

3. 防止故障传递能力

应能防止一个部件或元件的故障引起其他部件或元件的故障,从而避免事故。例如,电动机电路短路时熔丝熔断,防止烧毁电动机。

4. 失误或故障导致事故的难易

发生一次失误或故障则直接导致事故的设计、设备或工艺过程是不安全的,应保证至少有两次相互独立的失误(或故障,或一次失误与一次故障)同时发生才能引起事故,对于那些一旦发生事故将带来严重后果的设备、工艺必须保证同时发生两起以上的失误或故障才能引起事故。

5. 承受能量释放的能力

运行过程中偶尔可能产生高于正常水平的能量释放,系统应能承受这种高能量释放。通常在压力罐上装有减压阀以把罐内压力降低到安全压力,如果减压阀故障,则超过正常值的压力将强加于管路,为使管路能承受高压,必须增加管路的强度或在管路上增设减压阀。

6. 防止能量蓄积的能力

能量蓄积的结果将导致意外的能量释放。因此,应有防止能量蓄积的措施,如安全阀、破裂膜、可熔(断、滑动)连接等。

三、危险源的控制管理

危险源的控制管理可从组织管理、技术两方面着手,从以下几个方面进行。

1. 消除危险源

消除危险源可以从根本上防止事故发生,通过改变有高危险性能量的生产工艺、技术、设备,重新设计选择新的结构形式或合适的原材料来彻底消除某种危险源,例如:

1)用气压或液压系统代替电力系统,防止发生电气事故——电击、电烧伤。
2)用液压代替气压系统,避免压力容器、压气管路破裂造成冲击波。
3)用不燃性材料代替可燃性材料,防止火灾。
4)道路立体交叉,防止撞车。
5)消除物品的尖角、毛刺、粗糙或破裂的表面,防止刺、割、擦伤手脚皮肤。

2. 限制能量或减少危险物质数量

1)减少能量或减少危险物质的数量。例如:①采用低电压系统,防止触电。②限制可燃性气体浓度,使其达不到爆炸界限。③控制液位,防止液位过高或过低。④控制化学反应速度,防止过热或超压。

2)防止能量蓄积,避免能量意外突然释放。例如:①利用金属喷层或导电涂层防止静电蓄积。②控制工艺参数,防止高温、超压、大流量。

3)安全地释放能量。例如:①人为地开辟能量泄放渠道,如在压力容器上安装安全阀、破裂片,有爆炸危险的建筑物上设置泄压窗。②电气设备、电力系统设置保护接地。③设施及建筑物安装避雷保护装置。

4)禁止共同储存的物质要分开储存,如把相互接触或混合后可能发生燃烧、爆炸的物质分开储存。

5)局限、约束能量或危险物质在某一范围,防止其意外释放。例如:①在带电体外部加上绝缘物。②用坚固的密闭容器盛放危险物质。③在放射线设备上安装防护屏,抑制射线辐射。

6)使用安全防护装置防止人员接触危险源。例如:①利用防护罩、防护栅等把设备的转动部件、高温热源或危险区域屏蔽起来。②道路两侧设置隔离带,防止人员进入机动车道。

7)为了确保隔离措施发挥作用,有时采用连锁方式。但是,连锁本身并非隔离措施,连锁主要用于下面两种情况:一是安全防护装置与设备之间的连锁。如果不利用安全防护装置,则设备不能运转而处于最低能量状态,防止事故发生。例如,矿井井口的安全栅、摇台与卷扬机启动电路联锁,可以防止误启动卷扬机。二是防止由于操作错误或设备故障而发生事故。例如,防止操作顺序错误而设置联锁;利用限位开关防止设备运转超出规定的范围;当人体或人体的一部分进入危险区域时,联锁装置使设备停止运转。

在电气设备上最容易实现联锁,因而电气联锁最为常见。

3. 避免或减少事故损失的安全技术

避免或减少事故损失的安全技术的基本出发点是防止意外释放的能量危及人或物,或者减轻其对人和物的作用。事故后如果不能迅速控制局面,则事故规模有可能进一步扩大,甚至引起二次事故而释放出更多的能量或危险物质。在事故发生前就应该考虑到采取避免或减少事故损失的技术措施。

常用的避免或减少事故损失的安全技术有隔离、个体防护、设计薄弱环节、避难与援救等。

(1)隔离。作为避免或减少事故损失的隔离,其作用在于把被保护的人或物与意外释放的能量或危险物质隔开,隔离措施有远离、封闭和缓冲三种。

1)远离。远离是把可能发生事故而释放出大量能量或危险物质的工艺、设备或工厂等布置在远离人群或被保护物的地方。例如,把爆破材料的加工制造、储存设施安排在远离居民区和建筑物的地方,危险性高的化工企业远离市区等。

2)封闭。利用封闭措施可以控制事故造成的危险局面,限制事故的影响,它有以下作用:

① 控制事故造成的危险局面。例如,森林火灾时利用防火带封闭火区,防止火势扩大。

② 限制事故的影响,避免伤害和破坏。例如,防火密闭可以防止有毒、有害气体蔓延,高速公路两侧的围栏防止失控的汽车冲到两侧的沟里去。

③ 为人员提供保护,把某一区域封闭起来作为安全区保护人员。例如,矿井里设置的避难硐室。

④ 为物质、设备提供保护。

3)缓冲。缓冲可以吸收能量,减轻能量的破坏作用。例如,安全帽可以吸收冲击能量,防止人员头部受伤。

(2)个体防护。实际上个体防护用品也是一种隔离措施,它把人体与意外释放的能量或危险物质隔开。个体防护用品主要用于下述三种场合:

1)有危险的作业。在危险源不能消除、一旦发生事故就会危及人身安全的情况下必须使用个体防护用品,但是应该避免用个体防护用品代替消除或控制危险源的其他措施。

2)为调查和消除危险而进入危险区域。

3)事故发生的应急救援。

（3）设计薄弱环节。利用事先设计好的薄弱环节使事故能量按人们的意图释放，防止能量作用于被保护的人或物。一般地，要求设计的薄弱部分即使破坏了，也能以较小的损失避免大的损失。因此，这种安全技术又称接受微小损失。常见的薄弱环节的例子有：①汽车发动机冷却系统的防冻塞，当气缸水套中出现冻冰体积膨胀时，防冻塞被顶开而保护气缸。②锅炉上的易熔塞，当锅炉里的水降低到一定水平时，易熔塞温度升高并熔化，锅炉内的蒸气泄放而防止锅炉爆炸。③在有爆炸危险的厂房上设置泄压窗，当厂房内发生意外爆炸时，泄压窗泄压而保护厂房不被破坏。④电路中的熔断器、驱动设备中的安全连接棒等。

（4）避难与援救。事故发生后应该努力采取措施控制事态的发展，但是当判明事态已经发展到不可控制的地步时则应迅速避难，撤离危险区。按事故发生与伤害发生之间的时间关系，伤亡事故可分为两种情况：

1）事故发生的瞬间人员即受到了伤害，甚至受伤害者尚不知发生了什么就遭受了伤害。例如，在爆炸事故发生瞬间处于事故现场的人员受到伤害的情况，在这种情况下人员没有时间采取措施避免伤害。为了防止伤害，必须全力以赴地控制能量或危险物质，防止事故发生。

2）事故发生后意外释放的能量或危险物质经过一段相对长的时间间隔才达及人体，人员有时间躲避能量或危险物质的作用。例如，发生火灾、有毒有害物质泄漏事故的场合，远离事故现场的人们可以恰当地采取避难、撤退等行动，避免遭受伤害。在这种情况下人们的行为正确与否往往决定他们的生死存亡。

对于后一种情况，避难与援救具有非常重要的意义。为了满足事故发生时的应急需要，在轨道交通车站布置、建筑物设计和客流引导设施的设计中，要充分考虑发生事故时的人员避难和援救问题。具体地，要考虑如下问题：①采取隔离措施保护人员，如设置避难空间等。②使人员能迅速撤离危险区域，如规定撤退路线、设置安全出口和应急输送等。③如果危险区域里的人员无法逃脱的话，能够被援救人员搭救。

为了在发生事故时人员能够迅速地脱离危险区域，事前应该做好应急计划，并且平时应该进行避难、援救演习。

4. 组织管理控制

组织管理控制是指加强安全管理，落实安全生产责任制度，开展系统安全工作使生产运营全方位预防事故发生，包括以下几个方面：

（1）人行为控制。人行为控制即控制人为失误，减少人不正确行为、不安全行为对危险源的触发作用，可以通过加强教育培训，提高人的安全素质做到操作安全化。

危险源控制的各项措施能否得到贯彻执行，执行的程度如何，很大程度上取决于各级领导和工作人员的安全意识和对危险源控制的认识程度及有关的安全知识和操作技能的掌握程度。因此，应选拔认真负责、技术高、能力强的工作人员来从事危险源点的作业，并严格培训考核，加强法制教育和职业道德教育，对涉及危险源控制的有关领导和人员进行专门的安全教育和培训。

（2）管理控制。可以采取以下管理措施，对危险源实行控制。

1）建立健全危险源管理的规章制度。危险源确定后，在对危险源进行系统危险性分析的基础上建立健全各项规章制度。

2）明确责任、定期检查。应根据各危险源的等级，分别确定各级的负责人，并明确各自应负的责任，特别是要明确各级危险源的定期检查责任。

3）加强危险源的日常管理。作业人员要贯彻执行有关危险源日常管理的规章制度，搞好安全值班、交接班，按安全操作规程进行操作；按安全检查表进行日常安全检查；危险作业经过审批等。所有活动均要按要求认真做好记录。

4）抓好信息反馈、及时整改隐患。要建立健全危险源信息反馈系统，制订信息反馈制度并严格贯彻实施。

5）搞好危险源控制管理的基础建设工作。危险源控制管理的基础工作除建立健全各项规章制度外，还应建立健全危险源的安全档案和设置安全标志牌。

6）搞好危险源控制管理的考核评价和奖惩。应对危险源控制管理的各方面工作制订考核标准，并力求量化，划分等级。定期严格考核评价，给予奖惩并与班组升级和评先进结合起来。

四、危险源辨识、评价与控制的实施

一般情况下，应该在危险源辨识的基础上进行危险源评价，再根据危险源危险性评价的结果有针对性地采取危险源控制措施。但在很多情况下，这三项工作并没有严格地分阶段独立进行，而是交叉重叠进行的。

城市轨道交通系统中存在大量的不安全因素，受人、财、物力等因素的制约，实际上只能把其中一部分危险性达到一定程度的不安全因素当作危险源来处理，而忽略危险性较小的不安全因素。因此，在辨识危险源的过程中也需要进行危险性评价，以判别被考察对象是否是危险源（不可忽略的、必须控制的）。

在选择控制措施时，需要对措施的控制效果进行评价，通过评价选择最有效的控制措施，这种评价通常是通过对比控制前和控制后危险源的危险性进行的。而危险源控制措施本身又可能带来新的危险源和危险性。因此，在进行危险源控制时，仍然需要进行危险源辨识和评价工作。

五、城市轨道交通运营安全风险与隐患管理

城市轨道交通企业在制度建设上一般都会有明确的危险源识别、风险评价及控制的方法和程序，如《危险源识别、风险评价及控制程序》《安全隐患管理办法》等，为危险源控制和隐患排查、治理提供管理依据。

1. 安全风险辨识与控制

城市轨道交通企业在运营安全风险辨识与控制管理中，一般以风险管理为核心，对运营全过程的风险进行识别、衡量、分析，并在此基础上有效地处置风险。城市轨道交通运营安全风险辨识与控制流程如图 5-2 所示。

（1）风险评价的依据和准则。

1）危险源清单。

2）相关的法律、法规、标准和其他要求。

3）曾经发生过的安全事故及整改情况。

4）相关方（特别是乘客和员工）的利益和要求。

（2）风险评价方法。根据风险评价的依据和准则，结合企业具体情况，可以采用"是非判断法""事故树分析法""事件树分析法"和"可能性、后果组合分析"等评价方法，评价过程中可综合采用。例如综合"可能性"及"后果"的评价结果，可以判定每一项危

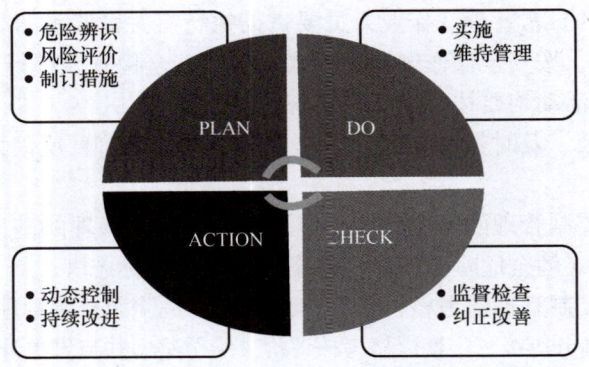

图 5-2　城市轨道交通运营安全风险辨识与控制流程

险源的风险程度，并将风险分为高风险（R1）、较高风险（R2）、一般风险（R3）、可接受风险（R4）四个等级。危险源级别分类见表 5-2。

表 5-2　危险源级别分类

级别	风险程度	风险描述	控制措施	控制级别
R1	高（灾难性）	高危险源	1）依据成本效益原则并考虑技术方案可行性，建立《职业安全健康管理方案》 2）选择充分的控制措施，建立并实施控制措施管理 3）分门别类建立/修订并实施运行控制相关程序 4）必要时，建立/修订并演练准备相应程序 5）建立《危险源动态跟踪表》	运营总部
R2	较高（严重）	较高危险源	1）沿用并大力加强已有的控制措施 2）若降低风险符合成本效益，则必须采取新的控制 3）必要时，可与高风险的危险源一起纳入管理方案，建立《职业安全健康管理方案》 4）建立《危险源动态跟踪表》	各单位
R3	一般（一般）	一般危险源	1）沿用并加强已有的控制措施 2）若降低风险符合成本效益，则可以采取新的控制措施	部门
R4	可接受（轻微）	可接受危险源	沿用已有控制措施，可以不采取新的控制措施	车间

（3）风险的控制措施。根据风险评价的结果，确定优先控制的顺序，通过实施硬件设备设施的安全技措项目，或制订少投入或基本不投入的软性目标（如演练、培训、完善安全标志等）消除或降低安全风险。控制措施的制订依次按"消除、替代、工程控制、标志、警告和（或）管理控制措施、个体防护"顺序考虑降低风险。城市轨道交通运营安全危险源控制管理的具体措施包括如下内容：

1）建立健全安全生产隐患排查治理体系，定期组织安全检查，开展事故隐患自查自纠。

2）根据生产安全事故隐患行业自查指导标准，编制与岗位、工艺、设备相适应的事故隐患排查标准，明确事故隐患排查的主要范围和具体内容。

3）建立健全企业安全生产责任制、安全操作规程、特种设备管理、安全生产培训、安全生产检查和突发事件处理等规章制度。

4）制订车站火灾，车站闸机夹人，水浸出入口，车站大客流，车站乘客受伤，车站火灾、爆炸等事件发生时的应急处理程序规章，加强对车站、列车的安全巡查，做到早发现、早处置，及时排除安全隐患。

5）按照有关规定对从业人员进行安全生产教育、培训并建立档案，保证教育、培训费用和时间。

6）加强对城市轨道交通人员的岗前安全教育和培训，并将运营安全和应急应变能力作为重点考核科目。

7）加强行车调度人员、列车驾驶员、车站行车值班员在信号系统故障情况下的行车组织和应急处置能力培训。

8）按照有关规定免费为从业人员配备符合强制性标准的劳动防护用品；所配备的特种防护用品应当具有特种防护用品安全标志。

9）特种设备应当取得许可证并经检验合格方可使用。

10）城市轨道交通车站应配备经过专门训练的专、兼职抢险救援人员以及空气呼吸器、无线通话器材、避火服、简易破拆工具、强光手电、应急电源、疏散扶梯担架、湿毛巾、手帕、防汛工具等抢险救援设备。

11）要保持车站、车厢内、疏散通道、平交道口等处的安全警示标志和疏散标志明显、清晰，使广大乘客能够熟悉和掌握紧急状态下的疏散方法和自我救援知识，提高乘客的安全意识和自我防范能力。

12）针对近远期客流较大的车站，应提前制订大客流人员疏散应急救援预案，确保运营安全。

13）制订特殊气象条件，如台风、暴雨、大雾、雨雪冰冻天气下的行车组织方案。

14）建立城市轨道交通灾害应急指挥机构和抢险救援体系，完善应急处置和突发事件救援工作预案，详细量化预案反应时间，明确分工，落实责任。

15）建立专职或者兼职安全生产应急救援队伍，配备必要的应急救援器材、设备。

16）定期针对突发事件的各种不同情况进行演习，重点演练救援和协助乘客逃生，提高地铁运营管理人员紧急应变和处置初起灾害的能力。

17）广泛开展安全宣传教育，提高城市轨道交通乘坐人员及工作人员的安全防范意识。城市轨道交通运营单位加强安全知识的宣传力度，编制安全知识宣传材料，进行广泛的社会宣传，普及安全乘车和自救知识，规范乘客乘车行为。

【读一读】

城市轨道交通智慧安全防控系统

（1）气象专用信息服务平台应对自然环境影响。与气象服务中心合作，自动将该区段的风向、风力、降雨量、雷暴情况等核心信息报送到轨道交通控制中心。当达到维持运营能力上限值时，系统能够实现自动报警，以便运营公司迅速采取应急措施。

（2）智慧疾控联动平台降低传染风险。通过"扫码过闸""二维码上传同乘信息"等实名乘车手段，在一定程度上具备实名追踪的能力，并联合卫健委、疾控中心，构建有效的疫情预测预警排查系统，及时预警。

(3)大客流监测平台预防踩踏事故。增加基于视频识别的客流密度监控预警系统,对城市轨道交通内客流量、排队长度、区域客流密度进行实时监控及预警,帮助工作人员快速、精准地采取引导、疏散措施,避免事故发生。

2. 安全隐患管理

根据危险源清单开展隐患排查,按照排查结果对隐患进行分类分级和治理。

(1)分级管理。较大隐患由城市轨道交通运营企业下的各客运分公司、专业中心负责落实整改;一般隐患由各责任单位车间、班组自行组织整改。

(2)分类方法。安全隐患分为人的隐患、设备设施类、环境类、管理类4类27项。

(3)隐患整改流程。一是发现隐患后报告和确认;二是隐患整改责任单位分类分级后进行登记;三是对隐患整改进行跟踪并最后销项。深圳市地铁公司运营总部隐患管理流程如图5-3所示。

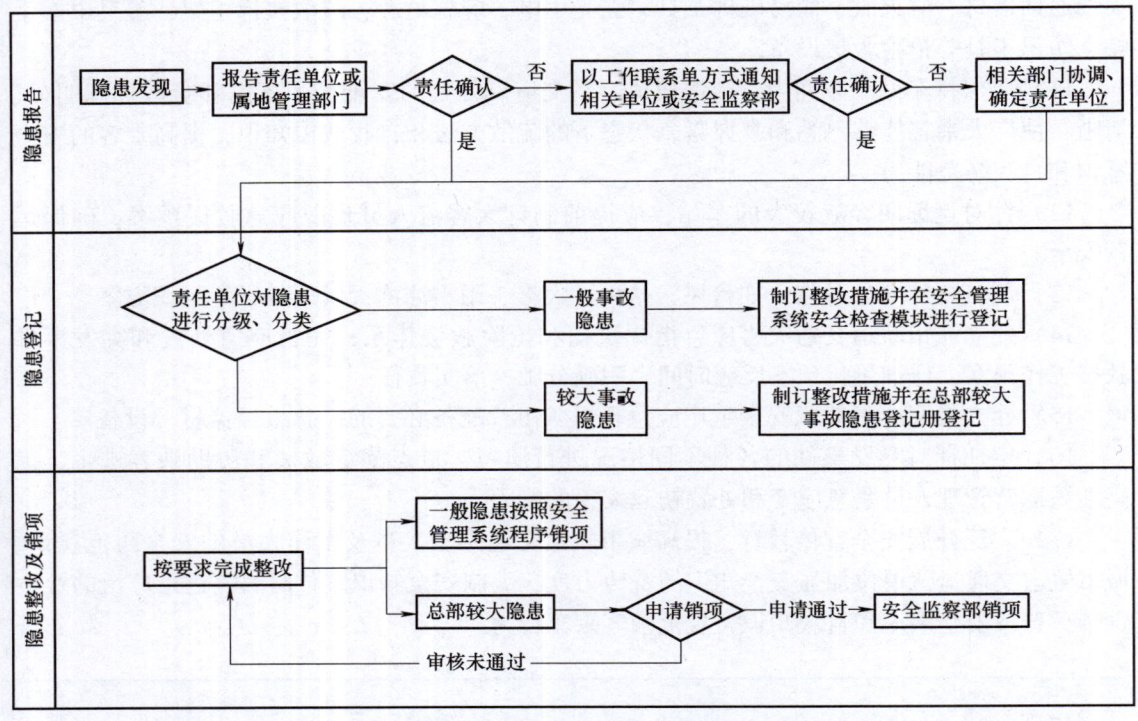

图5-3　深圳市地铁公司运营总部隐患管理流程

单元三　安全色与安全标志

【情境导入】

第二次世界大战期间,美军在向士兵做"这里有危险""禁止入内"等指示时,为了简明扼要,便出现了安全色标的最初概念。在1942年,美国一家著名的颜料公司统一制订了一种安全色彩的规则,广泛地被海洋、杜邦公司和其他单位应用。随着工业、交通的发展,一些工业发达国家相继公布了本国的"安全色"和"安全标志"国家标准。国际标准化组织先后公布了"安全色标准"和"安全标志的符号、尺寸和图形标准"。正确使用安全色和安全标志,可以使人员能够对威胁安全和健康的物体和环境尽快做出反应,迅速发现或分辨安全标志,及时得到提醒,以防止事故、危害发生。

【单元要求】

(1) 了解安全色的定义及作用,掌握安全色的含义和用途。
(2) 了解安全标志的定义及作用,熟悉常用的安全标志的含义及使用。
(3) 熟悉城市轨道交通常用标志的含义及使用。

【知识内容】

一、安全色

1. 安全色和对比色的定义

安全色是被赋予安全意义而具有特殊属性的颜色,用于表示禁止、警告、指令、指示等。其作用是使人们能够迅速注意到影响安全、健康的对象或场所,提醒人们注意,以防发生事故。本节所说的安全色不适用于灯光信号、荧光颜色和航空、航海、内河航运以及为其他目的使用的颜色。

对比色是使安全色更加醒目的反衬色。

2. 安全色和对比色的种类与用途

根据 GB 2893—2008《安全色》的规定,安全色有红色、蓝色、黄色、绿色四种。其含义和用途见表5-3。

表5-3 安全色的含义和用途

颜色	含义	用途举例
红色	禁止	禁止标志:如城市轨道交通列车受电弓的支架带电部分涂红色,表示高压危险,禁止触摸
	停止	停止信号机器、车辆上的紧急停止按钮或手柄,以及禁止人们触动的部位
	消防	表示防火、灭火器
蓝色	指令必须遵守的规定	指令标志:如必须佩戴个人防护用具 道路上指引车辆和行人行驶方向的指令
黄色	警告 注意	警告标志 警戒标志:如厂内危险机器和坑沟周边的警戒线,行车道中线,安全帽,城市轨道交通站台安全线
绿色	提示 安全状态 通过 允许 工作	提示标志 车间内的安全通道 车辆和行人通过标志 消防设备和其他安全保护设备的位置 "在此工作"标志牌

注:1. 蓝色只有与几何图形同时使用时才表示指令。
　　2. 道路上的提示标志采用蓝色,不采用绿色,以免与道路两旁的绿色树木混淆。

对比色规定为黑、白两种颜色。黑色用于安全标志的文字、图形符号和警告标志的几何边框。白色既可用于安全标志红色、蓝色、绿色的背景色，也可用于文字和图形符号。安全色与对比色同时使用时的搭配应符合表5-4的规定。

表5-4 安全色与对比色的搭配

安 全 色	对 比 色
红色	白色
蓝色	白色
黄色	黑色
绿色	白色

注：黑色与白色互为对比色。

此外，通常使用的相间条纹有红色与白色相间、黄色与黑色相间、蓝色与白色相间、绿色与白色相间四种，其含义和用途见表5-5。

表5-5 相间条纹表示的含义和用途

颜色	含 义	用 途 举 例
红白相间	禁止越入	道路上使用的防护栏杆和隔离墩
黄黑相间	警告注意	当心滑跌标
蓝白相间	必须遵守	交通导向标志
绿白相间	使标志牌更醒目	安全标志杆

二、安全标志

1. 安全标志的定义

安全标志由安全标志的主体和补充标志构成，安全标志的主体由安全色、几何图形、图形符号或文字构成，用以表达特定的安全信息；补充标志是用来表明安全标志的文字说明，必须与安全标志同时使用。补充标志的文字可以横写，也可以竖写，其规定见表5-6。

表5-6 补充标志的规定

补充标志项目	补充标志横写法	补充标志竖写法
背景颜色	禁止标志：红色 警告标志：白色 指令标志：蓝色	白色
文字颜色	禁止标志：白色 警告标志：黑色 指令标志：白色	黑体
字体	粗等线体	粗等线体
书写部位	在标志下方，可与标志相连，也可分开	在标志杆的上部

2. 安全标志的作用

安全标志的作用是引起人们对不安全因素的注意，以达到预防事故发生的目的，但不能代替安全操作规程和安全防护措施。

3. 安全标志的类型

根据GB 2894—2008《安全标志及其使用导则》的规定，安全标志分为禁止标志、警告标志、指令标志和提示标志四类，这四类标志用四个不同的几何图形来表示。

（1）禁止标志。禁止标志是禁止人们不安全行为的图形标志。禁止标志的几何图形是带斜杠的圆环，图形符号为黑色，几何图形为红色，背景色为白色，共40种，其部分图形和含义如图5-4所示。

模块五　城市轨道交通危险源辨识与控制管理

图 5-4　禁止标志部分图形和含义

（2）警告标志。警告标志是提醒人们注意周围环境，避免可能发生的危险的图形标志。警告标志的几何图形是正三角形边框，图形符号、几何图形为黑色，背景色、衬边为黄色，共39种，其部分图形和含义如图 5-5 所示。

（3）指令标志。指令标志是告诉人们必须遵守指令标志规定的图形标志。指令标志的几何图形是圆形边框，图形符号、衬边为白色，背景色为蓝色，共16种，其部分图形和含义如图 5-6 所示。

（4）提示标志。提示标志是向人们提示某种信息（如标明安全设施或场所等）的图形标志。提示标志的几何图形是矩形，图形符号、衬边是白色，背景色是绿色，共 8 种，其部分图形和含义如图 5-7 所示。

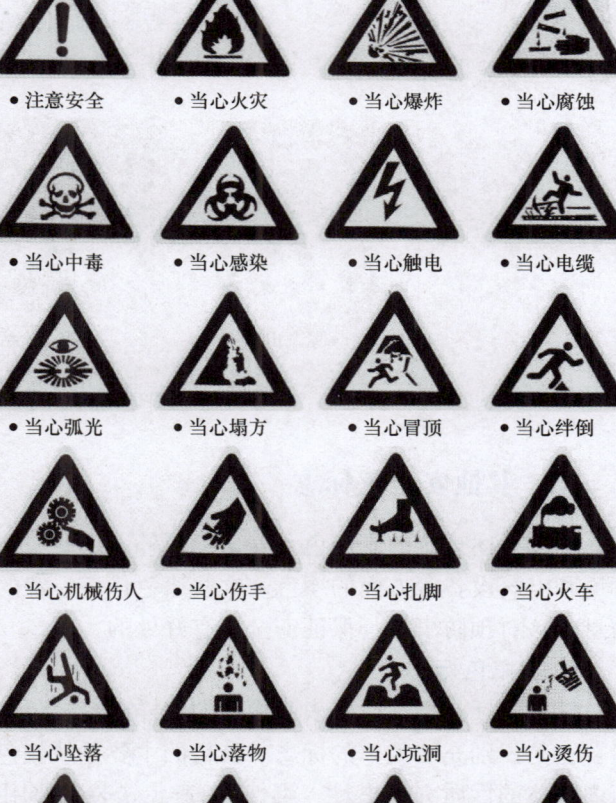

图 5-5　警告标志部分图形和含义

图 5-6 指令标志部分图形和含义

图 5-7 提示标志部分图形和含义

三、其他安全色标志

除了上述规定的安全色和安全标志外,还有一些色标与安全有关,常见的有气瓶、气体管道和电气设备等方面的漆色。这些漆色代表一定的含义,能使人们一眼就识别出它提供的信息,这对预防事故、保证安全是有好处的。

1. 气瓶色标

气瓶色标是指气瓶外表面涂覆的字样内容、色环数目和颜色按充装气体的特性作规定的组合,是识别充装气体的标志。其目的主要是从颜色上迅速地辨别出盛装某种气体的气瓶和瓶内气体的性质(可燃性、毒性),避免错装和错用,同时也可防止气瓶外表面生锈。GB/T 7144—2016《气瓶颜色标志》规定了气瓶外表面的涂敷颜色、字样、字色、色环、色带和检验色标等要求,是识别气瓶所充装气体和定期检验年限的主要标志之一。充装常用气体的气瓶颜色标志见表 5-7。

表 5-7　充装常用气体的气瓶颜色标志

序　号	充装气体	体　色	字　样	字　色
1	空气	黑	空气	白
2	乙炔	白	乙炔不可近火	大红
3	氢	淡绿	氢	大红
4	氧	淡(酞)蓝	氧	黑
5	氮	黑	氮	白
6	氟	白	氟	黑
7	二氧化碳	铝白	液化二氧化碳	黑
8	天然气	棕	天然气	白
9	乙烷	棕	液化乙烷	白
10	液化石油气	棕(工业用)	液化石油气	白
		银灰(民用)	液化石油气	大红
11	乙烯	棕	液化乙烯	淡黄
12	氩	银灰	氩	深绿
13	氖	银灰	氖	深绿
14	六氟化硫	银灰	液化六氟化硫	黑
15	七氟丙烷	铝白	液化七氟丙烷	黑

2. 管道的色标

管道色标的习惯用法是：蒸气管道为白色，自来水管道为黑色，压力管道为黄色，消防管道为红色。

3. 电气设备相别的色标

变电所设备（母线和进出线）和车间配电装置用色标相别，主要用法是：A 相为黄色，B 相为绿色，C 相为红色，地线为黑色，直流正极为红色，直流负极为蓝色。

四、城市轨道交通常用标志

城市轨道交通常用标志有公里标、百米标、站名标、坡度标、制动标、圆曲线和缓和曲线始点及终点标、曲线标、竖曲线始点及终点标、水准基点标、警冲标、联锁分界标、预告标、驾驶员鸣笛标、减速地点标、限速标、停车位置标、接触网终点标、降下受电弓标、升起受电弓标等。

隧道内百米标、限速标、停车位置标应设在行车方向的右侧；警冲标应设在两回合线间，其位置应根据设备限界及安全确定，隧道外的标志可按国家现行规定设置。

行车相关的常见标志具体图标如图 5-8～图 5-20 所示。

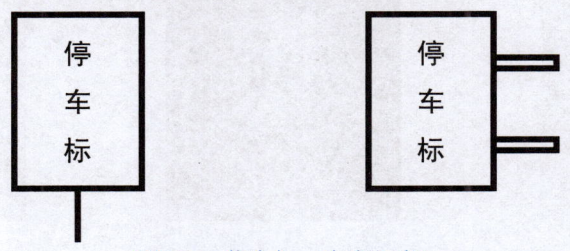

图 5-8　停车标（白底红字）

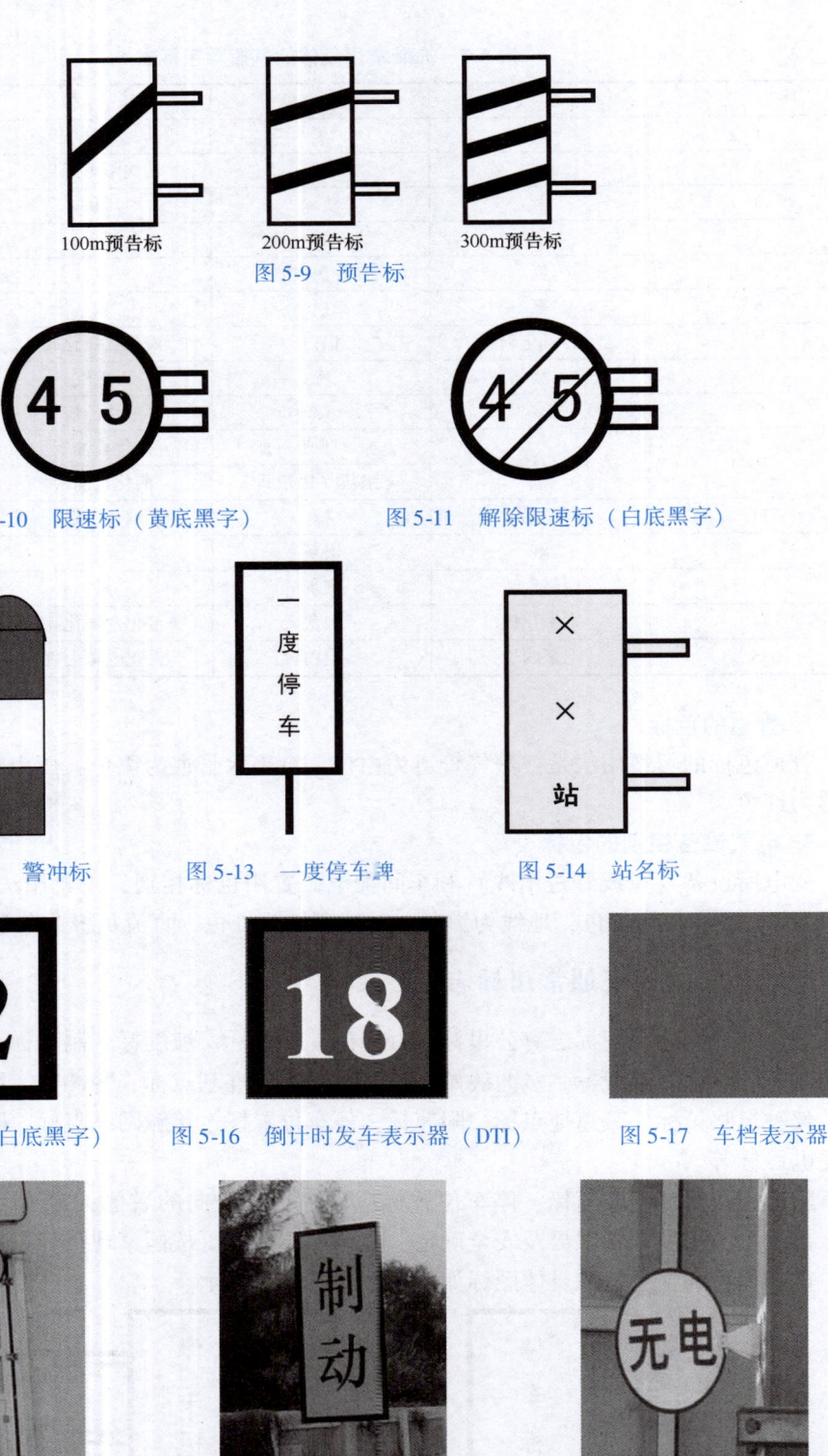

【考核与提高】

一、单项选择题

1. 重大危险源辨识的依据是物质的（　　）及其（　　）。
 A. 形态；数量　　　　　　　　　　　　B. 生产方式；储存类型
 C. 协调性；干扰性　　　　　　　　　　D. 危险特性；数量
2. 根据《安全生产法》的规定，判定重大危险源的依据是单元中危险物质的实际存在量、危险物质的临界量和（　　）。
 A. 危险物质的种类数　　　　　　　　　B. 危险物质的储存方式
 C. 危险物质的储存范围　　　　　　　　D. 危险物质的性质
3. 下面哪一种危险源属于第二类危险源？（　　）
 A. 有毒物质　　B. 压力容器　　C. 高速公路上浓雾茫茫　　D. 以上都是
4. 下面哪一种危险源属于第一类危险源？（　　）
 A. 有毒物质　　B. 集聚性人群　　C. 高速公路上浓雾茫茫　　D. 以上都是
5. 事故发生的概率 P 和事故损失严重程度 S 的乘积称为（　　）。
 A. 风险率　　B. 损失量　　C. 严重量　　D. 危险级
6. 国家标准（GB 2893—2008《安全色》）中规定的四种安全色是（　　）。
 A. 红、蓝、黄、绿　　B. 红、蓝、黑、绿　　C. 红、青、黄、绿　　D. 白、蓝、黄、绿
7. 禁止标志的含义是不准或制止人们的某种行为，它的基本几何图形是（　　）。
 A. 带斜杠的圆环　　B. 三角形　　C. 圆形　　D. 矩形
8. 安全标志分为四类，它们分别是（　　）。
 A. 通行标志、禁止通行标志、提示标志和警告标志
 B. 禁止标志、警告标志、命令标志和提示标志
 C. 禁止标志、警告标志、通行标志和提示标志
 D. 禁止标志、警告标志、命令标志和通行标志

二、多项选择题

1. 下面哪些危险源属于第一类危险源？（　　）
 A. 有毒物质　　B. 集聚性人群　　C. 高速公路上浓雾茫茫
 D. 活性化学物质　　E. 压力容器
2. 下面哪些危险源属于第二类危险源？（　　）
 A. 有毒物质　　B. 集聚性人群　　C. 高速公路上浓雾茫茫
 D. 活性化学物质　　E. 压力容器
3. 减少或避免人为失误的措施有（　　）。
 A. 人的安全化　　B. 管理安全化　　C. 操作安全化　　D. 环境安全化
4. 危险源的控制途径有（　　）。
 A. 技术控制　　B. 人行为控制　　C. 管理控制　　D. 环境控制
5. 下列哪些属于工业生产中的第一类危险源？（　　）
 A. 物体打击　　B. 机械伤害　　C. 触电　　D. 中毒窒息
6. 危险源的构成要素有（　　）。
 A. 潜在危险性　　B. 存在条件　　C. 触发条件　　D. 人的安全化条件

三、简答题

1. 何为危险源、第一类危险源和第二类危险源？第一类危险源和第二类危险源有什么关系？
2. 危险源辨识的定义及其内容是什么？

3. 危险源评价的方法有哪些？评价第一类危险源的危险性时，主要考察哪方面情况？
4. 危险源的风险控制有哪些手段？

【案例分析】起重伤害事故

> 2007年7月27日上午7时40分左右，某车站正在进行的底板钢筋绑扎完成，需要将位于基坑1号快底板的电焊机运送到地面，起重指挥工遂用对讲机指挥塔吊丝机将起重吊钩移落到电焊机位置，准备起吊。起重吊钩移落到电焊机位置后，附近的两名钢筋工将电焊机上的钢丝绳索挂上吊钩，然后示意地面上的指挥工可以起吊。指挥工据此用对讲机指挥塔吊驾驶员起吊电焊机，在电焊机上升距底板3m左右时，电焊机的焊把线挂住了底板钢筋网。见此情形，先前吊挂电焊机的一名钢筋工冒险进入电焊机下方，想把挂住的焊把线拉开，此时，电焊机上的钢丝绳索突然滑脱，电焊机坠落，击中该钢筋工头部和肩部，致其当场重伤倒地，后经120救护人员证实身亡。
>
> 请结合本模块的学习内容，分析事故原因并提出相应的防范措施。

模块六 城市轨道交通行车与客运安全管理

◆【模块导学】

2013年,在法国埃松省的布里提尼火车站,一辆载有370名乘客的城际火车在进站时脱轨。脱轨列车高速冲入车站后断成两截,在7节出事车厢中,有4节车厢脱轨,其中2节车厢翻倒在铁道上,另外一节车厢倒在铁道和站台之间。事故造成6人死亡,数十人受伤。这是法国25年来最严重的铁路交通事故。

当地媒体称,受害者多被轧死或触电死亡,并且多数伤者是被火车的玻璃碎片击中受伤。

法国国营铁路公司地面设施相关负责人说,该公司对出事铁道进行初步查看分析,发现一个接通两条铁轨的钢制夹子断裂,并从槽上脱落,移位至铁道道岔中央,阻止火车车轮正常通过,可能因此造成火车脱轨。

调查组排除了列车驾驶员的操作失误因素,而且,外界还赞扬驾驶员在车辆倾覆时及时发出无线电和灯光警告,因而提醒其他车辆停止行进,避免碰撞,防止了更严重事故发生。法国国营铁路公司宣布,立即对全国铁路系统内5000个类似部件进行检查。

为保证列车进出站、在车站范围内、在站间区间运行的安全,提高运行的速度和运输设施的通过能力,需要对列车进行有效的管理,并设置各种必要的交通控制设备,以指示、调度和控制列车的运行。当运营管理中的行车组织、行车规章、行车人员或安全信息等条件中的任意一项发生错误,都会影响轨道交通的安全,尤其是信号系统异常造成的非正常情况下的行车组织,更是考验人与制度的关键时刻,未获得有效的行车凭证、错接漏行车命令、忽略行车信号、无视作业环境安全等均是典型的事故原因。

➤【学习目标】

(1)能解析行车事故的危害性,熟知相应防错措施。
(2)熟知客运组织的要点及客运组织过程中的安全防范措施。
(3)熟知施工安全管理要点和管理过程中的安全防范措施。

单元一　行车安全管理

【情境导入】

随着城市轨道交通运输效率和列车速度的不断提高，列车的危险系数也在不断加大，虽然列车运行控制系统自动化程度、行车保障系统的要求在不断提高，但全球城市轨道交通行车事故（列车冲突、追尾、脱轨等）依然在不断发生。

我国城市轨道交通大量启用自动化的先进设备，利用了列车超速防护系统和列车自动驾驶等功能来保证城市轨道交通行车安全。先进设备的运用，并不能忽视列车驾驶员、调度、维护等相关人员的作用，要从设备设施的维护、严查隐患、及时纠正不正确的行车作业行为等方面入手，预防事故的发生。同时加强提升工作人员的应急处置能力，一旦设备发生故障不能正常运行，要保证驾驶员、调度人员、站务人员等处理得当，避免重大行车事故的发生。

【单元要求】

（1）掌握行车安全、行车事故的含义及行车事故的分类。
（2）掌握行车安全的保障系统的构成及其功能。
（3）掌握行车调度安全的基本任务和要求。
（4）掌握车站作业安全及接发列车作业的基本任务和要求。
（5）掌握列车驾驶安全的基本规定和作业安全准则，并了解行车安全的意义、影响列车驾驶安全的主要因素。
（6）掌握接发列车、调车作业安全基本要求及紧急状态下的行车组织办法，了解接发列车安全的基本知识、惯性事故的种类。

【知识内容】

一、概述

1. 行车安全的概念

城市轨道交通运输的产品是乘客的位移，实现位移的必要手段为列车运行，通常把列车的组织和运行工作统称为行车工作。行车工作是城市轨道交通运营系统的主要工作，也是最容易产生不安全因素的工作环节，城市轨道交通运营过程中所出现的大部分不安全现象都在行车工作中。因此，从某种程度上说，保证行车工作安全的同时也就是保证了城市轨道交通运营安全。

行车安全一般是指城市轨道交通运营过程中，员工的人身安全、设备安全和乘客人身安全。其中，人身安全主要是指消除或控制危害人身安全健康的一切危险、有害因素，保障员工的安全和健康。设备安全主要是指消除或控制损坏设备和其他财产的一切危险因素，保证生产正常进行。

行车安全工作包括：行车调度安全、列车驾驶安全、车站作业安全、接发列车作业安全、调车作业安全等。

行车安全是城市轨道交通运营安全的核心部分。对于城市轨道交通运营本身而言，行车安全不仅是运营生产的基本要求，而且它的质量指标也成为衡量城市轨道交通管理水平的重要环节。由于城市轨道交通行车安全涉及人民生命财产和国家财产的安危，涉及社会稳定和企业的形象，因此，确保行车安全成为城市轨道交通运营安全工作的重中之重。

2. 行车事故分类及其危害性

（1）行车事故中的名词定义。

1）车辆破损范围界定（电动列车以一节车辆为基数）：

报废：直接经济损失为现值的90%以上；

大破：直接经济损失为现值的60%～90%（不含60%）；

中破：直接经济损失为现值的40%～60%（不含40%）；

小破：直接经济损失为现值的10%～40%。

2）列车：按规定辆数编组的电动客车的列车，须有规定的列车标志，从车场或始发站至到发线待发起，直至再回到终点站为止，在此运行过程中称列车。

3）列车事故：轨道车单机或挂有平板车（有车次号）进入运营线路发生事故时；列车与其他调车作业机车和车辆相互冲撞而发生的事故时；列车在车场以调车方式进行摘挂和转线而发生事故时；列车载客运行时发生事故时。

4）其他列车：包括空驶列车、救援列车、调试列车、轨道车单机或挂有车辆开动的列车。

5）行车中断时间：指由事故发生时间起至调度发出线路开通命令时的时间。

6）应停列车在车站通过：指应停列车未办理有关上下客作业就开走，或列车在车站停车但未开关门上下乘客就开走。

7）整备作业：指列车、工程车、车辆在车厂、站线进行检查、试验设备功能、清扫等作业。

8）占用线：指停有列车、车辆、工程车的轨道区段线路或已封锁的线路。

9）未准备好进路：有下列情况之一，属于未准备好进路。

① 进路联锁关系未建立。

② 进路上存在有危及行车的障碍物。

③ 进路上的道岔未开通正确方向、未锁闭。

④ 邻线的列车、工程车、车辆等越出警冲标。

10）占用区间：有下列情况之一，属于占用区间。

① 闭塞区间进入列车或已停留、溜入工程车、车辆等。

② 封锁的区间（如安排进行施工作业等）。

③ 闭塞区间已被列车取得占用的许可。

11）列车救援：控制中心根据实际情况决定是否启动列车救援程序，时间起算点为控制中心正式发布救援命令的时间，截止点为救援列车与故障列车连挂后动车的时间。办理列车救援时，造成中断正线行车时间不足30min时，其救援责任不考核时间延误责任，仅对车辆故障考核其救援责任；当中断正线行车的时间满30min及以上时，按办理救援作业的相关单位造成的延误时间考核其承担的责任，但延误时间的总计最大责任比例不超过40%。其中行车调度员、驾驶员、车站行车值班员办理发布与接收调度命令的时间不得超过4min；故障车或救援车清客时间不得超过5min。

12）未经批准：批准的权限为总部以上级别正式文件、通知、文本、规章制度的明确规定，总部领导的明确指令，控制中心相关专业调度的口头或书面命令。

13）人工准备进路手摇道岔超过30min：指正线道岔发生电动转换控制故障时，站务人员通过人工转换道岔排列进路，自站务人员到现场进行手摇道岔时间起，超过30min的故障延时间隔时间。这是信号设备维修单位责任。

(2) 常见的行车事故。

1）冲突：指列车、机车、车辆相互间或与设备、设施（车库、站台、车挡等）发生冲撞导致列车、机车、车辆及设备、设施破损。

2）脱轨：指列车、机车、车辆的车轮落下钢轨轨面（包括落下后自行复轨）。

3）中断正线行车：指事故发生在区间或车站，造成运营线路双线或其中一线不能运营。中断正线行车时间由事故发生的时间起（火灾爆炸时由停车时算起）至实际恢复行车条件的时间止。

4）列车冒进信号：列车前端任何一部分越过进路的防护信号机显示停车信号（行车调度员允许越过的除外）。

5）挤岔：车轮挤过或挤坏道岔（使尖轨与基本轨分离），分为正向挤岔和顺向挤岔。一般会出现中央ATS工作站、车站LCW道岔灰闪及列车过岔车轮异响或异常振动的现象。

6）耽误列车运行：指列车在始发站或停车站，因有关行车和维修人员违章作业，违反劳动纪律造成列车晚开或超过运行图规定的停车时间，如深圳城市轨道交通列车延误超过30min就按事故处理。

7）列车分离：包括车钩破损分离和车钩拉动分离（含车钩缓冲装置的破损）。

8）双线中断行车：在上下行运行线路中，一条线发生某一站或某一区间及以上中断行车的同时，另一条线也发生某一站或某一区间及以上中断行车。

9）单线中断行车：上、下行线中任何一条线上有一个车站或区间发生了行车中断。

10）错开车门，有下列情况之一，属于错开车门：

① 列车未对好站台开启客室门（指列车至少有一个客室门越出站台头端墙或尾端墙，但经行车调度员同意的除外）。

② 开启无站台一侧的客室门（故障情况下经行车调度员同意的除外）。

③ 在非乘降乘客侧开启客室门。

11）运行中开门：指在列车运行过程中，因车门故障等原因，客室门打开。

12）未办或错办行车手续发车：指采用电话闭塞法行车时未与邻站（或相邻闭塞办理站）办理手续或办理手续后由于未交、错交、未拿、错拿、漏填、错填行车凭证而发车（交给驾驶员后，发现凭证的日期、区间、车次错误，亦为错误办理行车凭证发车）。

13）夹人、夹物动车：指列车夹住人体任何部位或物品动车、人和物夹在屏蔽门与车门之间动车。

(2) 行车事故分类。轨道交通运营行车事故按照人员伤亡、财产损失及对正常运行造成影响的程度，分为重大事故、大事故、险性事故和一般事故。不同的城市轨道交通系统可根据各自的运营实践制订不同的事故等级标准。事故等级划分可参照以下标准：

1）重大事故。列车发生冲突、脱轨、火灾或爆炸，造成下列后果之一时为重大事故：人员死亡 3 人或者死亡、重伤 25 人及其以上者；双线中断（某一站或某一区间及以上上下行行车中断）时间在 150 min 及其以上；根据列车、车辆破损的规定，电动客车中破一辆（直接经济损失为现值的 40% 以上）。

2）大事故。列车发生冲突、脱轨、火灾或爆炸，造成下列情况之一时为大事故：人员死亡或重伤 2 人及其以上者；双线中断行车 90min 及其以上者；根据机车、车辆破损规定，电动客车小破一辆（直接经济损失为现值的 10% 以上）。

3）险性事故。凡事故性质严重，但未造成损害后果或者损害后果不够认定为大事故的行车事故时为险性事故，如列车冲突、列车脱轨、列车分离、载客列车错开车门、运行途中打开车门、车未停稳开车门、载客列车车门夹人动车、列车冒进信号等。

4）一般事故。下列情况之一为一般事故：调车冲突，调车脱轨；调车作业冒进信号；列车运行中，因车辆部件脱落或其他原因损坏行车设备；行车有关人员因漏乘、漏接、出乘迟延耽误列车运行造成影响的；错误办理行车凭证发车等。

(3) 行车事故的危害性。行车事故的发生，必然会产生相应的后果，而这种后果由于受环境影响，受事故性质的作用，从事故产生的一开始就不以人的意志、愿望而变化或终止，具有十分严重的不可预测性和危害性：

1）造成人民生命财产的损失与伤害。
2）造成国家和财产的严重损失，给企业的经济效益造成损失。
3）给城市轨道交通运输的正常秩序造成紊乱，严重影响乘客出行。
4）严重的行车事故将会给城市轨道交通的形象以及社会造成十分恶劣的负面影响。

二、行车安全保障系统

1. 限界

限界是指列车沿固定的轨道安全运行时所需要的空间尺寸。城市轨道交通车辆在隧道内运行，一方面，隧道结构内部要有足够的空间，以供车辆通行和布置线路结构、通信信号、供电和给排水等设备；另一方面，为了确保列车安全运行，凡接近城市轨道交通线路的各种建筑物（如隧道衬砌、站台等）及设备，必须与线路保持一定的距离。因此，车辆轮廓尺寸是设计轨道交通限界的基础资料。

城市轨道交通工程区间隧道的断面尺寸就是根据限界来确定的，限界越大，安全度越高，但工程量和工程投资也随之增加。因此，合理限界的确定既要考虑保证列车运行的安全，又要考虑系统建设成本。轨道交通限界应根据不同车辆的轮廓尺寸和性能、线路特征、设备安装和施工方法等因素综合分析确定。城市轨道交通限界可以分为车辆限界、设备限界和建筑限界三种：

(1) 车辆限界。车辆限界是指车辆在正常运行状态下形成的最大动态包络线。直线地段车辆限界分为隧道内车辆限界和高架或地面线车辆限界；高架或地面线车辆限界应在隧道内车辆限界基础上，另加当地最大风荷载引起的横向和竖向偏移量。受电弓限界或受流器限界是车辆限界的组成部分。

(2) 设备限界。设备限界是指车辆限界外保持一定的安全量的界线，即所有设备和管线的安装，在任何情况下均不得侵入的限界，设备限界是用以限制设备安装的一条控制线。

直线地段设备限界是在直线地段车辆限界外扩大一定安全间隙后形成的；曲线地段设备限界应在直线地段设备限界基础上，按平面曲线不同半径、超高引起的横向和竖向偏移量，以及车辆、轨道参数等因素计算确定。

接触轨限界属于设备限界的辅助限界。

（3）建筑限界。建筑限界是指在行车隧道和高架桥等结构物的最小横断面所形成的有效内轮廓线，是在设备限界基础上，考虑了设备和管线安装尺寸后的最小有效断面，所有构筑物的任何突出部分均不得侵入。在宽度方向上，设备和管线与设备限界之间应留出 20～50mm 安全间隙。

建筑限界不包括各种施工误差、测量误差和结构变形等因素。

根据埋设方式不同、隧道横断面形态不同，建筑限界也有所不同。部分建筑限界如图 6-1～图 6-4 所示。

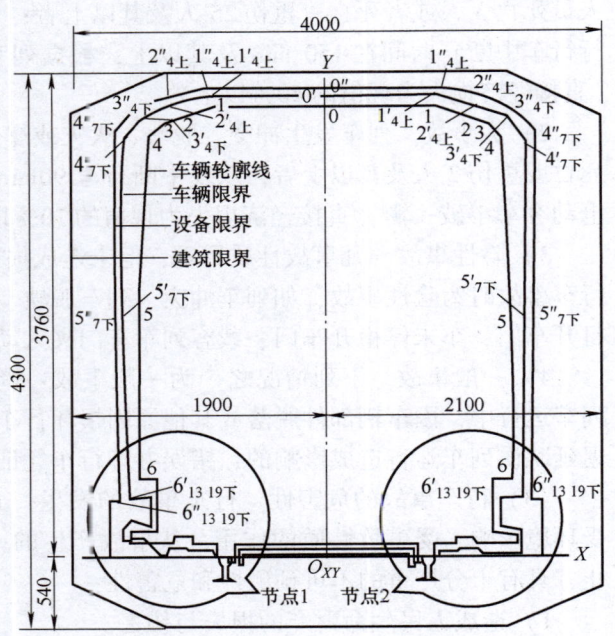

图 6-1　区间直线段矩形隧道限界

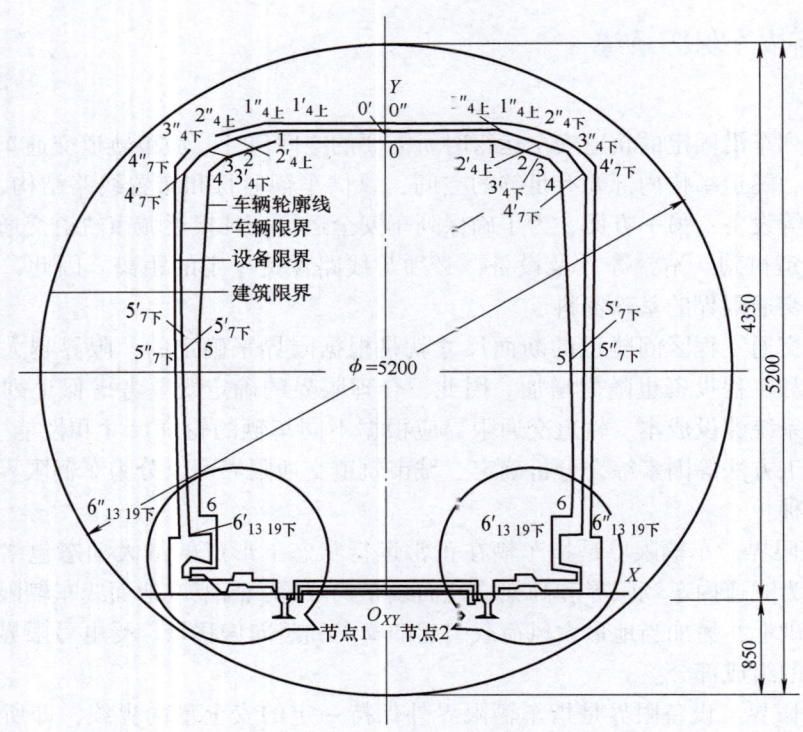

图 6-2　区间直线段圆形隧道限界

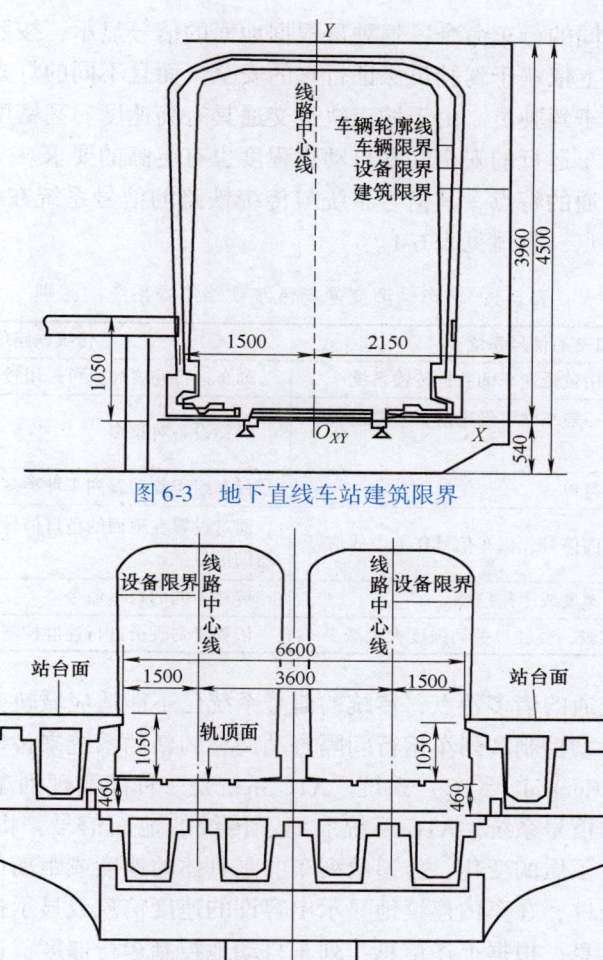

图 6-3　地下直线车站建筑限界

图 6-4　高架侧式车站直线建筑限界

上述限界一般是按车辆在平直线轨道上运行时制订的,对于曲线和道岔区的限界,一般应在直线地段限界的基础上根据车辆的有关尺寸以及不同的曲线半径、超高和道岔类型等,再分别考虑适当的加宽和加高量。

2. 信号系统

信号系统可以确保行车安全、提高运输效率,不同的行车密度应选择不同的信号系统,以保证工程设计技术经济合理,满足运营要求。铁路发展初期,同一轨道上的后行列车是按照时间间隔进行隔离的。1837 年电报发明后,开始采用空间间隔法,即后行车需要等待前行列车行进到前方某一特定距离后,才能驶入当前线路。空间间隔法是现代铁路信号实践的基础,该间隔又称为闭塞区间。

信号系统作为行车指挥和列车运行的控制设备,在保证行车安全、提高通过能力、节能及改善运输人员的劳动条件等方面起着至关重要的作用。传统的信号系统是通过设置在地面的色灯信号机传递不同的行车命令，驾驶员根据地面的信号显示，按照行车规则，操纵列车运行。这种制式基本上依赖于驾驶员保证行车的安全，而且不同的灯光显示所反映的速度控制调整，也完全依赖于驾驶员。由于城市轨道交通具有高速度、高密度、站间距离短、不间断运营的特点，对列车运行的安全性和自动化程度也有更高的要求。

针对城市轨道交通的特点，其信号系统与传统铁路的信号系统在控制原理上基本相同，但也有自身的诸多特点，具体见表6-1。

表6-1　城市轨道交通与传统铁路信号系统的区别

城市轨道交通信号系统	传统铁路信号系统
列车运行速度低，可采用较低速率的数据传输系统	列车运行速度高，可采用较高速率的数据传输系统
车站仅有上下客功能，一般车站不设道岔，联锁设备监控对象少	联锁设备对象多
行车组织简单，列车种类单一	行车组织复杂，列车种类多
减少或取消了传统的地面信号，机车信号作为主体信号	通过设置在地面的色灯信号机指挥行车，机车信号作为辅助信号
传递给列车的是具体的速度或距离信息	传递不同的行车命令
依靠ATO驾驶或无人驾驶，驾驶员劳动强度大大减少	依赖于驾驶员进行速度控制调整

基于城市轨道交通的诸多特点，传统的信号系统已不能适应城轨交通的发展，必须用一种能实现列车速度自动控制和列车运行间隔自动调整的新的系统来替代，这就是列车自动控制（Automatic Train Control，ATC）系统。ATC系统是一种能实现列车速度自动控制和列车运行间隔自动调整的信号系统。ATC系统取消了传统的地面信号，将机车信号作为主体信号，信号的含义发生了质的变化，传递给列车的是具体的速度或距离信息；根据与先行列车之间的距离和进路条件，在车内连续地显示出容许的速度信息或显示按设定的运行条件达到该容许速度的距离信息。根据上述信息，列车自动地控制运行速度，进行超速防护，以达到自动调整行车间隔的目的，并实现列车在车站的定位停车。

（1）列车自动控制系统的作用。列车自动控制系统是对列车运行全过程或部分作业实现自动控制的总称，主要作用概括如下：

1）列车间隔自动保护。

2）列车速度自动保护。

3）列车自动跟踪监督。

4）提供无人驾驶的列车自动折返。

5）自动排列进路。

6）能对列车运行图进行优化并对新的运营要求及时反应。

（2）列车自动控制系统的组成。列车自动控制系统包括三个子系统，即列车自动保护（Automatic Train Protection，ATP）系统、列车自动运行（Automatic Train Operation，ATO）系统和列车自动监控（Automatic Train Supervision，ATS）系统，简称"3A"系统。

1）ATP系统。ATP系统在ATC系统中负责列车安全运行，是整个ATC系统的核心。列车自动防护ATP主要用于对列车驾驶进行防护，对与安全有关的设备或系统实行监控，实现列车间隔保护、超速防护等功能。ATP的工作原理是：将信息（包括来自联锁设备和操作层面上的信息、地形信息、前方目标点信息和容许速度信息等）不断从轨道传至列车上，从而得到列车当前容许的安全速度，依此来对列车实现速度监督及管理。

ATP 子系统的功能包括：自动检测列车的位置和实现列车间隔控制，以满足规定的通过能力；连续监视列车的速度，实现超速防护，当列车实际速度大于允许速度时，施加常用制动，列车速度大于最大安全速度时，施加紧急制动，保证列车不冒进前方列车占用的区段。在 ATP 系统中除了安全间隔外，还有一个重要指标——运行间隔，它反映了系统的最大载客量、影响到系统的复杂程度、直接影响工程造价并隐含系统的适应性或灵活性。

【案例解析】 ATP 系统故障影响列车运行事件

- 事故经过

2000 年 8 月 18 日 3 时 07 分，某地铁公司行调报：芳村 ATP 连接中断，信号人员赶往现场进行处理，并于 4 时 34 分，芳村 ATP 复位后恢复正常。5 时 34 分，运营开始后，芳村 ATP 连接中断再次出现，3132 车 0102 次在花地湾—芳村上行区间自动停车。通号车间接报后立即组织人员赶赴故障现场芳村站，通过故障分析，经与行调联系分别复位操作了坑口、芳村、公园前 ATP 轨旁单元，通过复位操作恢复了长寿路—陈家祠间列车停车故障，但花地湾—芳村间故障未能排除。由于时值运营高峰段，未能再采取进一步处理。10 时 42 分，经与行调联系分别复位操作了坑口、芳村 ATP 轨旁单元，恢复了正常运营。但随后芳村 ATP 系统于 12 时 30 分、17 时 00 分又发生 ATP 故障，虽都通过复位 ATP 轨旁单元临时解决故障，但系统仍处于不稳定状态，直至运营结束。

- 事故原因

在前期未查到芳村 ATP—B 通道故障原因情况下，维修工程部通号车间于 8 月 17 日晚通过更换 BUMA 板的方法处理故障，恢复过程中将两根电缆位置接错。维修工程部对此次事件负全部责任。

- 事故预防（整改）措施

1）认真完善、严格执行信号检修的安全制度，大铁路的"三不动""三不离""三不放过"和"三级施工安全措施"等安全制度是很好的经验总结，是信号检修的安全保障，主要包括以下内容。

①"三不动"：未联系登记好不动；对设备性能、状态不清楚不动；正在使用中的设备不动。

②"三不离"：检修完不复查试验好不离开；发现故障不排除不离开；发现异状、异味、异声不查明原因不离开。

③"三不放过"：事故原因分析不清不放过；未制订防范措施不放过；责任人与群众未受到教育不放过。

④"三级施工安全措施"：车间、工段、班组三级施工安全措施，即不同级别施工由相应级别负责人批准并参加（或派员参加），安全措施内容包括：施工前的准备措施，施工中单项作业措施，施工后检查试验措施，预防人为故障措施及发生故障时的应变措施等。

2）通过对此次事件认真进行剖析和总结，深刻吸取教训，抓好设备检修的管理及人员的培训工作。

3）通号车间参考有关标准，对电缆（包括车载信号设备）进行标注，并确保标志（号）清晰、稳固；举一反三地对设备进行彻底检查，发现存在问题立即整改。

（资料来源：广州地铁安全案例汇编。）

2）ATO 系统。ATO 系统叠加在 ATP 系统之上，优点是可缩短列车间隔，提高了线路的利用率和行车的安全可靠性。ATO 的功能包括：控制列车在允许速度下运行，并自动调整列车的速度；列车在区间或站外停车后，一旦信号开放，即可自动起动；系统控制列车到达站台的最佳制动，使列车停于预定目标点；停站结束、车门关闭后，列车能自动起动，通过与列车再生制动配合，还可以节约列车能耗。由于使用 ATO，列车可以经常处于最佳运行状态，避免了不必要的、过于剧烈的加速和减速，可显著提高旅客舒适度，提高列车准点率及减少轮轨磨损。

3）ATS 系统。ATS 系统为 ATC 系统的上层管理部分，负责监督、控制和调整列车的有效运行，它提供了监控和显示列车位置以及 ATC 各部分的通信状态的人机接口，使系统调度员能调整列车运行，以保持运行图和运行间隔，按运行线路分配排列进路，系统晚点能修改运行参数，并控制停站时间、故障管理、应急处理、收集数据生成管理报表等。另外 ATS 系统还和外部系统有接口，如无线系统、旅客导向系统和主时钟系统等。

这三个子系统是通过信息交换网络构成闭环系统，可以充分发挥保证行车安全，提高运行效率，缩短行车间隔，促进管理现代化，提高综合运营能力和服务质量的作用。其结构示意图如图 6-5 所示。

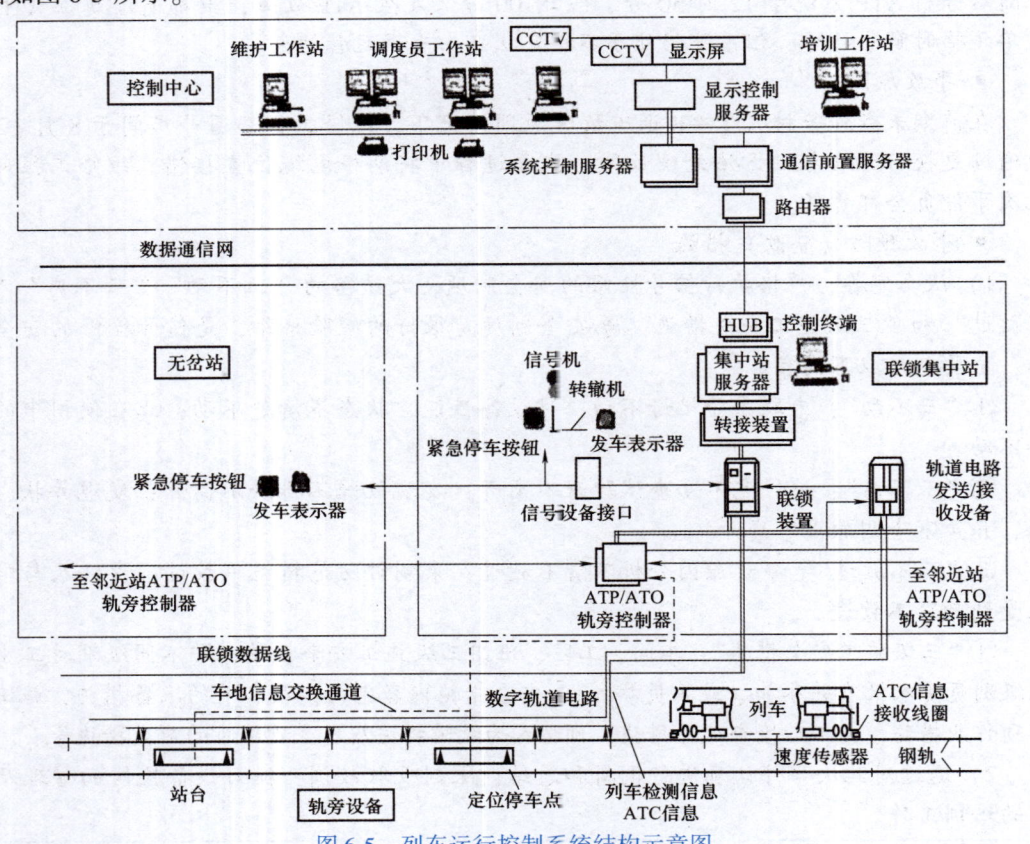

图 6-5　列车运行控制系统结构示意图

3. 通信系统

轨道交通通信系统是指挥列车运行、组织运输生产及进行公务联络的重要手段。轨道交通通信系统由多个子系统构成，主要包括传输、无线、公务、专用、广播、时钟等子系统，为轨道交通提供可靠的语音、数字、图像等传输通道，实现调度、监视、校时、广播、内部通话等多项功能，是构成城市轨道交通各部门之间的有机联系，实现运输集中统一指挥、行车调度自动化、列车运行自动化、安全防护、提高运输效率的重要设备。

（1）调度指挥通信系统。调度指挥通信系统包括有线调度电话、站间行车电话、区间电话、会议电话。

1）有线调度电话。根据城市轨道交通列车运行和业务管理的要求，一般设置有列车调度电话、电力调度电话、防灾环控调度电话。系统由中心设备、车站设备和传输通道三部分构成，有线调度电话布置示意图如图 6-6 所示。

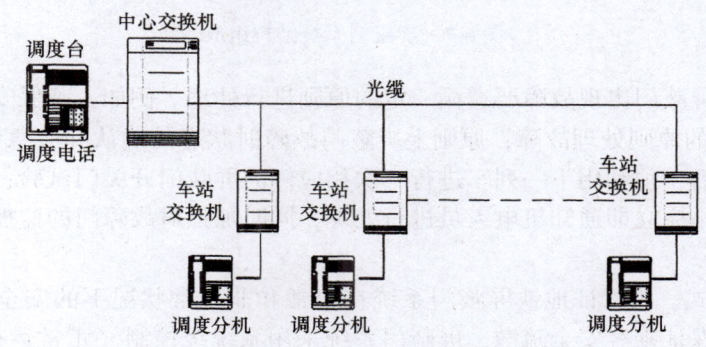

图 6-6　有线调度电话布置示意图

中心设备设于调度中心，车站设备设于各车站、变电所、环控（防灾）值班室、车站值班员处，传输通道是中心设备和车站设备之间的传输媒介，由光缆数字复用传输系统提供。

2）站间行车电话。站间行车电话又称闭塞电话，是相邻车站值班员间行车业务用的直通电话。系统由专用电话总机、分机及传输通道三部分组成。

3）区间电话。区间电话是供区间列车驾驶员和维修人员与相邻行车值班员及相关部门紧急联系或通话使用的，由电话机箱、便携式电话机和传输线路组成。

（2）无线通信系统。城市轨道交通无线通信系统按其工作区域不同分为运行线路上的调度无线通信系统和车辆段内的设备抢修无线通信系统。

（3）公务通信系统。公务通信系统为轨道交通系统内部工作人员以及对外的公务联络提供通信手段，并为逐渐建成能传输语言、文字、数据、图像等各种信息的综合数字通信网创造条件。公务通信系统一般可以采用数字式程控用户交换机系统。

（4）广播系统。广播系统的用途和服务范围包括：对车厢以及车站区域乘客预报各类运营信息；对上下车乘客进行安全提示和向导；对车站工作人员播发通知或公开广播会议；发生紧急情况时，发出警报、指挥救援和疏导乘客。

（5）电视监视系统。电视监视系统的作用是向与行车及安全有关的工作人员提供城市轨道交通系统车站各部位的动态、实时、图像信息，包括列车运行状态、列车在车站的停靠与启动、车门开闭、站台客流分布情况等，以便监视系统运行状态，保证行车安全，方便运输调整。

4. 屏蔽门系统

屏蔽门是安装于站台边缘用以将站台区域与轨道区域隔离开来的一系列自动控制的滑动门组成的屏障，主要结构组成包括：固定门（FIX）、应急门（EED）、滑动门（ASD），如图6-7所示，屏蔽门系统有安全、舒适、节约和美观等优点。

整侧屏蔽门无法关闭处理流程

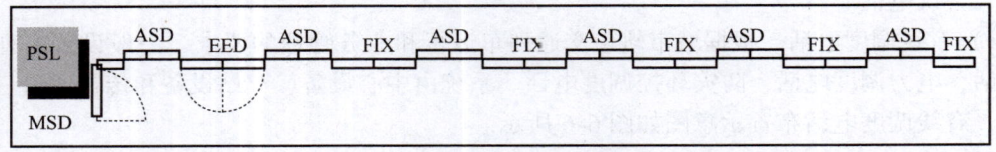

图6-7 屏蔽门系统结构组成

一般而言，屏蔽门出现故障要遵循一定的原则进行处理。例如，确保安全的前提下，按照"先通后复"的原则处理故障；原则上屏蔽门故障时状态的确认和应急处理由车站负责；滑动门故障修复后，须利用下一列车进行一次相应侧的屏蔽门开关门试验；当运营中屏蔽门发生故障时，车站应立即通知机电人员进行处理，同时加强对故障门的监控和防护，引导乘客上下车等。

（1）控制模式。为保证地铁屏蔽门系统在正常和非正常状况下的安全和可靠运行，以及在紧急状况下保证乘客安全疏散，屏蔽门系统采用系统级控制（正常运行模式）、站台级控制（非正常运行模式）和手动操作控制（紧急运行模式）三种控制模式。三种控制模式具有优先级处理功能，以紧急运行模式下的手动操作优先级最高，非正常运行模式下的站台级控制次之，正常运行模式下的系统级操作控制最低。屏蔽门系统三种运行模式的操作如下：

1) 正常运行模式。在系统正常运行模式下列车到站并停在允许的误差范围内时，系统自动或经列车驾驶员确认后对屏蔽门进行开、关门操作。

开门操作：当列车停站，信号系统在收到驾驶员打开列车车门指令后，如果与允许开门继电器相一致，则自动向屏蔽门主控机（PSC）发出开门命令，通过门机控制器（DCU）等执行解锁、开门等顺序操作。

关门操作：列车准备发车时，信号系统在收到驾驶员关闭列车车门指令后，自动向屏蔽门主控机（PSC）发出关门命令，通过门机控制器（DCU）等执行关门、闭锁等顺序操作。在所有屏蔽门关闭后，PSC向信号系统发出所有屏蔽门关闭并锁闭的信号，允许列车离站。驾驶员确认所有列车车门和屏蔽门关闭完好、无夹人夹物后，方可发车离站。

2) 非正常运行模式。当系统不能正常运行时，如列车停位不正确、信号系统故障、信号系统与屏蔽门系统通信中断、屏蔽门系统局部故障等非正常情况下，驾驶员或被授权操作人员可通过站台端头控制盒（PSL）（图6-8）进行屏蔽门的开门、关门操作。屏蔽门PSL设置于站台端头位置，其包括2个钥匙开关（PSL操作允许开关、AED/EED互锁解除开关）、指示灯测试按钮、4个状态指示灯。

开门操作：列车驾驶员先打开PSL上的钥匙开关，然后操作PSL的开门按钮，发出开门命令，DCU接收到开门命令后，执行解锁、开门等顺序操作。

模块六　城市轨道交通行车与客运安全管理　145

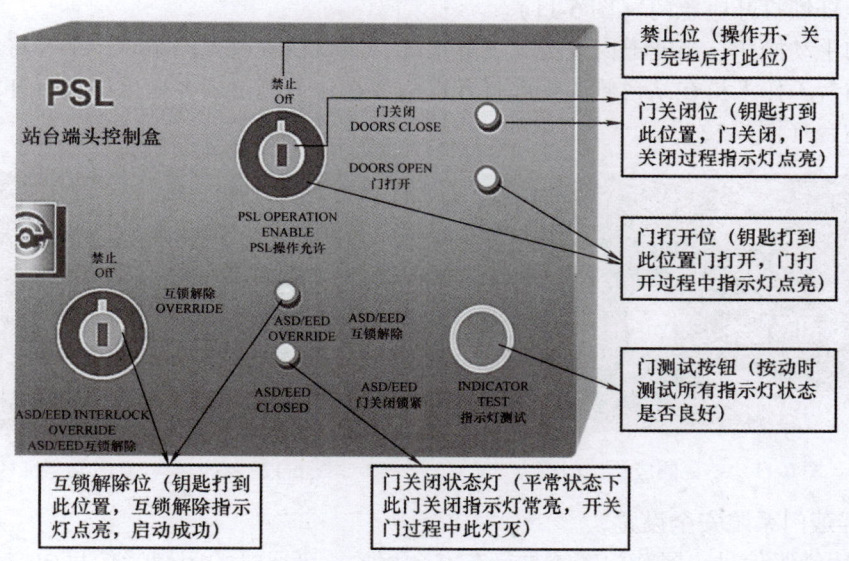

图 6-8　站台端头控制盒（PSL）

关门操作：由驾驶员操作 PSL 的关门按钮，发出关门命令，DCU 接收到关门命令后，执行关门、闭锁等顺序操作。在所有屏蔽门关闭后，PSL 向信号系统发出所有屏蔽门关闭并锁闭的信号，允许列车离站。驾驶员确认所有列车车门和屏蔽门关闭完好、无夹人夹物后，方可发车离站。

屏蔽门关闭后无法发车：当所有屏蔽门关闭，但信号系统仍然不能确认而无法发车时，由列车驾驶员先打开 PSL 上的钥匙开关，然后操作 PSL 上的 PSD 互锁解除钥匙开关，发出强制发车信号，允许列车离站。驾驶员确认所有列车车门和屏蔽门关闭完好、无夹人夹物后，方可发车离站。

3）紧急运行模式。当正常运行模式（系统级控制）、非正常运行模式（站台级控制）均不能操作屏蔽门时，进行手动操作控制。

滑动门手动操作：在站台侧，在站台侧由站台工作人员用钥匙打开滑动门，在轨道侧由驾驶员通过车内广播通知乘客使用滑动门上的手动解锁把手自行开启屏蔽门（图 6-9、图 6-10）。

图 6-9　站台侧滑动门门锁

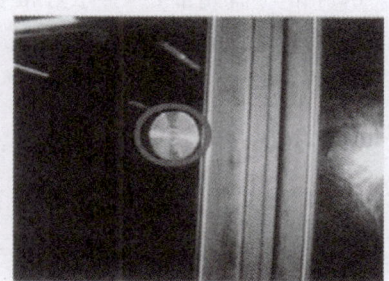

图 6-10　轨道侧滑动门解锁装置

应急门的手动操作：当列车无法在规定范围内停车，且偏离量较大，而且乘客无法从滑动门进出时，站台工作人员在站台侧用钥匙打开应急门或在轨道侧由列车驾驶员通过广播指导乘客压推杆锁打开应急门（图 6-11）。

端门的手动操作：当隧道内发生火灾等情况，需要在隧道内停车时，乘客将从车厢疏散到隧道，站台工作人员在站台侧用钥匙打开端门或在轨道侧由乘客压推杆锁打开端门，通过端门进入站台（图 6-12）。

图 6-11　站台侧应急门门锁

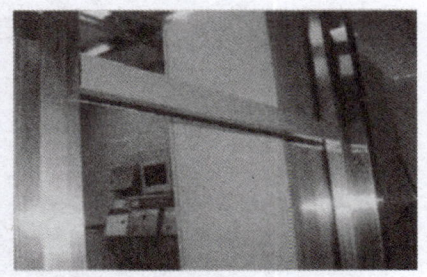

图 6-12　轨道侧应急门紧急推杆

（2）屏蔽门系统安全设置。

1）关闭锁紧信号。屏蔽门系统与行车安全相关，可通过关闭锁紧信号向信号系统反馈站线轨道的安全状态。关闭锁紧信号和互锁解除信号电源由信号系统提供，屏蔽门系统提供开关状态。

正常状态下，当屏蔽门每档门的行程开关都动作到位后，会闭合关闭锁紧继电器开关，信号系统收到此信号，确认安全后动车。当屏蔽门出现故障不能如实反馈此信号时，转由人工监督现场安全状况，确认安全后，通过拧动护锁解除钥匙开关发送信号，信号系统收到信号后动车。

2）瞭望灯带。屏蔽门尾端最后一档滑动门外端设有一条约与列车门等高的灯带，一般为黄色 LED 铝合金灯带，用于协助驾驶员站台作业时确认车门与屏蔽门间隙是否有夹人夹物。车门关好时，如果驾驶员发现有部分光带不亮，则可能存在夹人夹物挡住光带。瞭望灯带对驾驶员确认是否有夹人夹物起到协助作用。

3）地坎灯带与防踏空胶条。为防止乘客在上下车时踏入车门与屏蔽门之间的间隙造成伤害，屏蔽门地坎外部设有防踏空胶条，减小了车门与屏蔽门之间间隙的尺寸。同时胶条附近还设有灯带，可进一步提醒乘客注意脚下。

4）警示灯带（蓝光带）。警示灯带安装在靠轨道侧屏蔽门底部，一般为蓝色 LED 灯带。它与屏蔽门关联，当屏蔽门完全关闭时，警示灯带处于灭灯状态；当屏蔽门处于未完全锁闭状态时，警示灯带处于点亮状态。

三、列车驾驶安全

列车驾驶安全是整个城市轨道交通行车安全工作的关键环节之一，是把好行车安全的最后一道关口。

1. 影响列车驾驶员安全的主要因素

列车驾驶员是运营组织中安全行车的核心，是行车规章和调度命令的执行者，负责一线行车安全最后把关。列车驾驶岗位流动性强，站多线长，工作地点不固定。列车驾驶员分散单独作业，共同完成每日运营任务，队伍业务整体水平高低很大程度上决定了地铁运营安全，影响列车驾驶员安全的因素主要有：

（1）行车纪律松弛、制度执行不严。纪律松弛，出乘标准化作业不落实，责任制贯彻不力，是影响安全行车的一大顽疾。

（2）疲劳行车、带情绪开车。驾驶员睡眠不足和将受外界环境影响而产生的情绪带入运行作业中，会产生生理、心理的疲劳，从而精力不济、精神不集中，给安全行车带来隐患。

（3）业务素质不高。由于技术问题及缺乏经验，驾驶员业务水平不精，不能及时处理运行中的突发事件和故障。

（4）安全意识不强。驾驶员思想波动大、情绪不稳定、责任心不强、行车纪律观念淡薄、臆测行车是造成行车事故的重要原因。

（5）行车技术、设备不完善。行车设备老化，技术结构不合理，使之不能适应实际行车的需要。

（6）风、雪、雷、电等恶劣气候及环境的影响。风、雪、雷、电等恶劣天气对安全运行的影响是不可低估的，列车驾驶员对气候环境变化及对突发事件能否正确处置直接影响城市轨道交通运输的安全。

（7）安全管理及制度、规章的适用性存在缺陷。安全管理归根结底是对人的管理，而各项制度的健全和完善是行车安全的基础，是行车安全的依据，没有完整有效的制度与规定是制约安全行车的重要因素。

2. 行车不安全因素的控制

从安全运行管理的角度分析，行车事故是各种不安全因素相互作用的结果。因此，对行车不安全因素的控制是行车安全的重要环节。

（1）加强对驾驶员的违章行为造成行车事故的管理与控制。许多行车事故案例表明，人的不安全行为是引起行车不安全的因素及行车事故的直接原因。因此，通过对列车驾驶员的教育、培训、考核、惩戒等方法，可使列车驾驶员对安全行车采取正确的态度，强化责任意识、严格执行标准化作业。同时管理要过硬，安全管理和行车组织必须克服好人主义，要敢于与违章违纪做坚决的斗争，在作业中加强"三控"，即"互控、自控、他控"。

（2）不断做好对列车驾驶员的技术业务培训。驾驶员的技术知识不足特别是安全行车知识的缺乏、没有经验是引起行车不安全的重要原因。通过加强安全行车知识和业务技术知识的学习，可使列车驾驶员熟练掌握规章制度、作业程序、应急预案，使驾驶员技术和经验得到提高，成为技术过硬的操纵者。

（3）强化和改善对行车设备的管理。许多行车事故的发生都留下了行车设备技术状态不良的痕迹，因而应不断进行相关行车设备的技术改造，使行车设备功能符合运营要求。

（4）提高驾驶员适应环境变化与处置突发事件的应变能力。由于运行环境的变化和行车中产生的突发事件难以预测，因而提高驾驶员在发生意外事件时的应变能力是防止与减少行车事故的重要因素，应在不断学习的基础上，以各类预案和规定为依据，开展定期和不定期的讲解、演练、培训，以提高应变能力。

【案例解析】列车驾驶员值乘睡觉，疲劳驾驶

● 事故经过

1）2007年12月18日22时33分，列车驾驶员值乘×××次××车运行至×××站后自动开门上下客。22时37分时车门仍未关闭，站台保安向车控室汇报后前去列车驾驶员室查看，发现列车驾驶员趴在台面上睡觉，即喊叫该列车驾驶员。列车驾驶员同时也听到了行调的呼叫，惊醒后站起身，以为到了××站没人接车，即关掉主控钥匙准备换端。站台保安问话列车驾驶员，列车驾驶员也未应答。

2）到达尾部列车驾驶员室后列车驾驶员听到行调赶快关门动车的指示。列车驾驶员打开主控钥匙，车门自动关闭（列车驾驶员以为是折返不成功导致），行调催促列车驾驶员关屏蔽门，列车驾驶员手动关闭屏蔽门，以RM模式向×××站反方向动车。列车驾驶员动车后不久行调通知列车驾驶员反方向行车赶快换端。列车驾驶员拉停列车，列车开出车站约200m。列车驾驶员经客室换端到×××三列车驾驶员室，按照行调指示开往×××站。列车终到×××站晚点628s，后续列车晚点377s，×××站下行清客一列。

● 事故预防（整改）措施

1）加大安全管理奖惩力度，进一步改进部门安全管理模式。明确职责，落实层级管理，逐层传递安全压力，层层落实责任，实行重奖重罚。

2）加强现场作业安全监督，制订《安全联控办法》，强化乘务列车驾驶员与站务人员的相互安全监控。

3）制订安全预警管理制度，变事后被动补救为事前主动预防，及时发现运营中可能存在的安全风险，通过预警方式，采取措施预先纠正和排除。

4）加强对正线列车列车驾驶员添乘检查监督力度，实行列车驾驶员队长、督导跨车队联合检查。

5）加强对关键薄弱人员的管理教育。增强关键列车驾驶员的安全意识和职业素养，提高业务技术水平。

3. 列车安全驾驶的基本规定

（1）列车驾驶员必须牢记"安全第一"的宗旨，以行车安全为中心，严格遵守动车前认真确认信号、道岔、进路的"行车三要素"，即动车三确认——"灯、岔、路"（灯是指信号机显示；岔是指道岔位置；路是指进路状态）。驾驶员行车过程中要牢记乘务"稳、准、熟"的要求，遵守和学习有关的安全规定、运行规则和涵盖车辆、信号、轨道、供电、通信等相关的各种知识和规章；正确执行作业程序，严守岗位，不断提高遇事沉稳、冷静处理、临危不乱的心理素质。

（2）对于行车工作中发生的事故事件，必须要如实及时汇报，便于有关人员的调查。正常情况下只能在前端驾驶列车，只有车辆发生故障、进行有关测试，在前端有列车引导员进行引导（有特殊规定除外），并由行调（在车厂由车厂调度员）授权的情况下才能在后端驾驶列车，禁止客车在无人引导的情况下推进运行（有特殊规定除外）。

（3）在驾驶列车前必须确认列车符合运营条件（调试、检修列车除外）、禁动和防溜

措施撤除并无异物侵限;严格遵守各种规章制度,听从行调指挥,正确执行各种作业程序,确保客车运行安全;严格执行"眼看,手指,口呼"的呼唤(应答)制度;严格执行"彻底瞭望、确认信号(图6-13)、高声呼唤、手比眼看(图6-14)"十六字要求(车动集中看,瞭望不间断;听不清就问,看不清就停;看准再喊,准确无误;呼唤为主,手比为辅)。

图6-13 彻底瞭望、确认信号

图6-14 高声呼唤、手比眼看

(4)列车驾驶员必须掌握列车(车辆)的基本构造、性能,具有一般的故障处理能力,熟悉轨道交通线路和站场等基本设施情况,明确担任驾驶区段、站场线路纵断面情况。

(5)列车驾驶员还必须掌握其他相关的业务能力并具有一定的应变能力,如懂得救援的过程和方法,懂得消防灭火的要求,掌握扑灭初起火灾的方法,知道常用灭火器的使用等。

(6)列车驾驶员上岗值乘的必要条件。首先,驾驶员必须经过考试合格,并取得列车驾驶证后方准独立驾驶列车;其次,驾驶员脱离驾驶岗位6个月以上,如需再驾驶列车必须对其业务知识和安全运行知识等进行再培训,并且考核合格,对其纪律性和身体状况、心理状况由相关管理部门及有关领导做出鉴定。

4. 列车驾驶作业安全准则

列车驾驶员的操作应在正常情况下确保"准确",在非正常情况下确保"安全",所有操作均应动作紧凑、快速、正确。列车驾驶作业包括调车作业、整备作业、正线作业、折返作业、站台作业等,具体的作业安全准则见表6-2。

表6-2 列车驾驶作业安全准则

作业类别	安 全 准 则
调车作业	设置铁鞋防溜时,不拿出铁鞋不动车
	凭自身动力动车时,没有制动不动车
	机车、车辆制动没能缓解不动车
	调车作业目的不清不动车
	调车作业没有联控不动车
	没有信号或信号不清不动车
	道岔开通不正确不动车
	侵限、侵物不动车

（续）

作业类别	安 全 准 则
整备作业	整备作业前必须了解列车停放位置及列车状态
	检查列车走行部时，必须确认列车已降下受电弓
	严禁跨越地沟，进行车底检查时戴好安全帽，应注意空间位置，避免碰伤
	受电弓升起后，严禁触摸电气带电部分、进入地沟检查及攀登车顶
	检查列车时必须佩戴检查灯、一字螺钉旋具，并严格按要求整备列车，列车没有经过整备严禁动车
	车库内动车前，必须确认地沟无人和两侧无侵限物后方可动车
正线作业	驾驶员在取得驾驶员驾驶证并经鉴定合格后，方准独立驾驶
	严格遵守各种规章制度，按照要求操作使用设备，正确执行各项作业程序，确保列车运行安全
	严格按照运营时刻表动车，动车前必须确认行车凭证，列车退行或推进运行时，运行前端必须有人引导
	驾驶员班前应注意休息，班中集中精力，保持不间断瞭望，严禁在列车运行中打盹、看书或干与工作无关的事
	接受调度命令或行车指示时，驾驶员必须认真逐句等量复诵并领会命令内容
折返作业	严格遵守交接班制度
	关门前必须确认行车凭证、道岔、进路正确
	动车前确认所有人员均在安全区域
站台作业	开关屏蔽门、车门时，必须严格执行开关门作业程序
	列车到站停稳后，应先确认列车停在规定的范围内
	跨出站台开关屏蔽门、车门时，应注意列车与站台间的空隙，避免摔伤
	关屏蔽门、车门前应先确认车载信号或进路防护信号开放或者具有行车凭证
	动车前，驾驶员应确认屏蔽门、车门关好，同时确认屏蔽门与车门间空隙无人无物，方可进驾驶室
人身安全	升弓前，必须确认所有人员均在安全区域
	严禁擅自带无关人员进入驾驶室，因工作需要有人登乘驾驶室时必须确认其相关登乘证件
	在正线或出入场线，禁止未经行调同意擅自进入线路

四、车站作业安全

车站的行车组织工作是在调度统一指挥下，合理运用车站的各项技术设备，负责车站行车控制指挥、施工及其他作业。

车站突发事件处理流程

1. 车站安全工作的基本任务

1）建立健全各类行车作业、管理的规章制度，包括车站行车控制室的管理交接班制度、行车值班员岗位责任制等，对车站的行车组织工作进行规范管理，确保行车安全。

2）进行车站各项安全检查，检查车站安全隐患并落实整改。

3）建立各类事故预案，开展演练，以提高车站员工的应急处理能力，有效处理车站突发事件。

最终通过明确职责、落实责任、加强安全管理，确保车站行车、施工、治安、消防等工作得以落实，确保车站员工、乘客人身安全和车站所辖设备运行安全。

2. 车站行车安全工作的基本要求

车站工作包括列车运行控制、设备施工组织、接发列车作业等，其中各项作业均涉及行车安全。车站各项作业情况下的具体行车安全要求如下：

（1）列车运行控制。车站的列车运行控制根据整个系统列车运行控制方式的变化而变化，在调度集中控制方式下，车站行车组织的主要工作是监护行车运营状态；在自动控制方式下，车站除了对列车的运营状态进行监护外（如中控因故放权而由车站进行控制），应在有集中控制设备的车站负责对列车的折返、进路排列等人工作业；在半自动控制方式下，车站负责列车运行控制的工作，人工操作信号设备进行接发车、调车等行车作业，并根据行调指令对列车运行进行调整；在非正常情况下，车站根据调度的指令，按规定的作业办法要求负责列车在车站的接车、发车、调车等作业。

（2）设备施工组织。在车站管辖范围内的任何施工均应在车站行车控制室登记，在得到行车值班员的签字确认后方可进行；对影响运营的施工检修作业，如信号设备检修、道岔检修等作业，必须得到调度的同意后方可进行。

（3）接发列车作业。车站员工应确保在各种控制方式下车站的接、发列车组织工作应安全、有序。一般而言，接发列车的组织工作是在严格遵守"行规""站细"等有关规定的情况下，按一定程序进行的工作，由行车值班员统一指挥。

五、接发列车作业安全

接发列车是城市轨道交通行车工作中的重要环节之一，接发列车的作业安全直接关系到城市轨道交通的行车安全。因此，所有参与接发列车的作业人员，均应以高度的工作责任感认真履行岗位职责，严格执行规章规范，保证接发列车作业安全。

1. 接发列车作业安全基本知识

车站在办理接发列车作业时，列车车次、列车运行方向及运行指挥系统等，都是安全保证体系中的重要条件。

（1）列车车次与行车安全。列车车次具有区别列车种类、作业性质及其运行方向等重要作用，同时与行车安全密切相关。接发列车作业中，列车车次的误听、误传、误抄、误填，往往是造成行车事故的直接原因。为此，办理接发行车时，对列车车次必须传准听清，复诵无误，防止误听误传；抄写或填记行车簿册、命令及行车凭证时，要认真核对，防止误抄误填；车次不清楚时，必须立即询问，严禁臆测行车。

（2）列车运行方向与行车安全。列车运行方向也是保证接发列车及行车安全的重要条件之一，尤其是一端有两个及以上列车运行方向的车站更需引起注意，在办理列车闭塞及下达接发车进路命令等作业事项时，均应冠以邻站方向或线路名称，以防止列车开错方向。

（3）列车运行指挥与行车安全。行车工作必须坚持集中领导、统一指挥、逐级负责的原则。为安全顺利地组织列车运行，列车运行的指挥工作应注意两点，即正确指挥和服从指挥。

列车运行的指挥工作首先应强调其安全正确性。日常行车作业中，行车调度错发、漏发调度命令，盲目指挥列车运行，或车站值班员错发、漏发接发列车命令，盲目指挥及错误操纵控制台等，往往都是造成列车事故的重要因素。因此，在指挥列车运行工作时，行车调度在发布命令之前，应详细了解现场情况，并听取有关人员的意见，以便正确下达指挥列车运行的调度命令和口头指示。

车站值班员在指挥及办理接发列车作业时，必须认真遵守行车有关规章要求，严格执行接发列车作业规定，正确下达接发列车的有关命令，确保列车运行安全。

2. 接发列车作业惯性事故的种类及主要原因

车站在办理接车、发车和列车通过作业程序中发生的一切行车事故称为接发列车事故。

（1）接发列车作业惯性事故的种类及主要原因。接发列车作业惯性事故的种类及主要原因见表6-3。

表6-3　接发列车作业惯性事故的种类及主要原因

接发列车作业惯性事故的种类	事故的主要原因
向占用区间发出列车	当班人员离岗、打盹或做与接发列车作业无关的事情
向占用线路接入列车	办理闭塞时没有确认区间处于空闲状态
未准备好进路就接发列车	不按规定检查确认接发列车进路
未办或错办闭塞就发出列车	不认真核对行车凭证
列车冒进信号或越过警冲标	错办或未及时办理信号
错误办理行车凭证发车或耽误列车	取消、变更接发列车进路时联络不彻底

（2）接发列车作业安全要求。接发列车作业，从办理闭塞、准确进路到开放信号、交递凭证，直至列车由车站发出或通过，其间任何一个环节的漏洞都可能埋下事故隐患，任何一项作业的差错都往往危及列车安全。因此，日常办理每一趟列车，均须高度重视，认真作业。

目前，国内外城市轨道交通均采用信号系统控制列车运行，监控列车运行安全。列车正常行车时，由信号系统自动控制，信号正常时车站不需要接发列车，只需由车站值班员、站台人员完成站台安全监控和乘客乘降的服务工作。遇到特殊情况（信号系统出现故障需人工排列进路组织列车运行时或列车退回车站等情况）须接发列车时，应注意以下安全要求：

1）办理闭塞作业的安全要求。办理列车闭塞是接发列车的首要作业环节，是列车取得区间占用权的重要环节，也是较易发生列车事故的关键环节。

① 办理闭塞前，必须认真确认区间已空闲。车站值班员在办理闭塞时，为防止向占用区间发出列车，在确认区间空闲时必须认真做好以下工作：检查确认前一辆列车是否完整到达；通过闭塞设备确认区间是否空闲；检查确认区间是否被列车占用；检查确认区间是否封锁；检查确认区间是否遗留车辆；检查确认区间内设有道岔时，发车进入正线的列车，区间道岔是否向正线开通并锁闭；检查确认有关记录情况；检查确认其他占用区间的情况。

② 办理闭塞时，车次必须准确清晰。

③ 办理闭塞时，用语必须准确完整。现场作业中，有的车站值班员承认闭塞时，仅简化回答"同意"两字而未复诵，未起到与相邻站互控、联控的作用，极易发生错办车次。为此，办理闭塞及承认闭塞时，均须完整按照行车标准用语执行。

2）准备进路作业的安全要求。准备进路，泛指将列车经由车站所运行的线路安全开通。准备进路是接发列车工作中一项极为重要的作业环节，应引起注意的方面主要如下：

① 确认接车线路空闲。车站在准备列车的接车进路或通过进路时，首先必须确认接车（通过）的线路空闲，以防止线路上存有机车、车辆及其他危及列车运行安全的障碍物等。为此，车站值班员和现场作业人员必须对接车（通过）进路线路是否空闲进行检查和确认；设有轨道电路及控制台上设有轨道占用标志的，通过控制台对轨道是否占用进行确认。

② 确认接发车进路正确无误。接发列车进路的正确与否，直接关系列车运行安全。因

此，在接发列车作业中，对列车进路的确认极为重要，切不可疏忽。联锁设备正常时，车站可通过信号设备的显示来确认接发车进路；遇有联锁设备停用时，对列车进路的现场检查则更须严密细致，对进路上的道岔应逐个确认，确认道岔位置正确及按要求加锁后，方可报告接发车进路准备妥当。

③ 确认影响进路的其他作业已经停止。

3）办理及交付行车凭证的安全要求。行车凭证是列车占用区间的依据，包括信号机显示、路票、调度命令等。有关作业人员办理行车凭证时，必须认真严谨，注意防止因差错而造成行车事故。

① 防误操作信号设备。信号是指示列车运行的命令，信号正常时，信号机上显示的准许列车运行的各种信号均为列车行车凭证。信号的开放和关闭至关重要，因此，车站值班员、信号员在操作信号设备时，必须全神贯注，精力集中，遵章守纪，严格坚持"眼看、手指、口呼"一致的确认操作制度，确保信号指示准确无误。

② 防误填写行车凭证。使用路票、调度命令等书面凭证办理行车时，对其使用日期、区间、车次、地点、电话记录号码或调度命令号码等应特别注意。填写书面凭证后，必须逐字逐项复诵，认真进行核对，经确认无误后，方可交付使用，以防止因填写错误而导致行车事故。

4）接发列车作业程序及用语要求。为确保接发列车作业的安全稳定，尤其在应急处理中，车站接发列车作业应按规定程序办理，并使用规定用语。随意简化，甚至颠倒或遗漏作业程序及用语，将危及行车安全。

5）接送列车及指示发车作业的安全要求。接送列车及指示发车直接关系接发列车作业安全。在信号正常的情况下，车站原则上不办理接发列车作业，遇特殊情况（指信号联锁故障需人工排列进路组织列车运行，或列车开到区间因故障要退回车站等情况）必须接发列车时，车站接发列车人员应严格执行接发列车作业程序。

① 确认列车整列到达。

② 严密监视列车运行安全状态。站台岗人员随时注意站台乘客动态，当客车进站时，应于站台扶梯口靠近紧急停车按钮附近站岗，防止乘客在关门时冲上车被夹伤，维护站台秩序，监督驾驶员按规范动作关门。发车时，站台岗（或驾驶员）若发现站台或屏蔽门异常，应立即用对讲机通知驾驶员（或站台岗）并及时处理。

③ 确认列车发车条件无误后，方可指示发车。

六、行车调度安全

城市轨道交通行车工作是一个由互相联系、互相影响的多部门、多单位所组成的完整的系统，是一个大联动机，具有高度集中、统一指挥、各个工作环节紧密联系和协同动作的特点。在这个系统中，各部门、各单位、各工种间的紧密联系和协调一致对于保证行车安全和提高运输效率有着决定性的意义。行车调度（一般简称行调）是为适应城市轨道交通运输特点而设置的行车工作的统一指挥者，在保证行车安全的大系统中具有重要的地位和作用。

一般而言，城市轨道交通的运作必须贯彻执行高度集中、统一指挥、逐级负责的组织指挥原则。行车调度、电力调度、环控调度和信息调度属于一级运营指挥机构，其中行车调度负责行车调度工作，负责正线、辅助线的行车组织，并实行高度集中统一指挥，使各个环节紧密配合，协调工作，保证列车安全、正点地运行。行车调度工作是城市轨道交通系统的核心，直接影响行车安全及运输质量。

1. 行车调度工作的基本任务及作用

（1）行车调度工作的基本任务。

1）组织指挥各部门、各工种严格按照列车运行图工作。

2）监控列车到达、出发及途中运行情况，确保列车运行秩序的正常。

3）当列车运行秩序不正常时，及时采取措施，尽快恢复正常运行秩序。

4）及时、准确地处理行车异常情况，防止行车事故的发生。

5）随时掌握客流情况，及时调整列车运行方案。

6）检查监督各行车部门执行运行图的情况，发布调度命令。

7）当发生行车事故时，按规定程序及时向上级主管部门汇报，并采取措施防止事故扩大，积极参与组织救援工作。

（2）行车调度在行车安全工作中的作用。行车调度贯彻集中领导、统一指挥的原则，组织协调行车有关各部门、各单位、各工种的工作，指挥和监督行车工作的全过程，保证行车工作均衡协调、安全准确地运行。

在日常运输工作中，行车调度负责编制日常运输工作计划，发布各种有关行车的调度命令，组织行车各部门协同运作，保证列车按列车运行图运行，实现日（班）计划规定的各项任务；负责监督和检查行车各部门执行运输工作日常计划和规章制度的情况以及列车运行情况，及时组织处理和排除各种危及或有可能危及行车安全的意外情况；遇到发生行车事故或灾害而中断行车时，采取积极有效的措施，组织事故救援，迅速恢复行车，保证运输畅通。

概括起来说，行车调度在安全工作中的作用有以下几个方面：

1）指挥行车人员完成各项行车作业，保证列车安全正点运行。

2）组织、协调、监督、检查行车各有关部门的安全生产，纠正各种违章现象，及时处理行车中发生的问题，消除事故隐患，防止发生行车事故。

3）在发生事故后，积极组织救援，减少事故损失。

2. 行车调度安全指挥工作的基本要求

调度指挥必须坚持安全生产，正确及时地指挥列车运行，防止因指挥不当造成事故隐患。遇突发紧急事件时，要冷静、正确、及时处理，必须提高业务水平，提高应变能力。

（1）城市轨道交通行车组织工作必须严格执行单一指挥的原则。行车各有关部门必须服从所在区段行车调度的集中统一指挥，各级领导对列车运行的指示必须通过行车调度下达，坚决禁止令出多口或多头指挥，维护调度命令的严肃性和权威性。

（2）行车调度要具备较高的业务水平和紧急处理能力。熟练掌握调度工作技术是做好安全指挥工作的基础。行车调度必须熟悉主要行车人员的情况，掌握车辆、线路、设备等方面的知识，熟知各项规章制度和各种行车作业的程序，掌握与其他调度的工作衔接，掌握处理各种行车意外情况和行车事故的方法，做到调度指挥胸有成竹、沉着冷静。

（3）发布调度命令要正确、完整、清晰。调度命令是城市轨道交通运输工作实行集中领导、统一指挥的具体体现和保证之一，具体要求如下：

1）凡是指挥列车运行的命令和口头指示，只能由行车调度发布，有关行车人员必须坚决执行，不得违反。

2）发布调度命令前应详细了解现场情况，听取有关人员意见。发布调度命令时应严格按行车相关规章办理，必须先拟后发，不得边拟边发。

3）发布调度命令应按"一拟、二签、三发布、四复诵核对、五下达命令号码和时间"的程序办理。

4）对常用的行车调度命令格式和用语统一规定，使调度命令发布规范化、用语标准化，调度命令内容更加准确、简练、清晰、完整。

5）发布调度命令时为确保命令的传达准确无误，行车调度应指定其中一人复诵其口头命令内容，其他人核对、确保无误，书面调度命令必须填写记录。

七、调车作业安全

调车是指除列车在正线运行、车站（车厂）接发列车作业外的一切工程车、车辆或列车有目的的移动。

1. 领导与指挥

1）调车工作必须贯彻统一领导、单一指挥的原则。

2）在车厂调车，车厂调度员为调车领导人，调车长为调车指挥员。

3）在车站调车时，值班站长为调车领导人，车长担当调车长工作。

2. 调车计划的编制、传达和变更

1）调车作业通知单由调车领导人编制，以书面形式下达。

2）调车作业计划由车厂调度员亲自向调车长传达，调车长于作业前必须将作业计划单和注意事项向驾驶员传达清楚。

3）在作业中变更计划时，必须停止作业，由调车领导人将变更后的计划（不超过两钩时）口头向有关人员传达清楚，有关人员必须复诵，确认无误后才能开始调车作业；调车作业计划变更三钩及以上时，必须重新编制调车作业通知单后执行。

3. 调车作业安全规定

1）调车作业方法仅限牵引、推进调车，禁止溜放调车和手推调车（特殊情况下，经运营分公司主管安全的负责人同意方可手推调车）。

2）调车作业必须按照调车信号机和调车手信号的显示要求进行，没有信号不准动车，信号不清立即停车。调车作业时，调车长必须正确及时显示信号，驾驶员要认真确认信号，并鸣笛回示，没有回示时，应立即显示停车手信号。

3）连挂车辆时必须显示三、二、一车的距离信号（三车约60m，二车约40m，一车约20m）和连挂信号，没有显示三、二、一车距离信号和连挂信号不准挂车。

4）距离被连挂车辆一车时应一度停车，调车长确认被连挂车辆无作业防护标志，车上、车下无人作业，无侵限的障碍物，两车车钩状态及被连挂车辆防溜良好后，方可指挥列车驾驶员挂车。

5）车辆连挂前要一度停车，连挂后的车辆要先试拉，确认连挂妥当，制动主管连接好后方可起动。在车厂调动客车或调动的列车总质量小于200t时，可以不连接风管。

6）组织两列客车或机车在同一股道作业时，厂调应先通知一列客车或机车在指定位置停轮待令，再向另一列客车或机车列车驾驶员布置安全注意事项及存车位置情况后，方可进行作业。

7）调车信号机因故无法开放，需越过关闭的信号机时，厂调应接通光带确认进路及道岔位置正确并将有关道岔单锁后，方可允许列车驾驶员（调车长）越过该信号机，并给出命令号码。列车驾驶员（调车长）得到厂调同意越过该信号机的通知，确认进路正确后方可（领车）越过该信号机。

8）调车长应于列车驾驶员一侧正确及时地显示信号，列车驾驶员应不间断瞭望，确认信号，并回示。没有调车长的起动信号禁止动车；没有回示时，调车长应立即显示停车信号。信号显示错误、显示不清或显示中断，中转信号人员应立即显示停车信号并用电台紧急呼叫列车驾驶员停车。列车驾驶员在调车作业过程中，如果发现信号显示错误、显示不清或显示中断应立即停车，执行干一勾划一勾。

9）车厂内调车作业原则上不得越出厂界。

10）客车、工程车在车厂内通过平交道口及库门前，应一度停车，瞭望平交道口是否有障碍物或行人，库门是否完全打开，确认安全后方可通过平交道口或进出库门。

11）调车信号机开放后，需要取消时，厂调应通知列车驾驶员或调车长，并得到应答及确认列车停车或未动车后，方可关闭信号机。

12）进入运用库、检修库、轨道车库取送车辆时，应在车库平交道口外一度停车，调车长（列车驾驶员）确认平交道口无障碍物或行人，库内线路无障碍物和侵限物品、无禁动牌等作业防护标志和地线等，方可进入。

13）调车长（列车驾驶员）还应检查车辆装载货物的加固状态、车门及侧板是否关闭好，车上、车下是否有人作业。

4. 调车进路的确认

牵引运行时，前方进路的确认由驾驶员负责；推进运行时，前方进路的确认由调车长负责。

遇特殊情况需要越出车厂占用出入段线调车时，必须取得行调的调度命令，联锁设备不能正常使用时，与车站办理闭塞手续，并发给驾驶员占用区间的许可证（越出厂界调车单）。在未取得行调同意时，禁止使用出入段线进行调车作业。

取消调车进路时，应确认列车尚未起动，通知调车长或调车驾驶员，得到应答后，方可关闭调车信号。

车厂内的调车作业，不得影响进出车厂列车的正常运行。

车厂内，两组车组或列车不能同时在同一条线路内移动，必须等候其中一组车组或列车暂停后，另一组车组或列车才能移动。

调动车辆或列车时要先检查和撤除防溜措施。调车作业完毕后，应将车辆或列车停于线路警冲标内，做好防溜措施，防止车辆或列车自动溜走。

如果进入由检修调度管理的线路进行调车作业，机车车辆在库门口平交道口前一度停车后，调车长必须与车辆中心检修调度或现场负责人取得联系，得到许可并确认安全后方可进入。

5. 调车速度

调车作业要准确掌握速度，遇到瞭望困难或天气不良时，应适当降低速度，某地城市轨道交通调车允许速度见表6-4。

表 6-4 某地城市轨道交通调车允许速度

序 号	项 目	速度/（km/h）	说 明
1	车厂内空线牵引运行时	25	
2	车厂内空线推送运行时	25	
3	调动载有乘客的车辆时	15	
4	调动装载超限货物的车辆时	10	
5	在尽头线调车时	10	
6	在停车库内及维修线时	10	
7	对货位时	5	
8	接近被连挂的车辆时	5	

在尽头线上调车时，距车挡应有 10m 的安全距离，遇特殊情况必须近于 10m 时要严格控制速度，确保安全。车厂内客车需占用转换轨进行洗车作业时，由车厂调度员报告行调批准，以调车方式组织。

6. 禁止调车作业情形

下列情况禁止调车作业：

1）设备或障碍物侵入线路限界时，禁止调车作业。

2）禁止提活钩及溜放调车作业。

3）客车转向架液压减振器被拆除且空气弹簧无气时，禁止调车作业（使用工艺转向架除外）。

4）禁止两列车或工程机车在同一条股道上同时移动。

5）在封锁或接触网停电施工区域禁止安排与施工作业无关的调车作业。

八、紧急状态下的行车组织办法

因城市轨道交通（地下车站）所处环境为地下空间，不同于普通的地面建筑，火灾等紧急情况的处理要求快速准确，并需要特殊的组织措施。

1. 火灾

城市轨道交通中发生的火灾按火灾发生的地点可分为隧道内列车火灾（位置有车头、尾和中部着火三种情况）；站台内列车火灾；车站站台火灾；车站站厅火灾；隧道火灾；车辆段火灾；非运营生产区域火灾等。火灾的处理模式包括：车站乘客的组织模式，列车运行的组织模式，通风、排烟的运行模式，其他相关设备系统的运行模式。不同地点火灾的处理模式见表 6-5 ~ 表 6-8。

表 6-5 地下车站的站厅火灾处理办法

处理模式	主要内容
乘客组织模式	车站的站厅一般处于站台的上方，因此当站厅发生火灾时，车站应组织站厅中的乘客迅速从车站出入口上到地面，而处于站台区的乘客则留在原处，由行调安排后续列车将他们接走
列车运行模式	控制中心应组织已进入火灾车站的列车不停车越过该车站，并安排前一个车站的列车在车站清客，然后进入火灾车站的站台将乘客和人员疏散 为保证乘客和车辆设备的安全，全线将在短时间停运，待特定列车将火灾车站乘客疏散完毕，确认该站可以通过时再以跳站方式恢复运行

处理模式	主要内容
通风排烟系统运行模式	环控调度员将环控设备转至站厅火灾运行模式,保证站台乘客的安全
其他相关设备系统运行模式	地下区段的其他设备系统包括供电系统、通信信号系统、自动售检票系统、给排水系统等都应根据具体情况采取相应的模式

表 6-6 地下车站的站台火灾处理办法

处理模式	主要内容
乘客组织模式	当地下车站站台发生火灾时,车站应组织站内的所有乘客通过站厅和出入口上到地面;如果此时正好有列车停站上下客,应通过广播通知乘客停止下车,关闭车门和屏蔽门
列车运行模式	控制中心组织已经进入火灾车站的列车不停车越过该站;未进入火灾车站的列车立即停车;已经停站的列车终止停站,提前发车;受影响区域暂时停止运行,待确认情况后,再以跳站方式或者小交路方式恢复列车运行
通风排烟系统运行模式	环控调度员将环控设备转至站台火灾运行模式
其他相关设备系统运行模式	地下区段的其他设备系统包括供电系统、通信信号系统、自动售检票系统、给排水系统等都应根据具体情况采取相应的模式

表 6-7 列车火灾的处理办法

	处理模式	主要内容
当列车发生火灾时,首先应确认火灾的严重程度,决定列车是否继续运行到下一车站或在区间紧急停车疏散乘客	列车可以继续运行到下一车站	当列车还可以继续运行到下一个车站时,火灾的处理模式除乘客组织模式外,基本与站台发生火灾时模式相同
		乘客组织模式:列车停站后,打开车门和屏蔽门,让乘客尽快下车并迅速离开站台,站台上的乘客也迅速经站厅疏散
	列车处于必须在区间停车并需要紧急疏散乘客状态时	乘客组织模式:列车停车后,由驾驶员组织乘客从列车下到区间,引导乘客沿区间逆风方向进入车站
		列车运行组织模式:驾驶员立即向控制中心报告火灾情况。行车调度员命令受影响区域列车暂时停车运行,控制中心组织救援,尽快疏通区间,待控制中心确认火灾事故消除后,恢复运行
		沿线系统设备运行模式:沿线系统设备,主要是隧道通风排烟系统和消防系统,将按照隧道火灾的模式运行

表 6-8 区间隧道火灾的处理办法

处理模式	主要内容
乘客组织模式	对于火灾区间两端的车站,应组织乘客进行疏散,以防隧道火灾蔓延到车站 其他车站在列车停运期间应关闭进站通道
列车运行模式	当列车已进入火灾区域,无法在火灾区域前停车的情况下,驾驶员应操纵列车冲过火灾区域,在前方车站停车 当列车停在火灾区域前,但已离开车站时,列车应在控制中心的指挥下退回车站 发生隧道火灾时,全线列车将暂时停止运行,待控制中心确认情况后再决定采用相应的运行方式
通风排烟系统运行模式	转换为隧道火灾运行模式,保证乘客安全撤离,并阻止火灾扩散
其他相关设备系统运行模式	转换为相应的运行模式,保证乘客安全撤离,并阻止火灾扩散

2. 其他紧急情况的行车组织

列车出轨以及地震等紧急情况的行车组织办法见表6-9。

表6-9 列车出轨和地震紧急情况的行车组织办法

紧急情况	操作内容
列车出轨	一旦发生列车出轨事故，驾驶员应及时向控制中心报告，行调中断事故区段后续列车运行，并暂时终止全线列车的运行 乘客疏散：行调在确认事故列车后方没有其他列车进入后，将故障列车上的乘客通过区间疏散到两端的车站 列车及沿线设备运行模式：列车及设备运行模式改变为区间堵塞模式 出轨列车救援：出轨列车的救援需要特殊的设备，由道路车辆将救援设备运到与出轨列车相邻的车站，从车站进入区间进行救援
地震	城市轨道交通系统在建设时按7级地震考虑，但线路、轨道肯定会发生程度不同的移位与变形 地震发生时，全线列车应立即停止运营，车站应开放所有通道引导乘客出站；停在区间的列车在线路条件允许的情况下，驾驶员以低速人工驾驶列车进入前方就近清客 如线路已经严重破坏，则通过区间隧道疏散车上乘客 地震过后，组织对全线设备进行检查、测试、抢修，确认各系统技术状态正常后，再决定恢复正常运营

单元二　客流组织安全管理

【情境导入】

目前，我国城市轨道交通发展日益迅速，其主要站点大多设置在商业繁华区域或大型活动场所附近，如何解决此类站点在节假日或遇有大型活动时产生的瞬时大客流的运营组织问题，一直困扰着轨道交通运营部门。在进行客流组织特别是大客流组织时，若设施布置不当存在事故安全隐患，准备工作不充分导致处理不当、处理不及时，都有可能导致列车乘客出行大面积延误，甚至人员踩踏事故等群体性事件。

为了做好城市轨道交通大客流组织的安全管控，首先要了解客流组织的影响因素，客流组织的方法，其次针对大客流的进行分类，分析各类大客流的特点，大客流产生的原因，最后采取措施对大客流进行组织与调整，重点从列车运能、车站客流组织、票务组织等方面提出城市轨道交通车站大客流具体运营组织措施。

【单元要求】

（1）掌握城市轨道交通客流组织的基本原则及要点。
（2）能分析城市轨道交通大客流的产生原因。
（3）掌握大客流组织与调整的基本方法。
（4）掌握城市轨道交通客运组织的应对措施并熟练应用。

【知识内容】

城市轨道交通线路的走向一般都是沿客流集中的交通要道，连接重要的客流集散点，如火车站、汽车站、商业中心、体育场等重要的交通枢纽及活动中心，所以在某些特殊时期城市轨道交通车站会遇到大客流。大客流是指在某一时段集中到达的客流量超过了车站正常客运设施或客运组织措施所不能承担的客流，如在五一劳动节、国庆节等节假日期间，城市轨道交通车站客流量在短期内急剧上升，会对车站及城市轨道交通运营造成很大影响，存在较大的安全隐患。

一、城市轨道交通客流组织

1. 客流概述

客流是规划城市轨道交通网络及线路走向、选择轨道交通制式及车辆类型、安排轨道交通工程项目建设顺序、设计车站规模和确定车站设备容量、进行项目经济评价的依据，也是轨道交通系统安排运力、编制开行计划、组织日常行车和分析运营效果的基础。

2. 车站客流组织的主要内容

城市轨道交通作为一个大容量的快速运输系统，主要通过合理的、科学的客流组织来完成其大容量的客运任务。客流组织是通过合理布置客运相关设备、设施，以及对客流采取有效的分流或引导措施，来组织客流运送的过程。

城市轨道交通车站客流组织的主要内容是指通过对车站设备、设施和空间的分析，根据车站某个时间段的进出车站乘客数量预测，制订符合城市轨道交通车站实际情况的乘客进站、乘车（或换乘）、下车、出站疏导和指引的方案，以及根据方案进行的车站行车、票务和人员组织。主要包括：车站售检票位置的设置、车站导向标志的设置、车站自动扶梯、隔离栏杆等设施的设置，以及车站广播的导向、售检票数量的配置、工作人员的配备、应急措施的制订与实施等。

3. 车站客流组织基本原则

1）以实现乘客安全运输为根本原则，保持客流运送过程通畅，尽量减少乘客出行时间成本，避免拥挤，便于大客流发生时能及时疏散。

2）既要考虑如何吸引乘客乘坐城市轨道交通，使客流量最大，又要使客运服务成本最低，并取得最佳的经济效益。

3）城市轨道交通控制中心负责城市轨道交通线路的客流组织工作，车站的客流组织由客运值班员负责。

4）在大客流的情况下，应合理地采取措施对车站人流进行有效控制。人流控制应采取由内至外、由下至上的原则，在车站出入口、入闸机处进行人流的两级控制。

5）如果站台乘客数量大于站台容积能力，必须进行入闸机控制点的客流控制，控制乘客下站台的数量。

6）如果站台乘客数量大于站台容积能力，站厅乘客大于站厅容积能力，就必须对出入口控制点进行控制，临时限制或者不允许乘客进站。

4. 城市轨道交通车站客流组织影响因素

不同类型的车站其客流组织内容有着较大的区别。例如，中小型车站的客流组织比较简单，而大型车站和换乘站因客流较大、客流方向比较复杂，其客流组织也比较复杂。侧式站台的车站容易将不同方向的客流分开，但不利于乘客的换乘，售检票设置较分散，不利于车站集中管理；而岛式站台的优缺点正好和侧式站台相反。因此，在编制车站具体客流组织方案时，不能以偏概全，要有区别地对待，不同的车站应有不同的客流组织方案，做到有针对性。以下是一般情况下城市轨道交通车站客流组织的主要影响因素。

（1）车站出入口及通道通过能力。其数量、规模和位置应根据车站进出客流的方向和数量确定；从运输安全和消防疏散的角度考虑，每个车站必须保持开通2个以上出入口通道。

（2）站厅。通常情况下站厅分为付费区和非付费区；根据城市轨道交通客流组织经验，站厅容纳率一般为 $2 \sim 3$ 人$/m^2$。

（3）站台。站台主要供列车停靠时乘客上下车使用；根据实际客流组织经验，站台容纳率一般为 $2 \sim 3$ 人$/m^2$。

（4）通道通过能力。通道通过能力一般以线路远期客流设计。根据地铁车站的客流组织经验和客流数据调查，当单向通行时，每米净宽通道通过能力达到 $70 \sim 85$ 人/min；当双向通行时，每米净宽通道通过能力达到 $50 \sim 65$ 人/min。

（5）乘降设备通过能力。它一般是指楼梯、自动扶梯的通过能力。

（6）自动售票及检票设备通过能力。每台售票机及检票设备的通过能力见表6-10。

表6-10　每台售票机及检票设备的通过能力

条　件	自动售票机/（人/min）	进站闸机/（人/min）	出站闸机/（人/min）
引导充分时	$3 \sim 4$	$12 \sim 15$	$12 \sim 15$
乘客自助时	$1 \sim 2$	$8 \sim 9$	$8 \sim 10$

（7）列车输送能力。它是车站乘客输送能力的主要影响因素，而影响列车输送能力的两大因素则是行车密度和车辆荷载。天津城市轨道交通采用B型车，车体宽度为2.8m；列车行车组织采用4、6节混跑模式；车厢内达到6人$/m^2$为满载，达到8人$/m^2$为超载。

综上所述，车站通过能力主要受车站自动扶梯、楼梯、出入口通道、自动售检票设备的通过能力以及列车输送能力等的影响。根据城市轨道交通实际客运组织情况，车站通过能力的瓶颈主要体现在出入口、进出闸机以及由站厅到站台的自动扶梯口等处。

根据实际运营经验，在车站客流组织过程中，只要控制好车站设备中的能力薄弱环节，就能做好车站的客流组织方案，组织好车站的客流。因此，做好车站的设备通过能力分析，有利于提高车站在大客流情况下的客流组织效率。

5. 城市轨道交通车站的客流组织

为了科学地组织好城市轨道交通车站的客流，必须预先做好客流组织方案，以指导车站的客流组织工作。乘客乘坐城市轨道交通流程图如图6-15所示。

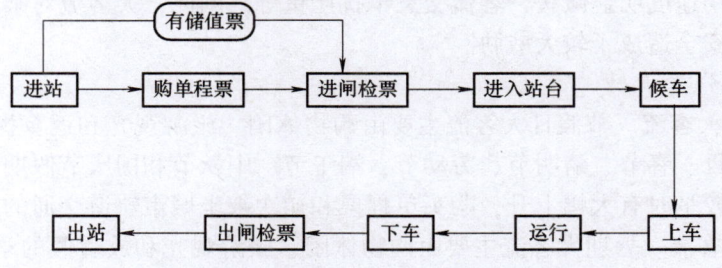

图6-15　乘客乘坐城市轨道交通流程图

(1) 进站客流组织关键点。

1) 组织引导客流经出入口、楼梯、自动扶梯（或垂直电梯），通过通道进入车站站厅层非付费区。

2) 组织引导部分乘客在自动售票机，或临时售票亭购票后检票通过进站闸机进入付费区，引导部分持储值票或计次票等不用购票的乘客直接检票通过闸机进入付费区。

3) 乘客入闸检票或通过人工检票进入站厅付费区后，组织引导乘客再通过楼梯、自动扶梯进入站台层候车。

4) 乘客到达站台，组织引导乘客按照地面箭头指引在安全区域候车，通过导向标识和乘客咨询系统选择乘车方向和了解列车到发时刻。

5) 列车到站停稳开门后，引导乘客按先下后上的顺序乘车，站台工作人员要注意做好组织工作，阻止乘客抢上抢下发生安全事件。

(2) 出站客流组织关键点。

1) 乘客下车后到达车站站台，组织引导其经过楼梯、自动扶梯进入站厅层付费区。

2) 通过出站闸机或人工检票，进入站厅层非付费区，组织引导乘客通过导向标识找到相应的出入口，经通道出入口出站。

3) 组织引导车票车资不足或无票乘车的乘客到票亭办理相关乘客事务处理后，方可出站。

(3) 换乘客流组织。换乘方式首先取决于城市轨道交通两条线路的走向和相互交织形式，一般常见的有垂直交叉、斜交、平行交织等多种交织方式。换乘客流组织主要包括站台换乘、站厅换乘、通道换乘、站外换乘和组合换乘等几种形式。

在换乘方式的实际应用中，往往采用两种或几种换乘方式组合，以便使所有换乘方向的乘客均能实现换乘，同时组合式换乘可改善换乘条件，方便乘客的使用。如：同站台换乘方式辅以站厅或通道换乘方式，可使所有的换乘方向都能换乘；站厅换乘方式辅以通道换乘方式，可以减少预留的工程量。组合式换乘可进一步提升换乘通过能力，同时还具有比较大的灵活性，工程实施比较方便。

二、城市轨道交通车站大客流分析

1. 大客流的定义

大客流是指车站在某一时段集中到达的，客流量超过车站正常客运设施或客运组织措施所能承担的客流量时的客流。

大客流一般在大型文体活动散场时或重要节假日期间发生，主要表现为：非常拥挤或极度拥挤，乘客流动速度明显减缓，客流交叉干扰严重等。因此，大客流对乘客的出行造成不利影响，对运营安全造成了较大威胁。

2. 大客流的分类

(1) 节假日大客流。节假日大客流主要由购物休闲、旅游观光和返乡探亲等乘客构成，在国家法定的元旦、春节、清明节、劳动节、端午节、中秋节和国庆节假期内，造成城市轨道交通各站客流较平时有大幅上升，购买单程票和初次乘坐城市轨道交通的乘客居多。

(2) 暑期大客流。暑期大客流主要由购物休闲、旅游观光和放暑假的学生等乘客构成，每年7、8月城市轨道交通各站客流较平时有明显增加，大客流高峰时段一般集中在每日的

8：00~16：00。

（3）大型活动大客流。大型活动大客流的特点是在特定时间段（如大型活动结束后）客流会显著增加，一般都在周末举行，因大客流所发生的时间和规模大多可预见，且持续时间较短，影响范围有限，通常只对该活动地点附近的车站影响较大，大型活动大客流主要由购物休闲的乘客等构成。

（4）恶劣天气大客流。恶劣天气大客流是指酷暑、大雨、台风等恶劣天气时，地面交通受到较大影响，市民改乘城市轨道交通或进入城市轨道交通车站避雨，造成城市轨道交通车站客流明显增加，给车站客流组织带来一定困难。

三、大客流的组织与调整

1. 大客流的运营调整程序

随着城市规模的不断扩大，大客流出现的频率越来越高，各地城市轨道交通运营部门逐渐总结出了一些成熟的经验，大客流的运营调整程序如下：

运营中某些车站发生大客流事件后，应通过短信平台及时发布相关信息，做好信息汇总，并将该情况及时通知全程各站，同时将了解的运行信息及时通过车站向乘客发布，及时通知轨道公安部门配合、协助车站做好客流疏导工作。

如果情况严重，OCC上报申请启动公交配合预案，并据实际情况对车站下达封站、AFC系统降级模式等各种命令。

如果遇到大客流发生在轨道交通换乘车站，需邻线调度员之间相互配合，通过邻线车站控制换乘客流，当接到车站客流有继续增长的趋势时，必须通知相邻换乘站做好执行"换乘站客流组织应急预案"的准备，当接报车站大客流比例较高且短时间无法疏导时，就必须及时下达执行"换乘站客流组织应急预案"的命令，并对可能发生大客流爆满的换乘站下达临时关闭换乘通道的命令，对其他线路的换乘站具体情况下达"广播通知""临时停售车票""临时关闭换乘通道"等命令。

在大客流乘客基本疏散，车站秩序恢复正常后，由车站向行车调度员报告。行车调度员接到报告后通知客调，待大客流疏散后恢复正常运营状态。

2. 车站大客流的组织原则

车站大客流组织的基本原则如下：

1）城市轨道交通控制中心（OCC）负责城市轨道交通线路的客流组织工作，车站的客流组织由值班站长负责。

2）在大客流的情况下，车站应采取有效措施对车站人流进行控制，客流控制应遵循由内至外、由下至上的原则。

3）如果站台乘客数量大于站台容积能力，就必须进行入闸机控制点的客流控制，控制乘客前往站台的数量。

4）如果站台乘客数量大于站台容积能力，站厅乘客数量大于站厅容积能力，就必须对出入口控制点进行控制，临时限制或者不允许乘客进站。

3. 行车组织应对措施

按照"以车（设备）定运"原则，最大限度挖掘运输潜力，增加线路运能；同时，由各线路控制中心采取固定与灵活相结合的方式，充分利用列车资源，灵活科学调度，缓解大客流车站的客运压力。行车组织措施主要有以下几项：

（1）及时使用备用车。控制中心应根据现场客流情况，灵活安排备用车在高峰时段上线运营。备用车投入服务站点需结合车站客流、站台大小、是否是换乘站等因素综合考虑。

（2）合理组织空客车。受备用车数量限制，对高峰时段客流与运能矛盾异常突出的大客流车站，尤其是换乘站，控制中心可结合抽取终点站部分列车不载客直接运行到大客流车站投入服务的方式进行缓解。

（3）灵活调整行车交路。对于各区段客流不均衡的线路，可采用灵活调整部分列车行车交路方式，将部分列车经中间折返站折返小交路运行，加大高峰区段行车密度方式，疏导高峰区段客流。

（4）组织列车越站运行。对于换乘车站，在站台出现危及乘客人身安全的不可控局面时，控制中心可及时组织列车越站运行，避免因乘客下车对车站站台造成进一步冲击。由于列车越站对乘客服务影响较大，并且列车越站不能实际输运站台乘客，故非紧急情况下不建议采取该项措施。

4. 客流组织应对措施

（1）组织要点。针对车站大客流，应通过加强对乘客乘车的引导和监控，在出入口、站厅和站台的扶梯处等关键点设置铁马栏杆，对进出站客流进行分隔疏导；在客流交织处加强引导，加大通行能力，保持站厅、站台客流行走顺畅。在进行客流疏导仍不能缓解大客流冲击时，应关闭车站，并根据现场客流情况及时启动相应客流控制措施。客流控制措施主要包括：

1）三级客流控制。应遵循"由下至上、由内至外"的人潮控制原则。三级客流控制点见表6-11。

表6-11 三级客流控制点

控制级别	控制点	负责人	协助人
第一级控制	站厅与站台的楼梯（电扶梯口）	值班站长	保安和车站公安
第二级控制	入闸机	值班站长	保安和车站公安
第三级控制	出入口	值班站长会同警务人员	警务人员、保安和站务人员

注：1. 站台、站厅处于同一层的车站应采用二级客流控制。
　　2. 换乘站：先控制本站入站客流，再控制本线、邻线换乘客流。

2）区域负责人制。把车站划分成几个区域，每个区域安排一名工作人员负责（最好是本站值班站长或值班员）。

3）岗位安排。重要岗位应该多安排工作人员。

（2）票务组织。

1）预制票的制作：车站应提前申报应对大客流的预制票，中央自动售检票（AFC）系统提前根据车站需要在单程票内写入设定的金额和起始站名，由车站票务中心或临时增加的票亭售出，以满足大客流时的需要。

2）临时售票亭的准备：车站应根据大客流的进出方向，选择在进站客流集中的位置，设置临时售票亭。站厅面积较小的车站，可将临时售票亭设置在进站客流较大的通道内，但临时售票亭的位置不能影响客流的组织流线。

3）增加备用金：大客流来临之前，车站应根据客流预测和以往大客流所消耗的备用金，在大客流发生前，申领和储备充足的备用金。

4）调整售检票的速度：当大客流发生初期，站台客流压力不大时，除 TVM 正常发售单程票外，可在票务中心及临时售票亭增加发售预制票或应急纸票。当站台客流压力较大时，车站需减缓售检票的速度，可以采取取消售卖预制票、纸票，以及关闭部分 TVM 等措施。

5）票务应急处理：如果大客流持续时间较长，TVM 发售单程票及预制票无法满足需求时，可使用应急纸票应对大客流。另外，在安排好 AFC 日常检修基础上，部分大客流站要有 AFC 人员驻站，以确保 AFC 设备的正常工作；特殊情况下，可采取 AFC 的非正常运营模式，即进出站免检模式、列车故障模式、时间免检模式、紧急放行模式等。

【读一读】

互联网 + AFC 的技术创新

互联网技术日新月异，其新型技术（包括移动支付、云计算、二维码技术、生物识别技术等）给传统 AFC 系统带来了技术、业务、管理等多方面的变革。

（1）AFC 系统的新型互联网 IT 技术架构（图 6-16）。新技术的应用推动 AFC 系统由传统的五层 IT 架构向新型云 IT 架构转变，互联网设备终端直接接入线网系统，实现互联网业务的快速处理、快速响应。

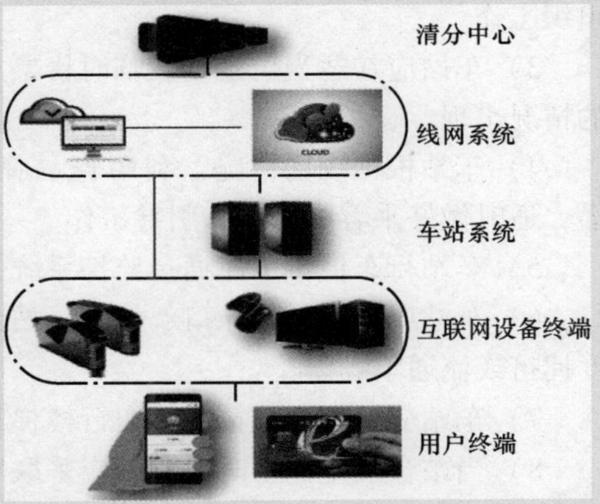

（2）移动支付购票。移动支付是指利用手机等电子产品上的移动客户端来进行电子货币支付，其以移动终端为中心，通过移动终端对所购买的产品进行结算支付。移动支付的主要表现形式为手机支付。乘客可通过手机支付购买车票。

图 6-16　AFC 系统的新型互联网 IT 技术架构

（3）乘车码过闸。二维码是用某种特定的几何图形按一定规律在平面（二维方向上）分布的、黑白相间的、记录数据符号信息的图形。乘车码过闸（图 6-17）业务通过二维码技术与城市轨道交通 AFC 系统的结合，为乘客提供了便捷、多样的出行体验，同时提高了乘客购票、通行的效率，是提升乘客服务质量的重要举措。

（4）银联卡过闸。银联卡过闸（图 6-18）业务是指乘客使用银联金融 IC 卡直接刷卡乘车过闸。这种模式与其他的扣费模式不完全相同，乘客在进站时完成预授权，出站的时候完成消费。银联卡过闸只适用于符合银联统一标准、含借贷记应用、具备闪付功能的银联金融 IC 卡，可以完成银联手机闪付和银联 IC 卡闪付。

（5）刷脸过闸。人脸识别应用于优惠乘客刷脸过闸、普通付费乘客刷脸过闸（图 6-19）。这种模式目前尚处于研究尝试阶段，因为人脸识别在技术上存在准确率低、误识率较高等问题，而且在法律层面有逐渐收紧的趋势。

 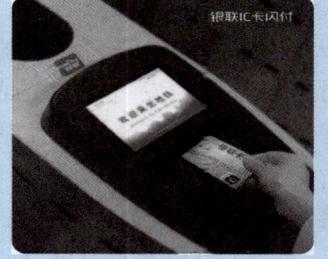 

图 6-17　乘车码过闸　　　　图 6-18　银联卡过闸　　　　图 6-19　刷脸过闸

5. 车站大客流组织应急预案

各个城市轨道交通运营企业制订的大客流组织应急预案有所差异，一般内容及程序如下：

1）值班站长及时报告行车调度员，行车调度员通过监控系统加强对车站客流情况的监控。

2）车站应加强现场的疏导工作，增加工作人员，利用隔离带铁马做好秩序维护和服务组织工作。

3）车站应在适当位置增设临时售票点，出售预制单程票，避免 TVM 前乘客排长队购票的情况出现。

4）车站根据现场情况，利用告示牌、临时导向标志、车站控制室广播设备、手提广播，适时做好乘客的宣传、引导工作。

5）车站行车值班员应通过监控系统，加强对现场情况的监控工作。

6）车站应加强对出入口、站厅、站台客流的监控及疏导，避免站厅非付费区内人员过度拥挤或流通不畅。

7）车站应根据客流情况，实行楼梯和自动扶梯、闸机、出入口三级控制。

8）当站台发生拥挤时，车站应采取关闭部分自动售票机、进站闸机的措施，以减缓乘客购票进站的速度，控制进站客流，或在某些出入口实行单向疏导方式，缓解站内客流压力。

9）站台保安应密切注意站台和列车情况，一旦发生列车上乘客拥挤，乘客上车有困难时，车站应立即向控制指挥中心请求加开列车。

10）列车驾驶员发现有乘客上不了车或影响车门、屏蔽门关闭时，应及时报告行车调度员，并通过广播引导乘客有序上车。

6. 车站地区客流接驳与疏散的方法

车站往往是乘客出行链过程中的重要节点，车站地区客流可以有多种交通方式进行连接和疏散，包括步行方式、自行车方式、常规交通方式、出租车方式以及其他方式等。针对车站类种不同，其复杂程度亦不相同，此处主要针对集中多种方式的换乘枢纽车站来说明。

针对换乘枢纽地区的客流接驳和疏散，应特别考虑下面几个方面的原则：

1）行人流动线简单、明确。

2）行人流动线尽量与车辆流动线分离，保证行人安全。

3）交通工具之间相互顺利连接。
4）不同换乘工具之间的冲突最低。
5）完善诱导系统，快速分流。
6）周边道路与内部道路相协调。

落实在具体的设计中，这几方面主要体现在静态的停车场地的布置和设计，动态的人流组织、车流组织，以及相关的控制性管理措施。

（1）静态交通组织。静态交通组织主要是结合枢纽车站的设计和换乘客流方式，做好各类停车场地（自行车、出租车、自备车等）的规划布局，合理布置常规公交站点。

（2）人流组织。人流组织主要是提供明确的通行空间，设置良好的引导标志，引导行人通向指标的目的地，设置齐全的无障碍人行系统。

（3）车流组织。换乘枢纽地区周边道路交通需求不同，在周边道路数量多而布置复杂、交通压力大的情况下，可以对通道通行进行管制来降低区域内的冲突点，如采用单行措施，甚至可以封闭入口，将道路改为步行街。另外，常规公交电车、汽车往往是接驳城市轨道交通客流的一种重要方式，在运营调度和发车时刻安排方面可以加以调整，与城市轨道交通协调起来。

四、突发事件客流组织办法

突发事件是指在城市轨道交通车站内、列车上或其他设施设备内突然发生的危及人身安全的事件，如地震、投毒、爆炸恐吓、设备故障失火等事故。突发事件发生时在车站内或列车上的客流均称为突发事件客流。各车站应根据本站具体情况建立切实可行的突发事件客流组织预案，合理安排各岗位和地点的具体工作，迅速疏散客流，避免意外发生、扩大和蔓延。

当突发事件发生时，车站可根据实际情况采用不同的客流组织办法对乘客进行疏导，主要有疏散、清客、隔离三种办法。

1. 疏散

疏散是指在紧急情况下，利用一切通道和出入口迅速将乘客从危险区域全部转移到安全区域，按照疏散地点可分为车站疏散和隧道疏散，车站可因火警、列车事故、炸弹恐吓、气体泄漏、水淹等多种情况进行紧急疏散。

2. 清客

清客是指当车站或列车出现异常时，需要将乘客从某一区域全部转移到另一区域，清客可分为非紧急/紧急情况清客、设备故障清客、列车失火或冒烟清客、清客至站台、清客至轨道等多种情况。

3. 隔离

隔离是指采用某种方式或设备人为地隔开人群或封闭某个区域，根据隔离的原因，隔离的组织方法有以下四种：非接触纠纷隔离、接触式纠纷隔离、客流流线隔离和疫情隔离等。

车站突发事件的客流组织需要城市轨道交通运营企业各个部门的高度配合，力争在最短的时间内完成客流的转移。对于城市轨道交通运营企业而言，这种客流组织应定期进行现场模拟演练，让每位员工充分了解自己的岗位职责及作业程序，只有这样才能保证在突发事件发生时客流组织工作井然有序，乘客得以安全、快速地转移。

【案例解析】乘客恐慌引起踩踏事故

1. 事故概况

2015年4月20日上午8点30分，某城市轨道交通5号线上，一名女乘客在站台上晕倒，引起乘客恐慌情绪，部分乘客奔逃踩踏，引发现场混乱，12名乘客受伤被送往医院。

城市轨道交通工作人员告诉记者，事件发生时很多人在等车，突然3车厢和4车厢的站台之间就喧闹起来，有乘客晕倒在地，"她晕倒时刚好有保洁员在旁边，保洁员随即就用对讲机叫来了工作人员帮忙喂水，但随后几秒钟乘客就发生了骚动。"工作人员随即报警并拨打了120。

从监控画面看，整个事件过程约40s。事发时，正是上班高峰期，站台内挤满了人。晕倒女子周围的乘客因了解情况，比较镇静，但因往后退让出救援空间，而产生"波浪"效应，其他乘客也开始往后退，随后演变成有人开始跑，并且有人开始惊叫，导致越是远处不明真相的乘客越害怕，跑得越慌乱，随后引发了踩踏事件。

踩踏事件发生后，车站随即启动了广播等应急预案疏导乘客。监控画面显示，混乱的现场迅速就恢复了平静，站台内的绝大多数乘客都搭乘到站城市轨道交通列车离开。整个骚乱过程起止时间不超过2min，但却造成比较严重的后果。

2. 原因分析

上班高峰期、人员密集、恐慌心理等要素叠加在一起，造成了踩踏事故的发生。

3. 防范措施

1）制订突发事件的应急预案并组织演练，确保工作人员能采取正确的应急疏导措施，同时遇大客流紧急情况，应采取临时性单向通行、限流或越站等措施。

2）作为特殊场合，城市轨道交通的安全防范体系应当更加健全，引入踩踏预防体系，基于智能视频等进行实时提醒和预警，做到防患于未然。

3）加强市民紧急救援训练有关宣传及培训，在发生紧急情况时形成社会公认的行事秩序，避免紧急时的恐慌与混乱。

单元三　施工作业安全管理

【情境导入】

行车的安全在很大程度上取决于施工安全。做好施工安全工作，确保行车设备、设施维修保养符合技术要求，才能使城市轨道交通顺利开展运营。一旦施工安全出了问题，运营与施工没有很好地衔接，将有可能导致轨道交通运营事故的出现，给人民生命财产造成损害，给国家和企业财产造成严重损失，使城市轨道交通运输的秩序紊乱，严重影响乘客出行。因此，要高度重视施工安全工作，为城市轨道交通的安全运营奠定良好的基础。

【单元要求】

（1）掌握施工计划制订的流程及关键事项。

（2）掌握施工安全管理的相关方的职责及关键事项。

(3) 掌握施工组织中时间安排、进出站及施工过程中的相关要求。
(4) 掌握工程车开行中的调度及开行过程中的要求。

【知识内容】

为提高维修、施工的效率,保证设备维修质量,确保维修和施工的安全,要成立有效的施工管理组织,加强对维修、施工作业的管理:
1) 组织对工程施工方案进行审核。
2) 协调单位的作业计划,处理作业计划变更事宜,跟进作业计划实施情况。
3) 编制、发布施工行车计划。
4) 组织对工程质量进行检查和验收。
5) 组织对外单位人员进行轨道施工安全培训。
6) 定期对施工工作的开展情况进行分析、总结,并有针对性地改进工作。

一、施工计划的制订

1. 施工计划

施工计划可按计划的时间不同进行划分,也可按计划的施工作业地点和性质不同划分,例如是否影响正线、是否影响车厂等。
1) 属于正常修程内的作业应结合设备检修计划进行编制,加强计划性。
2) 若在运营时间对设备进行临时抢修,则必须在停运后继续安排临时性的设备补修。

2. 施工计划申报程序

1) 外单位施工负责人必须接受培训后才能够申请在城市轨道施工作业中担任负责人,施工作业编制部门与外单位施工负责人签订安全协议。
2) 施工单位、内部相关部门应按规定时间向施工计划编制部门提报计划,施工计划编制部门平衡协调后发相关部门执行。
3) 施工单位、内部相关部门应填写施工计划申报单,其中包括作业日期、作业部门、作业时间、作业区域、作业内容、供电安排、申报人、防护措施、备注(列车编组、配合部及详细配合要求、联系电话等)。

3. 施工计划的编制

(1) 计划编制原则。
1) 在确保安全的前提下,考虑均衡安排,避免集中作业。
2) 处理好列车的开行时间和密度、施工封锁等几方面的关系,避免抢时、争点现象。
3) 经济、合理地使用机车车辆,避免浪费资源。
(2) 施工进场作业令。
1) 凡进行计划施工,都必须领取施工进场作业令,以此作为请点施工的凭证。
2) 施工计划编制部门负责施工进场作业令的管理工作。

二、施工安全管理

1. 施工责任人制度

施工安全管理

每项施工作业需设立一名施工负责人,辅站另设施工责任人,两者必须经过培训后取得安全资格证书，并实行持证上岗制度。

(1) 施工负责人、施工责任人职责。

1) 负责作业人员、设备的管理。
2) 办理请、销点手续。
3) 作业过程的组织指挥。
4) 及时与车站、车厂联系作业有关事项。
5) 组织设置、撤销作业安全防护设施。
6) 出清作业区域、设备状态恢复正常。

(2) 施工负责人、施工责任人任职条件。

1) 熟知行车规章制度及有关规定。
2) 熟悉该项作业的性质、内容、方法、步骤、要求等。
3) 具备与该项作业相关的安全知识和技能。
4) 经过培训并考试合格，取得相关资格证书。

2. 施工防护要求

1) 施工作业防护遵循谁设置谁撤除的原则，实行"自控、互控、他控"。
2) 所有施工作业必须按施工管理规定以及各专业检修作业规程的规定设置安全防护，施工负责人应检查落实施工作业的安全防护措施，确保防护到位，杜绝安全隐患，所有施工作业部门应根据各专业的作业性质和实际情况，进一步制订并落实好安全防护措施，确保施工作业的安全。
3) 凡进入线路的施工作业人员必须按要求穿荧光衣、绝缘鞋，并根据作业性质及作业要求使用其他安全防护用品。
4) 站内线路施工时，由施工负责人（或由其指定专人）在车站两端墙外轨道中央的道床上设置红闪灯防护。
5) 在站间线路施工时，由施工负责人（或由其指定专人）在作业区域外的两端轨道中央的道床上设置红闪灯防护，两端车站在靠近作业区域一侧的端墙看不清红闪灯时，站务人员负责在靠近作业区域一侧的端墙处站台上设置红闪灯防护。
6) 站间线路施工前，由请点车站通知作业区另一端车站值班员施工线路占用情况，两端车站检查是否需在车站放置红闪灯防护；施工结束后，请点车站撤除本站设置的红闪灯，并通知作业区另一端车站值班员撤除红闪灯。
7) 遇到跨越站内站间时，由施工负责人在作业区外两端轨道上设置红闪灯防护，作业区两端车站根据第 5 项要求检查本站是否需要设置红闪灯防护。
8) 红闪灯设置人员应定期检查红闪灯是否按规定摆放及红闪灯状态是否良好。
9) 在折返线、存车线、联络线上施工时，须在作业区域的可能来车方向处放置红闪灯防护。
10) 车站值班人员到站台检查红闪灯是否按规定摆放，并监督红闪灯状态是否良好。
11) 接触网停电检修或须接触网停电配合挂地线时，在该作业地段两端挂接地线。
12) 施工作业时除严格执行以上规定外，还要按施工部门的有关施工操作程序的防护规定执行。
13) 凡在运营时间内进行作业的，必须做好防护措施，确保城市轨道交通乘客的安全，最大限度减少对乘客的影响。

3. 现场施工要求

1）人、工程车在同一区域作业时，由施工负责人与车长根据现场情况协调。

① 按施工前进方向，列车在前，人员在后，原则上不得颠倒或列车运行前后皆有作业。

② 非随车施工人员与列车应有一定的安全间隔，原则上列车不得随便后退，如有需要动车时，必须施工负责人和车长协商后才能动车，确保人身安全。

③ 作业人员应在现场作业区的来车方向设置红闪灯防护。

2）组织工程车运行时，在工程车运行的到达站前方必须保证至少有一个站间区间空闲。

3）在开行工程车进行作业的封锁作业区前后方必须保证至少有一个站台区或站间区间空闲。

4）在开行高速调试列车的封锁作业区前后方必须保证至少有一个站间区间空闲。

5）凡进入线路施工的施工作业人员必须按要求穿荧光衣，并根据作业性质及作业要求使用其他安全防护用品。

6）施工作业过程中如要进行动火作业，必须事前办理有关动火手续，严禁在未办理动火手续的情况下进行动火作业。

7）外单位施工由主办部门或主配合部门负责安全管理、安全监督。

8）各施工单位、部门在申报施工计划时应严格按照相关规定，结合施工作业过程中的实际情况，提出安全防护要求和配合要求。在施工作业过程中，施工单位和部门应严格遵守安全规定和施工进场作业令中的要求。

三、施工组织

1. 施工时间的安排

1）如有工程车运行时必须等工程车过后才能开始施工。

2）严格按照施工计划按时完成施工作业。

3）每日尾班车离开起点站后，可由车站根据施工登记表向行车调度预请点。

4）车厂内施工（作业）时间安排严格按照施工计划的要求执行，车厂调度、维修调度、派班员应根据当日施工计划提前做好线路空闲、车辆和驾驶员配合准备。

2. 施工的组织

（1）各施工单位及部门的施工、检查作业，应严格控制作业区范围及作业时间。

1）外单位施工负责人（责任人）必须持安全资格相关证件后，方可在城市轨道交通范围内进行施工。

2）施工负责人持安全资格相关证件，方有资格申请城市轨道交通施工。

3）持有安全资格相关证件的施工负责人，应向施工计划编制部门申报施工计划。

4）以主办部门或主配合部门名义申报的外单位作业，应由外单位人员担任施工负责人，主办部门或主配合部门协助办理请销点。

（2）施工人员进出站规定。

1）施工负责人持作业令在作业令规定的施工开始时间前到达主站；施工责任人及维修人员在作业令规定的施工开始时间前到达辅站和相关车站；按规定程序办理施工作业手续。

2）向内部相关部门配发车站紧急出入口的钥匙。施工人员遇特殊情况需在收车后到达车站的，施工负责人到内部相关部门申请领取车站出入口钥匙，经各站指定的紧急出入口进出车站，及时将出入口上锁。

3）外单位的施工人员进出车站必须提前与车站当值人员联系，并于关站前进站。特殊情况确需关站后进入的应事先与车站预约，车站根据预约的地点、时间，查验手续后开门放行。

(3) 施工组织规定。

1）每日运营结束后，维修部门应按计划对各设备系统进行检修作业，并应于规定时间内完成运行线路巡道和施工线路出清程序。

2）在正线及辅助线施工开始前，施工负责人应进行施工登记，经行车调度批准、发布封锁命令。车站签认后，通知施工负责人设置防护信号，并送维修施工人员到站台端墙，确保施工人员进入正确的施工区域。

3）对维修、调试、施工等作业按性质、地点分别组织：涉及正线的施工作业须经行车调度批准方可进行；涉及车厂内的施工作业必须经车厂调度员同意方可进行，如影响正线行车必须报行车调度批准；涉及车站的施工作业必须经车站批准方可施工。

4）在两站之间作业需要开行工程车时，由行车调度指定的车站值班员负责掌握施工情况，监督施工安全。

5）施工结束后，施工负责人负责线路出清，人员撤离现场，经检查确认撤除防护后办理注销施工登记手续，车站报告行车调度取消封锁线路的命令。

6）需由多个车站进入施工的作业项目，施工负责人除到主站办理外，还需核实辅站情况。辅站施工责任人在作业令规定的施工开始时间前到达辅站办理登记手续，辅站值班员向主站值班员核实施工事项并请点。主站接到行车调度允许施工的命令后，传达给施工负责人及辅站值班员，允许施工责任人开始该作业点的施工。

7）当多站销点时，辅站施工责任人负责本段线路出清并报施工负责人后，在辅站销点。辅站值班员向主站值班员销点，施工负责人负责该项作业区域全部出清后，方可报主站值班员销点，主站值班员向行车调度销点。

8）有外单位作业时，由指定的施工主办部门或主配合部门人员协助办理请点后，方可开始作业。

四、工程车开行

1. 行车调度统一指挥

行车调度负责统一指挥工程车开行，在进行作业安排时，有关人员应注意以下几点：

1）安排工程车作业时，必须严格按照划分的区域安排作业。

2）工程车离开作业区返回时，车长、驾驶员负责观察工程车返车厂途中的前方线路出清情况，保证车上物品及部件不掉落，工程车在回库前向行车调度汇报。

3）工程车进路排列由行车调度负责，行车调度在指挥工程车运行时要严格确认工程车运行前后有无施工作业。

4）封锁区域工程车运行由施工负责人负责指挥。

5）涉及接触网停电挂地线且需工程车配合的作业时，工程车到达作业区后，行车调度同意后才可挂地线；作业完毕，拆除地线，得到行车调度命令后驾驶员方可动车回厂。

2. 工程车开行

1）在工程车出车厂前，工程车驾驶员要与行车调度试验无线电台的性能；工程车在运行中，驾驶员和车长要加强与行车调度的联系（如联系不上时通过车站转达），掌握列车运行计划，确认进路。

2）工程车在进站、出站、运行至曲线前、站内或区间动车前，按规定鸣笛示警。

3）工程车在车站装卸物料时，物料必须整齐稳固地堆放在距站台边缘安全限界以外的地方，车站要负责监控，查看是否有物品侵限。

3. 正线发生各类设备故障或事故时工程车、救援列车进出封锁区间的组织

1）维修调度负责向行车调度提出使用工程车的计划（人数、设备地点和数量），由行车调度向车厂调度员发布调车指令。

2）车厂调度员按行车调度的要求组织工程车开行到车厂内指定地点。

3）抢修工作执行部门原则上在工程车到达后 10min 内完成装载设备、物品等工作，并安排跟车人员上车。

4）行车调度负责组织工程车或救援列车从车厂至封锁区间前一站的运行，在封锁区间前一站把工程车或救援列车交给维修调度，并命令该站向工程车或救援列车交付封锁命令。

5）维修调度负责通知现场指挥指派一名联络员登乘工程车或救援列车驾驶室，将进入区间的计划交给车长，由车长引导进入封锁区间，并按计划指挥动车。

6）封锁区间内有道岔、辅助线时，由车长与车站联系调车进路计划，车站排好进路后通知车长，由车长指挥动车。

单元四　调试、试验安全管理

【情境导入】

城市轨道交通系统运营过程中，会引进部分新设备、新技术、新科技，如果新设备、新技术运用得好，整个系统的安全运营工作将提高一个台阶；反之，则会给城市轨道交通系统的安全运营带来隐患，甚至会导致事故的发生。

因此，需要投入使用的设备，都需要进行一定的安全调试、检查，再进行规范的安装、使用。设备从购进到投入使用这一过程中安全管理的重点是，保证设备安装符合有关的安全技术规范（检查、审核设备及生产），要求整个安装、调试过程都在受控状态下进行，对每一项施工工序进行安全验收并签署验收凭证，认定安全合格、手续完备后，方可投入正式使用。

【单元要求】

（1）了解设备调试、试验过程的安全方法及安全要求。

（2）掌握设备、线路的调试，试验计划申报与实施管理。

（3）掌握线路车辆调试、试验的行车安全注意事项。

（4）掌握设备安装及调试、试验中的注意事项。

【知识内容】

一、设备调试、试验的过程管理

设备安装调试实施过程应满足以下要求。

1. 开箱验收

新设备到货后,由设备管理部门会同购置单位、使用单位(或接收单位)进行开箱验收,检查设备在运输过程中有无损坏、丢失,附件、随机备件、专用工具、技术资料是否与合同、装箱单相符,并填写设备开箱验收单,存入设备档案。若有缺损或不合格现象,应立即向有关单位交涉处理,索取或索赔。

2. 设备安装施工

按照工艺技术部门绘制的设备工艺平面布置图及安装施工图、基础图、设备轮廓尺寸以及相互间距等要求画线定位,组织基础施工及设备搬运就位。在设计设备工艺平面布置图时,对设备定位要考虑以下因素:

(1) 应适应工艺流程的需要。
(2) 应便于工件的存放、运输和现场的清理。
(3) 应确保设备及其附属装置的外尺寸、运动部件极限位置及安全距离。
(4) 应保证设备安装、维修、操作安全的要求。

在安装过程中,对基础的制作、装配连接、电气线路等项目的施工,要严格按照施工规范执行。安装工序中如果有恒温、防震、防尘、防潮、防火等特殊要求,应采取相应措施,条件具备后,方能进行该项工程的施工。

3. 设备试运转

设备试运转一般可分为空转试验、负荷试验、精度试验三种。

(1) 空转试验。为了考核设备安装精度的保持性、设备的稳固性等有关各项参数和性能,应在无压力状态下进行空转试验,一定时间的空负荷运转是新设备投入使用前进行磨合的一个不可缺少的步骤。

(2) 负荷试验。它是指试验设备在数个标准负荷工况下进行的试验。

(3) 精度试验。一般应在负荷试验后按说明书的规定进行精度试验,既要检查设备本身的几何精度,也要检查工作(加工产品)的精度。

4. 设备试运行后的工作

首先,断开设备的总电路和动力源,然后做好下列设备检查、记录工作:

(1) 磨合后对设备开行清洗、润滑、紧固,更换或检修故障零部件并进行调试,使设备进入最佳使用状态。

(2) 整理设备几何精度、加工精度的检查记录和其他机能的试验记录。

(3) 整理设备试运转中的情况(包括故障排除)记录。

(4) 对于无法调整的问题,分析原因,从设备设计、制造、运输、保管、安装等方面进行归纳。

(5) 对设备动转给出评定结论、处理意见,办理移交手续,并注明参加试运转的人员和日期。

5. 设备安装工程的验收与移交使用

（1）设备基础的施工验收由质量检查员会同施工员进行验收，并填写验收单。

（2）设备安装工程的最后验收，在设备调试合格后进行。

（3）设备验收合格后办理移交手续。

（4）设备移交完毕，由设备管理部门签署设备投产通知书，并将副本分别交设备管理部门、使用单位、财务部门、运营管理部门。

二、设备调试、试验的安全要求

设备安装调试中的安全包括设备施工中的安全、设备试运行安全和设备自身的安全状况，安装施工和试运行的安全应按有关作业和运行操作安全要求进行，下面仅分析对设备自身安全状况的要求。

设备安装好后，应逐项检查设备的安全状态及性能是否符合要求，检查的安全项目包括静态和动态两方面，静态检查项目在设备不运行的条件下进行，如设备表面安全性、安全防护装置的工作性能与可靠性、设备运行中粉尘和毒物、易燃等物体的产生情况等。设备安装调试的安全检查除参照上述设备购置的各项安全要求外，还应检查下列各项安全要求。

1. 控制系统

当动力源发生异常（偶然或人为切断或变化）时，控制装置应保证不会造成危险，即使系统发生故障或损坏，也不致造成危害。

必要时，控制装置应能自动切换到备用动力源和备用设备系统，自动或半自动控制系统应设有必要的保护装置，以防止控制指令紊乱；同时在每台设备上还应辅以能单独操纵的手动控制装置。

2. 安全防护装置性能

安全防护装置应符合产品标准规定的可靠性能指标要求，应便于调节、检查和维修，并不得成为危险源。避免在安全防护装置和可动零部件之间产生接触危险，所有安全显示与报警装置都应灵敏、可靠，电气设备接地和防雷接地必须牢固可靠，接地电阻符合规范标准要求。

3. 尘毒产生情况

凡工艺过程中能产生粉尘、有害气体和其他毒物的生产设备，应尽量采用自动加料、自动卸料和密闭的装置，吸收、净化、排放的有害物浓度应符合国家标准规定。对于有毒、有害物质的密闭系统，应避免跑、冒、滴、漏。必要时，应配置监测、报警装置。对于生产过程中尘、毒危害严重的生产设备，必须安装可靠事故处理装置并采取应急防护措施。

4. 噪声和振动的设备

设备噪声、振动应符合标准限定值的规定，必须在产品标准中明确规定噪声、振动指标限值，并采取有效防治措施，对固有强噪声、强振动设备，宜设置隔离或遥控装置。

5. 防火与防爆性能

生产、使用、储存和运输易燃易爆物质和可燃物质的生产设备，应根据其燃点、闪点、爆炸权限等不同性质采取相应预防措施，包括实行密闭，严禁"跑、冒、滴、漏"；配置监测报警、防爆及消防安全设施；避免摩擦撞击，消除接近燃点、闪点的高温因素，消除电火花和静电积聚；设置惰性气体（氮气、二氧化碳等）置换及保护系统，设置水封、阻火器等安全装置等。

6. 人员操作的安全性

生产设备上供人员作业的位置应安全可靠，其工作空间应保证操作人员的头、臂、手、腿、足在正常作业中有充足的活动余地，危险作业点应留有足够的退避空间，作业空间满足以下要求：

（1）保证人员操作的安全、方便和舒适。

（2）应采用防火材料，其门窗透光部分应采用易清洗的安全材料制造，并应保证操作者在作业空间内就能擦拭。

（3）应具有防御外界有害作用（如噪声、振动、粉尘、毒物、热辐射和落物等）的良好性能。

（4）作业空间应保证操作人员在事故状态下能安全撤出。

三、线路调试、试验计划申报与实施管理

对正线范围内的调试、试验，在调试、试验过程中，行车调度与调试、试验负责人必须加强联系，行车调度有权向调试、试验负责人了解调试、试验进行情况，调试、试验负责人有责任向行车调度通报调试、试验进行情况。对车厂范围内的调试、试验，在调试、试验过程中，车厂调度员与调试、试验负责人必须加强联系，车厂调度员有权向调试、试验负责人了解调试、试验进行情况，调试、试验负责人有责任向车厂调度员通报调试、试验进行情况。同时要注意以下事项：

（1）在调试过程中，无论调试区段是否封锁，在调试区段原则上不能进行其他施工作业，若确需要在调试区段抢修设备，由抢修施工负责人与调试、试验负责人联系，在得到调试负责人许可后，行车调度可在保证运营安全的原则下，安排进入调试区段抢修。

（2）凡在城市轨道交通范围内进行的调试、试验工作，均由控制中心负责跟踪调试、试验过程。

（3）调试、试验作业现场的清点与销点流程及作业安全防护措施应按施工管理规定执行。

（4）调试、试验作业结束后，调试、试验工作人员应该清扫、整理现场；调试、试验负责人应进行周密检查，确认无误后方可离开。

四、线路车辆调试、试验中的行车安全

调试、试验车辆行车安全包括：

（1）客车调试、试验作业的运行安全工作由驾驶员负责，在调试、试验客车运行过程中，禁止调试、试验人员擅自动用与行车安全有关的设备设施。

（2）客车进行任何调试、试验，必须由调试、试验负责人统一指挥，驾驶员必须根据调试、试验负责人的要求操纵列车。需要动车时，必须与车场值班员或行车调度联系落实运行进路的安全，得到其同意并确认行车"三要素"（进路、信号、凭证）符合行车条件后方可动车。

（3）严禁爬上客车车顶，运行中严禁探身车外、飞乘飞降下车，任何人不得扶着手扶杆站在车厢外面。进行动态试车前，必须确保客车的制动系统功能良好；静态试车前，必须

对车辆施加停车制动。

（4）客车驾驶员应该按列车操作条款及检车流程对调试、试验客车进行全面检查、试验，确保客车状态符合行车要求；客车有异常或故障时，要严格按照相关要求及时汇报、处理。

（5）在客车动车出场前，驾驶员必须正确理解调度命令内容，明确调试指挥负责人，与其确认调试内容及安全注意事项，清楚并正确执行调试程序。驾驶员须检查确认客车制动试验、线路限界、进路信号的显示、调试人员及设备到位等情况是否具备行车安全条件，如有异常及时报告车厂调度员。

（6）严禁客车实习员操纵列车进行调试、试验作业，驾驶员应严格执行规章制度并控制好速度，加强呼唤应答，认真操作，密切注意观察设备、仪表的状态，遇信号异常或危及行车安全时，应立即采取紧急停车措施，并及时报告调试、试验负责人及行车调度或车厂调度员，听从其指示，确保调试客车安全；作业途中停止时，没有调试、试验负责人的指示，严禁擅自动车。

（7）在调试、试验作业过程中出现车辆故障时，客车驾驶员应及时向调试负责人汇报，由其进行处理，视其需要给以协助；禁止未经调试负责人同意擅自动用车载设备进行任何试验操作。

（8）在客车调试、试验期间，驾驶员需服从调试、试验负责人的指挥，但调试、试验负责人提出的调试要求超出计划内容时，驾驶员应及时向行车调度（在车厂则报车厂调度员）汇报并得到其同意后方可执行。下列情况驾驶员应给予坚决制止，严禁动车，并将情况报告行车调度（在车厂则报车厂调度员）处理，若调试人员不听劝阻，驾驶员有权停止作业：

1）调试、试验指令违反相关安全规定或规章时。

2）危及行车安全时，如有物品侵入限界、道岔位置不对等情况。

3）不具备动车条件时，如客车上的设备未恢复正常位置、未进行制动试验等情况。

4）作业计划不清或计划与实际有出入时。

（9）试验线调试、试验的安全措施。

1）严格执行施工管理规定中有关在车厂内调试、试验作业组织流程，车厂调度员在接到调试、试验任务时将调试、试验计划有关内容向驾驶员布置清楚。

2）在试车线进行客车调试、试验时要遵守试车线的限制速度，按照试车线行车信号、标志要求，严格控制速度运行。

3）雨天、大雾天时严禁在试车线进行客车的高速调试、试验，制动时做到早拉少拉，并按规定停车，夜间严格进行人工模式的高速调试、试验。

4）进行调试时，必须安排两名驾驶员上岗，一人操作一人监控；驾驶员要按试验大纲要求操作，严格控制好运行速度。

（10）正线调试、试验的安全措施。

1）驾驶员应严格执行相关规定，整备客车，确保客车状态符合上正线运行要求。

2）客车出厂前，驾驶员必须检查调试、试验人员的到位情况，确认调试区间具体线路，明确调试项目、程序及其安全事项。

3）列车在始发站发车前，驾驶员要与行车调度共同确认调试、试验进路的开通情况；

驾驶员要密切注意列车运行前方的线路状态，严格执行行车调度命令，听从调试、试验负责人指挥。

4）列车调度、试验原则上按信号显示行车，若行车调度要求列车在封锁线路进行调试、试验，驾驶员必须认真确认进路上的每副道岔位置，在通过进路防护信号机、道岔时要适当降低速度。

5）每次动车前，驾驶员都要认真确认信号、进路、道岔情况，运行时要集中精力，严格按照规定的速度或按行车调度的限速命令运行，严禁超速驾驶。

6）遇较难确认信号的车站或区间，驾驶员应适当降低速度直至能清楚确认信号显示后按规定速度运行。

7）列车在两端终点或在运行中途折返换端，驾驶员应确认进路信号机的显示、道岔位置正确，并与行车调度落实运行进路后方可揷入主控钥匙，凭调度、试验负责的指令动车。

五、设备安装及调试、试验注意事项

设备安装及调试、试验的注意事项包括以下几点：

（1）所有参加设备安装、软硬件更换与调试、试验的人员都必须符合城市轨道交通安全规定的要求，并熟悉方案的要求，严禁无证操作。

（2）在调试期间如发现有危及行车安全的情况，任何人都有权中断调试。

（3）发生雷雨或风暴时，禁止在电线杆上作业；打雷时，禁止对避雷器、地线等进行调试。

（4）调试、试验需要挖坑、挖沟时，应与有关部门联系，了解地下设备情况，土质松软处应设防护和加固措施，以防坍塌，坑、沟一般不过夜，不得已时须采取防护措施。

（5）凡进行危险性较大、影响行车和人身安全的调试、试验时，都必须事先拟定安全措施，并由调试负责人组织，派专人进行防护。

（6）在设备安装、软硬件更换与调试、测试过程中须使用易燃、易爆和有毒材料的，应设专人负责、隔离存放、妥善保管。

（7）调试、试验作业中需下地沟作业时应戴安全帽，上车顶作业时应采取安全防护措施并确认其状态良好；禁止穿拖鞋、高跟鞋、硬底鞋进行作业。

（8）任何人未经允许和接地线未挂好时不得进入车顶检修平台，任何时候不得翻越车顶检修平台，未经允许不得使用移动扶梯上车顶。

（9）调试人员因调试需要进出屏蔽门端门时 必须关好端门，以免活塞风将端门吹动撞烂。

（10）调试期间，任何参与调试的人员原则上不能下调试区域的轨行区，确实有需要下去时，必须征得调试现场指挥的同意，并确认在车上已采取了相关的安全措施后，方可进入轨行区。

（11）外单位调试人员进入设备房、列车及轨行区作业，必须按本单位规定的内容执行；操作运营设备时，必须有本单位人员在场。

（12）在调试过程中，主办部门必须督促供货商做好充分的备件准备，以利于应对突发事件。

模块六　城市轨道交通行车与客运安全管理

【考核与提高】

一、单项选择题

1. 城市轨道交通的运作必须贯彻执行(　　)的组织指挥原则。
   A. "集中领导、统一指挥"　　　　　　　B. "高度集中、统一指挥、逐级负责"
   C. "统一指挥、逐级负责"　　　　　　　D. "集中领导、统一指挥、逐级负责"
2. 正线、辅助线的行车组织由(　　)。
   A. 值班员负责　　　B. 值班站长负责　　　C. 控制主任负责　　　D. 行调负责
3. 接发列车的组织工作是在严格遵守"行规""站细"等有关规定的情况下,按一定程序进行的工作,由(　　)统一指挥。
   A. 行调　　　　　　B. 站长　　　　　　　C. 值班站长　　　　　D. 行车值班员
4. 乘客发现紧急情况时按下列车内紧急报警按钮后可与(　　)建立通话。
   A. 公安　　　　　　B. 行调　　　　　　　C. 车控室值班人员　　D. 列车驾驶员
5. 列车延误超过(　　)min 的按事故处理。
   A. 20　　　　　　　B. 25　　　　　　　　C. 40　　　　　　　　D. 30
6. 外单位施工作业人员进出车站必须提前与车站行车值班员联系,于关站前15min凭(　　)进站。
   A. 施工作业令　　　　　　　　　　　　　B. 施工作业证
   C. 施工作业令和施工作业证　　　　　　　D. 施工作业令和车站出入通行证
7. 移动闭塞的列车防护区域由(　　)及其前后防护距离所组成。
   A. 列车长度　　　　B. 计轴区域　　　　　C. 轨道电路　　　　　D. 信标
8. 正线联锁区发生联锁故障时,由(　　)决定采用站间电话闭塞法组织行车。
   A. 行车调度员　　　B. 控制主任　　　　　C. 值班主任　　　　　D. 值班站长
9. 在两站之间的区间线路因作业需要开行工程列车时,应由(　　)负责掌握施工情况,监督施工安全。
   A. 行调指定的车站值班员　　　　　　　　B. 主站值班员
   C. 任意站值班员　　　　　　　　　　　　D. 行调
10. 开行工程列车配合的施工作业,在作业区域两端与其他施工作业必须保证至少有(　　)空闲。
    A. 一个站间区　　　　　　　　　　　　　B. 一个站台区或站间区间
    C. 一站一区间　　　　　　　　　　　　　D. 两站一区间
11. 行调在发布命令时,必须给出行调代码,书面命令需给出行调代码及命令号。(　　)可以发布口头调度命令。
    A. 开行工程列车时　　　　　　　　　　　B. 非运营期间封锁施工线路时
    C. 正线开行救援列车时　　　　　　　　　D. 开行调试列车时
12. 行调在发布命令时,必须给出行调代码,书面命令需给出行调代码及命令号。(　　)必须发布书面调度命令。
    A. 由站间电话闭塞法行车恢复为正常行车时
    B. 运营时间内因救援需要封锁线路时
    C. 开行工程列车时
    D. 采用后备人工驾驶模式驾驶时
13. 突发性人潮导致站台拥挤时,巡视岗应立即到站台维持候车秩序,对站厅与站台的楼梯、扶梯处进行第(　　)级客流控制。
    A. 一　　　　　　　B. 二　　　　　　　　C. 三　　　　　　　　D. 全面
14. 发生突发事件、事故、故障时,事故处理主任由(　　)担任,负责组织事件、事故初期的应急处理。

A. 指定人员　　　　B. 行调　　　　C. OCC 控制主任　　D. 车站值班站长

15. 进入正线、辅助线及影响正线行车的施工必须经（　　）同意。

A. 控制主任　　　　B. 行调　　　　C. DCC 主任　　　　D. 行车值班员

16. 车站客流组织主要由进站客流、出站客流、（　　）三部分组成。

A. 过街客流　　　　B. 购票客流　　C. 换乘客流　　　　D. 观光客流

二、多项选择题

1. 运营指挥机构当中属一级指挥的有（　　）。

A. 行车调度　　　　B. 电力调度　　C. 环控调度　　　　D. 信息调度

E. 车站值班员

2. 以下关于车站接发车规定描述错误的有（　　）。

A. 当信号系统故障时，车站原则上不进行接发列车作业，遇特殊情况必须接发列车时，应严格执行接发列车作业程序

B. 当信号系统操作权下放给车站控制，如不能自排进路，车站值班站长在 LCW 工作站上排列列车进路

C. 行调、行车值班员应正确掌握开放（显示）信号时机，当需要取消发车进路时，应先取消发车进路再通知驾驶员；采用站间电话闭塞法组织行车时，先取消发车进路，再收回行车凭证

D. 在列车进站或出站时，车站行车值班员及站台工作人员应监视列车的运行状态，注意站台乘客动态，发现危及行车安全时应立即按压紧急停车按钮或显示亭车手信号

3. 下面关于列车到、发、通过时刻的确认，描述正确的是（　　）。

A. 列车到达：以列车进入站台区域准确对标不再移动时停车时分为准，若列车重新启动二次对标，以第一次对标停车时分为准

B. 列车出发：以列车向前进方向起动，列车在端墙范围不再停车为准。列车出清后，因故退回发车站，再次发车则以第一次出发时分为准

C. 列车通过：以列车头部通过头端墙时分为准

D. 列车出发：以列车向前进方向起动，列车在端墙范围不再停车为准。列车出清后，因故退回发车站，再次发车则以第二次出发时分为准

4. 行车值班员交接班内容包括（　　）。

A. 列车运行情况

B. 行车备品情况（数量及状态），门禁卡、钥匙借还情况

C. 进路开通及 LCW 工作状态

D. 施工情况

E. 人员岗位情况

5. 行车值班员交接班内容包括（　　）。

A. 列车运行情况

B. 行车备品情况（数量及状态），门禁卡、钥匙借还情况

C. 进路开通及 LCW 工作状态

D. 施工情况

E. 人员岗位情况

6. 发生下列情况时，可列为重大事件的有（　　）。

A. 导致载客列车服务初步延误或中断达 20min 以上，且不能即时恢复行车服务

B. 导致载客列车服务初步延误或中断达 30min 以上，且不能即时恢复行车服务

C. 事件发生后需要关闭车站

D. 事件发生后需要关闭部分行车线
E. 运营财物轻微受损的事件

三、判断题

1. 采用自动闭塞法行车时，发车间隔必须保证一站一区间。（　）
2. 正在检修中的设备需要使用时，必须经检修人员同意。（　）
3. 绿灯表示进路开通道岔直股方向并锁闭，准许列车按照线路规定的速度经道岔直向运行。（　）
4. 大客流的组织措施主要有增加列车运能、增加车站的售检票能力、采取临时疏导措施、做好进出站客流的组织工作。（　）
5. 对正处于进路锁闭状态的联锁设备，严禁进行检修作业。（　）
6. 行车许可证交付以前必须经"双人检查"。（　）
7. 施工作业令是施工清点的凭证，凡编入周计划、日变更计划的施工，施工作业单位都必须领取施工作业令，但临时抢修计划除外。（　）
8. 当信号系统故障时，车站原则上不进行接发列车作业，遇特殊情况须接发列车时，必须严格执行接发列车作业程序。（　）
9. 车站三级客流控制时，第一、二级客流控制的决策由值班站长负责，第三级客流控制的决策应由行调负责。（　）
10. 进入线路的施工作业不论是否需要封锁站间正线线路，车站值班员均应报告行调，并由行调批准。（　）
11. 当信号系统故障时，车站原则上不进行接发列车作业，遇特殊情况必须接发列车时，应严格执行接发列车作业程序。（　）
12. 行调、行车值班员应正确掌握开放（显示）信号时机，当需要取消发车进路时，应先取消发车进路再通知驾驶员；采用站间电话闭塞法组织行车时，先取消发车进路，再收回行车凭证。（　）

四、简答题

1. 运营前检查应检查哪些内容？
2. 车站接发列车作业有哪些规定？
3. 行车值班员交接班内容有哪些？

五、名词解释

1. 城市轨道交通行车安全　　2. 人身安全　　3. 冲突　　4. 中断正线行车
5. 列车冒进信号　　　　　　6. 挤岔　　　　7. 耽误列车运行

【案例分析】 地铁脱轨事故

某城市轨道交通1、2号线首期工程南段2013年1月5日开始投入7辆列车空载运行，计划2月6日正式载客试运行。

2013年1月8日上午，该公司地铁运营分公司乘客中心司陈某、李某担任00755次列车（0013号车）值班驾驶员，由大学城南站开往晓东村站。

9时09分，列车行至春融街站至斗南站上行区间百米标DK30+905处时，与轨道左侧侵限防火门体发生碰轧，驾驶员陈某立即采取制动措施，列车滑行后第一辆车第一转向架左侧车轮脱轨，脱轨侵限的第一节车厢车头左侧与该处第一扇人防门门框发生侧面碰撞后，列车车头弹起，与第二扇人防门上侧门框发生碰擦，造成驾驶室车顶上方通风单元坠落，砸在驾驶员李某的身上，造成驾驶员李某死亡和陈某受轻伤。

市政府表示，将对造成此次事故的相关责任单位及责任人按照相关的法律法规进行严肃处理。同时，要求地铁公司针对存在的问题进行全面排查、整改，整改不到位不动车。

请结合本模块的学习内容，分析事故原因并提出相应的防范措施。

模块七 城市轨道交通安全技术管理

◆【模块导学】

1987年11月18日下午7时30分，伦敦最繁忙的君王十字地铁站发生重大火灾，造成32人（含1名消防中队长）死亡，100多人受伤（含6名消防员）。这是世界地铁史上继1903年巴黎地铁发生84人死亡的大灾之后又一起罕见的灾难性事故，震惊了英伦三岛内外的公众，引起了各国消防、地铁管理等部门的关注。英国女王伊丽莎白二世对这一灾难性事件表示震惊，首相撒切尔夫人亲赴事故现场察看并前往医院探视伤员。

伦敦地铁公司经营世界上最老、最复杂的地下铁路系统。自1863年以来，已有9条独立的线路，总长度为418km，共有270个车站，其中130个车站在地下。君王十字车站是英国最大的地下交通枢纽之一，共有5条地铁线路在站内交会，并与英国铁路系统衔接。同时也是通往英国东北部、苏格兰和约克郡的5条地铁干线的交汇点，每天都要接纳数以万计的乘客。

据报道，这次大火是从一自动扶梯下面的机房开始燃烧的，火势迅速蔓延，浓烟滚滚，充满纵横交错的地下通道。当时在车站里候车的乘客乱作一团。大火发生后，消防队员闻讯仓促赶来，由于没有及时获得地铁通道分布图和氧气防护面罩，灭火工作一度受阻，部分消防队员不顾烟熏火燎，进入地铁车站抢救乘客，结果，消防队员一人死亡，多人受伤，大火燃烧了4h之后才被扑灭。

据伦敦警方调查，这次大火是由于堆积在自动扶梯下面的垃圾被自动扶梯电动机所打出的火星点燃而引起的。也有人说，是由于被丢弃尚未熄灭的烟头而引起的。由此可见，伦敦地铁缺少最起码的安全设施。在1985年牛津地铁站发生火灾后，有关专家曾建议，在地铁中安装烟雾探测器、火警报警器和自动喷水灭火系统等防火设施，改进迷宫般的地铁出口路线，但由于地铁部门经费不足，没有采纳这些有益的建议，从而酿成了大祸。

城市轨道交通系统是一个牵涉到多种技术领域，由多种设备、多种硬软件、多种设施组成的复杂系统，其安全管理涉及消防安全、电气安全、设备安全、危险化学品安全等，每个业务板块均有相对应的安全管控重点、难点，需要有专门的工作部门专项负责其安全性、可靠性的研究与措施的落实。

▶【学习目标】

（1）能熟知不同类型火灾的扑救方法和灭火器的使用方法，能扑灭初起小火。

（2）能熟知电气安全要求和触电的防护措施。
（3）能辨别设备的危害及有害因素和运用地铁应急设备。
（4）能辨别简单的危险化学品，熟知危险化学品事故及疏散逃生原则。

单元一　消防安全管理

【情境导入】

从世界城市轨道交通 100 多年来的事故教训来看，城市轨道交通灾害中发生频率最高和造成危害损失最大的就是火灾。据不完全统计，我国城市轨道交通自 1969 年相继投入运行以来，因变电所、城市轨道交通车辆内的电气设备和线路出现故障以及违章电焊和电气设备误操作等，共发生火灾 156 起，其中重大火灾 3 起，特大火灾 1 起。由于城市轨道交通具有运营线路长、站点多、客流量大、地下车站空间封闭、隧道区间狭窄等特点，一旦发生火灾，人员疏散逃生和灭火应急救援难度大，极易造成群死群伤的重特大火灾事故。因此，城市轨道交通消防安全不容忽视。

【单元要求】

（1）掌握城市轨道交通火灾的特点及其危害。
（2）掌握防火灭火的安全管理基本知识和具体措施。
（3）掌握城市轨道交通火灾救援的方法。
（4）掌握城市轨道交通车站、列车火灾自救与逃生的方法。
（5）了解城市轨道交通中常用的设备和消防设施的使用方法。

【知识内容】

城市轨道交通
消防安全概述

一、城市轨道交通消防安全概述

从世界城市轨道交通 100 多年来的事故教训来看，其灾害中发生频率最高和造成危害损失最大的就是火灾，约占灾害比例的 30%，比例最高。历史上几次大的火灾案例包括：1987 年，英国地铁火灾；1991 年，德国柏林地铁火灾（18 人送医院急救）；2003 年 1 月，英国伦敦地铁列车撞上月台引起大火事故（造成至少 32 人受伤）；2003 年 2 月 18 日，韩国大邱地铁人为纵火事故（造成 135 人死亡，137 人受伤，318 人失踪）。可见，城市轨道交通一旦发生火灾，与在地面建筑发生同样事故相比，将更加难以控制，具有极大的危害性。在我国政府大力推进城市轨道交通建设的今天，其火灾事故的预防和应对已经引起全社会的高度关注。

1. 城市轨道交通火灾特点

城市轨道交通大部分运行于由车站和隧道构成的相对封闭的空间内，人和设备高度密集。在这种特殊的环境中，一旦发生火灾事故，其危害将是极其严重的。主要原因有：

（1）灭火救援困难。城市轨道交通的火灾比地面建筑的火灾扑救要困难得多，其难度相当于扑救超高层建筑最顶层的火灾。这是因为当地面建筑发生火灾时，可以直接在建筑物外从产生的火光、烟雾判断火场位置和火势大小。而城市轨道交通发生火灾时，地下空间狭窄，究竟发生在哪个部位，无法直观火场，需要详细询问和研究地下工程图，分析可能发生火灾的部位和可能出现的情况，才能做出灭火方案。同时出入口有限，而且出入口又经常是火灾时的冒烟口，消防人员难以接近着火点，扑救工作难以展开，再加上地下工程对通信设施的干扰较大，扑救人员与地面指挥人员通信联络困难，为消防扑救工作增加了障碍。

(2) 容易造成人员窒息死亡。城市轨道交通火灾发生时，由于隧道的相对封闭性，大量的新鲜空气难以迅速补充，致使空气中氧含量急剧下降。火灾产生的烟气在相对封闭的空间内弥漫，容易造成人员窒息死亡。有研究表明，空气中氧含量降至15%时，人体肌肉活动能力下降；降至10%～14%时，人体四肢无力，判断能力低，易迷失方向；降至6%～10%时，人即会晕倒，失去逃生能力；降至5%以下时，人会立即晕倒或死亡。

(3) 人员疏散困难。城市轨道交通地下空间中，乘客在紧急情况下容易发生惊慌，相互拥挤而踩踏伤亡。首先，地下隧道完全靠人工照明，火灾时，人的视觉完全靠事故照明和疏散标志指示灯保证，再加上浓烟，使疏散人员的可视距离降低，疏散极为困难。火场中产生的一些刺激性气体也会使人睁不开眼睛，看不清逃生路线。其次，城市轨道交通发生火灾时，逃生的出口和路线比地面建筑少，只能通过站台出口逃生，且在城市轨道交通车站里发生火灾时，人员的逃生方向与烟气的自然扩散方向一致，烟的扩散速度一般比人步行快，所以人员疏散很困难。

(4) 发烟量大。火灾时产生的发烟量与可燃物的物理化学特性、燃烧状态、供气充足程度有关。城市轨道交通列车的车座、顶棚及其他装饰材料大多是可燃性材料，地下隧道发生火灾时，由于新鲜空气供给不足，气体交换不充分，产生不完全燃烧反应，导致一氧化碳（CO）等有毒有烟气体大量产生，不仅降低了隧道内的可见度，同时加大了疏散人群窒息的可能性。在韩国大邱城市轨道交通事故里，人们发现一个很奇怪的现象：在站台一张桌子的周围死了很多人。经过专家分析，原来这是因为在火灾发生时，浓烈的烟雾使地铁里漆黑一团，在人正常的视野高度根本看不见地面。慌乱的人群失去辨别自身周边情况的能力，于是一张桌子就成了大家逃生路线上的障碍物，以至于很多人始终在围着桌子跑，最终被烟气熏死。

(5) 排烟排热差。城市轨道交通的地下隧道，热交换十分困难。发生火灾时不能像地面建筑那样有80%的烟可以通过破碎的窗户扩散到大气中，而是聚集在建筑物内，无法扩散，易使温度骤升，较早出现"爆燃"。烟气形成的高温气流会对人体产生巨大的影响，流动性很强的烟和有毒气体，若不加以控制或及时排除，则会在地下通道内四处流窜，短时间内充满整个地下空间，给现场遇险人员和救灾人员带来极大的生命威胁。

2. 城市轨道交通消防安全的危害因素

(1) 电气线路、电气设备故障引发火灾。城市轨道交通车站（含城市轨道交通列车）内电气线路、电气设备高度密集，电气线路和设备在运行中发生短路、过负荷、过热等故障是引发城市轨道交通火灾事故的重要因素。

(2) 人为因素引发火灾。工作人员违章操作、用火不慎，乘客携带易燃易爆危险品乘车、在城市轨道车站内吸烟、人为纵火等也可能引发城市轨道交通火灾事故。

(3) 环境因素引发火灾。环境因素引发的火灾主要包括城市轨道交通内部潮湿、高温、粉尘大、鼠害等因素。城市轨道交通内部通风不畅、隧道散热不良等原因导致温度过高；隧道内漏水情况比较普遍，地下湿气不易排出，导致地下空间湿度大；老鼠等小动物啃咬电缆电线等。上述环境因素可能造成电气设备、线路绝缘性能下降，造成电气设备短路引起火灾。

（4）城市轨道交通车站合建的外来建筑物带来的危害因素。特别是处于中心闹市区的城市轨道交通车站，常常与地面商业建筑合建。由于商场、车库、写字楼等商业场所具有较高的火灾风险，同时此类场所的风险管理和控制工作通常不由城市轨道交通企业控制，因此比城市轨道交通运营本身而言相对薄弱。一旦发生火灾、爆炸及其他灾害，不仅可能对城市轨道交通正常运营带来影响，严重时甚至可能造成城市轨道交通财产和人身方面的重大损失。对于存在此类商业经营场所的城市轨道交通车站，城市轨道交通本身风险以外的各种风险（包括火灾和爆炸的风险）不容忽视。

3. 城市轨道交通消防安全管理

城市轨道交通运营管理部门应结合运营特点制订完善的消防安全管理制度，对消防组织、消防安全责任、消防安全教育和培训、防火检查、消防值班、消防设施（器材）管理、动火管理、消防安全隐患整改、消防应急预案及演练、消防档案管理等方面进行规范，对消防安全进行严格管理。

二、防火灭火基本知识

1. 火灾的分类

燃烧是指可燃物与氧气或氧化剂作用发生的放热反应，通常伴有火苗和发烟的现象。失去控制的燃烧所造成的灾害称为火灾。

（1）按燃烧对象分。火灾具有极大的危害性，主要表现在两个方面：一是人员伤亡，二是财物损失。GB/T 4968—2008《火灾分类》根据可燃物的类型和燃烧特性将火灾分为A、B、C、D、E、F六类，六个不同类别的火灾分类对选用灭火方式，特别是对选用灭火器灭火具有指导作用。

A类火灾：固体物质火灾。这种物质通常具有有机物性质，一般在燃烧时能产生灼热的余烬。

B类火灾：液体或可熔化的固体物质火灾。

C类火灾：气体火灾。

D类火灾：金属火灾。

E类火灾：带电火灾，物体带电燃烧的火灾。

F类火灾：烹饪器具内的烹饪物（如动植物油脂）火灾。

（2）按火灾的损失严重程度分。

1）特大火灾：死亡10人以上（含10人），重伤20人以上；死亡、重伤20人以上；受灾50户以上；烧毁财物损失100万元以上。

2）重大火灾：死亡3人以上，重伤10人以上；死亡、重伤10人以上；受灾30户以上；烧毁财物损失30万元以上。

3）一般火灾：不具备重大火灾的任一指标。

（3）按起火直接原因分。可分为10类：①纵火；②违反电气安装安全规定；③违反电器安装安全规定；④违反安全操作规程；⑤吸烟；⑥生活用火不慎；⑦玩火；⑧自燃；⑨自然灾害；⑩其他。

2. 防火灭火的基本原理

燃烧必须同时具备三个条件：一是可燃物，如汽油、液化石油气、木材、纸张等；二是助燃物，主要是空气中的氧气；三是着火源，如明火、电火花、雷击等。即燃烧的三要素是可燃物、助燃物（氧化剂）和火源，只有以上三个条件同时具备，燃烧才会发生。燃烧根据表现形式不同可分为着火、自燃、闪燃、爆炸。通过研究和分析燃烧的条件可知，防止这三要素同时存在或避免其相互作用是防火的基本原理。

（1）消除火源。可燃物和氧化剂在人们的生活中随处可见，也就是说，具备了引起燃烧的三要素中的两个。因此，最基本的灭火措施就是消除火源。火灾原因调查实际上就是查出是哪种着火源引起的火灾。

消除着火源的措施很多，如安装防爆灯具、禁止烟火、接地避雷、隔离和控温等。

（2）控制可燃物。控制可燃物的措施主要有：

1）以难燃和不燃材料代替可燃材料，如用水泥代替木材建筑房屋。

2）降低可燃物质（可燃气体、蒸气和粉尘）在空气中的浓度，如在车间或库房采取全面通风或局部排风，使可燃物不易积聚，从而不会超过最高允许浓度。

3）防止可燃物质的跑、冒、滴、漏。

4）对于那些相互作用能产生可燃气体或蒸气的物品应加以隔离，分开存放，如电石与水接触会相互作用产生乙炔气体，所以必须采取防潮防水措施。

（3）控制助燃物。控制助燃物的具体方法包括：

1）将易燃易爆物质置于密闭设备中进行生产。

2）对有火灾爆炸危险的生产采取充装惰性气体的措施。

3）隔绝空气储存，如将二硫化碳、磷储存于水中，将金属钠储存于煤油中。

4）禁止将能反应并产生助燃物的化学物质存放在一起，如苯和过氧化氢就不能放在一起。

（4）阻止火势蔓延。具体方法包括：

1）在建构筑物及储罐、堆场等之间留足防火间距，在车间、仓库里安装防火门、筑防火墙或划分防火分区。

2）在有压力的容器上安装防爆膜和安全阀。

3）在能形成爆炸介质的厂房设置泄压门、轻质屋盖、轻质墙体等。

4）在可燃气体管道上安装阻火器及水封等。

3. 灭火的基本方法

火灾通常都有一个从小到大、逐步发展、直到熄灭的过程，火灾过程一般可以分为初起、发展、猛烈、下降和熄灭五个阶段。在火灾初起阶段（一般为着火后 5~7min），燃烧面积不大，火焰不高，辐射热不强，是扑救的最好时机，只要发现及时，用较少的人力和应急消防器材就能将火灾控制或扑灭。

灭火的基本方法是根据起火物质的燃烧状态，为破坏燃烧必须具备的基本条件而采取一些措施。灭火的基本方法有下几种：

（1）冷却灭火法。如广泛使用的是用水来灭火，降低燃速、减少热辐射。普通的可燃物燃烧一般都可以用水扑救，把水喷洒在燃烧区。使燃烧区的温度迅速降低，直至火焰熄灭。但对于带电设备等的燃烧，如果采用水灭火，会引起爆炸等反应，因此，此类火灾往往采用气体、水雾等进行冷却灭火。

（2）隔离灭火法。将正在燃烧的物质与未燃烧物隔开，将着火点旁尚未燃烧的可燃物品搬至安全地点，切断流向着火区的可燃气和可燃液体的通道，以中断可燃物的供给。

（3）窒息灭火法。阻挡空气流入燃烧区，使燃烧少氧而熄灭，如用湿棉被、麻袋等覆盖在燃烧的物体上等。

（4）抑制灭火法。将有抑制作用的灭火剂喷射到燃烧区，使其参与到燃烧反应中去，造成燃烧反应中产生的游离基消失而使反应终止，如采用七氟丙烷等。

4. 不同类型火灾的扑救方法

1）对 A 类火灾，一般可采取水冷却法，但对于忌水物质，如布、纸等应尽量减少水渍所造成的损失；对珍贵图书、档案，应使用二氧化碳、1211、干粉灭火剂灭火。

2）对 B 类火灾，应使用大剂量的干粉、泡沫灭火剂，把液体火灾扑灭下去；在扑救时，要用水冷却容器壁，减慢可燃液体蒸发速度；关闭阀门，切断可燃液体来源；不要冲击液面，以防液体溅出，造成灭火困难。泡沫灭火剂不能用于扑救醇类液体火灾。

3）对 C 类火灾，因为气体燃烧速度快，极易造成爆炸，要特别重视贯彻预防为主的方针。对可能存在可燃气的危险场所，要采取消除一切可能的火源、密封设备、安装必要的监测系统、通风系统、防止可燃气发生燃烧；一旦发现可燃气着火，应立即关闭阀门，切断可燃气来源，同时使用干粉等灭火剂迅速将气体燃烧扑灭。

4）对 D 类火灾，因金属燃烧时，温度很高，水及其他普通灭火剂在高温下均会因分解而失去作用，应使用特殊灭火剂。例如，用 7150 灭火剂扑救镁、铝、海绵钛等轻金属火灾；用原位膨胀石墨灭火剂扑救钠、钾等碱金属以及镁等轻金属火灾。少量金属燃烧可用干砂、食盐、石粉等扑灭。钾、钠等遇水会产生大量氢气和热量，促使火灾猛烈发展，不能用水扑救。扑救金属粉末火灾时，切忌用水枪扑救，以免使金属粉末飞扬在空中发生粉尘爆炸。

5）火灾现场若有电器设备，在进行火灾扑救时，应首先切断电源。但对于公共场所，照明线路应尽量在人员撤离以后再切断。对精密仪器、贵重电器设备，最好用二氧化碳等气体灭火剂扑救。

5. 防火灭火常识

（1）防火常识。

1）进入地铁车站及办公场所，严禁吸烟及乱丢烟头。

2）不乱接拉电线，电路熔丝切勿用铜、铁线代替。

3）采取明火照明时不离人，不要用明火照明寻找物品。

4）离岗或下班前要检查用电器是否断电，明火是否熄灭。

5）严禁利用电器取暖、烘烤衣物。

6）地铁车站和办公室内不可存放超过 0.5L 的汽油、酒精、香蕉水等易燃易爆物品。

7）切勿在走廊、楼梯口等处堆积杂物，要保证疏散通道和安全出口的畅通。

8）发生火灾，应通过疏散楼梯间进行逃生，严禁乘坐电梯。

防火灭火
基本知识

（2）灭火常识。

1）一旦有火灾发生，不要惊慌失措，如果火势不大应迅速利用就近的灭火器，采取有效的措施控制和扑救火灾。

2）电气或线路着火，首先要切断电源，再用干粉或气体灭火器灭火，不可直接泼水灭火，以防触电或电器爆炸伤人。

3）救火时，不可贸然开门窗，以免空气对流，加速火势蔓延。

（3）电气防火灭火常识。电气线路火灾主要有短路、过负荷和接触电阻过大三个方面。在日常工作、生活中，应该做到以下几点：

1）及时更换残旧老化的电线，禁止乱拉乱接电线，不要在原来的电气线路上私自增加用电量大的电器。

2）切勿用铜、铁丝代替熔丝。

3）不要将几种大功率电器插在同一插座上使用，电器使用完毕或人员外出前，要关闭电源开关。

4）装修应选用符合国家标准或行业标准的电气产品，顶棚内的电线要套金属管或难燃塑料管保护，插座和开关不要安装在木板、墙毡或其他可燃材料上。

5）高温灯具不要接触可燃物，电线之间连接牢固，严禁虚接或搭挂。

6）发现电器或线路发生火灾时，应先断电，后灭火，迅速将火扑灭。带电灭火，应使用不导电灭火剂如干粉、二氧化碳等，切勿使用水、泡沫等灭火剂进行带电灭火。

三、城市轨道交通消防设备设施

1. 常见灭火器

灭火器是一种轻便的灭火器材，是扑救初起火灾最常用的灭火设备。灭火器种类较多，在城市轨道交通范围内使用的主要有干粉灭火器、二氧化碳灭火器、泡沫灭火器三种。

9（1）手提式干粉灭火器。手提式干粉灭火器主要有 MF1、MF2、MF3、MF4、MF5、MF6、MF8、MF10 等型号，主要用来扑救固体火灾（A类）、液体火灾（B类）、气体火灾（C类）和电气火灾。

1）使用方法。扑救火灾时，手提或肩扛干粉灭火器到火场，上下颠倒几次，离火点 3~4m 时，撕去灭火器上的封记，拔出保险销，一只手握紧喷嘴，对准火源，另一只手的大拇指将压把按下，干粉即可喷出，并迅速摇摆喷嘴，使粉雾横扫整个火区，由近而远将火扑灭，如图 7-1 所示。

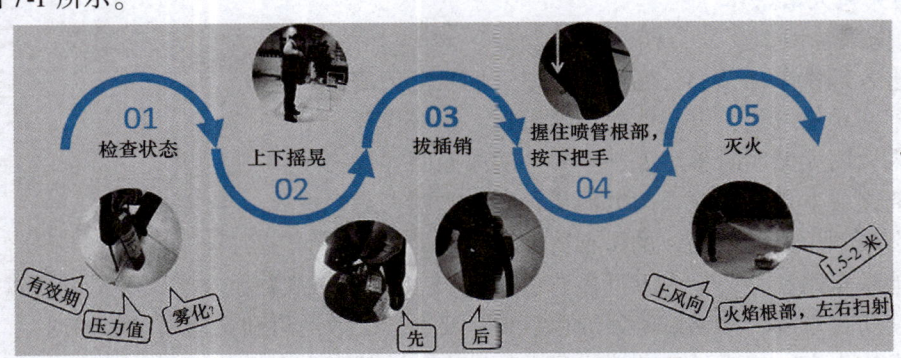

图 7-1　手提式干粉灭火器的使用步骤

2）注意事项。灭火要果断迅速，不要遗留残火，以防复燃；扑灭液体火灾时，不要冲击液面，以防液体溅出，造成灭火困难。

3）检查方法。发现灭火器指针指在红色区域或开启使用过，就表明已失效，应送修。

4）有效期。一般为 5 年。

（2）二氧化碳灭火器。二氧化碳灭火器适用于扑救液体、气体、电气设备的初起火灾，如带电的电路、贵重设备、图书资料等。二氧化碳灭火器的型号有 MT2、MT3、MT4、MT7 四种，按开关方式分为手轮式、鸭嘴式两种。

1）使用方法。将灭火器提到距起火地点约 5m 处，放下灭火器，一只手握住喇叭形喷筒根部的手柄，把喷筒对准火源，另一只手迅速旋开手轮或压下压把，气体就喷射出来，当扑救液体火灾时，应使二氧化碳射流由近而远向火焰喷射，如果燃烧面较大，操作者可左右摆动喷筒，直至把火扑灭。当进行容器内灭火时，操作者应手持喷筒根部的手柄，从容器上部的一侧向容器内喷射，但不要使二氧化碳直接冲击到液面上，以免将可燃液体冲出容器而扩大火灾。总之，使用二氧化碳灭火器灭火时，应设法把二氧化碳尽量多地喷射到燃烧区域内，使之达到灭火浓度而使火焰熄灭。

2）注意事项。灭火器在喷射过程中应保持直立状态，切不可平放或颠倒使用；不要用手直接握喷筒或金属管，以防冻伤；在室外使用时，应选择在上风方向喷射，在室外大风条件下使用时，喷射的二氧化碳气体被风吹散，灭火效果很差；在狭小的室内使用时，灭火后操作者应迅速撤离，以防被二氧化碳窒息而发生意外，火灾完全扑灭后应打开门窗通风。

3）检查方法。定期对灭火器进行称重，当泄漏的灭火剂质量大于总质量的 1/10 时，应补充灭火剂。

（3）机械泡沫和合成泡沫灭火器。

1）使用范围。泡沫灭火器用于固体、液体灭火，不能带电灭火。

2）使用方法。离火点 3~4m 时，撕去灭火器上的封记，拔出保险销，一只手握紧喷嘴，对准火源，另一只手的大拇指将压把按下，泡沫即可喷出，此时迅速摇摆喷嘴，使泡沫横扫整个火区，由近而远，将火扑灭。

3）检查方法。发现灭火器指针指在红色区域或开启使用过，就表明已失效，应送修。

4）有效期。一般为 2 年。

> 【想一想】
> 固体火灾、液体火灾、气体火灾和带电物体火灾应当如何选择适用的灭火器？

2. 消防水管网

消防水管网给车站、区间消火栓供水，生活水管网给卫生间、冷却塔的供水设备供水。城市轨道交通每个车站设置两路消防进水，站内为环状管网，以保证消防状态下一条管路发生供水中断时而不影响使用，而车站内生产、生活给水采用枝状管网供水方式。所有区间的左、右线各设一条消防水管，两端和车站管网相连。

消防水管网主要由市政给水引入管、水表、室外消火栓、水泵接合器、电动蝶阀、倒流防止器、手动蝶阀、消火栓箱、管网等组成，部分车站还设有消防水池和消防泵站。所有车站外设置室外消火栓（图 7-2）和水泵接合器（图 7-3），车站内设置消火栓箱；区间隧道内设置单口消火栓。标准区间上、下行线各设 1 条排水管，每隔 50m 设 1 个单口消火栓，每隔 250m 设 1 个手动蝶阀。

（1）给水引入管。给水引入管接驳市政供水管，有控制阀门、计量水表及防止水倒流的装置。标准站的消防水系统含两条市政引入管及水表。消防用水量按全线同一时间发生一次火灾设计。

图7-2 室外消火栓

图7-3 水泵接合器

（2）电动蝶阀。电动蝶阀（图7-4）安装于生活给水、消防给水管网上，标准车站生活水管上安装1个电动蝶阀，消防管网上安装6个电动蝶阀，其中2个控制市政进水管，4个控制区间消防水管。电动蝶阀是控制水流流动的阀门，为一级负荷供电，可以通过车控室、OCC进行远程开、关操作。

（3）消防泵站。消防泵站（图7-5）负责为消防管网加压，为一级负荷供电。每个消防泵站有2台消防泵，当发生火灾时，消防泵启动，为消防管网加压。

图7-4 电动蝶阀

a)

b)

c)

图7-5 消防泵站（自带水箱或水池）

（4）消火栓箱。消火栓箱（图7-6）里的消火栓、消防水带、水枪、灭火卷盘属于水消防系统末端设备，用于扑灭火灾。

1）消火栓的使用。打开消火栓箱，取出水带。

抛水带。右手握住水带，然后用力向正前方抛出，使水带向正前方摊开。

接水带。右手将水带接头与消火栓接头对接，并顺时针转动至卡紧为止。

接水枪、打开水龙头。迅速拿起另一头水带接头，一手拿着水枪向着火部位冲去，将水枪头接上水带接口，并将水龙头打开。

图 7-6　消火栓箱

灭火。射水时，采取包围灭火战术阻止火势和烟雾其向四周扩散，以便有效控制，直至将火扑灭。注意，如遇电气火灾，应先断电后灭火，步骤如图 7-7～图 7-12 所示。

图 7-7　取出水带　　　　图 7-8　展开消防水带　　　　图 7-9　水带一头接在消火栓接口上

图 7-10　水带另一头接在　　图 7-11　打开消火栓上的水阀开关　　图 7-12　对准火源根部，进行灭火
　　　　消防水枪上

2）消防软管卷盘的使用。消防软管卷盘一般供扑救初期火灾使用。

使用消防软管卷盘时，首先打开箱门将卷盘旋出，拉出胶管和小口径水枪，开启供水闸阀即可进行灭火。消防软管卷盘除绕自身旋转外，还能随箱门旋转，比较灵活，不需将胶管全部拉出即能开启阀门供水。使用完毕后，先关闭供水闸阀，待胶管排除积水后卷回卷盘，将卷盘转回消火栓箱。

3. 自动喷水灭火系统

自动喷水灭火系统是按一定的间距和高度安装一定数量喷头的供水灭火系统。按用途、组成部件和工作原理的不同，自动喷水灭火系统可分为湿式自动喷水灭火系统、干式自动喷水灭火系统、预作用式自动喷水灭火系统等。安装自动喷水灭火系统的场所发生火灾时，该系统能自动喷水灭火并自动报警。在所有固定式灭火设备中，自动喷水灭火系统具有使用范围最广、价格最便宜的特点。它工作性能稳定，灭火效果好，因而广泛应用于可以用水灭火的场所。例如，广州地铁公园前控制中心大楼、大石控制中心大楼、新造车辆段综合楼公共区域等部分办公区域均安装了湿式自动喷水灭火系统。

（1）湿式自动喷水灭火系统的组成。湿式自动喷水灭火系统一般由以下四部分组成：

1）湿式报警阀装置部分。这部分主要由湿式阀、延时器、水源、系统压力表、报警控制阀、过滤器、止回阀、主排放阀、节流阀组件等组成。

2）报警控制部分。这部分主要由压力开关、水流指示器、水力警铃、报警控制柜等组成。

3）供水部分。这部分主要由蓄水池、水泵、压力水罐、高位水箱、水泵接合器等组成。

4）管网部分。这部分主要由闭式玻璃球喷头、供水管、电磁阀门、末端泄放装置等组成。

（2）湿式自动喷水灭火系统的动作原理。湿式自动喷水灭火系统的管网内充满了水，并保持一定的压力。被保护区域发生火灾后，当火灾区域燃烧产生的热气达到一定温度时（70℃时），洒水喷头的玻璃球受热膨胀破裂，喷头开始喷水灭火。同时，另一股水流流入报警通道，经延时器至压力开关，水力警铃开始报警，相关信号被发送到消防水泵控制柜，起动消防水泵供水。

4. 气体灭火系统

以气体作为灭火介质的灭火系统称为气体灭火系统。气体灭火系统根据灭火介质的不同可分为卤代烷1301气体灭火系统、二氧化碳气体灭火系统、烟烙尽气体灭火系统等；按结构特点，可分类为无管网灭火系统、单元独立式管网灭火系统、组合式管网灭火系统。气体灭火系统结构如图7-13所示。

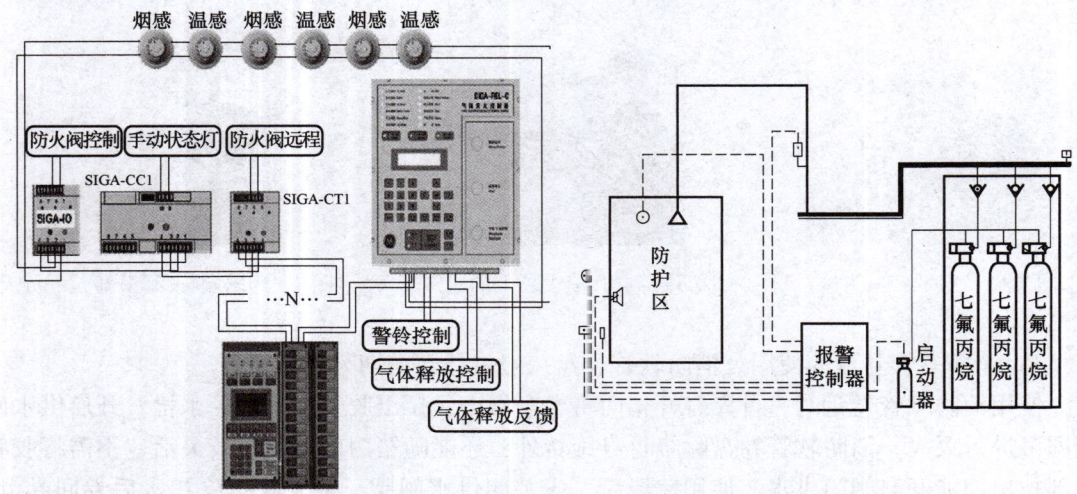

图7-13 气体灭火系统结构

气体灭火系统主要用于保护城市轨道交通全线车站、车辆段及行车调度指挥中心内的所有通信设备室、信号设备室、环控电控室、高低压室、配电室等重要设备用房；保护车站内火灾危险性较高的或重要的设备房，如高低压室、整流变电室、环控电控室、信号设备室、通信设备室、屏蔽门控制室等部分。主变电站、集中冷站的重要设备房也设有气体灭火系统。

（1）气体灭火系统的组成。气体灭火系统由药剂储存和喷放设备、报警和控制设备组成。药剂储存和喷放设备主要包括气体钢瓶、钢瓶固定支架、瓶头阀电磁启动器、瓶头阀手动启动器等。气瓶间（图7-14）是灭火气体的储存房间，药剂瓶（储瓶）和驱动瓶（启动瓶）位于气瓶间内，设备房（防护区）发生火灾时，启动瓶推动灭火药剂，喷到火灾房间里，通过降温及隔绝氧气，起到扑灭火灾的作用。标准车站配置 4 个气瓶间，为重要设备房提供气消保护。报警和控制设备主要包括火灾探测器、控制盘、手拉开关、紧急停止开关、手动/自动选择开关、警铃、蜂鸣器和闪灯、气体释放指示灯等。

a)

b)

图 7-14　气瓶间

气体灭火系统的核心硬件设备为气体灭火主机和区域控制盘，其中气体灭火主机及其连接的烟感探测器、温感探测器与 FAS 设备功能相同。

1）区域控制盘。区域控制盘就近安装在灭火保护区，每个区域控制盘仅负责一个保护区的灭火控制。气体灭火区域控制盘是驱动气体灭火装置的控制设备。区域控制盘通过回路总线直接连接气体灭火主机，接收气体灭火主机的火灾报警信息，当同时接收到防护区内温感和烟感的报警信息时，输出 24V 电压驱动防护区启动电磁阀，实现灭火剂自动释放功能。一个气体防护区对应一个灭火控制盘，它安装在防护区门口便于操作的地方。气体灭火控制盘技术参数及外观如图 7-15 所示。

2）气体灭火辅助控制箱。气体灭火辅助控制箱设置于具有多个门的气体灭火保护房间，与气体灭火控制盘配套使用。气体灭火辅助控制箱内包括手动/自动转换开关、紧急停

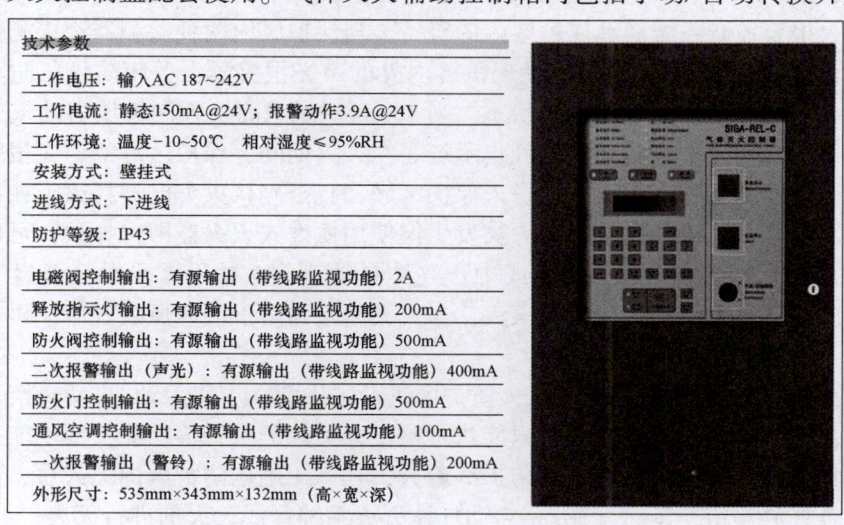

图 7-15　气体灭火控制盘技术参数及外观

止按钮及紧急启动按钮,如图7-16所示,主要安装在具有两个或多个房门的偏门附近。

3) 气体保护区内手动状态指示灯。当保护区的手动/自动转换开关置于手动位时,本保护区内的手动状态指示灯会点亮(图7-17),处于自动状态时灯不亮。

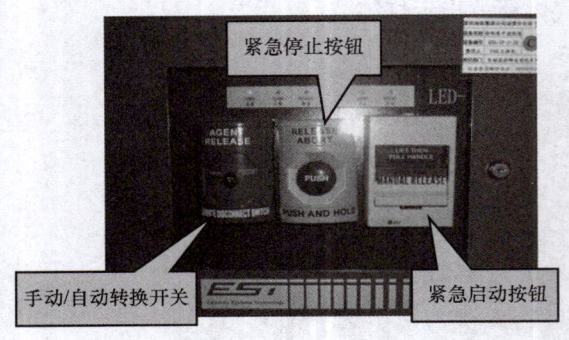 

图7-16　气体灭火辅助控制箱　　　　　　　图7-17　手动状态指示灯外观

4) 警铃。每一个保护区出入口的内侧有警铃,它是一种可以发出高分贝声音报警的装置,当气体灭火系统监测到火警信息时,首先启动警铃报警。

5) 声光报警器。每一个保护区出入口的内外侧有声光报警器,当保护区域中的烟感和温感同时触发报警时,系统启动声光报警器,此时保护区内的人员应紧急撤离。

6) 放气指示灯。每一个保护区出入口外侧的正上方有一个放气指示灯,当放气指示灯点亮时,说明此房间已释放气体进行灭火,警告外面的人员不许进入此房间。

(2) 气体灭火系统的控制方式。气体灭火系统一般具有自动控制、手动控制和应急机械控制三种操作方式。在有人工作或值班时可采用手动控制方式;无人值班时,采用自动控制方式;火灾自动报警或电气控制系统出现故障时,采用应急机械控制方式。通过气体灭火系统控制部分可以实现自动控制和手动控制。当气体灭火报警控制系统失灵时,运营人员需要在气瓶间进行机械应急操作,实现人工灭火启动方式。

1) 自动控制:当气体灭火保护区内任意一和探测器(烟感或温感)探测到火灾信号时,气体灭火报警控制系统启动保护区内的警铃,当保护区内两种探测器都探测到火灾信号时(烟感+温感都探测到火警),启动保护区内外的声光报警器,关闭防护区防火阀,控制气瓶电磁启动器的控制模块进入延时状态,当30s延时结束时,控制模块启动气瓶电磁启动器,开始喷气,启动保护区门外的放气指示灯。在灭火期间,保护区外的声光报警器及放气指示灯一直工作,警告所有人员不能进入保护区域,直至确认火灾已经扑灭。在系统延时期间内,如果发现是系统误动作,或者火灾发生但使用便携式灭火器即可扑灭,可以按下紧急止喷按钮使自动灭火程序中断,避免或中止气体自动喷放。如果需要继续开启气体灭火系统,则可再次按下紧急启动按钮实施灭火,当火灾消除和防护区通风换气后,再对系统进行复位。

2) 手动控制:在人员需要进入灭火防护区进行工作前,应将手动/自动转换开关转到手动档,此时,气体灭火报警控制系统只执行预定火灾探测报警等功能,而不能执行预定自动灭火启动功能。此时,若发现气体防护区着火,在人工确认防护区内无人后,由工作人员直接按下紧急释放按钮,延时(30s)启动气体灭火系统释放灭火剂进行灭火。

3) 应急机械控制:在气体防护区着火后,自动控制和手动控制均不能启动气体灭火装置时，由工作人员在气瓶间按照规定程序进行机械应急操作打开气体灭火装置，实施灭火气体释放。

气体灭火控制系统逻辑关系示意图如图 7-18 所示。

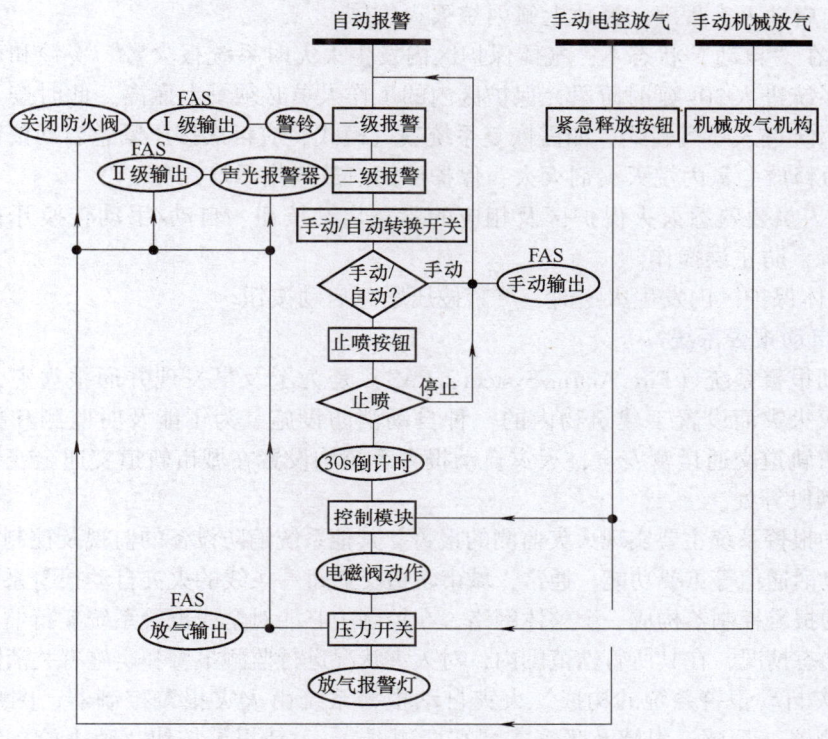

手动/自动转换开关：系统检修、人员进入气体灭火防护区时，应置于手动位置。情况处理完成后，恢复为自动位置。紧急止喷按钮：发生火警误报，或未能及时疏散人员时，不允许放气灭火情况下，按下紧急止喷按钮。

图 7-18　气体灭火控制系统逻辑关系示意图

（3）气体灭火系统的基本操作。

1）当人员进入气体保护区时，必须将气体灭火控制器面板（图 7-19）的自动/手动转

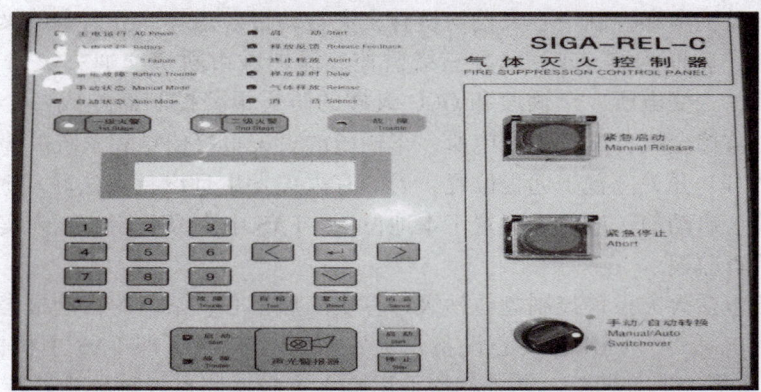

图 7-19　气体灭火控制器面板

换开关置于"手动"位置，手动指示灯点亮后人员方可进入防护区。退出保护区时，将自动/手动转换开关置回"自动"位置。

2) 当确认保护区内发生火灾时，按压气体灭火控制器面板的紧急启动按钮3s以上，系统将延时30s启动灭火程序，释放七氟丙烷灭火气体。

3) 系统在"自动"状态下，气体保护区内发生火灾时系统报火警。警铃和声光报警器都鸣响时，系统进入30s延时阶段，保护区内的工作人员必须马上撤离，此时按下紧急停止按钮可中止系统进入喷气模式，如需恢复系统喷气模式，应再次按压紧急启动按钮，系统经过30s延时后释放七氟丙烷灭火剂灭火，保护区门口放气指示灯点亮。

4) 工作人员要熟悉灭火保护区及相应的紧急启动按钮、自动/手动转换开关和紧急停止按钮的位置，防止误操作。

5) 非气体保护区内发生火灾时，严禁按压紧急启动按钮。

5. 火灾自动报警系统

火灾自动报警系统（Fire Alarm System，FAS）是为了及早发现并通报火灾，以便及时采取措施扑灭火灾而设置于建筑物内的一种自动消防设施。为了能及时监测和报告火灾事故，保证城市轨道交通运营安全，火灾自动报警系统均设置在城市轨道交通全线各车站、主变电所、车辆段等处。

火灾自动报警系统主要实现火灾监测的报警、其他系统消防设备的监视及控制、系统故障报警、消防电话通信等重要功能。通常，城市轨道交通每一条线的火灾自动报警系统以环网方式将各车站的报警控制器构成一个整体网络，在控制中心能对全线报警系统实行监控管理，随时掌握全线动态情况，在其所管辖范围内，对火灾状况进行监测报警和实施有关消防操作。

（1）火灾自动报警系统的构成。火灾自动报警系统由火灾报警控制器、图形监控工作站、火灾探测器（烟感、温感及吸气式烟雾探测器）、手动报警按钮、消火栓按钮、事件打印机、消防电话主机、消防电话挂机、插孔电话及其他附属设备组成。火灾报警控制器、图形监控工作站、事件打印机及消防电话主机设置于车站控制室内，车站公共区及设备区上设置点式火灾探测器（吸气式烟雾探测器）、手动报警按钮、消火栓按钮。重要设备区域设置消防电话挂机，其余区域设置插孔电话。消防电话及插孔电话均直通车站控制室内消防电话主机。FAS结构图如图7-20所示。

（2）火灾自动报警系统的设备及分布。在城市轨道交通各车站、主变电所、车辆段、集中冷站、区间风机房和控制中心大楼均设有火灾自动报警系统，分为车站级和中央级两级管理，OCC监控、就地监控、车站监控三级监控。深圳城市轨道交通火灾自动报警系统使用光纤将各车站、主变电所、车辆段和OCC大楼的防灾报警控制器连成一个环网。在中央控制中心能实时监控全线各站及主变电所、车辆段的火灾报警信息和系统故障信息。FAS情况正常时，车站IBP开关置于远程位置，当确有火灾发生且设备无法联动时，应要在IBP上启动火灾模式。启动前，应将开关置于本地位置。FAS中央级监控功能未实现时，报警信息主要由车站负责监视。

车站级设备包括火灾报警控制盘与站级计算机图形中心、站内的自动报警设备、手动报警器、消防紧急电话等。FAS的核心设备是火灾报警控制器（即FAS主机，如图7-21所示），深圳城市轨道交通一期至三期工程均采用有大容量探测点处理能力、能网络联网的火灾报警控制器。

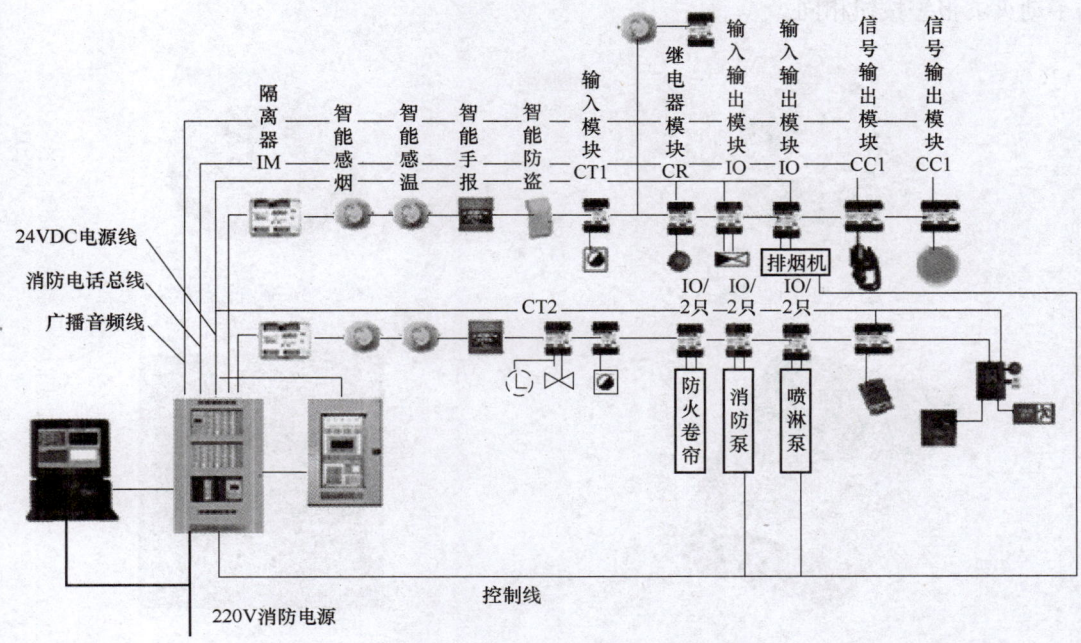

图 7-20　FAS 结构图

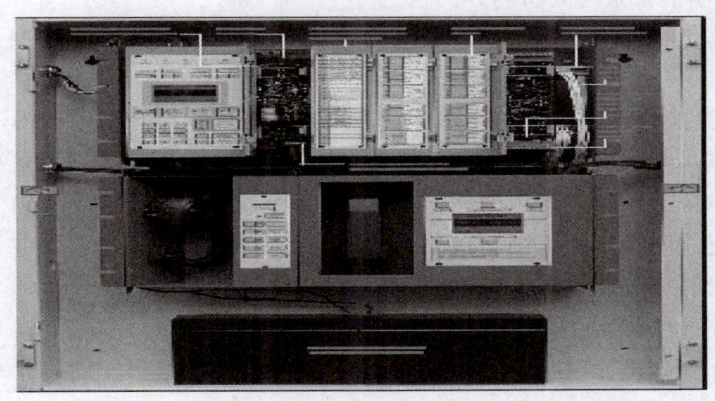

图 7-21　FAS 主机（EST3）

中央级设备为安装在控制中心的中央级计算机图形中心，它作为全线火灾自动报警系统的操作管理和资料存档管理平台，随时接收显示各车站传送来的报警信号，对车站报警点按全貌、分区等逐级进行图形显示，并打印、存档各类信息资料。

现场外部设备包括智能烟感器（图 7-22）、智能温感器（图 7-23）、普通烟感器、普通温感器、感温电缆、对射探头、手拉报警器、破玻报警器（手拉报警器和破玻报警器统称为手动报警器）、声光报警器（图 7-24）等。每个防火分区至少设置一个手动火灾报警按钮（图 7-25）。从一个防火分区内的任何位置到最邻近的一个手动火灾报警按钮的距离不应大于 30m。手动火灾报警按钮设置在公共活动场所的出入口处，而且是设置在明显的和便于操作的部位。在消火栓箱面板上设置有用于直接启动电动蝶阀或消防泵的破玻按钮，安装要求与手动火灾报警按钮相同。

图 7-22　智能烟感器

图 7-23　智能温感器

图 7-24　声光报警器

图 7-25　手动火灾报警按钮

（3）火灾自动报警系统的功能。

1）火灾报警功能。系统通过现场火灾探测器监测到火灾情况时，控制盘便产生火灾报警信号。

① 烟感探测器报警。当 FAS 一个烟感探测器报火警后，车控室内 FAS 主机接收到报警信息，联动车控室声光鸣响，同时联动 ISCS 工作站报警并弹出对应报警烟感页面图。如果该烟感属于防火分隔型防火卷帘防护烟感，则会联动该防火卷帘全降到底；如果该烟感属于疏散通道型防火卷帘防护烟感，则会联动该防火卷帘半降至 1.8m 处；如果该烟感为挡烟垂壁防护分区内烟感，则会联动对应防护区挡烟垂壁下降。

② 手动报警按钮报警。当 FAS 一个手动报警按钮报火警后，车控室内 FAS 主机接收到报警信息，联动车控室声光鸣响，同时联动 ISCS 工作站报警并弹出对应手动报警按钮页面图。同时 FAS 联动全部垂直电梯回归首层。

③ 消火栓按钮报警。当 FAS 一个消火栓按钮报火警后，车控室内 FAS 主机接收到报警信息，联动车控室声光鸣响，同时联动 ISCS 工作站报警并弹出对应消火栓按钮页面图。同时联动消防水泵启动，当消防水泵启动后，联动点亮消火栓按钮上的消火栓灯。联动打开电动水蝶阀。

2）消防设备的监视功能。系统对其他系统设备（如防火阀、气体灭火系统、消防水泵等）进行监视，当设备动作或异常时，便产生监视报警（如防火阀关闭、气体灭火系统变为手动状态、气体灭火系统报一级火警等）。

3）系统故障报警功能。当系统本身存在故障时，车站级控制盘及中央级计算机进行故障报警，如烟感器"极脏"等。

4）消防设备的控制功能。当发生火灾需要对某些消防设备进行控制时，系统可以通过控制模块（辅助继电器）对其他系统的某些消防设备进行强行启动，如关闭防火阀、启动消防水泵、降下防火卷帘门等。

5）消防通信功能。系统通过电话插孔、挂箱电话使现场与车控室进行直接通话。

（4）火灾自动报警系统的使用。

1）**手动报警**：当发现火灾事故时，按下手动报警按钮进行报警。

2）**消防电话**：当发现火灾事故时，使用消防电话报告火灾情况。

3）**警铃**：当警铃鸣响时，表明有火灾事故发生，请按出口指示灯的方向进行疏散。

4）**破玻按钮**：当发生火灾，需要打开消火栓进行灭火时，请用消防锤或其他硬物将破玻璃击碎，启动消防泵或打开消防水碟阀。

5）**烟感指示灯**：闪亮时，表明该烟感探测器工作正常；常亮时，表明该烟感探测器探测到火警。一般在地铁车站同一个报警区域内，当1个探测器（烟感或温感）或手动报警按钮报警时，FAS报预火警信息，不做火警确认，值班人员可在车控室FAS主机上操作"火警确认"按钮人工触发火灾模式；当同一防火分区2个及以上探测器（烟感或温感）同时报警时，FAS自动触发火灾模式，直接联动设备进入灭火程序。火灾模式被触发后，FAS发出火灾声光报警，显示火灾信息、打印记录及进入消防联动模式。

6. 机电设备监控系统

机电设备监控系统是将环控、低压、照明、给排水、屏蔽门等设备以集中监控为目的而构成的综合自动化系统。机电设备监控系统实现了对现场机电设备运行状态进行实时集中监视、控制和报警，降低了设备操作的复杂性和操作难度，能够协调设备动作。在消防功能方面，机电设备监控系统有以下功能：

（1）接收火灾自动报警系统送来的火灾信息，控制车站相关设备执行设定的火灾模式，如控制环控系统执行排烟模式，开启紧急疏散导向，切断三级电源。

（2）在列车发生火灾时，接收行车信号系统送来的列车区间停车位置信号，控制隧道通风系统进行排烟。

机电设备监控系统通常由中央、车站、就地三级实现对相关设备的监视和控制。

深圳城市轨道交通一期设备监控系统称为EMCS，它主要对车站的环控、电扶梯、给排水、屏蔽门、照明及人防门等系统进行集中监控，分布在各个车站和OCC大楼。EMCS系统的主要功能是在正常情况下为车站提供舒适的空气环境，在火灾时为车站及隧道完成防排烟工作；主要设备包括监控工作站、控制器和温湿度传感器。

四、火灾自救与逃生方法

许多火灾事故中，有的人能火里逃生，有的却丧身火海，这固然与火势大小、起火地点、起火时间、建筑物内消防设施、扑救是否及时等因素有关，但受害者火场积极自救、互救而成功逃生是不乏先例的。能否成功从火场逃生取决于被困者的自救知识和相应的自救能力，除突发性爆炸、爆燃等火灾事故外，在绝大多数火灾现场中，被困人员是可以逃生自救的。因此，掌握一定的消防知识，增强自救意识，提高逃生技能，对每一个人来说都是非常必要的。

1. 楼宇火灾自救与逃生

1）火灾发生时，不要贪恋财物，应及时报警，积极自救。

2）平时应了解、掌握必要的逃生路线。

3）受到火势威胁时，要当机立断披上浸湿的衣物、被褥等向安全出口方向冲出。

4）穿过浓烟逃生时，要尽量使身体贴近地面，并用湿毛巾捂住口鼻。

5）身上着火时，千万不要奔跑，可就地打滚或用厚衣物压灭火苗。

6）遇火灾不可乘坐电梯，要走疏散楼梯逃生。

7）室外防火门已发烫时，千万不要开门，以防火窜入室内。要用浸湿的被褥、衣物等堵塞门窗缝隙，并泼水降温。

8）若所有逃生线路均被大火封锁，要立即退回室内，用打手电筒、挥舞衣物、呼叫等方式向窗外发送求救信号，等待救援。

9）千万不要盲目跳楼逃生，可利用疏散楼梯、阳台、水管等逃生，也可用绳子或把床单、被套撕成条状连成绳索等方式逃生。

10）在陌生的场所遇到火灾时，应沿安全出口指示方向逃生，不要惊慌失措，不要从众乱跑。安全出口指示图如图7-26所示。

图7-26　安全出口指示图

2. 城市轨道交通车站火灾自救与逃生

1）贯彻"救人第一，救人与灭火同步进行"的原则，积极施救。

2）火灾发生后，车站工作人员应首先做好乘客的疏散、救护工作。

3）把握起火初期的关键时间，在消防员到来前积极组织灭火自救。

4）车站工作人员开展灭火自救工作时，应注意做好个人防护。

5）消防员到场后，灭火任务应交给消防员。

6）当火势不可控制，可能危及自身生命安全时，车站工作人员应主动撤离。

7）乘客在车站遇到火灾时，应服从工作人员指挥，听从事故广播指引，沿疏散标志指示方向出站逃生。

8）车站发生火灾时，不要使用垂直升降电梯。

3. 城市轨道交通列车火灾逃生

（1）列车在车站内发生火灾时的逃生。

1）乘客应保持镇静。

2）按压车厢内的紧急情况按钮或紧急通话器（各线列车因生产厂家不同，设置略有不同，详见客车应急设备使用说明），通知驾驶员车厢内发生的情况。

3）在可能的情况下，使用车载灭火器灭火。

4）必要时，可拉下列车车门紧急解锁手柄，向两侧用力推开车门。

5）向站外方向疏散。

（2）列车在隧道内发生火灾时的逃生。

1）乘客应保持镇静。

2）按压车厢内的紧急情况按钮或紧急通话器，通知驾驶员车厢内发生的情况。

3）在可能的情况下，使用车载灭火器灭火。

4）列车将会尽可能驶到车站进行人员疏散，因此，乘客应听从列车广播的指挥，千万不要惊慌失措，不要乱动车厢内其他设备。

5）在列车无法到达前方车站而又需要紧急疏散的情况下（因隧道内紧急疏散设计不同，各条线路的隧道内疏散方式是不同的），车厢内乘客应该听从列车广播的指挥。

 【案例解析】 人为纵火事件

- 事故经过

2003年2月18日，国外×××市地铁发生人为纵火事件，造成死亡198人，失踪300多人，受伤147人的后果。9时53分，××××号列车呼啸着驶近中央路车站。3号车厢一名乘客从包中取出两个盛满液体（汽油）的塑料瓶，然后就掏出了打火机。坐在旁边的一名乘客试图阻止，但已经来不及了，"轰"的一声，整节车厢瞬间被大火和浓烟吞没。此时有列车到站，车门打开，大家争先恐后地往外跑。3号车厢的火势迅速蔓延，转眼间大火浓烟迅速将整个列车吞噬。3min后，××××号列车"不合时宜"地也到达了车站。

此前，列车驾驶员只接到指挥室"注意运行"的通报，列车进站后，他才接到火灾的消息。恰在此时，因浓烟和大火，站内的电源自动切断，整个站台漆黑一片。××××号列车广播说："发生火灾，暂时等候。"乘客们呆坐在座位上，茫然等待着下一步通知。随后的5min内，列车紧闭着车门任由乘客们承受烈火、毒烟的煎熬。事故后，地铁系统停运8个多月，地铁客流量急剧下降，地铁恢复营运后一段时间，车厢内几乎空无一人。火灾后，地铁客运流量下降20%。事件中驾驶员和综合调度室人员在火灾发生时应对不当，安全疏散导向灯和路标未起到应有作用。

- 事故预防（整改）措施

（1）驾驶员在当值期间需加强反恐意识。

① 严格执行相关登乘管理办法，对登乘人员需检查登乘证及记录工号，严禁擅自打开车站端门让无关人员进入轨行区。

② 在作业过程中，发现客室内有乘客遗留可疑物品时，严禁擅自处理，必须汇报车控室，由车控室安排人员进行处理。

③ 在值乘或乘坐地铁时，发现列车内有形迹可疑人员，应及时上报当值队长，由队长向行调进行反馈。

（2）加强学习列车区间火灾（爆炸）现场处置相关方案。

① 当列车在区间发生爆炸事件时，应维持列车进站，报行调及做好乘客安抚工作，到站后迅速打开车门和屏蔽门，播放清客广播疏散乘客。必须吸取国外地铁火灾事件教训，严禁到站后不进行乘客疏散自身撤离现场。

② 当车厢内发生乘客骚乱、火灾、爆炸等突发性事件时，驾驶员应及时通过列车安防及猫眼查看现场情况。

五、城市轨道交通火灾人员疏散

1. 城市轨道交通火灾疏散的有关设备

我国城市轨道交通企业不但要有完善的固定消防设施，还需要配备足够的装备作为必要的补充：

（1）移动照明灯。为了保证火灾时能够正常照明，在疏散走道出入口处、过道上、拐弯处、疏散楼梯等地方布置一些移动灯具，供人员疏散时使用。

（2）扬声器。扬声器主要供引导人员疏散、寻找被困人员和与消防队员对话时使用。

（3）防烟防毒面具、滤气罐、逃生头盔、毛巾和口罩。这些物品主要用来保护疏散人员的呼吸器官，延长疏散人员在高温、浓烟、毒气情况下的生存时间，放置在列车和候车大厅等人员密集处。

（4）空气呼吸器、隔热服和避火服。这些物品主要供城市轨道交通内部保卫人员使用，使他们能够在第一时间接近并消灭火源。

（5）锤子、斧头等破拆工具。这些工具主要放置在列车内部用于破拆。

2. 城市轨道交通火灾疏散的基本要求

（1）强化责任意识是前提。城市轨道交通员工必须强化责任意识，落实安全责任，人人心中绷紧安全无事故这根弦，使各项安全制度落实到实处，发生事故要追究相关人员责任，严肃处理。

（2）制订疏散预案是基础。制订城市轨道交通火灾疏散预案一定要联合消防、公安、供电、救护等部门一起制定，最大限度地发挥各个部门的人员和装备优势，力争用最少的时间、最小的代价、最可行的方法疏散最多的人员。预案的重点应放在火灾发展的初期，城市轨道交通内部工作人员应该干什么、怎么干，比如，发生火灾后，如何以最快的速度把防烟防毒面具、滤气罐、逃生头盔等装备发放给各个乘客，利用扬声器应该说什么才能最大限度地稳定乘客的情绪。

（3）经常开展卓有成效的疏散演练是重要环节。城市轨道交通火灾时的人员疏散演练应与消防、公安、供电、供水、救护等单位事先联系分工，保证火灾时各项工作的顺利进行，最大限度地减少伤亡。经常开展演练，可以巩固人们学过的逃生常识，增强人们在复杂情况下的心理素质，提高人们的逃生技能，对避免群死群伤具有重要意义。

（4）普及全民自我保护意识是根本。依靠宣传和教育，提高人们的自我保护意识，比如，城市轨道交通发生火灾，有一定常识和经验的乘客就会很自觉地配合城市轨道交通人员进行疏散，自觉拿着防烟防毒面具或毛巾、口罩边疏散边保护自己，即使一时拿不到也会用自己的手帕或脱去外衣用衣服或手护住口鼻，低姿态疏散，而不是惊惶失措、乱作一团。

（5）提高城市轨道交通员工临场处理能力是关键。城市轨道交通发生火灾后，火点附近的工作人员必须争分夺秒，立足自救并组织疏散，不能消极等待消防队的到来，否则，就会错过救人、疏散和救火的最佳时机。

3. 城市轨道交通火灾疏散的方法

无论城市轨道交通系统哪个部位发生火灾，都应在第一时间紧急疏散乘客，同时采取有效的灭火措施。根据世界上城市轨道交通重大火灾事故的教训，乘客没有得到快速、及时、安全的疏散是造成人员重大伤亡的主要原因。

（1）车站火灾人员疏散。

1）车站疏散命令由行车调度员发布，紧急情况下，车站值班站长可自行决定本站进行疏散，然后向行车调度报告。

2）中央控制室疏散命令由行车调度主管发布，有关部门宣布控制中心大楼实施疏散时，行车调度主管决定中央控制室疏散时机。

3)其他区域非紧急疏散命令由管理部门部长或现场负责人发布,任何员工发现已经发生或即将发生严重威胁人员人身安全的情形时,均可以通知现场全体人员紧急疏散。

4)有广播系统的区域,在实施疏散前或过程中,要充分利用广播系统发布信息,指明乘客疏散路线。如本区域某处发生火灾,应在广播中予以警示,至少重复三遍。

5)值班站台必须迅速地安排乘客离开车站,本站人员应按照车站疏散路线图疏散到预设的集合地点,若原定疏散路线受阻,应另外选择疏散路线。

6)如所有出口都不适合疏散,值班站长必须立即向行车调度员报告,行车调度员可安排一列空车协助站内所有乘客及员工疏散或授权将所有人员疏散至轨道区域。

7)员工疏散到集合地点后,值班站长应安排清点人数,发现有人被困站内时,应组织营救(如请求消防人员协助)。注意:有关人员可能因执行其他任务而不能前往集合地点,如把守车站入口、安抚乘客等。

8)向行车调度员报告或联系相关事宜,如疏散完成情况、乘客安抚情况、下一步工作等。

(2)列车火灾人员疏散。根据火灾位置的不同,也有不同的应急疏散方案。

1)列车在区间发生火灾时,列车驾驶员应尽可能将列车驶向前方车站,迅速打开站台侧门,利用车站站台疏散乘客,利用车站隧道的防排烟系统排除烟气。

2)如果列车不能驶入前方车站,停在区间隧道,必须紧急疏散乘客。车头着火时,乘客从车尾下车后步行到后方车站;车尾着火时,乘客从车头下车后步行至前方车站;列车中部着火时,乘客从列车两端下车后步行至前、后方车站。疏散过程中,乘客身体应为匍匐状态或弯腰,避开烟雾毒气的袭击,并用水将衣服、手绢等物品弄湿,捂住口鼻,严防烟雾毒气吸入体内,防止中毒,同时要使用打火机、手机、手电筒等一切发光体寻找疏散标志。

3)列车在车站发生火灾时,可以利用车站楼梯、出入口迅速疏散乘客,环控调度人员应执行火灾排烟模式,车站工作人员应立即关闭自动扶梯,引导乘客出站,并阻止乘客进站乘车。

单元二 电气安全管理

【情境导入】

城市轨道交通系统涉及种类繁多的电气设施设备,而每一项电气设备都有可能给城市轨道交通运营增加安全隐患。不论在轨道交通最初的设计阶段,还是有专门施工人员进行的建造阶段,或者是工程竣工之后的运行阶段,因为结构复杂的原因都有可能引起事故的发生。其中供电系统是城市轨道交通的重要组成部分,城市轨道交通要正常运行,就需要供电系统安全可靠地供电,一旦供电系统发生故障,将使整条线路失去运营能力。

【单元要求】

(1)了解城市轨道交通供电系统及主要电气设备。
(2)掌握城市轨道交通电气事故的特点、种类及危害性。

（3）初步掌握电气安全要求和触电的防护措施。

（4）初步掌握雷电、静电的危害及安全防护技术。

（5）初步掌握城市轨道交通电气安全知识。

城市轨道交通的电动列车、照明、通风、空调、给排水、通信、信号、防灾报警、自动扶梯等都离不开电能的使用。数据显示，2015年北京市轨道交通用电量达到14亿kW·h，占地铁整体运营成本的四成，约相当于73万户三口之家一年的用电量，是名副其实的"电老虎"。在城市轨道交通的运营中，供电一旦中断，不仅会造成城市轨道交通运输系统的瘫痪，而且还会危及乘客的生命安全和造成财产的损失。因此，高度安全可靠而又经济合理的电力供给是城市轨道交通正常运营的重要保证和前提。

【知识内容】

一、城市轨道交通的用电概况

1. 城市轨道交通的供电系统

城市轨道交通供电系统是为城市轨道交通运营提供所需电能的系统，不仅为城市轨道交通电动列车提供牵引用电，而且还为城市轨道交通运营服务的其他设施提供电能。城市轨道交通供电系统一般设有主变电所、牵引降压混合变电所、降压变电所和跟随降压变电所。城市电网一次电力系统和城市轨道交通供电系统图，如图7-27所示。

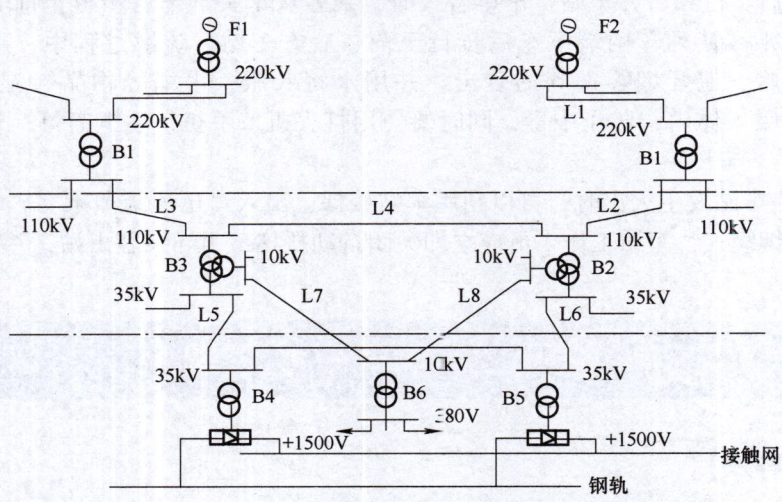

图7-27　城市电网一次电力系统和城市轨道交通供电系统图

图7-27中　F1、F2——城市电网或发电厂；

　　　　　　B1——城市电网的区域变电所；

　　　　　　B2、B3——城市轨道交通主变电所；

　　　　　　B4、B5——牵引变电所；

　　　　　　B6——降压变电所。

例如，深圳城市轨道交通采用集中供电方式（如图7-28），两级电压制，即主变电站电源进线电压为AC 110kV，主变电所将110kV三相交流电降为牵引供电系统和变配电系统所需的35kV三相交流电，通过35kV的环网电缆向下一级变电所供电。

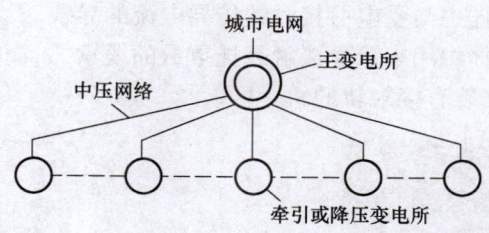

图 7-28　集中供电方式

降压变电所从 35kV 环网取电，通过两台动力变压器将 35kV 三相交流电降为 400V 的三相交流电，负责车站和相邻半个区间的供电。

牵引降压混合变电所从 35kV 环网取电，通过两套牵引整流机组经降压整流为 1500V 的直流电供给接触网。同时，担负降压变电所功能。

跟随变电所主要设在车站电力负荷相对较大而集中的地方，与降压所功能相同，但仅有 35/0.4kV 动力变压器和低压配电柜。

1500V 接触网是通过受电弓向电动客车供给电能的导电网，它是提供客车电源最直接的系统。深圳城市轨道交通供电系统示意图，如图 7-29 所示。

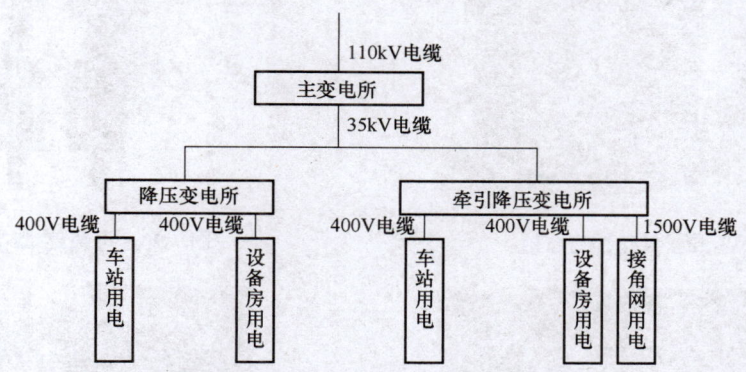

图 7-29　深圳城市轨道交通供电系统示意图

2. 城市轨道交通的主要电气设备（图 7-30～图 7-35）

（1）主变电所主要有：主变压器、接地变压器、110kV 组合 GIS、35kV 开关柜、各类保护屏、110kV 电缆、35kV 电缆。

（2）牵引降压混合变电所主要有：整流变压器、整流器、降压变压器、35kV 开关柜、400V 开关柜、控制信号屏、35kV 电缆、低压电缆、1500V 直流电缆。

（3）降压变电所主要有：降压变压器、35kV 开关柜、400V 开关柜、控制信号屏、35kV 电缆、低压电缆。

（4）车站、车辆段、办公区域主要有：配电箱、插座、电源线。

（5）接触网：沿轨道线路架设，向电客车供给电能的特殊形式的输电线路，包括架空柔性接触网、架空刚性接触网和接触轨。

（6）牵引轨：用来流回牵引电流的钢轨。

（7）隔离开关：用来在接触网无负荷情况下切断或闭合供电回路的电气设备。

(8)接触线：接触悬挂中与受电弓接触的传导电流的导线。

(9)承力索：接触悬挂中用来承受接触悬挂重量的缆索。

(10)接触轨区域：安装有接触轨的轨行区。

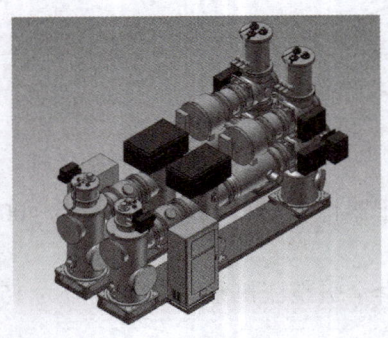

图 7-30　主变电所 110kV GIS

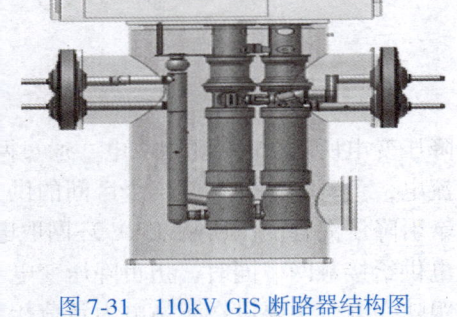

图 7-31　110kV GIS 断路器结构图

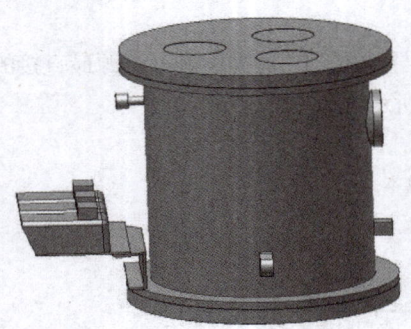

图 7-32　氧化锌避雷器

图 7-33　电缆终端结构图

图 7-34　整流器柜体图

图 7-35　交直流屏

二、电气安全基本知识

1. 电气事故的特点

(1)电气事故所造成的危害大。电气事故往往会影响生产和生活，造成财产损失和人员伤害，甚至还可能造成人员死亡，影响社会秩序。

(2)电气事故所引发的危险难以直接识别。由于电能看不见、听不到、嗅不着，比较抽象，不具备可直观识别的特征。因此，电能传输和使用过程中引发的危险不易为人们所察觉，电气事故往往来得猝不及防。

（3）电气事故涉及领域广。电气事故不仅发生在用电领域（如触电、设备和线路故障等），还可能发生在一些非用电场所，这是因为电能的释放也会造成灾害或伤害（如雷电、静电和电磁场危害等）。电能的使用十分广泛，只要使用电，就有可能发生电气事故，就必须重视电气安全，考虑电气事故的防护问题。

2. 电气事故种类

（1）触电事故。触电指电流流过人体时对人体产生的生理和病理伤害，触电事故是由电流及其转换成的能量造成的事故。

（2）静电事故。静电指生产工艺过程中和作业人员操作过程中，由于某些材料的相对运动，接触与分离等原因而积累起来的相对静止的正电荷和负电荷。这些静电电压可能高达数万乃至数十万伏，极易产生静电火花引燃引爆其他物质。

（3）雷电灾害。雷电是大气电，是由大自然的力量分离和积累的电荷，也是在局部范围内暂时失去平衡的正电荷和负电荷，其特点是电流大、电压高等。雷击除可能毁坏设施和设备外，还可能直接伤及人、畜，甚至引起火灾和爆炸。

（4）电磁辐射危害。电磁辐射事故是指以电磁波形式的能量辐射造成的事故。人体在高频电磁场作用下吸收辐射能量，可能使人的中枢神经系统、心血管系统等遭受不同程度的伤害。

（5）电气装置事故。电气装置事故即电气装置故障引发的事故，包括：异常停电、异常带电、电气设备损坏、电气线路损坏、短路、断路、接地不良等引发的电气火灾等。

3. 触电事故类型及电流对人体的危害

（1）触电事故类型。触电事故可分为电击与电伤两大类型。

1）电击。电击是电流直接作用于人体所造成的人体内部组织在生理上的反应和病变伤害，也就是通常说的触电，是最危险的一种伤害。绝大部分触电事故都是由电击造成的，电击可分为直接接触电击和间接接触电击，前者是触及正常状态下的带电体时发生的电击，后者是触及正常状态下不带电而在故障状态下意外带电的带电体时发生的电击。

电流引起人体的心室颤动是电击致死的主要原因，绝大部分触电死亡事故都是由电击造成的；在通电电流虽小但时间较长的情况下，电流也会造成人体窒息而导致死亡。

2）电伤。电伤是指由电流的热效应、化学效应或机械效应对人体造成的伤害。电伤可分为电弧烧伤、电流灼伤、皮肤金属化、电烙印、机械性损伤、电光眼等伤害。

电弧烧伤也称为电灼伤，是最常见也是最严重的一种电伤。电弧烧伤多由电流的热效应引起，电弧温度高达8000℃，可造成大面积、大深度的烧伤。其症状表现为皮肤发红、起泡，甚至皮肉组织破坏或被烧焦。

电烙印是指当载流导体较长时间接触人体时，因电流的化学效应和机械效应作用，接触部分的皮肤会变硬并形成圆形或椭圆形的肿块痕迹，其大小和形状与接触带电体的部分相同，呈现灰色或淡黑色。

皮肤金属化是指由于电流或电弧作用（熔化或蒸发）产生的金属微粒渗入了人体皮肤表层，使皮肤变得粗糙坚硬并呈现青黑色或褐红色。

（2）电流对人体的危害。触电事故伤害程度主要取决于电流对人体的危害，电流对人体的危害程度与通过人体的电流大小、通电持续时间、电流的种类、电流通过途径、触电者的健康状况以及作用于人体的电压等因素有关。

1）通过人体电流的大小。通过人体的电流越大，人体生理反应越明显，感觉越强烈，病理状态越严重，致命的时间就越短。

2）通电持续时间的长短。电流通过人体的时间愈长后果愈严重。

3）电流通过人体的途径。人体受伤害的危险程度主要取决于通过心脏、肺及中枢神经的电流大小。通过人体途径最危险的是从手到脚，其次是从手到手，危险最小的是从脚到脚。

4）电流的种类。电流可分为直流电、交流电，交流电又可分为工频电和高频电。人体忍受直流电、高频电的能力比工频电强，所以工频电对人体的危害最大。

5）触电者的健康状况。触电的后果与触电者的健康状况有关，统计表明肌肉发达者比瘦弱者、成年人比儿童、男性比女性摆脱电流的能力强。触电对心脏病、肺病、内分泌失调及精神病等患者最危险，触电死亡率最高。

6）作用于人体的电压。作用于人体的电压越高，通过人体的电流就越大，对人体的伤害也越严重。我国规定适用于一般环境的安全电压为36V。

三、触电事故防护技术

触电事故分为直接触电和间接触电两种，这两种事故发生在电路或电气设备的不同状态下，因而防护措施也各不相同。

1. 直接接触触电的防护

直接接触触电是指人体触及带电的导体而导致的触电事故，其防护措施主要有：

（1）安全电压。为了确定安全电压，必须首先确定人体允许电流。一般情况下，把作用于人体不至于引起伤害的电流或人能够自己摆脱的电流称为允许电流。经研究得出，交流允许电流（50~60Hz）为10mA；直流允许电流为50mA。但当电路上装有防止短路的瞬间保护装置时，人体允许电流可按30mA考虑。

我国交流供电电压主要有220kV、110kV、35kV、10kV、6kV、380V、220V。地铁用到的有交流110kV、35kV、0.4kV和直流1500V。车站通常机电设备及照明使用380/220V电压，这也是人最易接触到和发生触电危险的电压，其余电压只有在特定部位和专业人员作业中才能遇到。

安全电压是防止人身触电事故的安全技术措施之一。安全电压是指在各种不同环境条件下，人体接触到带电体后各部分组织（如皮肤、心脏、呼吸器官和神经系统等）不发生任何损害的电压。安全电压一方面是相对于电压的高低而言，但更主要是指对人体安全危害甚微或没有威胁的电压。

我国规定工频安全电压的限值为50V（交流）、直流电压的限值为120V。GB/T 3805—2008《特低电压（ELV）限值》中规定，安全电压额定值的等级为42V、36V、24V、12V、6V。不同危险等级场合选用不同的电压，危险越高电压选用越低。城市轨道交通站台板下通道潮湿、狭窄不通风，设计照明采用的就是36V安全行灯照明。安全电压的应用具体如下：

1）在有触电危险的场所使用手持式电动工具可采用42V安全电压。

2）无特殊防护的局部照明灯应采用36V或24V安全电压。

3）在金属容器内、隧道内、矿井中等特殊危险环境使用照明灯时，应根据危险程度采用24V或12V安全电压。在大型锅炉内、金属容器内或者在发器内工作时，为了确保人身安全，一定要使用12V或6V低压行灯。当电气设备采用24V以上安全电压时，必须采取防止直接接触带电体的措施,其电路必须与大地绝缘。

4)安全电压回路的带电部分必须与较高电压的回路保持电气隔离,不允许接地(不得与大地、中性线或保护零线、水管、暖气管道等连接),但安全隔离变压器的铁心应该接地。

5)采用安全电压的用电设备必须由特定的电源供电。

6)安全电压插销座不应带有接零(地)插头或插孔,不得与其他电压插销座混用。

当电气设备的电压超过安全电压时,必须按规定采取防止直接接触带电体的保护措施。

(2)绝缘。绝缘是指用绝缘材料把带电体封闭起来,其作用是隔离带电体或不同电位的导体,从而使设备长期安全、正常地发挥效用。另外,绝缘材料还可以起到如散热冷却、机械支撑和固定、储能、防潮、灭弧、防霉及保护导体的作用。

(3)屏护。屏护就是用屏障、护罩、箱盒、围栏等将带电体与外界隔离。配电线路和电气设备的带电部分如果不便于包以绝缘或者单靠绝缘不足以保证安全时,可采用屏护保护。此外,对于高压电气设备,无论是否有绝缘,均应采取屏护或其他防止接近的措施。

(4)电气安全距离。为防止人体触及或过分接近带电体,或防止车辆和其他物体碰撞带电体,以及避免发生各种短路、火灾和爆炸事故,在人体与带电体之间、带电体与地面之间、带电体与带电体之间、带电体与其他物体和设施之间,都必须保持一定的距离,这种距离称为电气安全距离,简称间距。间距的大小取决于电压高低、设备类型、环境条件和安装方式等因素,变电设备在各电压等级下的安全距离见表7-1。

表 7-1 变电设备在各电压等级下的安全距离

电 压 等 级	无防护栅/mm	有防护栅/mm
110kV	1500	1000
33kV	1000	600
直流1500V 及以下	700	350

(5)漏电保护装置。漏电保护装置是指人们利用电气线路或电气设备发生单相接地短路故障时产生剩余电流,从而利用这种剩余电流来切断故障线路或设备电源而保护电器,即剩余电流断路器(通常称为漏电保护器)。由于漏电保护器动作灵敏,切断电源时间短,因此只要能合理选用和正确安装、使用漏电保护器,对于保护人身安全、防止设备损坏和预防火灾有明显的作用。

2. 间接接触触电的防护

正常情况下电气设备不带电的外露金属部分(如金属外壳、金属护罩和金属构架等),在发生漏电、碰壳等金属性短路故障时就会出现危险电压。此时人体触及这些外露的金属部分所造成的触电称为间接接触触电。其防护措施主要有:

(1)保护接地。保护接地就是将正常情况下不带电,而在绝缘材料损坏后或其他情况下可能带电的电器金属部分(即与带电部分相绝缘的金属结构部分)用导线与接地体可靠连接起来的一种保护接线方式。

保护接地的作用原理主要是:限制漏电设备对地的泄漏电流,使其不超过某一安全范围,一旦超过某一整定值,保护器就能自动切断电源。

(2)保护接零。保护接零是将电气设备平时不带电的金属外壳,用一根专用的导线接在中性点接地的零线上。

保护接零的工作原理是：借助接零线路，使设备在绝缘损坏后碰壳形成单相金属性短路时，利用短路电流促使线路上的保护装置迅速动作。

（3）工作接地。为了保证电气设备的安全运行，在电力系统中某些点进行的接地称为工作接地，如变压器和互感器的中性点接地。

（4）重复接地。在中性点直接接地的低压配电系统中，为确保接零保护方式的安全可靠，防止零线断线所造成的危害，系统中除了工作接地外，还必须在整个零线的其他部位再进行必要的接地，这种接地方式称为重复接地。

四、雷电、静电的危害及安全防护技术

1. 雷电

雷电灾害是最严重的自然灾害之一，当雷电沉流过地表的被击物时具有极大的破坏性，其电压可达数百万伏甚至数千万伏，电流达几十万安，造成严重事故。

（1）雷电的种类。

1）从危害角度分类，雷电可分为直击雷、感应雷和雷电侵入波三种。

2）根据雷电的不同形状，雷电可分为片状、线状和球状三种形式。其中最常见的是线状雷，球状雷是雷电放电时产生的球状发光带电气体。

（2）雷电的危害。雷电有很大的破坏力，有电性质、热性质、机械性质等多方面的破坏作用。它会造成火灾和爆炸、触电、设备或设施的损坏以及大面积停电和生命财产损失。

雷电对城市轨道交通运营过程中引起的危害，主要是对供电系统、主变电所、牵引降压变电所、接触网（轨）等设施造成破坏，从而对城市轨道交通的安全运行造成影响。

（3）防雷安全防护。

1）发生雷暴时，应尽量减少在户外或野外逗留；在户外或野外最好穿塑料等不浸水的雨衣、胶鞋；如有条件，可进入有宽大金属构架或有防雷设施的建筑物、汽车或船只内。

2）雷暴时，应尽量离开小山、小丘、隆起的小道、水面及水陆交界处，应尽量避开铁丝网、金属晒衣绳及旗杆、烟囱附近，不宜躲在大树底下，不宜进入没有防雷保护的低矮建筑物。

3）若遇到突然雷雨，当头发变硬并竖起来时，应该蹲下，降低自己的高度，同时将双脚并拢，减少电压带来的危害。

4）若在高架、地面线路上遇到打雷，应尽量远离接触轨设备，双脚并拢蹲下，尽可能使人体高度低于周围设备设施，利用打雷的间隙，及时回到室内避雷、避雨。

5）雷暴时，在户内应离开照明线、动力线、电话线、广播线、收音机和电视机电源线、收音机和电视机天线以及与其相连的各种金属设备。

6）打雷时，应停止地面段及高架段接触轨区域的作业；禁止在露天段接触轨设备或与露天段接触轨设备有电气相连的设备上作业。

7）雷雨天气时要注意关闭门窗，地面建筑按照相关的国家规范设置防雷接地装置。

2. 静电

（1）静电的特点。最常见的产生静电的方式是接触分离起电。当两种物体接触，其间距小于 25×10^{-8} cm 时，将发生电子转移，并在分界面两侧出现大小相等、极性相反的两层电荷，当两种物体迅速分离时即可能产生静电。静电具有如下的特点：

1）电压高。虽然静电能量不大，但其电压很高。固体静电电压可达 25×10^4 V 以上，

液体静电和粉体静电电压可达数万伏，气体静电和蒸气静电电压可达1000V以上，人体静电电压也可达1000V以上。

2）泄漏慢。由于积累静电的材料的电阻率都很高，其上的静电泄漏很慢，即使在产生静电的过程停止以后，在较长一段时间内，仍然存在静电危险。

3）产生感应电压。由于静电感应或感应起电，可能在导体上产生很高的电压，导致危险的火花。

4）影响因素多。静电的产生和积累受材质、杂质、物料特征、工艺设备（如几何形状、接触面积）和工艺参数（如作业速度）、湿度和温度、带电历程等因素的影响。由于静电的影响因素多，静电事故的随机性也强。

(2) 静电的危害。生产过程中产生的静电可能引起爆炸和火灾，此时静电因其高电压容易发生放电而引起爆炸和火灾，这也是静电危害中最为严重的危害。静电也可能产生电击伤害人身安全，还可能妨碍生产，降低产品质量。

(3) 防静电措施。

1）环境危险程度控制。静电引起爆炸和火灾的条件之一是有爆炸性混合物存在，为了防止静电的危害，可采取取代易燃介质、降低爆炸性混合物的浓度、减少氧化剂含量等控制所在环境爆炸和火灾危险程度的措施。

2）工艺控制法。工艺控制法就是在工艺流程、设备结构、材料选择和操作管理等方面采取适当的措施，限制静电的产生或控制静电的积累，使之达不到危险的程度。例如，限制输送物料的流速，选用合适的材料，改变灌注方式，加速静电电荷的消散等。

3）泄漏导走法。泄漏导走法即在工艺过程中，采用空气增湿、加抗静电添加剂、静电接地和规定静止时间的方法将带电体上的电荷向大地泄漏消散，以保证安全生产。

4）采用静电中和器。静电中和器是能产生电子和离子的装置，静电中和器产生的电子和离子能与物料上的静电电荷中和，从而消除静电的危险。静电中和器主要用来消除非导体上的静电。

5）加强静电安全管理。静电安全管理的目的是防止静电事故，以及尽量限制静电灾害的范围。静电安全管理包括制订静电安全操作规程、安全指标以及静电安全教育、静电检测管理等内容。

6）人体防静电。人体防静电主要是防止带电体向人体放电或人体带静电所造成的危害，可采用接地、穿防静电鞋和防静电工作服等具体措施，减少静电在人体上的积累，同时要加强规章制度和安全技术教育，保证静电安全操作。

五、城市轨道交通电气安全知识

1. 城市轨道交通范围内用电存在的主要危险源

(1) 车辆段。办公区域有照明用电、插座用电（如计算机、饮水机、打印机等）；各部门、车间的机加工间设备、设施用电；运用库、检修库不仅有检修、维护工作用电，还有接触网用电；车厂线、出入段线有接触网用电等。

(2) 车站。车站照明、各专业设备、设施用电等。

(3) 隧道内。带电的设备有接触网、高低压电缆、各专业设备操作机构等。

2. 常见电气故障

1）灯具外壳过热、周围顶棚等物体变形变色，提示灯具内部线路器件损坏或光源功率过大不匹配。

2）电线（缆）外皮发热、变形、变色，提示线路过载、接地、短路或电缆外皮老化。

3）电线（缆）外皮起火烧焦，提示线路过载短路。

4）设备运行温度异常发热，甚至有焦糊味，提示设备过载、短路、接地故障。

5）设备电源开关常跳闸，提示设备过载或漏电。

6）设备电源开关合不上闸，提示设备短路、开关容量小或电源开关损坏。

7）插座和插头有烧焦、变色、变形现象，提示短路、过载或接触不良导致发热。

发生一般故障或隐患后要停止用电，采取临时防护措施（如挂故障警示牌），报维修人员维修。若出现紧急重大灾害性故障，首先要保持镇静，迅速切断相关电源，采取各方面应急措施以避免事故扩大，同时按应急程序报抢修。

3. 电气化线路电气安全要求

1）严禁私拉乱接电线。

2）不准移开电气隔离屏障进入带电设备区域，非专业人员未经允许不准进入变电所高、低压室及各专业设备房。

3）参观、培训人员进入专业设备房及带电设备区域必须保持一定的安全距离，未经允许不准乱动设备。

4）进入轨行区所带工器具不准靠近接触网，工器具最高高度距接触网不小于200mm。

5）进入隧道施工作业，要注意成品保护，不准磕、碰、刮各类电缆。

6）不用湿手操作电气设备，不挪动、遮挡、破坏警示标志。

7）不使用无电气安全认证产品，电气工器具定期送检。

8）使用电气专用灭火器，不能用水、泡沫灭火器。

9）接触网的各导线（如接触线、承力索、馈线、吊弦等）及其相连部件（如腕臂、定位器、定位管、拉杆、避雷器等）都带有高压电，禁止直接或间接地（指通过任何物件，如棒条、导线、水流等）与上述设备接触。

10）当接触网的绝缘不良时，在其支柱、支撑结构及其金属结构上，在回流电缆与钢轨的连接点上，都可能出现高电压。因此，平常应避免与上述部件接触；当接触网绝缘损坏时，禁止与之接触。

11）为保证人身安全，任何人员及其携带的物体（经检测合格的绝缘工具除外）应与带电接触网、受流器保持足够的安全距离。DC1500V接触网的安全距离为700mm。

12）进行在接触网上或与接触网距离小于其安全距离的作业前，接触网必须停电，并做好安全措施后方可工作。一般来说，其安全措施是停电、验电、挂接地线和悬挂标志牌。

13）接触网断线及其部件损坏或接触网上挂有异物时，不得与之接触，并对该处加以防护，任何人员均应与断线落下点保持8m以上距离，以防跨步电压触电。

14）当区段内接触网停电接地时，不得向该区段发电客车；当驾驶员发现接触网异常或出现故障时，要立即停车并降下受电弓。

15）在接触网没有停电并接地的情况下，禁止到电客车、内燃机车及工程车车顶上进行任何作业。检修库内，在接触网停电并接地以前，禁止登上车顶平台。

16）凡可能进入接触轨区域的地方必须张贴"当心触电"警告标志。

17）所有进入接触轨区域的人员必须穿绝缘鞋（或绝缘靴）和有高可见度的反光背心。

18）除接触网专业人员按规定检修接触轨设备外，其他任何人员，即使在接触轨已经停电挂地线的情况下，也不得擅自接触、碰摸接触轨及其附件。

19）安装有接触轨的轨行区需疏散乘客时，原则上接触轨应停电，做好安全防护后再组织疏散。

20）倒闸操作、验电、挂拆接地线、处理接触网（轨）上异物时，操作人员必须戴高压绝缘手套。

21）带电更换低压熔断器时，操作人员要戴防护眼镜，站在绝缘垫上，并要使用绝缘柄钳或戴绝缘手套。

22）专业人员从事电气作业须严格执行安全操作规程。

单元三 设备安全管理

【情境导入】

城市轨道交通系统作为一个庞大复杂的系统工程，设施设备系统在其运营整个过程中存在诸多安全隐患。根据相关数据统计，乘客原因、环境原因、工作人员失误和设备原因是造成运营事故的主要原因，其中设备原因所占的比例最大，达到72%。结合我国城市轨道交通运营实践，对于运营时间较长的线路来讲，由于客流压力比较大，由车辆引起的故障比较多；对于新开通的线路，由于各个系统处于相互磨合阶段，发生信号故障和车辆故障的概率比较大，这些体现了设备因素对运营造成的影响。

【单元要求】

（1）了解机械与非机械设备的危险及有害因素。
（2）掌握设备事故的分类。
（3）初步掌握特种设备与特种作业的注意事项。
（4）掌握城市轨道交通垂直电梯及电扶梯的使用。
（5）掌握城市轨道交通应急设备的使用方法及注意事项。

一、设备的危险

1. 机械产品

（1）机械行业的主要产品。机械行业的主要产品包括以下12类：

1）农业机械：拖拉机、播种机、收割机械等。

2）重型矿山机械：冶金机械、矿山机械、起重机械、装卸机械、工矿车辆、水泥设备等。

3）工程机械：叉车、铲土运输机械、压实机械、混凝土机械等。

4）石化通用机械：石油钻采机械、炼油机械、化工机械、泵、风机、阀门、气体压缩机、制冷空调机械、造纸机械、印刷机械、塑料加工机械、制药机械等。

5）电工机械：发电机、变压器、高低压开关、电线电缆、蓄电池、电焊机、家用电器等。

6）机床：金属切削机床、锻压机械、铸造机械、木工机械等。

7）汽车：载货汽车、公路客车、轿车、改装汽车、摩托车等。

8）仪器仪表：自动化仪表、电工仪器仪表、光学仪器、成分分析仪、汽车仪器仪表、电料装备、电教设备、照相机等。

9）标准件：轴承、液压件、密封件、粉末冶金制品、标准坚固件、工业链条、齿轮、模具等。

10）包装机械：包装机、装箱机、输送机等。

11）环保机械：水污染防治设备、大气污染防治设备、固体废物处理设备等。

12）矿山机械。

（2）非机械行业的主要产品。非机械行业的主要产品包括铁道机械、建筑机械、纺织机械、轻工机械、船舶机械等。

2. 机械的危险及有害因素

（1）静止的危险。静止的危险是指设备处于静止状态时，人接触或与静止设备做相对运动时可能引起的危险。例如，切削刀具的刀刃、机械设备突出的较长的部分、毛坯、工具、设备边缘的锋利飞边和粗糙表面、离地面有一定高度的工作平台等。

（2）直线运动的危险。直线运动的危险分为接近式危险和经过式危险。

（3）旋转运动的危险。旋转运动的危险是指人体或衣物被卷进机械旋转部位引起的危险。例如，卷进机械旋转部件中，卷进旋转机械部件与固定构件间，卷进两个旋转运动中的机械零件之间，卷进旋转机械部件与直线运动部件间等。

（4）飞出物击伤的危险。例如，飞出的机械零件、飞出的切屑或工件等。

机械设备可造成碰撞、夹击、剪切、卷入等多种伤害。防护对策主要有直接、间接和指导性三类。直接安全技术措施是在设计机器时，考虑消除机器本身的不安全因素。间接安全技术措施是在机械设备上采用和安装各种安全防护装置，消除在使用过程中产生的不安全因素。指导性安全措施是制订机器安装、使用、维修的安全规定并设置标志，以提示或指导操作程序，从而保证作业安全。

3. 非机械的危险及有害因素

非机械的危险及有害因素主要有：电击伤、灼烫与冻伤、振动危害、噪声危害、电离辐射危害和其他与机械相关的危害。

4. 预防机械设备伤害的原则

机械伤害风险的大小除取决于机器的类型、用途、使用方法和人员的知识、技能、工作态度等因素外，还与人们对危险的了解程度和所采取的避免危险的措施有关。预防机械伤害包括以下两方面的原则：

（1）实现机械本质安全。例如，消除产生危险的原因、减少或消除操作人员接触机器危险部位的次数和提供防护装置或个人防护装备等。

（2）保护操作者和有关人员的安全。例如，提高人们辨别危险的能力、提高人们避免伤害的能力和增强避免伤害的自觉性等。

【案例解析】机械伤害（挤压伤害）事故

- 事故经过

2007年×月×日，某城市轨道交通车站工地正在将拆卸下来的钢围檩堆码整齐。下午3点左右，工人甲将钢围檩两端用预制好的索具挂好，准备挪走，工人乙站在钢围檩的另一侧协助作业。当起重机驾驶员丙将钢围檩轻微吊动起吊的瞬间，正在被吊起的钢围檩A下方的另一条钢围檩B发生倾斜，正好压在了工人乙的右脚上。工人甲听见工人乙的叫声后，迅速将钢围檩A挪到一边放在地上，然后用起重机将钢围檩B吊起。随即将受伤情况报告项目部有关管理人员。

项目部有关管理人员立即将工人乙送往医院进行诊断治疗。经医生诊断和X射线照射，工人乙右脚踝关节粉碎性骨折，右小腿骨折，需要住院手术治疗。经过为期4个月的治疗和劳动能力鉴定，工人乙为九级伤残。该事故造成直接经济损失8万元。

- 事故原因

1）工人甲、乙、丙违章作业，在起吊钢围檩的过程中，没有离开起重机械，在起重机械下作业。

2）现场监督管理不到位，没有起重吊装专职人员旁站监督。

3）安全教育不到位，操作人员安全意识淡薄。

- 经验教训

1）起重吊装等危险性较大的作业，必须有专职人员现场旁站监督安全措施的落实。

2）加强安全教育力度，培养工人应知应会。

3）加强安全生产责任制的落实，明确本班组的安全直接责任人。

二、设备事故分类

凡是设施和设备的操作人员在工作中因违章操作、失职或设备隐患等原因，造成设备损坏损失达到一定程度或对列车运行造成严重影响的均属设备事故。

（1）重大事故。重大事故是指因违章操作、失职或设施设备故障等原因造成直接经济损失30万元以上的。

（2）大事故。大事故是指因违章操作、失职或设施设备故障等原因造成直接经济损失10万～30万元的。

（3）一般事故。一般事故是指因违章操作、失职或设施设备隐患等原因造成直接经济损失5万～10万元的。

（4）故障和障碍。故障和障碍是指因违章操作、失职或设施设备隐患等原因造成直接经济损失5万元以内的。

设备的危险及设备事故分类

三、特种设备与特种作业

1. 特种设备与特种设备事故

《中华人民共和国特种设备安全法》（2013年6月29日第十二届全国人民代表大会常务

委员会第三次会议通过）指出特种设备是指对人身和财产安全有较大危险性的锅炉、压力容器（含气瓶）、压力管道、电梯、起重机械、客运索道、大型游乐设施、场（厂）内专用机动车辆，以及法律、行政法规规定适用本法的其他特种设备。国家对特种设备实行目录管理。特种设备目录由国务院负责特种设备安全监督管理的部门制定，报国务院批准后执行。

特种设备安全工作应当坚持安全第一、预防为主、节能环保、综合治理的原则。

特种设备事故指在使用特种设备时突然发生的、造成或可能造成人员和财产损失的事故。特种设备事故的类型主要有：

1）电梯困人故障或由于剪切、坠落等原因造成的事故，扶梯伤人事故。
2）起重设备造成的人身伤亡事故。
3）锅炉、压力容器（含固定式、移动式）和压力管道泄漏、爆炸事故。
4）厂内机动车造成的事故等。

根据事故造成的人员伤亡或者直接经济损失，特种设备事故一般分为特别重大事故、重大事故、较大事故和一般事故4个等级。

（1）有下列情形之一的，为特别重大事故。特种设备事故造成30人以上死亡，或者100人以上重伤（包括急性工业中毒，下同），或者1亿元以上直接经济损失的；600MW以上锅炉爆炸的；压力容器、压力管道有毒介质泄漏，造成15万人以上转移的；客运索道、大型游乐设施高空滞留100人以上并且时间在48h以上的。

（2）有下列情形之一的，为重大事故。特种设备事故造成10人以上30人以下死亡，或者50人以上100人以下重伤，或者5000万元以上1亿元以下直接经济损失的；600MW以上锅炉因安全故障中断运行240h以上的；压力容器、压力管道有毒介质泄漏，造成5万人以上15万人以下转移的；客运索道、大型游乐设施高空滞留100人以上并且时间在24h以上48h以下的。

（3）有下列情形之一的，为较大事故。特种设备事故造成3人以上10人以下死亡，或者10人以上50人以下重伤，或者1000万元以上5000万元以下直接经济损失的；锅炉、压力容器、压力管道爆炸的；压力容器、压力管道有毒介质泄漏，造成1万人以上5万人以下转移的；起重机械整体倾覆的；客运索道、大型游乐设施高空滞留人员12h以上的。

（4）有下列情形之一的，为一般事故。特种设备事故造成3人以下死亡，或者10人以下重伤，或者1万元以上1000万元以下直接经济损失的；压力容器、压力管道有毒介质泄漏，造成500人以上1万人以下转移的；电梯轿厢滞留人员2h以上的；起重机械主要受力结构件折断或者起升机构坠落的；客运索道高空滞留人员3.5h以上12h以下的；大型游乐设施高空滞留人员1h以上12h以下的。

2. 特种作业定义及分类

特种作业是指容易发生人员伤亡事故，对操作者本人、他人及周围设施的安全可能造成重大危害的作业。直接从事特种作业的人员称为特种作业人员。

特种作业包括以下类别：电工作业、焊接与热切割作业、企业内机动车辆作业、高处作业、制冷与空调作业、爆破作业、矿山安全作业、矿山应急救护作业、危险化学品装卸和押运作业、烟花爆竹生产涉药作业、民用爆破器材生产涉药、押运作业、锅炉作业、压力容器作业、起重机械作业、电梯作业、客运索道作业、大型游乐设施作业、压力管道运行操作作业等。

各单位可根据各作业特点确定本单位的特种作业项目,如高压运行作业(含进网证、隔离开关操作证、安全操作等级证)、信号系统操作作业及电客车和工程车驾驶等。

3. 特种作业人员管理

各单位应建立健全特种作业人员管理档案,内容包括个人资料、安全培训教育记录、证件资料、违章记录、事故记录和奖惩记录等内容。

特种设备操作人员及其安全管理人员,必须由质量监督检验部门考核合格,取得国家统一格式的特种作业人员证书,方可从事相应的作业或管理工作。

特种作业人员应当严格按照作业程序和作业要求作业或操作,严禁违章作业。

离开特种作业岗位达 6 个月以上,重新回到原岗位从事特种作业的人员,应当重新进行实际操作考核,经有关管理部门确认合格后方可上岗作业。

特种设备与特种作业

四、垂直电梯及电扶梯的使用

在城市轨道交通车站中,电梯(图 7-36)的用途主要是解决乘客快速疏解,即列车到达后,大量的乘客从候车站台向地面站厅疏解。由于车站的候场站厅一般离开地面,乘客的上下只能依赖于楼梯,而电梯则提供了一种自动输送乘客的能力,满足了乘客对乘降舒适度的要求。

图 7-36　城市轨道交通车站垂直电梯及电扶梯

1. 垂直电梯的开启

1)查看电梯厅门的周围有无障碍物,楼层的显示是否正常。

2)在基站用电梯的专用钥匙将电梯锁拧至开启位置起动电梯,电梯的开启和停止位如图 7-37 所示。

3)用手按外呼盒上的按钮,电梯门打开。

4)进入电梯内,查看电梯内部操作是否正常。

(注:站内电梯站厅层设为基站,出入口电梯地面设为基站)

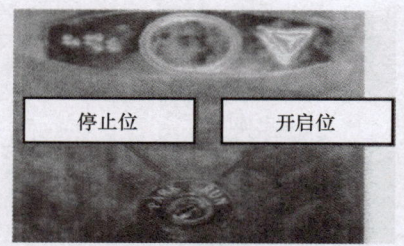

图 7-37　电梯的开启和停止位

2. 垂直电梯的停止

1)在基站用电梯的专用钥匙将电梯锁拧至停止位置(图 7-38)。

2)电梯接收到锁梯信号后,将不再响应其余呼梯信号,直接进入基站,打开门后电梯将关门,停止运行。

3)当站台层的烟雾探测器均探测到火灾报警时,垂直电梯自动停到站厅层,并打开轿厢门。

4) 车站垂直电梯在发生紧急情况时,可通过车站控制室 IBP 远程停止相关垂直电梯。

3. 电梯紧急情况下的处理

1) 当有紧急的情况出现时,首先要使乘客保持镇静,组织疏导乘客离开轿厢,然后停止电梯的运行,最后关闭电梯的总电源。

2) 在城市轨道交通车站处于消防状况时,电梯将接收到车站控制室的消防信号,电梯起动处于消防状况,即电梯立即中止响应所有呼梯信号,直接到达基站开门,然后停止运行,直至消防状况取消。垂直电梯只有在火警信号消除后,控制开关重新设置正常位置时,才能恢复正常运行。

3) 垂直电梯出现故障时(未停运),首先要停止垂直电梯的运行,再关闭垂直电梯的总电源,完成以上步骤后再联系维修人员来进行维修。

4) 电梯运行中因供电中断、电梯故障等原因而突然停驶将乘客困在轿厢内时,站务人员应安抚乘客(表 7-2),维护现场秩序,通知专业人员前来救援。安抚乘客时,首先在基站门外侧面板的下部,用屏蔽门钥匙打开门盖板,然后在面板的中上部有一个乘客对讲装置,按一下右边的键,橘黄色指示灯亮,表示可以与乘客对话,电梯困人使用对讲步骤,如图 7-38 所示。垂直电梯困人处理各负责人员及行动指引见表 7-3。

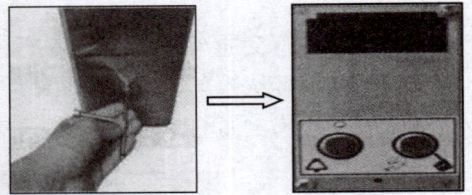

图 7-38　电梯困人使用对讲步骤

表 7-2　车站电梯困人解救方案示例

步骤	标准用语
1	赶到现场时首先要安抚乘客:"大家好!我是车站值班人员,我们已知道你们被困,正在组织技术人员前来抢修。请不要惊慌,保持镇静,不要按动电梯内的按钮和拍打电梯。"
2	了解电梯内被困乘客的数量及状况。例如:"请问里面有多少人?有没有老人和小孩?里面有照明吗?"
3	如乘客感到不适,要及时确认情况。例如:"您哪里感到不舒服?请您不要着急,我们很快就可以让您出来了。"如果确认乘客出现晕厥、呼吸困难等有可能危及人身安全的情况,现场工作人员应及时通知120急救人员
4	在维修人员到达前,保持与乘客联系,详细了解电梯里面的照明、通风及其他表现情况。每隔两三分钟询问乘客:"请问现在照明良好吗?您觉得通风怎么样?技术人员正赶往现场,请各位乘客耐心等候,不要靠近电梯门。"
5	乘客救出后,安抚乘客,稳定乘客情绪。例如:"很对不起,给你们造成不便,我们感到十分抱歉。"并主动送乘客到站台乘车或到出入口出站(建议:在一般情况下,不主动询问乘客是否有身体不适等情况)
6	如果乘客主动提出身体不适,车站人员应尽量予以帮助,或在现场进行简单处理。当乘客不适情况较严重甚至受伤时,按客伤处理程序处理

表 7-3　垂直电梯困人处理各负责人员及行动指引

负责人员	行动指引内容
行车值班员	1) 接到乘客被困电梯时,立即拨打电话 2) 报告值班站长 3) 通知 OCC 行调

（续）

负责人员	行动指引内容
值班站长	1）到现场安抚乘客，缓解乘客情绪，并告知切勿自行设法离开（要采用标准用语） 2）设置电梯停用标志和隔离带 3）维修人员到后，提供协助 4）乘客救出后，安抚乘客，了解其受伤情况 5）汇总情况，编写事件报告 6）如果乘客受伤，则按客伤处理程序处理
车站员工	1）协助安抚乘客，疏散围观乘客 2）维修人员到后，提供协助

4. 垂直电梯乘坐安全常识

1）乘梯时乘客应用手轻触按钮，严禁撞击呼救按钮。

2）儿童乘梯时应由成人携带。

3）在听到超载铃响时，后进乘客应该退出电梯等候。

4）进出电梯时必须特别小心，出入电梯时应注意层门地坎和轿门地坎二者之间的缝隙。

5）留意警示语、安全标志、使用说明及注意事项。

6）扶老携幼，讲究文明礼貌。

5. 自动扶梯乘坐安全常识

1）先看清楚扶梯运行方向。

2）双脚踏在同一梯级上黄色安全线内站稳。

3）紧握扶手，靠右侧站立。

4）注意小心照顾同行的小孩及老人。

5）穿着凉鞋或拖鞋的乘客，小心梯级边缘。

6）避免宽松衣物贴近梯级边缘，以免被卡在夹缝中。

7）踏进或踏出电扶梯时必须特别小心，请勿逗留在电扶梯出口处。

8）留意安全警示语、安全标志及注意事项。

9）切勿三人以上挤站在同一梯级或在电扶梯上打闹、奔跑。

10）切勿将轮椅、婴儿车、手推车推上电扶梯或携带大件行李时使用电扶梯。

11）如遇意外，可按下电扶梯的紧急停机按钮（图7-39），如非必要，严禁滥用紧急停机按钮，以免令其乘客跌倒受伤。

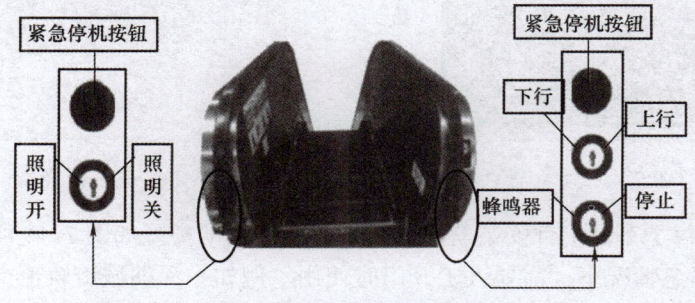

图7-39 三菱电扶梯的紧急停机按钮

在正常情况下,自动扶梯的控制采用就地控制,车站控制室监视其运行状态。在紧急情况或火灾情况下,通过车站控制室的紧停按钮,可使车站非疏散自动扶梯全部停止运行。

五、城市轨道交通应急设备

城市轨道交通系统的列车是在封闭状态下运营的大型载客交通工具,因设备故障、技术行为、人为破坏、不可抗力等原因,均可能会发生突发事故。为能保证紧急情况下乘客的人身安全,在列车和车站都安装有相应的应急设备,当出现紧急情况时,乘客可以通过应急设备进行报警或自救。

1. 列车紧急装置

一般情况下,城市轨道交通列车上应配备的应急设备有:紧急报警按钮或紧急对讲器、紧急停车按钮、紧急开门装置、灭火器、逃生装置。

1)列车车厢上安装的紧急报警按钮和紧急对讲器常见的几种类型如图7-40~图7-43所示。当车厢内发生意外事件、火警等紧急情况时,乘客可以立即使用该装置通知列车驾驶员,以便列车驾驶员及时采取相关措施进行处理。例如:深圳城市轨道交通的列车乘客紧急通信装置在车辆5/7、10/12、17/19门框上方各有一个乘客紧急通信装置(PECU),乘客按下红色紧急按钮,驾驶室会有警报,乘客能和驾驶员进行通话。

图7-40 紧急报警按钮

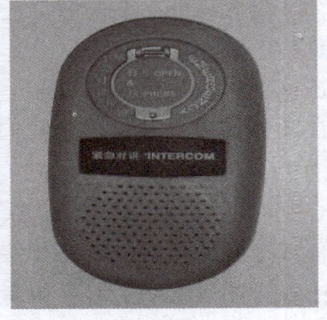

图7-41 紧急对讲器

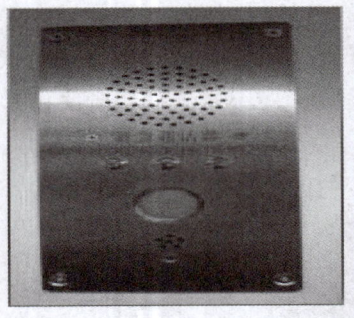

图7-42 紧急通话器

图7-43 紧急报警器

2)在列车的每个车门上都安装紧急开门装置,常见的类型如图7-44所示,其主要作用是列车在故障或紧急情况下,需要人工开门时使用。例如:深圳城市轨道交通列车在每个车门侧各有一个紧急开门手柄,在紧急情况下拉下该手柄并向两边推可将该车门打开,无ATP

保护时列车会失去牵引力惰行；在 ATP 的保护下列车失去牵引力并紧急停车。深圳城市轨道交通列车的驾驶室驾驶台也设有紧急停车按钮，按下按钮，会启动紧急制动程序（直到列车停止），受电弓落下并且所有的 HSCB 分断。按钮保持在按下位置，转动恢复，如果锁闭驾驶台紧急制动也起作用。

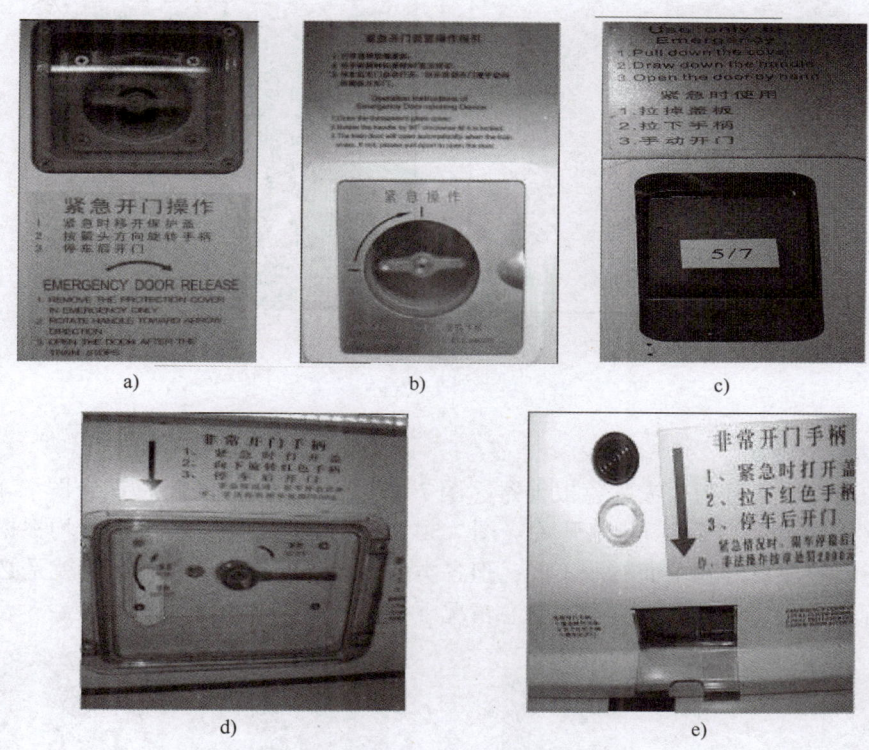

图 7-44　列车的紧急开门装置常见的类型

3）列车配置的灭火器（图 7-45）是为预防列车发生火灾情况配备的应急设备。每节车厢一般配两个 6kg 的灭火器，放置于车厢两端的座位下。当列车发生火灾初期，乘客除通过车厢内的紧急报警按钮或紧急对讲器通知列车驾驶员外，还可以用列车配备的灭火器灭火自救，尽量将火势控制、扑灭。例如：深圳城市轨道交通列车在每节电客车残疾人轮椅停放点，第 4、5 号座位下各有一个灭火器。同时，深圳城市轨道交通列车在每节客室还有 4 个烟雾探测器，A 车电子柜、设备柜和驾驶顶棚内各有一个温感探测器，一旦火警触发，除 TMS—MM1 上会有火警报警外，风笛还会间隙报警。

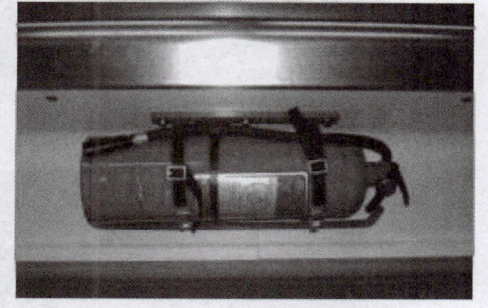

图 7-45　列车配置的灭火器

4）逃生装置（图 7-46）一般安装在列车两端的驾驶室内。列车逃生装置一般在发生紧急情况下，必须通过人工疏散时才使用。如果该城市的轨道交通系统采取疏散平台方式进行疏散，列车的逃生装置则为客室门。所谓疏散平台，是指城市轨道交通运营列车在隧道区间或高架站区间出现紧急情况时，疏散乘客工作人员的专用通道。一般地，道岔区不设置疏散平台，在道岔岔心向岔尖方向 25m 不铺设。疏散平台距轨面高 900mm，平台踏面均采用水泥基无机复合型踏板。

a)

b)

图 7-46　列车的逃生装置

2. 车站应急设备

车站的应急设备分为火灾紧急报警器（图 7-47）、自动扶梯紧停装置（图 7-48）、紧急停车按钮（图 7-49）、屏蔽门紧急开关（图 7-50）四类。其安装位置和数量均根据不同的城市轨道交通系统建设的要求而有所不同，但各类应急设备的启用时机相同，就是必须在发生危及列车行车安全或危及人身安全的紧急情况下使用。

图 7-47　火灾紧急报警器

图 7-48　自动扶梯紧停装置

图 7-49　紧急停车按钮

图 7-50　屏蔽门紧急开关

单元四　危险化学品安全管理

【情境导入】

于 2015 年 5 月 1 日起实施的《危险化学品目录（2015 版）》涵盖了具有毒害、腐蚀、爆炸、燃烧、助燃等性质，对人体、设施、环境具有物理危险、健康危险、环境危险的 148 种剧毒化学品和 2680 种其他化学品。一旦操作不当就有可能发生危险化学品灾害事故，由于危险化学品事故突发性强、不易控制和污染环境、破坏严重以及救援难度大、专业性强等特点，加上城市轨道交通空间上的特殊性，一旦发生危险化学品事故，其破坏性、损失将更大。如 1995 年 3 月，日本东京"沙林"神经性毒气事件，造成 12 人死亡，5000 多人受伤，14 人终身残疾。

【单元要求】

（1）了解危险化学品的概念、分类和主要特性。
（2）掌握危险化学品的安全常识。
（3）掌握危险化学品事故的处置常识。
（4）掌握危险化学品的基本管理规定。

【知识内容】

危险化学品的分类

一、基本概念

1. 危险化学品

危险化学品是指具有毒害、腐蚀、爆炸、燃烧、助燃等性质，对人体、设施、环境具有危害的剧毒化学品和其他化学品。危险化学品安全管理，应当坚持安全第一、预防为主、综合治理的方针，强化和落实企业的主体责任。

危险化学品若生产、使用或储存不当将会带来较大的危害性。例如，造成人体急性中毒或慢性中毒，引起火灾和爆炸等。危险化学品造成的事故有多发性、易发性、突发性、复杂性、连续性、扩散性、伤害形式特殊、救援难度大、社会影响广泛、经济损失大等特点。

2. 危险货物

危险货物也称危险物品和危险品，是指具有爆炸、易燃、毒害、感染、腐蚀、放射性等危险特质，在运输、储存、生产、经营、使用和处置中，容易造成人身伤亡、财产损毁或环境污染而需要特别防护的物质和物品。

按危险货物具有的危险性或最主要的危险性，《危险货物分类和品名编号》（GB 6944—2012）把危险货物分为 9 个类别：爆炸品，气体，易燃液体，易燃固体、易于自燃的物质、遇水放出易燃气体的物质，氧化性物质和有机过氧化物，毒性物质和感染性物质，放射性物质，腐蚀性物质，杂项危险物质和物品。

二、危险化学品的分类与主要特性

《危险化学品目录》是落实《危险化学品安全管理条例》的重要基础性文件，是企业落实危险化学品安全管理主体责任，以及相关部门实施监督管理的重要依据。依据《危险化学品目录（2015版）》和《化学品分类和危险性公示 通则》（GB 13690—2009），危险化学品共分3大类：理化危险、健康危险和环境危险。

1. 理化危险

（1）爆炸物。爆炸物质（或混合物）是本身能够通过化学反应产生气体，而产生气体的温度、压力和速度能对周围环境造成破坏的一种固态或液态物质（或物质的混合物）。其中也包括发火物质，即使它们不放出气体。

发火物质（或发火混合物）是通过非爆炸自持放热化学反应产生的热、光、声、气体、烟或所有这些组合来产生效应的一种物质或物质的混合物。

爆炸性物品是含有一种或多种爆炸性物质或混合物的物品。

烟火物品是包含一种或多种发火物质或混合物的物品。

（2）易燃气体。易燃气体是在20℃和101.3kPa标准压力下，与空气有易燃范围的气体。

（3）气溶胶（气雾剂）。气溶胶是指气溶胶喷雾罐，系任何不可重新灌装的容器，该容器由金属、玻璃或塑料制成，内装强制压缩、液化或溶解的气体，包含或不包含液体、膏剂或粉末，配有释放装置，可使所装物质喷射出来，形成在气体中悬浮的固态或液态微粒或形成泡沫、膏剂或粉末或处于液态或气态。

（4）氧化性气体。氧化性气体是指一般通过提供氧气，比空气更能导致或促使其他物质燃烧的任何气体。

（5）加压气体。加压气体包括压缩气体、液化气体、溶解液体、冷冻液化气体。

（6）易燃液体。易燃液体是指闪点不高于93℃的液体。

（7）易燃固体。易燃固体是容易燃烧或通过摩擦可能引燃或助燃的固体。

易于燃烧的固体为粉状、颗粒状或糊状物质，它们在与燃烧着的火柴等火源短暂接触即可点燃，火焰迅速蔓延的情况下，非常危险。

（8）自反应物质或混合物

自反应物质或混合物是指即使没有氧（空气）也容易发生激烈放热分解的热不稳定液态或固态物质或者混合物，但不包括根据统一分类制度分类为爆炸物、有机过氧化物或氧化性物质的物质和混合物。

自反应物质或混合物如果在实验室试验中其组分容易起爆、迅速爆燃或在封闭条件下加热时显示剧烈效应，应视为具有爆炸性质。

（9）自燃液体。自燃液体是指即使数量小也能在与空气接触后5min之内引燃的液体。

（10）自燃固体。自燃固体是指即使数量小也能在与空气接触后5min之内引燃的固体。

（11）自热物质和混合物。自热物质是指发火液体或固体以外，与空气反应不需要能源供应就能够自己发热的固体或液体物质或混合物；这类物质或混合物与发火液体或固体不同，因为这类物质只有数量很大（公斤级）并经过长时间（几小时或几天）才会燃烧。

（12）遇水放出易燃气体的物质或混合物。遇水放出易燃气体的物质或混合物是通过与水作用，容易具有自燃性或放出危险数量的易燃气体的固态或液态物质或混合物。

（13）氧化性液体。氧化性液体是指本身未必燃烧，但通常因放出氧气可能引起或促使其他物质燃烧的液体。

（14）氧化性固体。氧化性固体是指本身未必燃烧，但通常因放出氧气可能引起或促使其他物质燃烧的固体。

（15）有机过氧化物。有机过氧化物是含有二价—O—O—结构的液态或固态有机物质，可以看作是一个或两个氢原子被有机基替代的过氧化氢衍生物。该术语也包括有机过氧化物配方（混合物）。有机过氧化物是热不稳定物质或混合物，容易放热自加速分解。另外，它们可能具有下列一种或几种性质：易于爆炸分解；迅速燃烧；对撞击或摩擦敏感；与其他物质发生危险反应。

如果有机过氧化物在实验室试验中，在封闭条件下加热时组分容易爆炸、迅速爆燃或表现出剧烈效应，则可认为它具有爆炸性质。

（16）金属腐蚀物。腐蚀金属的物质或混合物是通过化学作用显著损坏或毁坏金属的物质或混合物。

2. 健康危险

（1）急性毒性。急性毒性是指在单剂量或在 24h 内多剂量口服或皮肤接触一种物质，或吸入接触 4h 之后出现的有害效应。

（2）皮肤腐蚀/刺激。皮肤腐蚀是对皮肤造成不可逆损伤，即施用试验物质达到 4h 后，可观察到表皮和真皮坏死。

腐蚀反应的特征是溃疡、出血、有血的结痂，而且在观察期 14 天结束时，皮肤、完全脱发区域和结痂处由于漂白而褪色。应考虑通过组织病理学来评估可疑的病变。

皮肤刺激是施用试验物质达到 4h 后对皮肤造成可逆损伤。

（3）严重眼损伤/眼刺激。严重眼损伤是在眼前部表面施加试验物质之后，对眼部造成在施用 21 天内并不完全可逆的组织损伤，或严重的视觉物理衰退。

眼刺激是在眼前部表面施加试验物质之后，在眼部产生在施用 21 天内完全可逆的变化。

（4）呼吸道或皮肤致敏。呼吸过敏物是吸入后会导致气管超敏反应的物质。皮肤过敏物是皮肤接触后会导致过敏反应的物质。

（5）生殖细胞致突变性。本危险类别涉及的主要是可能导致人类生殖细胞发生可传播给后代的突变的化学品。但是，在本危险类别内对物质和混合物进行分类时，也要考虑活体外致突变性/生殖毒性试验和哺乳动物活体内体细胞中的致突变性/生殖毒性试验。

（6）致癌性。致癌物一词是指可导致癌症或增加癌症发生率的化学物质或化学物质混合物。在实施良好的动物实验性研究中诱发良性和恶性肿瘤的物质也被认为是假定的或可疑的人类致癌物，除非有确凿证据显示该肿瘤形成机制与人类无关。

（7）生殖毒性。生殖毒性包括对成年雄性和雌性性功能和生育能力的有害影响，以及在后代中的发育毒性。

（8）特异性靶器官毒性——一次接触。

本危险类别涉及的是由于单次接触而产生特异性、非致命性目标器官/毒性的物质。

特定靶器官有毒物可能对接触者的健康产生潜在有害影响。

特定靶器官毒性可能以与人类有关的任何途径发生，即主要以口服、皮肤接触或吸入途径发生。

（9）特异性靶器官毒性——反复接触。本危险类别涉及的是由于反复接触而产生特定靶器官/毒性的物质。所有可能损害机能的，可逆和不可逆的，即时和/或延迟的显著健康影响都包括在内。

特定靶器官/毒性可能以与人类有关的任何途径发生，即主要以口服、皮肤接触或吸入途径发生。

（10）吸入危害。本危险类别涉及的是可能对人类造成吸入毒性危险的物质或混合物。

3. 环境危险

环境危险主要包括危害水生环境。

三、危险化学品的安全常识

1. 危险化学品的识别

每一种化学品的包装上都贴有安全标签（图7-51），表明这种物质属于哪一类物品。危险化学品安全标签的主要内容有：①名称、分子式、化学成分及组成、编号、危险性标志。②警示词。③危险性概述。④安全措施。⑤灭火。⑥批号。⑦提示向生产销售企业索取安全技术说明书。⑧生产企业名称、地址、邮编、电话。⑨应急咨询电话。

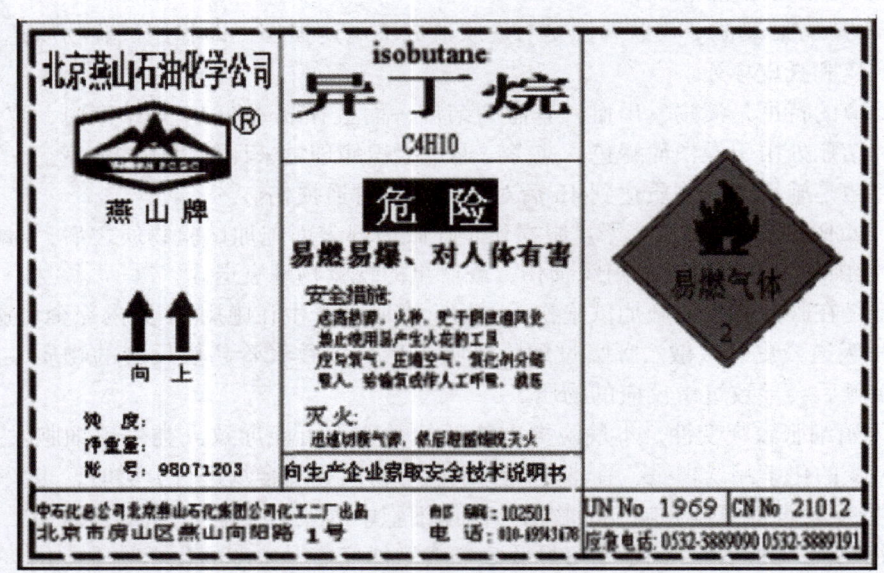

图7-51　化学品安全标签

同时，化学品一般还附有化学品安全技术说明书（MSDS），一般的化学品安全技术说明书包含16项内容：化学产品及企业标志，成分、组成信息，危险性概述，急救措施，燃烧特性及消防措施，泄漏应急处理，操作处置和储存，防护措施，理化特性，稳定性和反应活性，毒理学信息，生态学资料，废弃处置，运输信息，法规信息和其他信息。这16项内容详细介绍了该种化学品的性能、操作注意事项、应急处理方法等。

城市轨道交通员工在接收使用化学品时，要认真阅读技术说明书，了解和掌握化学品的危险性，并根据使用的情形制订安全操作规程，选用合适的防护器具，培训作业人员。如果在接收化学品时，物资部门未提供MSDS，员工有权拒收该化学品。

为防止日常生产过程和运营服务过程中，危险化学品对人员产生伤害，要掌握常用的危险化学品识别方法：

(1) 摸。摸主要是通过触摸乘客携带的物品,来判断其是否属于危险品,如枪支、刀具等违禁品。

(2) 闻。很多危险化学品有刺激性气味,如汽油、酒精等,员工通过嗅觉可以判断该物质是否属于危险化学品。但要注意不能直接将待查物品放到鼻子下面闻,而应保持一定距离,用手轻轻扇动进行判断,防止检查人员受到伤害。

(3) 问。员工可以通过询问乘客,了解其是否携带了危险化学品。

(4) 看。危险化学品的外包装有危险化学品安全标志或危险品标志,部分危险化学品具有特殊外观或包装,如液化石油气等易燃气体储罐,员工可通过观察乘客携带的物品的品名、包装和外观,进行判断。通常危险化学品的包装上都有危险品标志,能帮助人们识别和判断。

2. 相关管理规定

1) 同一仓库和储藏室、柜应储存化学性质相似或防火、灭火方法相同的物品;气体性质互相抵触易发生反应的储气瓶不得同库存放,如氢气、乙炔气与氧气、液氨、液氯等均不得同库存放。

2) 钢瓶堆放应平卧放置(乙炔气瓶除外),钢瓶上的安全帽朝一个方向,堆放不得过高,并加以楔垫,防止滚动。如用框架存放,也可立放,但不应倒置钢瓶,应保证钢瓶稳固。必须轻装轻卸,不得撞击、抛掷或横倒在地上滚动等。搬运氧气瓶时,操作人员的工作服、手套及装卸工具上不应沾有油污。

3) 易燃易爆物品的装卸和运输应使用不产生火花的工具。

4) 对会产生化学反应而产生危险的物品不能同时装运。

5) 严禁携带火种进入使用、存储、装卸场所。

6) 各使用单位应根据 MSDS 使用要求使用危险化学品,防止发生环境污染和人身伤害。

7) 生产使用中临时存放在作业场所的危险物品必须是 24h 有人作业的场所,并配备相应的灭火器材。

8) 当需要将危险品运往车站变电所等生产场所作业时,不得使用城市轨道交通客车运输危险化学品,可以使用地面运输工具。如要求部门派出工程车进行运输,需采取防震、防撞、防火等措施。

9) 各使用部门应将剩余的化学危险品做好标志,暂放于物资部危险品库,使用时方可取用,各使用单位确因生产所需需暂存部分化学危险品时,需提出书面申请且该场所有配备专用易燃液体防火安全柜或腐蚀性化学品安全柜,24h 有人值班,具有相应的消防器材条件等储存条件,并经安技部及物资部实地考察后方可存放。

10) 生产部门完成作业后,剩余的危险物品应退回危险品仓库,统一存储保管。

11) 各使用单位应根据 MSDS 使用要求使用危险化学品,防止发生环境污染和人身伤害。

12) 销毁、处理废弃的危险品,必须在有关技术人员的指导下进行,并征得所在地公安机关等部门同意。

3. 化学事故疏散逃生

若发生化学事故,应遵守以下原则疏散逃生:

(1) 做好防护。用湿毛巾、湿口罩等保护呼吸道;用雨衣、手套、雨靴等保护皮肤;用游泳潜水镜、开口透明塑料袋等保护眼睛。

（2）逆风逃生。根据危险化学品泄漏位置，向上风方向或侧风向转移撤离。

（3）低洼处勿滞留。如果泄漏物质的密度比空气大，则选择往高处逃生；相反，则选择往低处逃生，但切忌在低洼处滞留。

（4）选择背风处停留。来不及撤离时，可躲在建筑物内，堵住明显的缝隙，待在背风无门窗的地方。

（5）及时进行消毒。逃离染毒区后，要脱去污染衣物，及时进行消毒。

4. 危险品的处置

城市轨道交通员工若发现危险品，应遵守以下原则进行处置：

1）员工在进站和乘坐城市轨道交通时，若发现乘客携带危险物品，应出示胸卡给予制止并报车站工作人员处理，共同维护城市轨道交通的安全。

2）司乘人员发现乘客携带的物品可能是危险品时，应通知车站工作人员或报告行调通知本站或下一站车站工作人员上车对其进行安全检查。

3）乘客携带了危险品进站乘车，站务人员应会同运管办或公安人员予以没收，并按有关规定处理。

【考核与提高】

一、单项选择题

1. 火灾的初期阶段，（　　）是反映火灾特征的主要方面。
   A. 烟气浓度　　　　　B. 温度　　　　　C. 烟气　　　　　D. 特殊产物含量

2. 水能扑救下列哪种火灾？（　　）
   A. 石油、汽油　　　　　　　　　　　　B. 熔化的铁液、钢液
   C. 高压电器设备　　　　　　　　　　　D. 木材、纸张

3. 从防止触电的角度来说，绝缘、屏护和间距是防止（　　）的安全措施。
   A. 电磁场伤　　　B. 间接接触电击　　C. 静电电击　　D. 直接接触电击

4. 以下不属于特种设备的是（　　）。
   A. 高压配电柜　　B. 氧气瓶　　　　　C. 电梯　　　　D. 起重机

5. 发生燃烧和火灾必须同时具备的条件是（　　）。
   A. 氧化剂、明火、点火源　　　　　　　B. 氧化剂、可燃物、点火源
   C. 氧化剂、可燃物、木材　　　　　　　D. 阻燃剂、可燃物、点火源

6. 用灭火器灭火时，灭火器的喷射口应该对准火焰的（　　）。
   A. 上部　　　　　B. 中部　　　　　　C. 根部　　　　D. 外部

7. 火灾中对人员威胁最大的是（　　）。
   A. 火　　　　　　B. 烟气　　　　　　C. 可燃物　　　D. 点火源

8. 用灭火器进行灭火的最佳位置是（　　）。
   A. 下风位置　　　　　　　　　　　　　B. 上风或侧风位置
   C. 离起火点10m以上的位置　　　　　　D. 离起火点10m以下的位置

9. 危险化学品生产企业销售其生产的危险化学品时，应当提供与危险化学品完全一致的化学品（　　），并在包装上加贴或者拴挂与包装内危险化学品完全一致的化学品（　　）。
   A. 安全使用说明书；安全标签　　　　　B. 安全技术说明书；运输标签
   C. 安全技术说明书；安全标签　　　　　D. 合格证；商标

10. 发生危险化学品事故后，应该向（　　）方向疏散。

A. 下风 B. 上风 C. 顺风 D. 无所谓

11. 乘客发现紧急情况时按下列车内紧急报警按钮后可与( )建立通话。
A. 公安 B. 行调 C. 车控室值班人员 D. 驾驶员

12. 列车延误超过( )min 的按事故处理。
A. 20 B. 25 C. 40 D. 30

13. FAS（Fire Alarm System）的意思是：( )。
A. 门禁系统 B. 综合监控系统
C. 火灾自动报警系统 D. 环境与设备监控系统

14. FAS 中央级监控功能未实现时，报警信息主要由( )负责监视。
A. DCC B. 车站 C. 维修人员 D. 厂家

15. FAS 正常情况时，车站 IBP 盘开关应置于( )位置，当确有火灾发生且设备无法联动时，应要在 IBP 上启动火灾模式，启动前应将开关置于( )位置。
A. 远程；本地 B. 远程；远程 C. 本地；远程 D. 本地；本地

16. 在车站同一个报警区域内，当只有一个烟感探测器探测到火警时，FAS 报预火警信息，不做火警确认。当有( )个以上的烟感探测器探测到火警，FAS 无延时确认，直接联动设备进入灭火程序。
A. 2 B. 3 C. 4 D. 5

17. 在正常情况下，自动扶梯的控制采用( )，车站控制室监视其运行状态。
A. 就地控制 B. 中央控制 C. 手动控制 D. 系统控制

18. 在紧急情况或火灾情况下，通过( )的紧停按钮，可使车站非疏散自动扶梯全部停止运行。
A. 控制中心 B. 车站控制室 C. 站台 D. 站厅

19. 垂直电梯只有在( )消除后，控制开关重新设置正常位置时，才能恢复正常运行。
A. 报警信号 B. 警报信号 C. 火警信号 D. 警告信息

20. 当垂直电梯出现故障时（未停运），首先要停止垂直电梯的( )，再关闭垂直电梯的( )。完成以上步骤后再联系维修人员来进行维修。
A. 总电源；运行 B. 动作；电源 C. 供电；电源 D. 运行；总电源

21. 当站台层的烟雾探测器均探测到火灾报警时，垂直电梯自动停到( )，并打开轿厢门。
A. 站台层 B. 站厅层 C. 出入口层 D. 地面层

22. 车站垂直电梯在发生紧急情况时，可通过车站控制室( )远程停止相关垂直电梯。
A. IBP B. AIS C. PSD D. PIS

23. 城市轨道交通车站内生产、生活给水一般采用( )供水方式。
A. 枝状管网 B. 环状管网 C. 辐射状管网 D. 三者都不是

24. 城市轨道交通车站消防给水管网一般采用( )供水方式。
A. 枝状管网 B. 环状管网 C. 辐射状管网 D. 三者都不是

25. 疏散平台是指( )在隧道区间或高架站区间出现紧急情况时，疏散乘客工作人员的专用通道。
A. 地铁运营列车 B. 平板车 C. 磨轨车 D. 工程车

26. 道岔区不设置疏散平台，在道岔岔心向岔尖方向( )m 不铺设。
A. 20 B. 25 C. 30 D. 35

27. 疏散平台距轨面高( )mm，平台踏面均采用水泥基无机复合型踏板。
A. 600 B. 700 C. 800 D. 900

二、多项选择题

1. 屏蔽门故障的处理原则有( )。
A. 确保安全的前提下，按照"先通后复"的原则处理故障
B. 原则上屏蔽门故障时状态的确认和应急处理由车站负责

C. 滑动门故障修复后，须利用下一列车进行一次相应侧的屏蔽门开关门试验

D. 当运营中屏蔽门发生故障时，车站应立即通知机电人员进行处理，同时加强对故障门的监控和防护，引导乘客上下车

2. FAS 的系统两级管理是：（　　）。
　A. 中央级管理　　　　B. 现场级管理　　　　C. 维修级管理　　　　D. 车站级管理

3. FAS 的系统三级监控是：（　　）。
　A. OCC 监控　　　　B. 就地监控　　　　C. 维修监控　　　　D. 车站监控

4. 当车站垂直电梯确定困人时，现场工作人员应：（　　）。
　A. 安抚被困人员　　　　　　　　　B. 要求被困人员保持镇定
　C. 等候专业人员救助　　　　　　　D. 打开轿厢门

5. 疏散平台是指城市轨道交通运营列车在（　　）出现紧急情况时，疏散乘客工作人员的专用通道。
　A. 隧道区间　　B. 高架站区间　　C. 地下站　　D. 通道　　E. 站台

三、判断题

1. 运转中的机械设备对人的伤害主要有撞伤、压伤、轧伤、卷缠等。（　　）
2. 为了取用方便，手用工具应放置在工作台边缘。（　　）
3. 安全出口必须保证任何情况下安全畅通。（　　）
4. 燃烧是一种放热发光的物理反应。（　　）
5. 所有灭火器必须锁在固定物体上。（　　）
6. 火灾时若自身着火，应快速扑打，不能奔跑。（　　）
7. 水是使用最广泛而易于获取的天然灭火剂，任何时候都可以使用它灭火。（　　）
8. 发生了燃烧就发生了火灾。（　　）
9. 身体被危险化学品污染后，应立即用大量清水洗患处。（　　）
10. 工作场所使用化学品的单位，应按国家有关规定清除化学废料和盛装危险化学品的废旧容器。（　　）
11. 采集有毒、有腐蚀性、有刺激性的样品，必须戴防毒面具，置换气体应注意排至室外，防止中毒。进容器内取样，应有人监护。取样时，人应站在下风向侧面。取样后，应将阀门关严。（　　）
12. 有毒物品应储存在阴凉、通风、干燥的场所，可以露天存放。（　　）
13. 在车站同一报警区域，当有一个探测器报火警时，系统不联动设备；当有两个及以上的探测器报火警时，FAS 无延时确认，直接联动设备进入灭火程序。（　　）
14. 高架车站的 FAS 由车站行车值班员进行监视，发生报警信息时可以不通报环调。（　　）
15. 车站垂直电梯正在开或关门时受到外力阻挡时，门自动转向反向运动。（　　）
16. 车站垂直电梯在发生紧急情况时，可通过车站控制室 IBP 远程停止相关垂直电梯。（　　）
17. 疏散平台是指城市轨道交通列车在隧道区间或车站出现紧急情况时，疏散乘客工作人员的专用通道。（　　）
18. 列车脱轨、列车晚点、列车相撞都属于重大事件。（　　）
19. 高架车站无气体灭火系统保护的供电用房报火警时，若确认为是办公、生活用品、明敷低压电线着火，车站立即用泡沫或清水灭火器进行灭火并按规定报告。（　　）
20. 当换乘站发生设备区火灾紧急情况时，车站要进行联动处理。（　　）

四、简答题

1. 灭火的基本方法有哪几种？
2. 请写出城市轨道交通车站火灾自救与逃生的方法。（不少于5条）
3. 城市轨道交通列车火灾逃生的方法有哪些？
4. 干粉灭火器的使用方法有哪些？
5. 发现着火时，应怎样处理？

6. 安全标签的主要内容有哪些？
7. 站厅至站台的垂直电梯在发生火灾时是如何联动的？

五、名词解释

1. 设备安全　　　　2. 隔离灭火法　　　　3. 窒息灭火法
4. 特种设备　　　　5. 特种作业

【案例分析】电梯困人事件

　　2006年×月×日，某城市轨道交通车站发生一起电梯困人事件，经过车站与相关人员合作努力，23min后，将乘客救出。事故概况如下：

　　10时11分　乘客打电话到车控室称其困在C出入口的垂直电梯中无法打开电梯门；同时车控室行值发现EMCS上L06-K3-02为报警状态。

　　10时12分　车控室通知正在站厅巡视的客值及厅巡前往C口电梯处查看情况，经查实、确认该电梯为暂停故障状态、内有一名女乘客被困，现场无法将电梯门开启。客值立即将该情况报车控室，并与厅巡在现场陪同安抚、开导乘客。

　　10时13分　车控室致电OTIS招修热线，请其立即派维修人员前来。

　　10时15分　车控室将车站电梯困人及处理情况向行调汇报、站务室安全员、机电人员和站长。

　　10时18分　客值与驻站机电人员查看电梯情况，看能否有办法先将电梯门打开。

　　10时20分　值班站长致电机电调度询问是否有其他应急措施将门打开。

　　10时21分　车控室致电OTIS客服中心，确认OTIS人员在6min内能赶到现场，乘客在电梯内情绪稳定，只是有点闷热；将情况报给行调，请求协助能否请环调采取相关措施。

　　10时25分　OTIS维修人员到达车站，并开始维修故障困人电梯。

　　10时34分　故障电梯门被打开，被困乘客安全出来。

　　10时36分　车控室向行调、站长、站务室安全员汇报乘客解救后情况。

　　10时37分　该名女乘客出来后，一直陪在电梯口的厅巡立即将水送至乘客，值班站长对车站设备故障给她带来的不便深表歉意，值班站长与厅巡一直在场陪同。确认该名女乘客身体状况良好、情绪稳定。稍作休息后，该乘客提出要离开；值班站长将其护送到出入口外。

　　在乘客被困电梯内的一段时间里，厅巡一直在电梯门外与乘客交流，告知被困女乘客车站正在尽最大努力展开抢修工作，请她在里面不要急躁，保持情绪稳定。在安抚乘客的同时，及时了解乘客在电梯内的情绪、身体等各个方面状况，并向车控室汇报乘客即时信息。

　　请结合本模块的学习内容，分析事故原因并提出相应的防范措施。

（资料来源：深圳地铁安全案例汇编。）

模块八

城市轨道交通安全教育管理

◆【模块导学】

　　2009年12月22日5时50分，上海城市轨道交通1号线陕西南路至人民广场区间突发供电触网跳闸故障，造成该区间列车停驶。为尽量减小故障对早高峰市民出行的影响，城市轨道交通运营部门立即调整运营方案，组织了莘庄站至徐家汇站、上海火车站站至富锦路站临时交路运营。6时50分，在富锦路站至上海火车站站小交路折返段，中山北路站往上海火车站站下行的150号车以60.5km/h的时速行驶近上海火车站站时，驾驶员发现前方信号灯为红灯，立即采取紧急制动措施，随后系统发出0km/h的速度码；由于列车制动系统有短时响应时间，列车速度上升至62km/h后开始下降。6时54分，150号车以16.5km/h的时速与正在折返的117号空车发生侧面冲撞，造成150号车驾驶室车头受损和第1节车厢的第2位转向架的轮对脱轨。事故未造成乘客伤亡。

　　事故发生后，申通地铁集团网络运营协调与应急中心立即启动相关抢修预案。由于隧道空间狭小和通道能力限制，复轨顶升作业困难，乘客转运速度缓慢，城市轨道交通1号线全线于11时48分才逐步恢复运营。尽管市运管部门陆续增援了105辆公交车以疏散滞留乘客，但由于正值市民上班早高峰，大量乘客出行仍受到严重影响。

　　事故发生后，"12·22"事故调查组邀请了铁道部、北京大学和同济大学等单位6位专家组成专家组，对事故发生的原因进行调查分析：①专家组一致认为，在运营部门因供电系统故障、采用临时非正常交路折返的情况下，信号系统在N11-1438轨道区段向150号列车发送65km/h的速度码，造成制动距离不足，是本次事故的直接原因。②经对轨道交通1号线其他类似车站信号系统进行测试，均未发现异常情况。专家组认为，"12·22"事故是发生在城市轨道交通1号线上海火车站站的个案，整个轨道交通1号线的信号系统是安全正常的。

　　根据专家组的调查报告，并综合事故双方提交的事故报告，"12·22"事故调查组认定：

　　1）在2001年1号线上海火车站改造项目的配线图修改时，因设计技术人员个人工作疏漏，导致N11-1438区段编码电路配线出错，使信号系统在N11-1438轨道区段向150号列车发送65km/h的速度码，造成制动距离不足，从而发生两列列车侧面冲撞事故。卡斯柯信号公司作为该项目的总包方，未能防止本事故的发生，承担事故责任。

　　2）事故发生后，申通地铁集团尽管采取了应急措施，但在信息告知、应急救援、乘客疏导等方面存在明显不足，导致"12·22"事故造成较大社会负面影响，承担管理责任。

通过对城市轨道交通的事故进行分析，运营人员引发的事故占相当大比例，绝大部分为员工违章作业、违章指挥、违反劳动纪律造成，属于典型的安全意识淡薄、业务功底不扎实、对规章制度理解不充分、对所处的危险环境缺失清晰的认识。在实际工作中，根据违章原因和性质的区别，应采取不同的措施进行预防和整改，其中对员工的安全教育、安全培训是重中之重。

【学习目标】

（1）能辨别易造成事故的心理表现，熟知增强安全意识的主要途径。
（2）能解析团队与安全生产的关系，了解团队创建应注意的问题。
（3）能接受安全文化的建设内容和方法。
（4）能阐述安全教育的内容，组织简单的安全教育培训。
（5）能通过不同的形式和方法进行安全教育宣传。

单元一　人员心理和生理与安全

【情境导入】

现实安全生产的实践证明，尽管造成事故发生的原因是复杂的，有技术、管理、设备、环境和人为的因素，常常是多重的、动态的、随机的综合作用的结果，但人的不安全行为是主要的事故原因。现代安全原理揭示，在现代化生产的人、机、环境、管理组成的事故系统中，人是最积极的因素，但同时人也与环境相互影响。因此，正确把握人员心理、生理与安全的关系，在安全生产和事故预防中有极其重要的作用。

【单元要求】

（1）了解安全与心理现象之间的关系。
（2）掌握心理和心理特征与安全之间的关系。
（3）掌握通过心理特征来提高城市轨道交通安全的方法和途径。

【知识内容】

一、安全与心理现象的关系

按照心理学原理，心理现象是人的大脑对客观现实的反映，它包括心理过程和个性心理特征两个互相联系又相互制约的方面，且各自都包含一些复杂的心理要素和具体表现形式。影响安全的心理要素主要有感觉、知觉、记忆、思维、注意、情绪、能力、疲劳、需要、动机、意识、气质和性格等。

在城市轨道交通运营组织活动中，人的操作过程主要有三个环节，即辨认接收信息、操纵控制设备、观察调整运作,所有这些行为均受心理现象影响。当人的心理现象处于积极状态时,感知快速,思维敏捷,动作可靠,能保证系统正常运转。否则,人的感知、思维和反应机能就不能正常发挥,差错增多,导致事故发生的可能性增大。因此,积极的心理现象是保证交通安全的内在依据,消极的心理现象及由此产生的侥幸、麻痹、惰性、烦闷、自满和好奇等心理倾向,是人的差错(辨认不清、主观臆测、理解不当、判断失误等)引发事故的深层次原因。人的心理现象状态及其转变程度,成为城市轨道交通运营中事故与安全相互转化的制约因素,安全的心理保障关键就在于采取各种有效的手段和措施提高人的心理素质。

二、心理和生理特征与安全

1. 感觉和知觉与安全

感觉是人通过感觉器官对客观事物个别属性的直接反映。知觉是客观事物的各种表面现象和诸多属性通过人的各种感官在大脑中的综合反映。知觉不仅依赖现实的感觉,而且也依赖于以往感觉经验的积累。感觉和知觉二者密不可分,通常将这两种心理现象称为感知或感知觉。

在城市轨道交通运营组织过程中,有些事故是由于人的感知觉发生错误(如误认信号、误听或误传命令等)而造成的。引起错觉的原因很复杂,既有心理因素,也有生理心理因素和生理因素。错觉现象也很多,其中以视觉错误对交通安全的影响最大。

2. 记忆和思维与安全

记忆是人脑对所经历过的人和事的识记、保持和重现。思维是大脑在感知和记忆基础上,对客观信息进行分析、综合、判断和推理的心理过程。如在城市轨道交通运营组织工作中,行调人员忘记将计划变更内容及时准确地通知驾驶员,或因情况变化,不能立即分析判断,采取对策,就会因贻误时机而直接危及城市轨道交通运营安全。

记忆和思维是城市轨道交通企业员工重要的心理要素,没有较好的记忆能力,就不能很好地按章办事,执行计划;没有较强的思维能力就难以对非正常情况下的各种作业进行妥善处理。

3. 注意与安全

注意是一种心理活动状态,按其作用或功能分为三种情况:一是注意集中,即把心理活动重点指向特定对象,对其他无关的心理活动进行抑制,不因无关刺激源的干扰而分散精力;二是注意分配,即在同时进行两种及以上活动时,把注意有目的地指向不同对象;三是注意转移,即根据活动需要,主动有序地把注意从一个对象转移到另一个对象上。

注意是保证安全的基本心理条件。任何一项工作都是由多个作业环节组成的,如果城市轨道交通运营作业人员的注意不集中,或过分集中而不能及时转移,或注意分配不当等,都有可能导致城市轨道交通运营事故发生。

4. 情绪与安全

情绪是人对客观事物是否满足自身需要,或是否符合自己的愿望和观点而表现出来的肯定(满意、愉快、高兴等)或否定(不满、不快、憎恨等)的态度体验。按其程度不同,情绪可分为心境、激情和热情三种状态。心境是一种比较平静而持久的情感体验;激情是一种迅速、强烈爆发出的短暂情感状态;热情是属于富有理性、稳定而深厚的情感表现。情绪和情感状态有积极和消极之分,良好的情绪和情感是保证城市轨道交通运营安全的充分必要条件；情绪不稳、心境不佳则是发生事故的重要原因。

5. 气质和性格与安全

气质是指人的心理过程在强度、速度、灵活性和稳定性等方面的心理动力特征；性格是人对周围人和事的稳定态度和行为方式的心理特征，二者互相渗透，相互影响。

因为气质和性格的外在表现都是围绕着"做什么"（表现为对现实的态度）、"怎样做"（表现为行为方式）展开的，因此，从事运营生产人员的性格和气质对交通安全直接相关。良好的气质和性格是作业人员实现自控的心理保证，而气质较差、性格有缺陷的职工因客观存在的心理障碍而导致自控能力较差的问题，应通过各种安全管理手段促使矛盾向有利于安全的方面转化。

6. 能力与安全

能力是完成某种活动所必需的并直接影响活动效率的身心发展基本品质，是个性心理重要特征之一。能力可分为一般能力和特殊能力，观察力、记忆力、注意力、思维力和想象力等属于一般能力范畴，为人们认识客观事物，掌握科学文化知识提供了智力保证。诸如色彩鉴别力、音响辨别力、图像识别力等均系特殊能力，只能在特定范围和条件下发生作用。例如，在列车技术作业过程中，车辆检修人员通过锤敲耳听就能探测出车辆部件或零件的故障或隐患所在，这就是一种特殊能力。

城市轨道交通企业职工能力强弱直接关系到运营生产的安危，如细心观察、牢靠记忆、沉着应变、敏捷思维、准确判断及清楚表达等能力是广大职工安全高效地完成运营生产任务的重要保证。反之，观察不细、记忆不好、判断不准、表达不清和反应迟缓等，就会使运营事故发生的可能性增加。

7. 疲劳与安全

疲劳是人在连续工作一定时间后，体力和精力消耗超过正常限度所出现的生理心理机能衰退的现象，其表现一是生理机能下降，肌肉酸痛，身体困乏，头痛头晕，视觉模糊，呼吸急促，心率加快，血压升高等；二是心理机能下降，注意力分散，感知觉失调，记忆和思维减退，反应迟缓等。疲劳受到生理上"不能再干下去"和心理上"不想再干下去"的综合影响，轻则使工作效率降低，重则因判断失误或操作不当而导事故发生。

城市轨道交通运营工作中，列车运行速度高，密度大，职工连续工作时间长，加之安全正点要求高，使生产和管理人员心理压力大，耗费的身心能量多。因此，研究如何减轻疲劳，对保证运营安全有重要意义。

8. 需要和动机与安全

需要是人为了生存发展而产生的生理需求和对社会的需求在大脑中的反映；动机是人由于某种需要或愿望而引起的一种心理活动，是激励人们以行为达到目的的内因和动力。按照心理学揭示的一般规律，需要产生动机，动机支配行为。

人对安全的需要是马斯洛"需要层次理论"的重要组成部分。来自安全需要的安全动机有两方面的含义：一方面是保护自身不受伤害的动机；另一方面是保护他人、财产和设备等不被伤害和损坏的动机。前者是人的本能，一般情况下人不可能做出有意伤害自身的事情，这种自卫的动机基本上不需要培养和激励，但应经常告诫和提醒。而后者涉及他人、集体和国家利益，需要加强培养和激励。

人的安全行为是在一定条件下，受安全动机指使的主观努力的结果。交通安全心理保障所要研究解决的核心问题,就是如何强化人的安全意识和动机,助长遵章守纪、按标准化作业的安全行为,最大限度地减少消极心态对安全生产的不良影响。

在生产活动中,人的行为都受到心理现象的支配,客观事物的改变也都与人的心理现象有关。因此人的行为与当时的心理状态有着密切的联系,常见的造成事故的心理现象主要表现为省能心理行为、侥幸心理行为、逆反心理行为、凑兴心理行为和群体心理行为等现象。

三、安全心理的保障条件

帮助企业职工及时调整生理、心理状态,使职工以充沛、饱满的精神投入到运营工作中去,确保运营的安全,这是管理的基本要求。如:城市轨道交通列车驾驶员应当按照法律法规的规定取得驾驶员职业准入资格。运营企业应当对列车驾驶员定期开展心理测试,对不符合要求的及时调整工作岗位。

1. 增强安全意识

意识是人对客观事物的认识、思维和需求等心理活动发展到高级阶段时的心理沉淀,人的意识来自于实践,并在实践中得到发展。意识的自觉性和能动性,具有改变客观现实的作用。

牢固的安全意识是城市轨道交通运营安全的重要前提和保证,它是广大干部和职工对城市轨道交通运营安全的认识、情感和态度发展到严于律己时的思维定式,是形成安全动机和行为的先决条件。增强个人安全意识可确保安全自控,增强群体安全意识可实现安全互控和联控,其主要途径有:

(1)坚持正面教育。不断进行安全教育和定期培训,使广大职工正确认识并处理好安全与效率、效益的关系,安全与国家、集体、个人之间的关系,安全与自控、互控、联控之间的关系,使安全意识的能动性得到充分发挥。

(2)强化三种安全管理意识。一是人本意识,人是安全生产中最富有主观能动性、创造性和积极性的要素。二是长远意识,警钟长鸣,长治久安是安全运营的根本所在,来不得半点松懈和麻痹。三是辩证意识,硬性制度、严格检查和加大奖惩力度是必要的,但更需要在提高职工队伍综合素质及在促进安全习惯行为的养成上下功夫。

(3)通过典型示范。使城市轨道交通从业人员学比有榜样,赶超有对象,牢固树立"安全生产光荣,违章违纪可耻"的观念,自觉为安全生产多做贡献。

(4)运用从众心理。充分发挥班组优良作风和集体荣誉的作用,加大制度和纪律的约束力,增强群体一致向上的凝聚力,形成"要我安全变成我要安全"的氛围。

2. 激励安全动机

激励是指运用精神和物质手段去激发人的动机的心理过程。一个人有多种多样的动机,各种动机因强度不同,对人的行为所起的支配作用也不同,城市轨道交通运营安全管理必须通过强有力的激励措施,使安全动机在职工心理上占有主导地位。

对安全生产进行激励的目的是通过激励引导职工的安全需要,强化安全动机,促成安全行为。在职工角色定位(职责、任务等)和一定思想业务素质条件下,应运用激励手段,鼓励他们忠于职守,努力工作,在安全生产上取得成绩,并使他们获得应有的奖励,从而使他们在精神和物质上得到暂时的满足。如果职工因违章违纪造成事故损失受到惩罚,则应使他们通过认真总结经验教训,避免事故再次发生。然而,不论是暂时满足还是吸取教训,都会使职工面对新的机遇和挑战,调整自己的行为。上述激励的不断推进过程如图 8-1 所示。

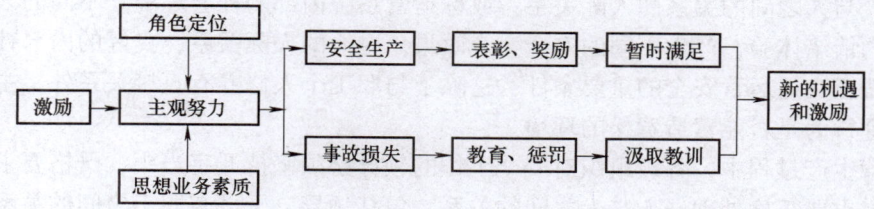

图 8-1　激励的不断推进过程

随着经济和社会发展,激励的手段和方法呈多元化趋势,主要有奖励与惩罚、竞赛与升级、职工参加民主管理和对管理行为实施监督等。城市轨道交通运营安全生产的长期实践证明,竞赛与奖励相结合的方法是激励广大干部和职工安全生产积极性的有效途径。

应该指出的是,在激励安全动机的同时,还要注意遏制不安全的动机,如少数职工为图省事而简化作业程序,为逞强好胜而故意违章违纪,为逃避事故惩罚而推卸责任或隐瞒事故等。消除这些消极心态,对将事故防患于未然是十分重要的。

3. 提高技术业务能力

能力是一个人比较稳定的心理特征,与知识、技能关系密切。知识是人类历史经验的总结和概括,对个人来说是学习的结果;技能是实际的操作技术,是训练的结果。知识和技能是人的能力形成的基础,并能促进能力的发展。为了提高职工的技术业务能力,必须坚持教育和实践。

1)持续开展全员业务知识、安全知识和安全技能教育,尤其要将新职工、值班员为培训重点,强化非正常情况下的作业应变能力,进行系统超前培训,严格"先培训、后上岗"制度。

2)对职工教育应坚持重现场需要、重实际操作、重实际成效的原则,大力改进培训方式、方法。借鉴国际劳工组织推出的先进的模块式技能培训方式(MES 法),结合实际,将轨道交通运营各业务工种的实际操作技能分解成单项模块式教学内容,进行组合式培训。

3)经常性地开展学标、对标、达标活动。本着干什么学什么的原则,组织各工种所有在岗职工按照作业标准,反复学、反复教、反复练,直到熟知熟练为止。

4. 改善运营安全环境

(1)运营安全的工作环境。一定的工作环境会使人们产生一定的心理状态,而心理状态决定人们工作的竞技状态。良好的工作环境,能使人们以饱满的热情、充沛的精力投入安全生产。如果室温不宜、噪声严重超标、照明太亮或过暗,就会使人感到烦躁或因疲劳导致操作失误。因此,应根据人的感知、注意、记忆、思维、反应能力在不同环境因素下的变化规律,对不同作业场所的照明、色彩、温度、湿度、粉尘、布局等,从对人的心理产生积极影响的效果出发进行设计和安排。如列车驾驶员每天驾驶着列车穿梭于城市地下、地面或高架沿线,从周围环境来看,驾驶员每天面对的是漆黑的隧道、固定的线路以及来往的乘客等;从驾驶环境来看,每趟列车,驾驶员都重复着开车、停车、开门、关门、开车的循环劳动,单调机械。以上两种环境对驾驶员乘务工作都有一定的不良影响,在驾驶过程中,驾驶员必须时刻保持高度的警惕心和责任心。

（2）运营安全的内部社会环境。在运营生产过程中，除了人与自然的关系即工作环境外，还有人与人之间的关系即人际关系，或称运营系统内部的社会环境。不同的人际关系会引起不同的情绪体验，产生不同的安全生产效果。融洽的人际关系，良好的内部社会环境是保证城市轨道交通运营安全的重要条件，这除了与职工个人修养有直接关系外，主要取决于领导的管理行为是否能营造宽松的环境。

在运营生产过程中，各级组织对安全工作的领导必须坚持严字当头，严格要求、严肃管理，但同时也要正确处理好人与人之间的关系，包括领导、干部与职工之间的关系。协调干群关系的关键在于要树立廉洁奉公的干部形象，切实转变干部作风，重点解决好作风不实、工作飘浮、官僚主义、形式主义和好人主义的问题，真心实意地关心职工生活，满腔热情地体察职工的思想、情感和困难，尽最大努力满足他们多层次的需要，帮助他们解除后顾之忧，使广大职工身体健壮、精力充沛、情绪饱满地投身到运营生产中去。

单元二　团队与安全

【情境导入】

一只木桶能够装多少水正常情况下取决于三方面的因素：一是每一块木板的长度，最短的木板决定盛水量；二是木板与木板之间的结合是否紧密；三是有一个很好的桶底。如果木板与木板之间存在的缝隙很大，则无法装满水；同样如果没有好的桶底，盛水也只能是空想。这就是新木桶理论。现代企业的团队建设与新木桶理论有着异曲同工之妙：一个团队的战斗力，不仅取决于每一个成员的水平，也取决于成员与成员之间协作与配合的紧密度，同时团队给成员提供的平台也至关重要。在城市轨道交通安全管理中，也涉及不同的工种，需要不同的部门沟通协调。因此，要保证城市轨道交通为乘客提供优质、安全的服务，就必须充分发挥团队的作用。

【单元要求】

（1）了解团队的定义和团队的特征。
（2）理解团队与安全之间的关系。
（3）掌握团队创建的要点及团队建设的内容和方式。

【知识内容】

一、团队概述

1. 团队的概念

团队是群体的特殊形式，是由具有相互补充技能的个体组成的群体，成员彼此承诺为共同负有责任的目标而努力。团队概念包含如下四层含义：

1）团队具有为所有成员认可的共同目标，每一个成员都愿意为实现这个目标而努力奋斗。

2）团队成员在知识、技能、经验等方面具有互补性，在工作中能积极协作，充分沟通。

3) 团队成员在动机、价值取向和目标追求上具有高度的一致性,团队文化能对成员行为的形成产生很大的影响。

4) 团队成员共同努力的结果大于个体成员绩效的总和。在工作过程中,并非所有的群体都适合组建成团队,团队组建需要付出更大的成本,但是团队行为对企业的安全具有重要的影响。

2. 团队的特征

团队一定是一个正式的工作群体,相对个人有着更为丰富的内涵,更多地体现出团结、合作、参与、分享共同目标(成果)等精神象征。团队往往是由跨功能、跨部门、具有不同背景的人组成的协作体,通过相互补充、相互激发各自的潜力而完成特定的任务。

(1) 团队工作的委托和授权。团队工作就是要把责任授予团队,使团队在从事自己的工作时,不必时时、事事向上一级领导汇报。团队必须有足够的权威和足够的权力,就工作做出决策并确保各项工作能恰如其分地完成。因此,团队工作是建立在信任和责任基础上的工作形式。心理学家指出:一旦人们被赋予了责任,他们就会更负责任。在团队工作结构中,团队管理人员并不去做日常工作,而是依靠团队其他人员来做日常工作。

(2) 团队的规范以任务为核心。团队是以任务为导向的,不存在目标含糊的团队。团队规范一般说来是以任务为核心的,它鼓励那些高效的、全面的工作行为,制裁那些低效率的、低质量的工作行为;它鼓励以任务为导向的相互交往,那些帮助其他成员解决困难、为解决问题而寻找与其他团队成员协商方法的行为受到肯定。

(3) 团队成员平等、信任,注重交流。团队强调共有的信息并在共同合作中形成共识,每个团队成员的贡献都是重要的,无论他们在组织中的正式地位如何,平等而有效地交流能够消除等级障碍,培养团队成员的归属感和自豪感。

(4) 团队强调三种技能或能力。①技术性或实用性专业知识的一系列技能。②解决问题和做出决策的能力。③处理人际关系的能力。

(5) 团队中人与角色的和谐一致。团队的成员具有不同的性格,而成功的团队必须包括一系列不同的角色,要求人与角色相一致、相吻合、相协调。

二、团队与安全

1. 团队目标与安全生产

在城市轨道交通运营管理中团队合作是十分重要的问题,良好的团队合作对组织的每个成员都有激励和约束作用。在运营的各个系统中,都要求团队发挥整体的工作效能,由此形成了各种作业"班组"的概念。随着城市轨道交通系统变得越来越复杂,自动化程度越来越高,分工越来越细。运营作业本身涉及多方面的知识和技能,班组正是适应这种要求建立的。一个作业班组(如车辆技术维修班组)具有为完成某个工作目标包含的大量任务所必需的各种技能,小组成员间需要不断相互支持和信息沟通,从而激发思考和创新。

在团队合作中,强调信息沟通、领导能力、判断和决策以及应激管理等,每个团队都需要有一个为之共同奋斗的目标,这对改善工作质量,调动小组成员的主观能动性、积极性和创造性,使他们认识到工作的重要性和价值,并参与决策、想方设法完成工作具有重要的作用。

2. 团队精神与安全

安全是城市轨道交通运营永恒的主题,在安全运营中,每一位员工都必须紧密合作、互相帮助、团结共进、众志成城，这样才能永保安全，这就需要团队精神。

　　团队精神就是指一个团队基于所有人的共同利益，在团队目标的引导下，通过科学的人本管理和安全文化的熏陶，所形成积极向上、拼搏进取、互相帮助、真诚协作、顾全大局等文明健康的相对稳定的心理品质。

　　团队的精神是共同承诺，共同承诺就是共同承担集体责任，共同遵守制度，没有这一承诺，团队犹如一盘散沙。从另一方面来说，团队精神的动力在于团队成员利益和需要的最终满足。在城市轨道交通运营管理过程中，如果人身安全都不能得到保证，就谈不上什么个人利益和需要了。一般来说，团队的行为规范和目标应能够尽可能地与其成员的思想觉悟实际相符合。团队精神应有坚实的价值规范基础。

三、团队的建设

1. 团队创建的条件

　　（1）团队的规模。高绩效团队的规模一般较小，如果团队成员多于12人，就很难顺利开展工作，在相互交流时会遇到许多障碍，也难于在群体决策中达成一致意见。而且，团队成员过多，难以形成凝聚力、忠诚感和相互信任，而这些都是高绩效团队必不可少的特性。

　　（2）人员结构。团队中每个工作人员，无论个人性格、工作经验、业务技能、调配习惯、工作作风都是不尽相同的。每名工作人员都有自身的优点，也有各自的缺点。在工作实践中发现，好的班组能分工合作、协调配合、相互提醒、相互弥补，从而使班组形成多层次安全防护系统。而不好的班组互相冲突、互相制约，即使每个人员都极其优秀，班组依然十分脆弱。团队有不同的技能和角色需要，挑选团队成员时，应以员工的人格特点和个人偏好为基础，加强对班组成员的合理搭配。

　　（3）明确的目标。团队是以任务为导向的，而不是以专业职能为导向的。具有不同技能、扮演不同角色的成员容易过分专注于专业而忽视任务。因此，一个有意义的、大家共同追求的目标就显得非常重要。

　　（4）客观的绩效评估和公平的奖酬体系。客观和公平可以促使团队成员在集体和个人两个层次上都具有责任心。

　　（5）良好的工作氛围。高绩效的团队应该具有一种可以发挥创造性，并维持信任、支持、尊重、相依和合作的环境和氛围。

2. 团队创建应注意的问题

　　（1）明确目标和责任。首先应该让团队成员清晰地理解团队的使命与目标，只有这样才能有利于建立共同的信念与承诺。同时，必须明确班组成员之间保证安全的责任完全相同，发生事故、差错时承担的责任完全相同，立功受奖也人人相同。只有这种责任共担的制度才能消除各人管各人的现象，才能保证组员之间形成既有分工、又有合作的局面。

　　（2）合理的成员搭配。班组的成员应该是多元化的，在技能上各有专长，形成互补；在个性特点上具备团队中不同角色的特点，要求善于完成工作的同时，也要善于沟通协调。职工的个人素质是运营安全管理的基础，也是降低事故率和保证安全的关键。不同的职工，其知识和技能不尽相同，且对信息的获取及情况的判断难免有偏差失误，长时间的工作难免有疏漏，处置特殊情况也难免顾此失彼。因此，安全应系于班组整体，而不是个别成员，只有班组分工合作、协调配合、相互提醒、取长补短、相互弥补，才能发挥班组整体强有力的安全堡垒作用。

（3）开展培训工作。团队成员不一定从一开始就完全具备团队工作所需的各项技能，可以通过培训，使团队成员了解目标，提升技能，拓展能力，学会如何沟通，如何与人交往，如何解决冲突。

（4）设定适当的绩效标准。有了使命和目标，团队的工作还不具备可操作的控制标准，必须将团队的整体目标细化，形成适当的绩效标准，依据标准对员工及团队的绩效进行科学、合理、客观、公正的考评。

（5）设置合理的奖酬体系。在团队创建过程中，应建立与贡献相联系的奖酬体系，根据贡献的大小给予相应的奖励，以充分调动员工的积极性。

（6）制订清晰的行为规则。团队必须建立一套清晰的行为准则，让团队成员知道应该做什么，不应该做什么，什么可以做，什么不可以做。

（7）培养团队精神和外部支持。一个成功的团队首先要有必胜的信念，团队成员必须相信依靠自己的力量能够完成目标。另外，团队还应赢得外部环境包括管理层的支持，及时获取必要的资源。

（8）创造良好的氛围。团队首先应该提倡的是成员之间的相互信任，只有相互信任，才能实现共同的利益与目标；还应提倡促进团队成员的沟通与合作，鼓励团队成员参与团队活动，特别是一些重要的决策。

（9）保持开放和创新。一个良好的团队不是封闭的，而是开放的体系，必须不断接受新的信息和经验，与周围环境进行广泛的信息交流，不断地产生新的观点和想法。

【想一想】
团队成功可能潜在哪些障碍？

单元三　安全教育与培训

【情境导入】

某美国学者的调查表明：绝大多数人在工作中仅发挥了10%～30%左右的能力，如果受到充分的职业化素质教育与职业化培训，就能发挥其能力的50%～80%。开展安全教育与培训，就是提高员工安全工作的能力，使员工在合适的时间、合适的地点，用合适的方式做合适的事。加强安全教育培训是形成安全文化的主要途径，是提高企业全员安全素质、提升安全监管效能的重要手段，也是加强安全基础、推动安全发展的主要抓手。

【单元要求】

（1）理解安全教育与培训的重要性。
（2）熟悉安全教育与培训的主要内容。
（3）掌握安全教育与培训的类型、形式和方法。

【知识内容】

一、开展安全教育的必要性

1. 安全教育和培训的概念

安全教育和培训统称安全教育，实际上包括安全教育和安全培训两大部分。安全教育是通过各种形式，包括学校教育、媒体宣传、政策导向等，努力提高人的安全意识和素质，学会从安全的角度观察和理解要从事的活动和面临的形势，用安全的观点解释和处理自己遇到的新问题。安全教育主要是一种意识的培养，是长时期的甚至是贯穿于人的一生的，能在人的所有行为中体现出来，而与其所从事的职业并无直接关系。安全培训虽然也包含有关教育的内容，但其内容相对于安全教育要具体得多，范围要小得多，主要是一种技能的培训。安全培训的主要目的是使人掌握在某种特定的作业或环境下正确并安全地完成其应完成的任务的能力，故也有人称在生产领域的安全培训为安全生产教育。

2. 开展安全教育的必要性

安全教育是事故预防与控制的重要手段之一。根据事故致因理论，要想控制事故，首先是通过技术手段（如报警装置等）、通过某种信息交流方式告知人们危险的存在或发生；其次则是要求人在感知到有关信息后，正确理解信息的意义，即何种危险发生或存在，该危险对人会有何种伤害，以及有无必要采取措施和应采取何种应对措施等。而上述过程中有关人对信息的理解认识和反应的部分均是通过安全教育的手段实现的。通过接受安全教育，人们会逐渐提高其安全素质，使得其在面对新环境、新条件时，有一定的保证安全的能力和手段。可见，开展安全教育意义重大，其必要性主要体现在以下几个方面：

1）国家法律法规的要求。
2）安全教育是掌握各种安全生产知识和技能，防范职业危害的主要途径。
3）安全教育是企业安全文化建设的需要。

二、安全教育的内容

城市轨道交通安全教育的内容可概括为三个方面，即安全思想教育、安全知识教育和安全技能教育。

1. 安全思想教育

安全思想教育就是要从思想认识、安全态度、法制观念等方面，提高职工对城市轨道交通安全生产的认识，使其正确处理安全与生产的关系，增强其法制观念和安全生产的积极主动性。它主要包括安全法律法规教育、安全生产方针政策教育、劳动纪律、典型经验及事故案例教育。

1）通过安全生产法规和劳动纪律教育，使职工了解和懂得国家有关安全生产的法律、法规和城市轨道交通企业各项安全生产规章制度，促使其依法进行安全生产。

2）通过学习安全生产方针、政策，提高职工对安全运营重要意义的认识，使其在日常工作中坚定地树立"安全第一"的思想，正确处理好安全与运营的关系，确保城市轨道交通企业安全生产。

3）通过典型经验和事故案例剖析教育，可以使职工受到教育和启发，又可结合实际对照先进找出差距,使工作进一步提高。同时,可以使员工了解到城市轨道交通安全运营和企业发展、个人和家庭幸福之间的关系,从而坚定安全生产的信念。

2. 安全知识教育

安全知识教育包括安全管理知识教育和安全技术知识教育。

(1) 安全管理知识教育。安全管理知识包括安全管理组织结构、管理体制、基本安全管理方法及安全心理学、安全人机工程学、系统安全工程等方面的知识。通过对这些知识的学习,可使各级领导和职工真正从理论到实践上认清事故是可以预防的。

【案例解析】物体打击事故

- 事故经过

2007年8月20日上午,某盾构工程正在进行围护桩(冲孔桩)施工过程,三名工人(以下简称A、B、C)在一个桩位进行桩护筒埋设的土方开挖。在开挖前,工人A将桩机冲击锤提升悬挂在2m左右的半空中,并将桩机制动锁锁住。其后工人B下到冲击锤下方的桩孔内开挖土坑,工人A在土坑旁边防护,工人C离开桩机到旁边休息。

13时00分左右,在工人B挖土过程中,桩机制动锁失效滑动,致使桩锤突然落下,轧住了工人B的胯部。工人A发现此情况,立即启动桩机,将冲击锤升起,并与工人C一起将伤者抬到地面。事故发生后,现场人员立即向项目部报告了有关情况,项目部收到报告后,立即将伤者送往医院抢救。18时00分左右,院方告知伤者因失血过多,经抢救无效死亡。

- 直接原因

1) 桩机驾驶人违章操作,在桩护筒施工阶段未将冲击锤置于桩护筒之外地面。

2) 死者安全意识淡薄,在吊起的冲击锤下方作业。

3) 桩机制动锁失灵,致使冲击锤滑落下来,击中下方作业人员。

- 间接原因

1) 死者与桩机驾驶人均属于新进场工人(8月18日进场,8月20日即发生事故)。

2) 施工方安全教育、安全检查存在漏洞。

- 事故教训

1) 切实落实从业人员的安全教育。从大量的事故经验看,70%以上的事故都是由违章作业引起的,该事故再次说明必须扎扎实实地开展从业人员的安全教育,不能搞形式、走过场。在安全教育过程中必须告知受教育对象其作业存在的危险有害因素及避免受到伤害的措施,重点应对工人进行操作规程、应急处理要求等的教育。所有安全教育活动都应该建档登记。

2) 严格落实安全生产责任制。改变工作作风,加强管理人员的安全监管责任意识。安全管理无小事,管理过程中绝对不能抓大放小,现场检查必须全面、认真、细致,发现隐患应采取有力措施加以整改。

3) 事故发生后必须按照政府的要求及时进行事故报告,任何的漏报、缓报、瞒报、谎报都会给事故处理带来不必要的麻烦,甚至影响事故抢险和调查。

(2)安全技术知识教育。预防事故发生的管理和技术措施要符合人的生理和心理特点，安全技术知识教育的内容主要包括：一般生产技术知识、一般安全技术知识和专业安全技术知识。

1) 一般生产技术知识教育主要包括：企业的基本生产概况，生产技术过程，作业方式或工艺流程，与生产过程和作业方法相适应的各种机器设备的性能和有关知识，职工在生产中积累的生产操作技能和经验及产品的构造、性能、质量和规格等。

2) 一般安全技术知识教育是指企业所有职工都必须具备的安全技术知识。主要包括：企业内危险设备所在的区域及其安全防护的基本知识和注意事项；有关电气设备（动力及照明）的基本安全知识；起重机械和厂内运输的有关安全知识；生产中使用的有毒有害原材料或可能散发的有毒有害物质的安全防护基本知识；企业中一般消防制度和规划；个人防护用品的正确使用以及伤亡事故报告方法等。

3) 专业安全技术知识教育是指从事某一作业的职工必须具备的安全技术知识。专业安全技术知识比较专业和深入，其中包括：安全技术知识，工业卫生技术知识，以及根据这些技术知识和经验制订的各种安全操作技术规程等。其内容涉及锅炉、受压容器、起重机械、电气、焊接、防爆、防尘、防毒和噪声控制等。

 【案例解析】瓦斯爆炸事故

> 某市一煤矿电工张某下井安装电煤钻，它在井下接好电缆、干式变压器，安装好电煤钻后，由于停电没有试钻便出了矿井。当天下午，中班下井生产，张某将一卷胶布和一把钢丝钳交给安全员易某，对易某说："电钻安装好了，因停电没有试钻，如果反转，你就将两根线对换一下。"易某不懂矿井生产安全知识，下井后未检测矿井内的瓦斯浓度，就开始试钻。发现煤钻反转后，便按照张某的交代，换接电源线。因其不懂电工操作知识和规定，带电换接，在换接过程中产生电火花，引起瓦斯爆炸，造成16人死亡，直接经济损失80万元。
>
> 《中华人民共和国安全生产法》第五十五条规定："从业人员应当接受安全生产教育和培训，掌握本职工作所需的安全生产知识，提高安全生产技能，增强事故预防和应急处理能力。"本案中，易某虽然身为煤矿安全员，但并不懂矿井安全生产知识，在井下不检测瓦斯浓度，就开始试钻，并在作业中带电换接，引发爆炸事故，其教训是深刻的。
>
> 这是一起因作业人员不掌握本职工作所需的安全生产知识，引发生产安全事故的案例。实践中，不少生产经营单位的作业人员特别是一些农民工、外来工普遍缺乏安全生产知识，生产经营单位又忽视对从业人员的安全培训，或者开展的一些培训质量不高、效果不好，使从业人员不能掌握与本职业工作相应的安全生产知识，这些单位和人员往往既是事故的最大受害者，又是事故的直接责任者。也有一些从业人员素质偏低，安全生产意识淡薄，对生产经营单位组织的安全生产教育和培训不积极参加，或者应付了事，没掌握必要的安全生产知识，完全不具备自救、互救的能力，这也是酿成大祸的一个重要原因。
>
> 因此，生产经营单位的从业人员应当接受并主动参加各项安全生产教育和培训，掌握必要的安全生产知识的操作技能，提高事故预防和应急处理能力。

3. 安全技能教育

（1）安全技能。安全技能是人为了安全地完成具有一定意义的操作任务，经过训练而获得的完善化、自动化的行为方式。由于安全技能是经过训练获得的，所以通常把安全技能教育称为安全技能训练。

安全技能包括：作业技能、应急处置技能、使用安全防护设施的技能等。

（2）安全技能的形成及其特征。安全技能的形成是有阶段性的，不同阶段显示出不同的特征。一般来说，安全技能的形成可以分为三个阶段，即掌握局部动作的阶段、初步掌握完整动作阶段、动作的协调和完善阶段。在技能形成过程中，各个阶段的变化主要表现在行为结构的改变、行为速度和品质的提高及行为调节能力的增强三个方面。

（3）安全技能培训计划。练习是掌握技能的基本途径，但是练习不是简单、机械地重复，它是有目的、有步骤、有指导的活动。在安全技能培训制订训练计划时，一般要考虑循序渐进，对于一些较困难、较复杂的技能，可以进行若干简单、局部的划分，有步骤地进行练习；正确掌握速度和质量的要求；正确安排练习时间，练习方式尽量多样化。

三、安全教育的类型

按照教育的对象，可把安全教育分为对管理人员的安全教育和对生产岗位职工的安全教育两大部分。

1. 各级管理人员的安全教育

管理人员安全教育是指对企业车间主任（工段长）以上干部、工程技术人员和行政管理干部的安全教育。

（1）厂长（经理）的安全教育。本着"管生产必须管安全"的原则，厂长（经理）是本单位安全生产的第一责任者，对本单位的安全生产负全面领导责任。厂长（经理）的安全教育实行资格认证制度，只有通过相应劳动安全管理部门培训，获得资格认证，才可对本企业实施劳动安全卫生管理。厂长（经理）取得安全管理资格证书后，每隔四年需进行一次培训考核，考核情况记入证书中。调动工作时，到新单位仍任厂长、经理职务者，应在到任10天内（遇有特殊情况最迟不超过30天），持发证部门的培训、考核、认证登记表到调入地区的考核发证部门验证。

（2）一般管理人员的安全教育。其要求如下：

1）熟悉国家安全生产的方针、政策、法规、制度及相应的应承担的责任。

2）懂得一般安全技术、职业卫生知识，并能针对本单位情况提出改进措施。

3）懂得怎样支持专兼职技安人员，搞好安全生产工作。

4）明确本岗位安全生产责任。

（3）企业安全卫生管理人员的安全教育。其要求如下：

1）企业安全卫生管理人员必须经过安全教育并经考核合格后方能任职，安全教育时间不得少于120学时。

2）安全教育内容包括：国家有关的劳动安全卫生方针政策、法律法规和标准，企业安全生产管理、安全技术、劳动卫生、安全文化、工伤保险等方面的知识，职工伤亡事故和职业病统计报告及事故调查处理程序，有关事故案例及事故应急处理措施等。

（4）企业职能部门、车间负责人、工程技术人员的安全教育。其要求如下：

1）企业职能部门、车间负责人、工程技术人员的安全教育由企业安全卫生管理部门负责实施，安全教育时间不少于 24 学时。

2）安全教育内容包括：劳动安全卫生法律、法规及本部门、本岗位安全生产职责，安全技术、劳动卫生和安全文化的知识，有关事故案例及事故应急处理措施等。

2. 生产岗位职工安全教育

生产岗位职工的安全教育一般有三级安全教育，特种作业人员安全教育，经常性安全教育，"五新"作业安全教育，转岗、复工安全教育等。

（1）三级安全教育。三级安全教育制度是企业必须坚持的基本安全教育制度，是生产岗位职工安全教育的主要构成，包括厂级教育、车间教育和班组教育。新从业人员安全生产教育培训时间不得少于 24 学时，煤矿、非煤矿山、危险化学品、烟花爆竹等生产经营单位新上岗的从业人员安全培训时间不得少于 72 学时，每年接受再培训时间不得少于 20 学时。

厂级安全教育是对新入厂的工人（包括到工厂参观、生产实习的人员和参加劳动的学生，以及外单位调动工作来厂的工人）的安全教育，由企业主管人负责，企业安全卫生管理部门会同有关部门组织实施。厂级安全教育应包括：劳动安全卫生法律法规、通用安全技术、劳动卫生和安全文化的基本知识、本企业劳动安全卫生规章制度及状况、劳动纪律和有关事故案例等内容。

车间教育是新工人或调动工作的工人被分配到车间后所进行的车间一级安全教育，由车间负责人组织实施。教育内容包括：本车间劳动安全卫生状况和规章制度，主要危险、危害因素及注意事项，预防工伤事故和职业病的主要措施，典型事故案例，事故应急处理措施等内容。

班组安全教育是新工作或调动工作的人到达生产班组之前的安全教育，由班组长组织实施。班组安全教育内容应包括：遵章守纪，岗位安全操作规程，岗位间工作衔接配合的安全卫生注意事项，典型事故案例，劳动防护用品的性能及正确使用方法等内容。

企业新职工应按规定通过"三级安全教育"并考核合格后方可上岗，考核情况要记录在案，6 个月后一般还应进行复训教育，考试成绩要记录。

城市轨道交通运营企业的三级安全教育一般由总部培训中心和各单位共同配合开展，新入职员工（包括合同工、临时工、学徒工、实习生）上岗前必须进行不少于 24 学时的培训。

（2）特种作业人员安全教育。特种作业是指容易发生人员伤亡事故，对操作者本人、他人及周围设施的安全有重大危害的作业。直接从事特种作业的人员为特种作业人员。

特种作业人员在独立上岗作业前，必须进行与本工种相适应的、专门的安全技术理论学习和实际操作训练。特种作业操作证有效期为 6 年，在全国范围内有效，特种作业证每 3 年复审 1 次（严格遵守，无特殊情况可 6 年 1 次）。特种作业操作证申请复审或延期复审前，特种作业人员应当参加必要的安全培训并考试合格，安全培训时间不少于 8 个学时。

（3）经常性安全教育。由于企业的生产方法、环境、机械设备的使用状态及人的心理状态都处于变化之中，因此安全教育不可能一劳永逸。对于人来说，由于其大部分安全技术知识与技能均为短期记忆，必然随时间而衰减，因而必须开展经常性的安全教育，进一步强化人的安全意识与知识技能，保证其安全状态。经常性安全教育的形式多种多样，如班前班后会、安全活动月、安全会议、安全技术交流、安全水平考试、安全知识竞赛、安全演讲等。不论采取哪种形式都应该切实结合企业安全生产情况,有的放矢,以加强教育效果。

(4)"五新"作业安全教育。"五新"作业安全教育是指采用新工艺、新技术、新材料、新设备、新产品投产前,生产单位应对有关人员重新进行不得少于 24 学时的专项安全培训。采用新技术、新工艺、新材料、新产品、新设备时,由于其未知因素多,变化较大,且根据变化分析的观点与变化相关联的失误是导致事故的原因,因而"五新"作业中存在潜在的危险性,并且操作者失误的可能性也要比通常进行的作业更大。因而,在作业前,应尽可能应用危险分析、风险评价等方法找出存在的危险,应用人机工程学等方法研究操作者失误的可能性和预防方法,并在试验研究的基础之上制订出安全操作规程,对操作者及有关人员进行专门的教育和培训,包括安全操作知识和技能培训及应急措施的应用等。

(5)转岗、复工安全教育。转岗是指从职能单位调整到生产单位,或生产单位之间,或内部岗位转换,造成工作环境、工作区域、工作性质等发生了变化的正式下达调令的岗位调动。在新工作岗位独立上岗前应当接受现单位车间和班组级安全教育,转岗培训学时不少于 16 学时。

"复工"安全教育是针对离开操作岗位较长时间的员工进行的安全教育。员工工伤或经过 1 年以上的假期后,重新上岗前应当接受车间和班组级复工安全教育。复工分工伤复工和长假后复工,由各单位自行组织实施,经不少于 30 学时复工培训后进行考试。城市轨道交通运营企业员工的工伤复工一般由安全监察部审批,其他复工由各运营分公司、中心审批,并报培训中心备案。

转岗、复工安全教育档案由员工现单位随三级教育卡一同归档管理。

四、安全教育的形式和方法

安全教育应利用各种教育形式和教育手段,以生动活泼的方式,来实现安全生产这一严肃的课题。安全教育形式大体可分为以下 7 种:

(1)广告式。广告式包括安全广告、标语、宣传画、标志、展览、黑板报等形式,它以精练的语言、醒目的方式在醒目的地方展示,提醒人们注意安全和怎样才能安全。

(2)演讲式。演讲式包括教学、讲座、经验介绍、现身说法、演讲比赛等,这种教育形式可以是系统教学,也可以专题论证和讨论,用以丰富人们的安全知识,提高人们对安全生产的重视程度。

(3)会议讨论式。会议讨论式包括事故现场分析会、班前班后会、专题研讨会等,以集体讨论的形式,使与会者在参与过程中进行自我教育。

(4)竞赛式。竞赛式包括口头、笔头知识竞赛,安全、消防技能竞赛,以及其他各种安全教育活动评比等。竞赛式教育可以激发人们学安全、懂安全、会安全的积极性,促进职工在竞赛活动中树立安全第一的思想,丰富安全知识,掌握安全技能。

(5)声像式。声像式是用声像等现代艺术手段,使安全教育寓教于乐,主要有安全宣传广播、电影、电视、录像等。

(6)文艺演出式。文艺演出式是以安全为题材编写和演出的相声、小品、话剧等文艺演出的教育形式。

(7)学校正规教学。学校正规教学是利用国家或企业办的大学、中专、技校,开办安全工程专业,或将教学内容穿插渗透于其他专业的安全课程。

单元四　安全文化与安全

【情境导入】

企业安全文化是企业文化的组成部分，是企业文化在安全领域的创新与发展。一个企业的安全文化是个人和集体的价值观、态度、能力和行为方式的综合产物，它取决于安全管理上的承诺、工作作风和精通程度。"以人为本"是安全文化的核心理念，一切为了人的人本观念是安全文化建设的基本准则。只有启发、引导、强化员工的安全意识，增强员工的防范意识，才能提高员工的安全素质和技能，从"要我安全"转变为"我要安全""我会安全"，才能达到"不伤害自己，不伤害他人，不被他人伤害"的安全状态。

【单元要求】

（1）理解安全文化的概念及重要性。
（2）熟悉安全文化的特性及其功能。
（3）理解企业安全文化建设与安全管理的关系。
（4）掌握企业安全文化建设的主要内容和形式。

【知识内容】

一、安全文化的概念

安全文化是人类文化的组成部分，安全文化广义的定义可表述为在人类生存、繁衍和发展历程中，在其从事生产、生活的一切领域内，为保障人类身心安全（含健康）并使其能安全、舒适、高效地从事一切活动，预防、避免、控制和消除意外事故和灾害（自然的、人为的），为建立起安全、可靠、和谐、协调的环境和匹配运行的安全体系，为使人类变得更加安全、康乐、长寿，使世界变得友爱、和平、繁荣而创造的物质财富和精神财富的总和。

简而言之，安全文化是人类在生产、生活、生存活动中，为保护身心安全与健康所创造的有关物质财富和精神财富的总和。

二、安全文化的重要性与特性

1. 安全文化的重要性

安全文化是安全生产的根本，安全文化最基本的内涵就是人的安全意识。建设安全生产领域的安全文化，前提是要加强安全宣传教育工作，普及安全常识，强化全社会的安全意识，强化公民的自我保护意识，真正做到警钟长鸣，居安思危，言危思进，常抓不懈。

安全文化是灵魂和统帅，是安全生产工作基础中的基础，是安全生产工作的精神指向，其他的各要素都应该在安全文化的指导下展开。安全文化又是其他各个要素的目的和结晶，只有在其他要素健全成熟的前提下，才能培育出深入人心的"以人为本"的安全文化。

2. 安全文化的特性

安全文化以保护人在从事各项活动中的身心安全与健康为目的，它以大安全观、大文化观为基础，是人们实现安全、健康的重要保障。它有如下特点：

（1）时代性。安全文化是人类文化的最重要的组成部分，是安全科学的基础。随着科技进步和现代管理水平的提高，在建立正确的安全价值观的基础之上，民众倍加爱护自己的生命和别人的生命。安全文化既有物质的安全文化，又有精神的安全文化，符合时代发展的需求，是时代精神和生命价值观的客观反映。

（2）人本性。安全文化是爱护生命，尊重人权，保护人民身心安全与健康的文化；是以保护人的生命安全为基础，保护从事一切活动的人的安全与健康，保护生命权、生存权、劳动权，维护人民应当享受安全生产、安全生活、安全生存的一切合法权益的文化；是以人生、人权、人文、人性为核心的文化；是公开、公正为保护大众的身心安全与健康、维护社会的安全伦理道德，推崇科学的安全生命价值观和安全行为规范，调整人与人之间安全、关爱、和谐、友善的高尚文化；是充分体现自尊、自信、自强的安全人格、人性的时代精神的文化。

（3）实践性。安全文化是人类安全生产、安全生活、安全生存实践活动的产物，安全文化又反作用于实践，指导实践，使安全活动更有成效，产生新的安全文化内容。没有安全文化的实践活动，就没有新的理论和现代安全科技方法和手段，大众的安全文化实践活动是安全文化丰富、发展的源泉和动力。

（4）系统性。安全文化内涵丰富，涉及领域广泛，不仅体现在文化学与安全科学的交叉与综合上，还是自然科学与社会科学的交叉与综合。要解决人的身心安全与健康的本质和运动规律问题，必须以文化的观点，用系统工程的思路、综合处理的方法，建立系统的安全文化体系。

（5）多样性。安全文化活动涉及的领域和时空以及大众对安全文化接受程度和安全文化素质决定了安全文化的多样性特点。因此，安全文化既有生产领域的，也有非生产领域的，乃至整个生存环境都存在各具特色的安全文化。由于人们对安全问题认识的局限性和阶段性，以及安全价值观和安全行为规范的差异，精神安全需求和物质安全需求的不同，必然会产生或形成各式各样的安全文化样式，并为不同知识水平的人所接受，这种差异就使安全文化的存在呈多样性。

（6）可塑性。文化是可以继承和传播的，不同文化还可以在融合中创新。文化可为不同社会、不同民族、不同国家接受，不同时代的需求以及人们的特殊要求可以让不同文化互相借鉴，优势互补，也可以进行融合再造，能动地、科学地、有意识地、有目的地创造出一种理想的新文化。例如，我国的注册安全工程师制度，就是把国外的类似制度与我国的国情相结合，创造性地推出了在国际上绝无仅有的中国特色的一项安全制度。

（7）预防性。预防性是要以安全宣传教育为手段，从培养人的安全意识、安全思维、安全行为、安全价值观入手，通过安全文化知识的传播，以科普知识教育、三级安全教育、继续安全工程教育等形式，促进决策层、管理层、操作层人员的安全文化知识教育和安全文化素质的提高，使其形成安全第一、珍惜生命的安全管理理念。

三、企业安全文化建设

1. 安全文化与安全管理

安全文化具有凝聚、导向、激励、约束、协调等主要功能,而企业安全管理是企业安全文化的一种表现形式,也是一种特殊的文化管理,企业安全文化是企业安全管理的基础。

(1) 安全文化与人的行为规范。人的安全需求是有其动机和目的的,把安全工作、安全生产简单看成是管理或是安全管理,光靠制度和安全操作规程管理是不够的。而那种管、卡、压式的粗放型管理是非人性管理,是落后的,与安全文化所倡导的管理模式不相容。

不同安全文化素质的人对待安全管理会有不同的态度,要使人的行为得以规范,只能靠文化的熏陶、规范的教育、科学的启迪、理性的思维和正确的方法,通过多层次、全方位的教化,即物态安全文化、精神安全文化、制度安全文化的熏陶,以及行为规范与安全价值观的教育,潜移默化改变人的行为。

(2) 安全文化与群体安全行为。提高群体(员工)的安全文化素质,规范企业安全文化建设的模式和目标,必须考虑到安全文化潜移默化的影响是一个长期而复杂的过程。

通过安全文化的传播,能增长人的安全知识,通过培训、教育,能提高人的安全文化素质和安全技能水平,使其掌握更多的安全理论和实用方法。要不断为人们创造学习和培训的机会,创造良好的环境,不断提高其安全文化素质,让个体的安全行为规范,并使其逐渐成为习惯。只有个体安全素质极大提高了,形成了一种宜人的安全文化氛围,人人懂得人命关天的道理,个个都能珍惜生命、善待人生,视安全责任如泰山压顶,全员、全方位、全过程保障安全,才能达到群体安全的目的或形成企业安全文化。

(3) 安全文化与企业安全管理的区别。安全文化与企业安全管理从文化或安全文化的渊源上考虑,有其内在联系,但安全文化不是纯粹的安全管理,企业安全文化也不是企业安全管理。企业安全管理是企业对自身的生产经营活动实施的安全管理,这项管理与企业管理同步进行。企业安全文化是企业安全管理的基础和必要的环境条件,是安全管理的重要理念和精神支柱。

安全文化与企业安全管理是互相不可取代的,那种认为提倡安全文化,企业安全管理就可以不要了,或认为企业安全管理落后了、过时了等观点是十分错误的。安全文化与企业安全管理的区别可以简要归纳为以下几个方面:

1) 涉及的对象不同。
2) 范围及环境不同。
3) 时空观念不同。
4) 追求安全与健康程度有别。
5) 采用的方法有别。
6) 对人影响的侧重点不同。
7) 对人影响的深度不同。
8) 经济投入不同。
9) 对外部环境的反应能力不同。
10) 学科归属不同。

安全文化与企业安全管理,还有很多区别,可参阅有关资料。

(4) 大安全观与全面安全管理。

1) 全面安全管理是安全文化在制度层次的继承和创新。全面安全管理的思想，是一种超前的大安全观，对于倡导和弘扬安全文化，建立大安全观，开展企业安全文化建设，具有普遍的指导意义。

2) 大安全观要求人们超越分工对待安全。在人们的习惯认识上，安全工作仅仅被当作一项社会分工来对待，过分强调安全的纯技术性，在工学领域努力培养高学历的安全工程技术专门人才，忽略了一般人的参与，造成具有群众意义的安全责任与非群众意义的安全管理相互混淆，于是管安全的就有责任，不管安全的就无责任。这些看似简单的问题，对我们提出了改变观念的要求，对安全的认识与观念的正确与否，恰恰就是我们长期存在、没有解决好的大问题，也是安全工作最易受挫折、长期不稳定的实质所在。

大力传播安全文化，既是一种关于安全问题的新观念，又是全社会科学地认识和对待安全问题的新方法。倡导安全文化，目的很明确，就是要使每一个人都按照安全的要求来规范自己的行动，让注意安全成为每一个人的习惯。

3) "三违"（违章指挥，违章操作，违反劳动纪律）既是管理问题，更是文化问题。全面安全管理思想是工作层次上建设企业安全文化的指南，也对普通层次上建设大众安全文化有所启迪。

4) 企业安全文化建设应首倡全面安全管理。安全工作不只是安全部门的事，实际上就是安全文化的思路，尤其是"横向到边，纵向到底"这八个字，言简意赅地告诉我们安全文化在企业安全生产中如何应用。全面安全管理观应是企业开展安全文化建设的指导思想，全面安全管理在企业的推行，就是企业最切实的安全文化建设实践方式。

2. 安全文化与安全教育

教育与文化的相互关系与作用，是探讨安全教育与安全文化首先要阐明的问题。教育是一种积累、传递、继承和发展社会价值与知识的行为，包含在文化范畴之中。所以，安全教育是安全文化的重要组成部分，安全文化的发展必须依靠安全教育。

(1) 与教育相关的安全文化。安全文化由安全的物质文化、安全的行为（精神）文化和安全的观念文化三个重要部分组成。显然，安全教育的基础目标就是优化人的安全观念认识，提高人的安全行为水平；与教育直接密切相关的安全文化包括了安全的行为文化和安全的观念文化。除此之外，安全的物质文化也与安全教育有重要的关系。安全的物质文化是安全教育的基础、背景和条件，安全教育离不开安全的物质文化。

(2) 安全教育是安全文化的重要组成部分。安全教育使得人的安全文化素质不断提高，安全精神需求不断发展。通过安全教育能够形成和改变人对安全的认识观念和对安全活动及事物的态度，使人的行为更加符合社会生活中和企业生产中的安全规范和要求。

随着社会的发展，安全教育不仅是安全文化的重要组成部分，也是社会文化的重要内容。从这一角度看，安全教育不仅能传授安全的知识和创造安全的精神世界，同时有助于形成科学的人生价值观和世界观，即安全教育能够提高人的间接相关和直接相关的行为素质。

(3) 安全教育是发展安全文化的动力。建设安全文化的一个重要目的，就是丰富安全的物质文化、优化安全的行为文化、建立安全的观念文化，对此，安全教育起着重要的作用。安全教育促进着人类安全活动的活力，对社会安全物质生产及其条件改变有间接的作用；同时，安全教育影响着劳动者的安全认识和需要。更为有意义的是，安全教育传授安全知识和安全技能,从而提高和完善人的安全素质,使人逐步发展成为理想的"安全人",使人的安全行为符合生产和生活的要求。只有在教育过程中,安全文化才能得到发展,人的安全素质才能得以提高。

(4)提高安全教育效果应与企业安全文化建设相结合。在进行安全教育的过程中,为提高安全教育效果,应与企业安全文化建设相结合。安全文化是企业文化的重要组成部分,包含人的安全价值观和安全行为准则两个方面内容。前者主要是安全意识、安全知识和安全道德以及企业的向心力和凝聚力,是安全文化的内层,是最重要、最基本的方面;后者则是属于物质范畴,主要包括一些可见的规章制度以及物质设施。

企业安全文化教育是通过强化职工安全意识,达到提高安全素质的目的的。由此可见,安全文化教育是传播和建立工业文明、提高职工安全文化素质的重要途径,是建立良好企业安全文化氛围的重要手段。同时,企业安全文化氛围的建立,为进一步做好安全教育创造了条件。因此,在市场经济体制下倡导和建立企业安全文化既是企业安全生产的重要举措和科学方法,也是做好安全教育、保证安全教育取得效果的前提。

3. 企业安全文化建设的内容和方式

(1)企业安全文化建设的内容。与安全文化的构成要素相对应,企业安全文化建设的内容包括以下方面:

1)建立稳定可靠、规范的安全物质文化。安全物质文化需要依靠技术进步和技术改造来不断提高本质安全化程度,它主要包括三方面内容:

① 作业环境安全。生产场所中有不同程度的噪声、高温、尘毒和辐射等有害因素,它们直接影响作业人员的身心健康和生命安全,应将其控制在规定的标准范围内,创造舒适、安全的工作条件,使环境条件符合人的心理和生理要求。

② 工艺过程安全。工艺过程主要是指对生产操作、质量等方面的控制过程,工艺过程安全应做到操作者了解物料的性质,正确控制好温度、压力和质量等参数。

③ 设备控制过程安全。通过对生产设备和安全防护设施的管理来实现设备控制过程安全,在具体实践中应做到:从设备的设计、制造等方面全面考虑其防护能力、可靠性和稳定性;对设备要正确使用、精心养护和科学检修;开发应用并推广安全新技术、新产品和新设施。

2)建立符合安全伦理道德、遵章守纪的安全行为文化。安全行为文化的建设包括以下两方面内容:一是多渠道、多手段地让员工在掌握安全知识的基础上,熟练掌握各种安全操作技能;二是严格执行安全操作规程。

3)建立健全完善、切实可行的安全制度文化。安全制度文化指的是与物态、心态、行为安全文化相适应的组织机构和规章制度的建立、实施及控制管理的总和,主要包括:①建立健全完善、切实可行的企业安全管理机制。主要是指建立切实执行的企业职责体系,各方面各层次落实责任,形成横向到边、纵向到底、高效运作的企业安全管理网络;②建立起切实履行群众监督职责,奖惩严明、上下结合,对各层次进行有效监督的企业劳动保护监督体系;③建立完善的企业安全管理规章制度和奖惩制度,使其规范化、科学化、适用化并严格执行。

4)建立"安全第一、预防为主"的安全精神文化。首先应通过多种形式的宣传教育提高员工的保护意识,包括应急安全保护意识、间接安全保护意识和超前的安全保护意识,并进行生产作业安全知识、生活安全知识等教育培训。然后进行安全伦理道德教育，为他人和集体的安全考虑，自觉约束自己的行为，承担起应尽的责任和义务。这种教育不仅要面对普通员工，更应集中于各级管理人员和技术人员。

（2）企业安全文化建设的方式。企业安全文化建设的根本内涵是将企业安全理念和安全价值观表现在决策者和管理者的态度和行动中，落实在企业的管理制度中，将安全管理融入企业的整个管理实践中，将安全法规、制度落实在决策者、管理者和员工的行为方式中，将安全标准落实在生产的工艺、技术和过程中，由此形成一种良好的安全生产氛围。通过安全文化的建设，影响企业各级管理人员和员工的安全生产自觉性，以文化的力量保障企业安全生产和经济发展。企业安全文化的建设可通过如下方式进行：

1）班组及职工的安全文化建设。运用传统有效的安全文化建设手段：三级教育（333模式）、特殊教育、日常教育、全员教育、持证上岗、班前安全活动、标准化岗位和班组建设、技能演练等。推行现代安全建设手段："三群（群策、群力、群观）"对策、事故判定技术、危险预知活动、风险抵押制、"仿真"演习等。

2）管理层及决策者的安全文化建设。运用传统有效的安全文化建设手段：全面安全管理责任制、"三同时""五同时""三同步"监督制、定期检查制、有效的行政管理手段、常规的经济手段等。推行现代的安全文化建设手段："三同步原则"、"三负责制"、意识及管理素质教育、目标管理法、无隐患管理法、系统科学管理、人机环境设计、系统安全评价、应急预案对策、事故保险对策、三因（人、物、环境）安全检查等。

3）生产现场的安全文化建设。运用传统的安全文化建设手段：安全标语（旗）、安全标志（禁止标志、警告标志、指令标志）、事故警示牌等。推行现代的安全文化建设手段：技术及工艺的本质安全化、现场"二三标"建设、"三防"管理（尘、毒、烟）、"四查"工程（岗位、班组、车间、厂区）、"三点"控制（事故多发点、危险点、危害点）等。

4）企业人文环境的安全文化建设。运用传统的安全文化建设手段：安全宣传墙报、安全生产周（日、月）、安全竞赛活动、安全演讲比赛、事故报告会等。推行现代的安全文化建设手段：安全文艺（晚会、电影、电视）活动、安全文化月（周、日）、事故祭日、安全贺年（个人）活动、安全宣传的"三个一"工程（一场晚会、一副新标语、一块墙报）、青年职工的"六个一"工程（查一个事故隐患、提一条安全建议、创一条安全警语、讲一件事故教训、当一周安全监督员、献一笔安全经费）等。

【考核与提高】

单项选择题

1.《中华人民共和国安全生产法》规定，生产经营单位采用新工艺、新技术、新材料或者使用新设备时，应对从业人员进行（　　）的安全生产教育和培训。

  A. 班组级   B. 车间级   C. 专门   D. 三级

2. 未经培训的普通工人不允许安排替代技术工人，艺徒在没有老师傅带领下不允许安排其独立操作，这是（　　）的安全职责。

  A. 人事、劳资部门   B. 安全专职机构   C. 技术部门   D. 生产部门

3. 安全教育中的安全技术知识教育不包括（　　）知识教育。

  A. 生产技术   B. 一般安全技术

  C. 专业安全技术   D. 数、理、化基础

4. 从业人员调整工作岗位或离岗一年以上重新上岗时，应进行相应的(　　)安全生产教育培训。
   A. 专门的　　　　B. 厂级　　　　C. 车间级　　　　D. 班组级
5. 根据终身教育的观念，生产经营单位应当对在岗的从业人员进行(　　)的安全生产教育培训。
   A. 全面　　　　B. 长期　　　　C. 经常性　　　　D. 临时性
6. 不属于生产经营单位主要负责人安全生产教育培训内容的是(　　)。
   A. 工伤保险的政策、法律、法规　　　　B. 安全生产管理知识和方法
   C. 国家有关安全生产的方针、政策等　　　　D. 典型事故案例分析
7. 以下不属于安全教育培训方法的是(　　)。
   A. 实际操作演练法　　B. 讲授法　　C. 自学提高法　　D. 读书指导法
8. 从业人员应当接受(　　)，掌握本职工作所需的安全生产知识，提高安全生产技能，增强事故预防和应急处理能力。
   A. 安全生产教育　　　　B. 安全生产培训
   C. 安全生产教育和培训　　　　D. 安全生产技能训练
9. 企业的三级安全教育是指哪三级？(　　)
   A. 国家级、省级、县级　　　　B. 一级、二级、三级
   C. 公司级、部门级、班组级　　　　D. 甲级、乙级、丙级
10. 安全教育中的专业安全技术知识教育是指对某一工种进行必须具备的专业安全技术知识教育，不含(　　)知识教育。
    A. 锅炉、起重机械　　B. 防暑降温　　C. 工业防尘防毒　　D. 生产技术
11. 某企业在安全文化建设中，提出"三不伤害"原则，建立相应的机制以促使落实到每个岗位，做到"各人自扫门前雪，还管他人瓦上霜"，取得较好的效果，这主要发挥了企业安全文化功能中的(　　)。
    A. 辐射功能　　B. 凝聚功能　　C. 激励功能　　D. 同化功能
12. 企业文化以(　　)为基础。
    A. 员工安全文化素质　　B. 企业安全价值观　　C. 企业安全行为规范　　D. 灵性管理
13. 关于企业安全文化建设基本要素，下列表述错误的是(　　)。
    A. 企业内部的行为规范是企业安全承诺的具体体现和安全文化建设的基础要求
    B. 企业应建立安全信息传播系统，综合利用各种传播途径和方式，提高传播效果
    C. 企业在审查和评估自身安全绩效时，只能使用事故发生率等消极指标
    D. 全体员工都应认识到自己负有对自身和同事安全做出贡献的重要责任
14. (　　)是超越传统安全管理来解决安全生产问题的根本途径。
    A. 安全文化建设　　B. 安全文化规划　　C. 安全文化宣传　　D. 安全文化评价
15. 特种作业操作证申请复审或者延期复审前，特种作业人员应当参加安全培训，并且安全培训时间不少于(　　)个学时。
    A. 6　　　　B. 8　　　　C. 10　　　　D. 12
16. 某特种作业人员在特种作业操作证有效期内从事本工种作业，已经连续工作10年。根据有关特种作业操作证复审的规定，无特殊情况，该作业人员复审的年限是(　　)年。
    A. 3　　　　B. 8　　　　C. 6　　　　D. 5
17. 某公司员工在工作中发生轻伤，休工30天后又回到原工作岗位继续工作。在复岗前需要接受(　　)安全教育培训。
    A. 公司级、车间级、班组级　　　　B. 车间级、班组级
    C. 车间级　　　　D. 班组级
18. 岗位安全教育培训主要包括日常安全教育培训、定期安全教育培训和专题安全教育培训，其中，日常安全教育培训的重点内容之一是(　　)。

A. 从业人员的权利与义务　　　　　　B. 转岗技能培训
C. 作业岗位安全风险辨识　　　　　　D. 新工艺、新技术推广

19. 新从业人员安全生产教育培训时间不得少于（　　）学时；危险性较大的行业和岗位，教育培训时间不得少于（　　）学时。

A. 8；16　　　　B. 16；24　　　　C. 16；48　　　　D. 24；72

20. 班组安全培训教育的内容主要是岗位之间工作衔接配合、作业过程的安全风险分析方法和控制对策、有关事故案例，以及(　　)等。

A. 本单位安全生产规章制度　　　　B. 岗位安全操作规程
C. 从业人员安全生产权利和义务　　D. 安全生产管理目标

【案例分析】员工工伤事件

2006年×月×日18时57分，客车驾驶员某督导担当替班驾驶员值乘0225次列车到达某城市轨道交通车站下行站台，进行开关门标准化作业完毕后，进入驾驶室时，驾驶员看到屏蔽门与车门之间好像有异物，准备再次仔细观察确认有无夹人夹物，将脚退向站台时左脚踏空摔倒在轨行区，碰伤腰部，并感觉疼痛。摔倒后驾驶员自己马上用手机报OCC行调，在车站值班站长、保安等人员的协助下起身，重新站起来，并表示仍可驾驶列车继续运营。OCC接报后，立即按程序通知了分公司及部门相关领导，安排备班驾驶员换下受伤驾驶员并直接送医院检查治疗。当晚经拍X片检查，医生初步诊定为腰背部软组织损伤，属轻伤，后经医院住院1个多月的精心治疗，受伤员工已康复出院。

请结合本模块的学习内容，分析事故原因并提出相应的防范措施。

（资料来源：深圳地铁安全案例汇编。）

模块九 城市轨道交通应急救援

◆【模块导学】

2004年1月5日上午9时12分,香港城市轨道交通T61次列车载有约1000名乘客以自动驾驶模式运行在连接尖沙咀站和金钟站的过海隧道内,一名乘客在首节车厢内点燃了其携带的可燃物体,乘客尝试阻止并尽力踩灭纵火者掷到地板上燃烧的物料。

起火后列车驾驶员马上报告控制中心,控制中心接到火灾报告后,指挥起火列车继续前行至前方站,安排前方站工作人员到站台等候列车。起火列车到达疏散乘客,用灭火器进行灭火,同时阻止其余列车进入该车站。

9点20分消防人员到达时,火已由金钟站站务人员扑灭。9时40分,经消防、警局、城市轨道交通三方共同确认后恢复运营服务。

在这起火灾中,有14名乘客因受惊吓或吸入浓烟感觉不适,送进医院并在当天出院;另有2名乘客自行就诊,1名站务人员因灭火吸入浓烟感觉不适向公司医生求诊。在整个事件中,没有人严重受伤。

此次事故是一起人为纵火案,但事故并未造成重大损失。具体原因除车厢所有设施采用难燃材料、车站环境控制系统的设备正常运转外,主要是香港城市轨道交通建立了良好的安全管理体系,有完整的灾害预防预案,并且对预案进行定期预演与改进,正因为平时训练并熟练掌握相关技能,才使得员工遇事不惊慌,处理起来有条不紊。

驾驶员在处理该事故过程中表现出高度职业化,及时报告了情况,及时发布了广播通知乘客离开起火车厢,并将列车继续行驶至金钟站站台,及时打开了所有车门及屏蔽门疏散乘客等;车务控制中心的行车控制主任指挥及时恰当,指挥起火列车继续前行,指挥即将进站的T43次列车紧急停车并退行至尖沙咀站以确保车上的乘客不受火和烟的影响;金钟站的站务人员进行了系统的、有组织的事故处理,以极快的速度疏散了人员,并使用站台及列车上的灭火器进行灭火。与此同时,警局、消防、城市轨道交通三方高效率合作,事故发生后仅28min就已恢复服务。

城市轨道交通列车一旦着火,城市轨道交通自身的防灾系统和控制指挥系统对于人员逃生、疏散起着至关重要的作用。在此前提下,应急救援体系是否发挥作用、个人是否具有消防安全意识和逃生自救知识非常重要。在城市轨道交通火灾中,有的人能够利用应急装置,手动打开车门,而更多的人恐怕连这些应急装置包括灭火器在哪里都不清楚。有的人虽然从列车中逃了出来,但是没有二到地面就被烟气熏倒,如果这些人能够采用正确的方法,如用湿毛巾或者把衣袖弄湿捂住口鼻,低姿势迅速穿过烟气区,也许又一条鲜活的生命可以获救。

模块九　城市轨道交通应急救援

【学习目标】

（1）能阐述突发事件的定义、分类、分级及报告、处理原则。
（2）能解释城市轨道交通常见突发事件的应急处理流程。
（3）能进行一般的城市轨道交通突发事故应急处理。
（4）能进行火灾、触电等现场急救的初步处理。
（5）能陈述城市轨道交通应急救援预案的基本要求和内容。

单元一　城市轨道交通应急预案

【情境导入】

城市轨道交通系统存在种类繁多的风险，一旦发生后果不堪设想。面对不同类型的突发事故，地方政府、城市轨道交通运营公司、社会相关团体等应该根据突发事件的性质、严重程度、可控性和影响范围等因素，依据我国相关法律，制订严格的应急管理措施办法，明确各相关方的应急管理责任。特别是城市轨道交通运营公司应该制订不同类别、不同等级的应急预案。例如，针对外部环境突发事件以及城市轨道交通系统内部故障，首先在日常防范上要加强，包括提高防恐防灾意识、加强安全设备设施的维护和管理、增加关键重要设备房的值守，最大限度减少此类事故的发生。其次在应急管理措施方面，应明确应急响应级别以及相关组织机构职责，保证事故发生时，各方面、各层人员及时采取有效措施，控制事态发展，减少事故损失。对于可能对城市轨道交通正常运营造成影响的自然灾害情况，属于人类不可抗力的范畴的，应急管理工作应在保证做好人员营救的前提下，将工作侧重点放在对地面设备、站厅、站台、列车等设备的检查或加固处理以及灾后的组织抢修上，避免引发二次灾害，降低突发事件导致的损失和影响。

【单元要求】

（1）了解应急救援体系的应急机制以及应急体系建设的主要内容。
（2）了解应急救援机构的功能及其组成形式。
（3）初步掌握应急救援预案的体系、内容以及应急演练、评价。

【知识内容】

应急预案又称应急计划，是针对可能的重大事故（件）或灾害，为保证迅速、有序、有效地开展应急救援行动而预先制订的有关计划或方案。它是在辨识或评估潜在的重大危险、事故类型、发生的可能性及发生过程、事故后果及影响程度的基础上，为应急机构、人员、技术、装备、设施（备）、行动方案以及救援行动的指挥与协调等方面预先做出的具体安排，它明确了在突发事件发生之前、发生过程中以及结束之后，谁负责做什么，何时做以及相应的策略和资源准备等。应急救援预案是应急救援准备工作的核心内容，是应急体系的重要组成部分。

一、应急管理组织架构

根据我国《中华人民共和国安全生产法》和《城市轨道交通运营管理办法》等安全生产有关法律、法规的要求，企业和各级政府都应针对重大危险源制订有效的应急预案，生产经营单位还应当对从业人员进行岗位应急措施的培训。

可见，制订应急预案是法规的要求，为了保证安全法规的贯彻执行，加强安全的监督管理，城市轨道交通运营企业相应地需要设立应急管理机构。一般情况下，城市轨道交通运营企业的运营总部成立应急领导小组，下设综合协调、行车客运、应急监测、应急抢险、资源保障、技术专家、救治善后、后勤保障和新闻信息等工作组，建立行车与应急指挥合一的控制中心，选派技术、操作骨干，以单位为建制组建城市轨道交通特有应急抢险队。深圳城市轨道交通运营总部应急组织架构如图9-1所示。

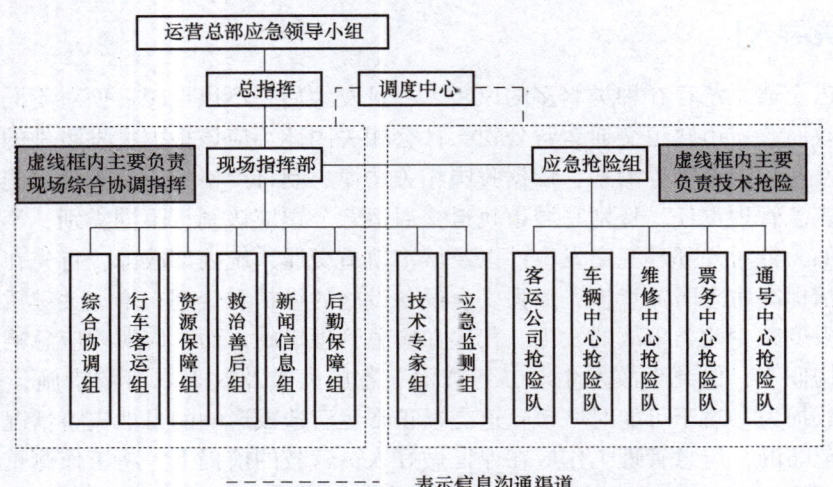

图9-1 深圳城市轨道交通运营总部应急组织架构

 【案例解析】建筑施工单位不依法建立应急救援组织案

某建筑施工单位有从业人员1000多人。该单位安全部门的负责人多次向主要负责人提出要建立应急救援组织，但单位负责人另有看法，认为："建立这样一个组织，平时用不上，还得花钱养着，划不来。真有了事情，可以向上级报告，请求他们给予支援就行了。"由于单位主要负责人有这样的认识，该建筑单位一直没有建立应急救援组织。后来，有关部门在进行监督和检查时，责令该单位立即建立应急救援组织。

这是一起建筑施工单位不依法建立应急救援组织的案件。应急救援组织是指单位内部建立的专门负责对事故进行抢救的组织，建立应急救援组织，对于发生生产安全事故后迅速、有效地进行抢救，避免事故进一步扩大，减少人员伤亡，降低经济损失，具有重要的意义。

《中华人民共和国安全生产法》（以下简称《安全生产法》）第八十二条规定："危险物品的生产、经营、储存单位以及矿山、金属冶炼、城市轨道交通运营、建筑施工单位应当建立应急救援组织;生产经营规模较小的,可以不建立应急救援组织,但应当指定兼职的应急救援人员。"按照一般原则,在市场经济条件下,法律不干预生产经营单位内部机构如何设立,这属于生产经营单位的自主营权的内容。但考虑到危险品的生产、经营、储存单位以及矿山建筑施工单位的生产经营活动本身具有较大的危险性,容易发生生产安全事故,且一旦发生事故,造成人员的伤亡和财产损失都较大。因此,《安全生产法》对这些单位有针对性地做出了一些特殊规定,即要求其建立应急救援组织。

本案中的建筑施工单位有1000多名作业人员,明显属于《安全生产法》第七十九条规定的应当建立应急救援组织的情况。但该单位主要负责人却不愿意在这方面进行必要的投资,只算经济账,不算安全账,不建立应急救援组织。这种行为是违反《安全生产法》上述有关规定的,有关负有安全生产监督管理职责的部门责令其予以纠正是正确的。

二、应急预案的基本要求和内容

1. 应急预案的作用

应急预案在应急管理中的重要作用和地位主要体现在以下几方面:

1)明确了应急救援的范围和体系,使应急准备和应急管理,尤其是培训和演习工作的开展有据可依、有章可循。

2)有利于及时做出应急响应,降低事故危害程度。

3)成为各类突发事故的应急基础。通过编制基本应急预案,可保证应急预案具有足够的灵活性,对事先无法预料到的突发事件或事故,也可以起到基本的应急指导作用;针对特定危害编制专项应急预案,有针对性地制订应急措施,进行专项应急准备和演习。

4)当发生超过应急能力的重大事故时,便于与上级应急部门协调。

5)有利于提高各级人员的风险防范意识。

2. 应急预案的层次

城市轨道交通系统中可能发生的事故是多种多样的,对应急预案合理地划分层次,是将各种类型应急预案有机结合在一起的有效方法。

城市轨道交通事故灾害大致可分为安全事故、自然灾害、人为突发事件三类。针对每一类灾害的具体措施可能千差万别,但其导致的后果和产生的影响却是大同小异的。这就意味着可以通过制订出一个基本的应急模式,由一个综合的标准化应急体系有效地应对不同类型危险所造成的共性影响。

城市轨道交通系统应急救援体系的总目标是控制事态发展、保障生命财产安全、恢复正常运营,这三个总目标也可以用减灾、救灾和灾后恢复来表示。可以针对不同事故的特点,如爆发速度、持续时间、范围和强度等,制订具有较强针对性的专项应急预案。为了保证各种类型预案之间的整体协调和层次清晰,实现共性与个性、通用性与专业性的结合,宜采用分层次的综合应急预案。

根据我国标准导则的要求,GB/T 29639—2013《生产经营单位生产安全事故应急预案编制导则》及AQ/T 9007—2019《生产安全事故应急演练基本规范》对生产企业应急预案的编制及应急演练过程进行了规范,应急预案体系由综合应急预案、专项应急预案和现场处置方案构成。

（1）综合应急预案。综合应急预案是从总体上阐述事故的应急方针、政策，是应急组织结构及相关应急职责，应急行动、措施和保障等基本要求和程序，是应对各类事故的综合性文件。

（2）专项应急预案。专项应急预案也称为特定危险类型的应急预案，它是针对具体的事故类别、危险源和应急保障而制订的计划或方案，明确了各类事故应急处置程序、处置原则和处置措施，如电梯、给排水、火灾、爆炸、毒气、停电、大客流、列车出轨、列车追尾、洪水、雷电等紧急情况。

专项应急预案针对每一种类型的可能重大事故风险，明确其相应的主要负责部门、有关支持部门及其相应的职责，并对有关的应急功能根据其特殊性提出相应的要求和指导，或增加应急功能。专项应急预案是在基本应急预案的基础上充分考虑某特定危险的特点，对相应的应急功能的特殊要求和规定进行具体的补充，是综合应急预案的组成部分，应按照综合应急预案的程序和要求组织制订，并作为综合应急预案的附件。

（3）现场处置方案。现场处置方案是针对具体的装置、场所或设施、岗位所制订的应急处置措施。各生产单位在不能突破上两级预案原则的基础上，根据风险评估及危险性控制措施按各自管辖场所、专业、设备、岗位牵头编制现场处置方案，经相关使用单位会签通过后发布实施。现场处置方案包含了应急处置流程。主要明确各岗位人员的分工和职责，是现场作业人员实施应急工作的基本依据。

有些城市轨道交通运营企业还编制了特殊时期、场所的应急处置方案，即四级应急预案，包括：各类应急处理指引、应急抢修预案、故障处理指南、特殊场所及岗位应急处置方案、特殊时期方案，这些是现场作业人员应急处置的操作手册。例如，深圳城市轨道交通运营总部建立了"总体—专项—现场处置—特殊时期、场所方案"四级预案体系，分别编制了运营总部突发事件应急处置总体预案、应急处置专项预案、现场处置方案，以及特殊场所和岗位应急处置方案，具体内容如图 9-2 所示。

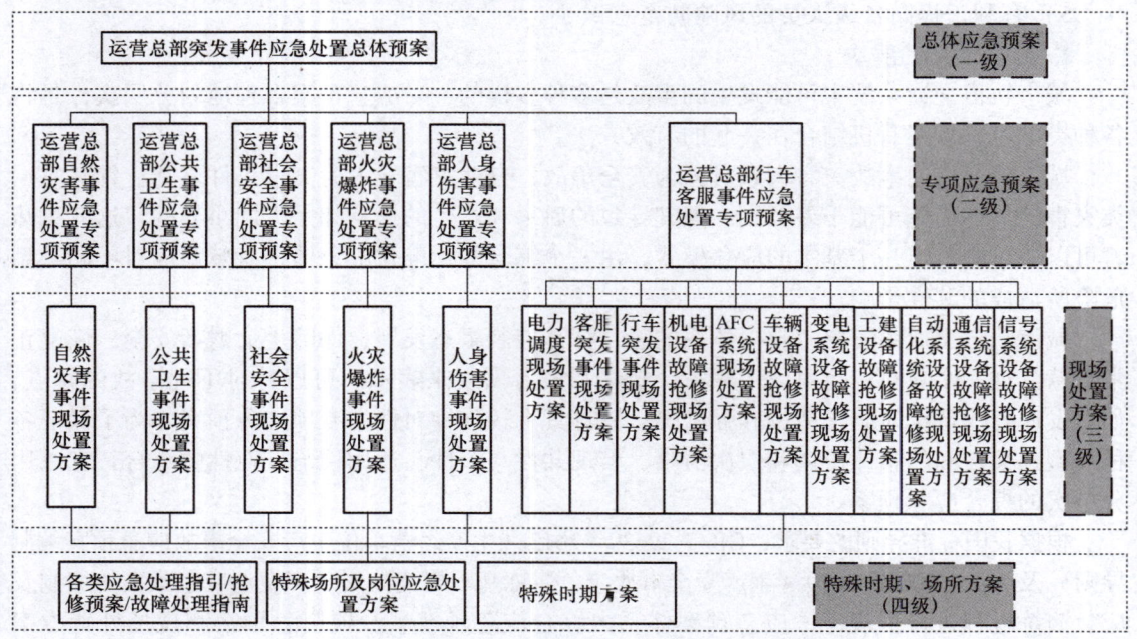

图 9-2　深圳城市轨道交通运营总部应急预案体系

3. 应急预案的基本结构

综合预案、专项预案和现场预案由于各自所处的层次和适用的范围不同，其内容在详略程度和侧重点上会有所不同，但都可以采用相似的基本结构，如采用基于应急任务或功能的"1+4"预案编制基本结构，即应急预案＝基本预案＋（应急功能附件＋特殊风险预案＋标准操作程序＋支持附件）。

应急管理组织架构及应急预案的基本要求和内容

（1）基本预案。基本预案是应急预案的总体描述，主要阐述应急预案所要解决的紧急情况、应急的组织体系、方针、应急资源、应急的总体思路，并明确各应急组织在应急准备和应急行动中的职责以及应急预案的演习和管理等规定。

（2）应急功能附件。应急功能附件是为各类重大事故应急救援中一系列基本应急行动和任务而编写的计划，如指挥、控制、警报、通信、人群疏散、人群安置、医疗等，应明确每一应急功能针对的形势、目标、负责机构、支持机构、任务要求、应急准备和操作程序等。

（3）特殊风险预案。特殊风险预案是在对城市轨道交通系统进行安全评价的基础上，针对每一种可能发生的重大风险事故，明确其相应的主要负责部门、有关支持部门及其相应的职责，并为该类专项预案的制订提出特殊的要求和指导意见。

（4）标准操作程序。标准操作程序用来规定在应急预案中没有给出的每一任务的实施细节，各个应急部门必须制订相应的标准操作程序，为组织或个人提供履行应急预案中规定的职责和任务时所需的详细指导，标准化操作程序应保证与应急预案的协调一致。

（5）支持附件。支持附件主要包括应急救援有关支持保障系统的描述及相关附图表。例如：城市轨道交通系统主要危险有害因素登记表、重大事故影响范围预测分析、应急机构及人员通信联络方式、消防设施分布、疏散线路图、媒体联络方式、相关医疗单位分布图、交通管制范围图等。

4. 应急预案的文件体系

从广义上来说，应急预案是一个由各级预案构成的文件体系。它不仅是应急预案本身，也包括针对某个特定的应急任务或功能所制订的工作程序等。一个完整应急预案的文件体系应包括预案、程序、指导说明书和记录，是一个四级文件体系。

（1）一级文件——总预案。在总预案中做总体上的描述及必要说明。总预案包括法律法规及技术标准、指导思想及适用性、危险分析、应急能力评估、预案的评估与维护等。

（2）二级文件——程序。程序说明某个行动的目的和范围。程序内容十分具体，比如该做什么、由谁去做、什么时间和什么地点等，它的目的是为应急行动提供指南。一般包括基本要素、预防程序、准备程序、基本应急程序、专项应急响应程序，程序的编制力求格式简洁明了，多以文字叙述、流程图表相组合的方式表现。

（3）三级文件——说明书。说明书是对程序中的特定任务及某些行动细节进行说明，供应急组织内部人员或其他个人使用。

（4）四级文件——对应急行动的记录。对应急行动的记录包括在应急行动期间所做的通信记录、每一步应急行动的记录等。详细的应急记录便于应急事件结束后对应急预案进行评审。

三、应急预案的编制步骤

根据标准的要求及国内大型企业应急预案的编制经验，应急预案通用编制步骤如图9-3

所示。

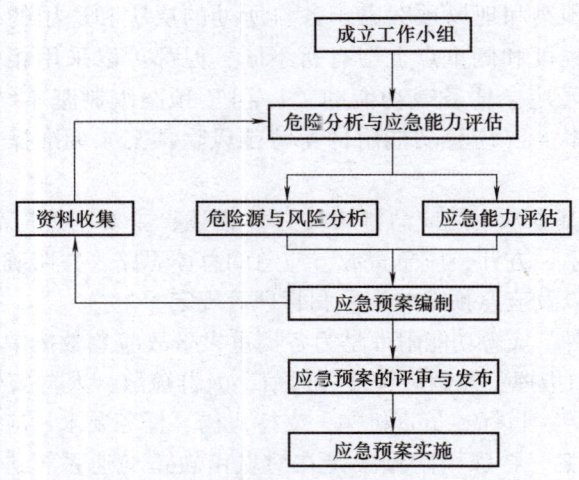

图 9-3 应急预案通用编制步骤

应急预案的
编制步骤

（1）成立工作小组。成立工作组是指结合本单位部门职能分工，成立以单位主要负责人为领导的应急预案编制工作组，明确编制任务、职责分工、制订工作计划。

（2）资料收集。资料收集是指收集应急预案编制所需的各种资料，包括相关法律法规、应急预案、技术标准、国内外同行业事故案例分析、本单位技术资料等。

（3）危险源与风险分析。危险源与风险分析是指在危险因素分析及事故隐患排查、治理的基础上，确定本单位的危险源、可能发生事故的类型和后果，进行事故风险分析并指出事故可能产生的次生衍生事故，形成分析报告，分析结果作为应急预案的编制依据。

（4）应急能力评估。应急能力评估是指对本单位应急装备、应急队伍等应急能力进行评估，并结合本单位实际，加强应急能力建设。

（5）应急预案编制。应急预案编制是指针对可能发生的事故，按照有关规定和要求编制应急预案。应急预案编制过程中，应注重全体人员的参与和培训，使所有与事故有关的人员均掌握危险源的危险性、应急处置方案和技能。应急预案应充分利用社会应急资源，与地方政府预案、上级主管单位以及相关部门的预案相衔接。

（6）应急预案的评审与发布。评审由本单位主要负责人组织有关部门和人员进行，外部评审由上级主管部门或地方政府负责安全管理的部门组织审查。评审后，按规定报有关部门备案，并经生产经营单位主要负责人签署发布。

四、应急预案的演练

应急预案的演练是检验、评价和保持应急能力的一个重要手段，其作用体现在：可在事故真正发生前发现预案存在的问题和缺陷，例如发现应急资源的不足，从而改善应急部门、机构和人员之间的协调，也可以增强相关人员应对突发事故救援的信心和应急意识，提高应急人员的熟练程度和应急能力，增强各级预案之间的协调性和整体的应急反应能力。

1. 应急演练分类

城市轨道交通运营应急演练分为预定式演练和突发式演练两大类；按形式分为桌面演

练、模拟跑位演练、运营演练、突发演练；按级别分为 A 级、B 级、C 级、D 级、车站级，各级别演练按规定经审批后由不同层级机构负责组织实施。

A 级演练：需经总部领导审批，一般由总部领导担任指挥，由安全监察部组织协调，相关分公司、中心配合开展的演练。

B 级演练：需经分公司、中心领导审批，一般由各分公司、中心协调相应单位开展的演练。

C 级演练：需经相应组织单位负责人审批，一般由各分公司、中心下属的相应单位组织的演练。

D 级演练：需经车间（室）负责人审批，一般由相应的车间（室）、班组（不含车站）组织的演练。

车站级：由各车站组织的演练，站长或值班站长担任演练指挥方可实施。

2. 演练效果评价

应急演练结束后应对演练的效果给出评价，并提交演练报告，形成评估报告，详细说明演练中存在的问题，按照对应急救援工作的影响程度，可以将演练中发现的问题分为改进项、不足项和整改项。针对暴露出的问题，应从完善预案、修订制度、加强培训等方面制订整改措施，明确整改责任，限期全部整改，避免因预案不完善而导致事故的扩大化，从而确保预案的高效性。

演练报告总结还需要进行归档管理，如总部、二级、基层单位应建立预案演练档案，档案至少包含演练内容、存在的问题和整改完成情况。

A 级演练台账由安全监察部建立，A 级演练由其他单位组织的，在完成档案整理后，原件移交安全监察部，组织单位保留复印件；B、C 级演练台账由演练组织单位建立，并整理归档；D 级演练由所在车间、室整理归档；车站级演练由所在车站整理归档。

五、城市轨道交通运营相关的主要应急预案

根据国内运营成熟城市轨道交通公司建立的事故应急救援预案体系，城市轨道交通运营过程中涵盖的应急救援预案汇总见表 9-1。

表 9-1　城市轨道交通运营过程中涵盖的应急救援预案汇总

序号	文件名称	分类
1	运营公司突发事件应急预案	综合预案
2	恶劣天气应急处理程序	专项预案
3	突发有毒气体应急处理程序	专项预案
4	接触网大面积停电应急处理程序	专项预案
5	恐怖袭击应急预案	专项预案
6	线路积水（区间水淹）应急处理程序	专项预案
7	车站水灾（水淹）应急处理程序	专项预案
8	正线、辅助线列车冲突应急处理程序	专项预案
9	工程车故障救援应急处理程序	专项预案
10	区间隧道火灾应急处理程序	专项预案
11	地震应急处理程序	专项预案

(续)

序号	文件名称	分类
12	正线、辅助线列车脱轨应急处理程序	专项预案
13	车辆段综合楼火灾应急预案	专项预案
14	车站、列车上劫持人质应急处理程序	专项预案
15	车站火灾应急预案	专项预案
16	城市轨道交通与公交接驳应急预案	专项预案
17	客运伤亡应急预案	专项预案
18	爆炸应急预案	专项预案
19	突发治安事件应急预案	专项预案
20	突发传染性疫病应急预案	专项预案
21	列车事故救援应急预案	专项预案
22	特种设备应急处理预案（屏蔽门、电扶梯）	专项预案
23	OCC应急处理程序	现场处置方案
24	通信系统抢修现场处置方案	现场处置方案
25	信号系统抢修现场处置方案	现场处置方案
26	自动化设备抢修现场处置方案	现场处置方案
27	信号楼紧急情况处理方案	现场处置方案
28	列车挤岔现场处置方案	现场处置方案
29	断轨、胀轨、道床拱起现场处置方案	现场处置方案
30	列车冲突现场处置方案	现场处置方案
31	电客车火灾现场处置方案	现场处置方案
32	列车脱轨现场处置方案	现场处置方案
33	特种设备现场处置方案	现场处置方案
34	线路伤亡事故现场处置方案	现场处置方案
35	AFC设备抢修现场处置方案	现场处置方案
36	运营公司危险化学品事故应急处理预案	现场处置方案
37	SCADA系统应急抢修预案	现场处置方案
38	变电系统设备故障处理指南	现场处置方案
39	低压配电及照明系统应急处理预案	现场处置方案
40	给排水系统设备故障处理程序	现场处置方案
41	接触网系统设备故障处理指南	现场处置方案
42	隧道设施抢修现场处置预案	现场处置方案
43	通风空调系统设备应急处理预案	现场处置方案
44	线路专业现场处置方案	现场处置方案
45	消防系统设备应急处理预案	现场处置方案

应急救援预案应防止事故蔓延扩大，最大限度地避免或减少人员伤亡和财产损失，城市轨道交通运营企业应制订应急处置总体预案，如深圳地铁公司制订了《运营总部突发事件

应急处置总体预案》。

总体预案应定义现场指挥部、应急抢险组、综合协调组、新闻信息组等各工作小组责任，阐述现场指挥人员、抢险负责人产生和移交原则，明确现场指挥部建立条件和总值班经理赶赴现场担任现场指挥人员时机，以及对应急响应、信息通报、后期处置等做出具体规定。

发现突发事件时，企业应严格按照突发事件信息通报流程报告，在现场指挥部成立之前，调度中心行使应急指挥职能，负责启动应急预案，组织总部应急人员投入抢险工作。启动应急预案后，应按各类预案规定进行相关应急处置，对可能影响周边企业、公众安全的突发事件应及时向地方政府、周边企业和公众发出预警信息。如果事件不受控制，影响范围扩大至超出运营处置能力时，应及时报告集团公司以及政府相关部门。

同时城市轨道交通运营企业还应建立突发事件应急评估标准，从前期处置、信息通报、应急预案实施、组织指挥、现场救援方案制订及执行、现场应急抢险队伍工作、现场管理和信息发布、应急资源保障等多个维度对突发事件处置进行评估，并结合运营日常演练总结评估，对应急预案体系进行动态管理，持续改善。

单元二　城市轨道交通常见的突发事件应急处理

【情境导入】

城市轨道交通突发事件应急管理是城市轨道交通安全、可靠运营的基础和前提。我国城市轨道交通正处于大发展、大建设阶段，已经有多个城市轨道交通系统完全进入网络化运营时代。由于城市轨道交通本身的速度高、密度大、设施设备量大且技术复杂，近几年运营事故等突发事件时有发生并具有其特点，一旦发生突发事件，很容易给生命及财产带来严重威胁，造成极其恶劣的社会影响。受城市轨道交通环境封闭、人员密集等因素的限制，其应急处置难度高，人员疏散限制大。

【单元要求】

（1）了解突发事件的定义、分类和分级标准。
（2）熟悉突发事件信息报告原则和应急处理原则。
（3）初步掌握城市轨道交通常见突发事件的应急处理流程。

【知识内容】

一、突发事件

1. 突发事件定义

突发事件是指突然发生，造成或者可能造成严重社会危害，需要采取应急处置措施予以应对的自然灾害、事故灾难、公共卫生事件和社会安全事件。

按照社会危害程度、影响范围等因素，自然灾害、事故灾难、公共卫生事件分为特别重大、重大、较大和一般四级。法律、行政法规或者国务院另有规定的，从其规定。突发事件的分级标准由国务院或者国务院确定的部门制定。突发事件应对工作实行预防为主、预防与应急相结合的原则。国家建立统一领导、综合协调、分类管理、分级负责、属地管理为主的应急管理体制。

2. 城市轨道交通突发事件定义及分类

城市轨道交通突发事件是指在城市轨道交通运营场所内，因不可预见的或不可控制的因素造成以下一种或几种后果，须立即处理的偶然性事件：事态发展可能或已经导致人员伤亡；严重影响城市轨道交通运营生产；需要依靠外部支援进行处理。分析其发生原因，可以将突发事件分为以下几类：

（1）运营生产行车客运事件。该类事件主要包括因城市轨道交通原因造成的正线堵塞、列车救援、行车中断、区间清客或疏散等事件。

（2）自然灾害。自然灾害主要包括强台风、龙卷风、冰雹、雷雨、水灾、地震、山体崩塌、滑坡等造成或可能造成轨道交通浸水、脱轨或倾覆等严重影响轨道交通正常运营的灾害。

（3）公共卫生事件。该类事件主要包括传染病疫情、群体性不明原因疾病、食品安全和职业中毒、动物疫情等造成或可能造成乘客等社会公众健康严重损害的事件。

（4）社会安全事件。该类事件主要包括恐怖袭击、重大刑事案件（炸弹恐吓、毒气恐吓、劫持列车或乘客、纵火、爆炸破坏）、有毒化学物品泄漏、放射性污染、城市轨道交通站内聚众闹事等严重影响城市轨道交通正常运营的事件。

（5）火灾爆炸突发事件。该类事件主要包括城市轨道交通范围内发生的火灾、爆炸事件。

（6）人身伤害事件。该类事件主要包括因触电、高空坠落、物体打击、机械伤害、动物伤害等原因造成的人身伤害事件。

3. 运营突发事件分级

不同城市的轨道交通运营突发事件分级不完全相同。依据事件的危害程度、影响范围和可控性，运营突发事件可分为一般突发事件（Ⅳ级）、较大突发事件（Ⅲ级）、重大突发事件（Ⅱ级）和特别重大突发事件（Ⅰ级）。

（1）一般突发事件（Ⅳ级）。一般突发事件事态比较简单，事件后果仅在一定范围内对社会财产、人身安全、政治稳定和社会秩序造成危害或威胁，具体满足下列条件之一：

① 造成3人以下死亡（含失踪），或者10人以下重伤（中毒），或者直接经济损失1000万元以下。

② 造成一条以上城市轨道交通线路运营中断30~120min，乘客大量滞留。

③ 事件由企业本身可以处理和控制，不需要其他部门和单位资源或仅需调动个别外部门和单位资源就能够处置的其他事件。

（2）较大突发事件（Ⅲ级）。较大突发事件事态较为复杂，事件后果在全市区域内对社会财产、人身安全、政治稳定和社会秩序造成一定危害或威胁，具体满足下列条件之一：

① 造成3~9人死亡（含失踪），或者10~49人重伤（中毒），或者直接经济损失1000万元以上、5000万元以下。

② 造成一条以上轨道交通线路运营中断2h以上，乘客严重滞留。

③ 需要紧急转移安置3万人以上、5万人以下。

④ 超出企业应急处置能力或市政府认为需要由市级应急机构响应的其他事件。

(3) 重大突发事件（Ⅱ级）。重大突发事件事态复杂，事件后果在全市或周边区域对社会财产、人身安全、政治稳定和社会秩序造成严重危害或威胁，具体满足下列条件之一：

① 造成 10～29 人死亡（含失踪），或者 50～99 人重伤（中毒），或者直接经济损失 5000 万元以上、1 亿元以下。

② 超出市政府应急处置能力。

③ 需要紧急转移安置 5 万人以上、10 万人以下。

(4) 特别重大突发事件（Ⅰ级）。特别重大突发事件事态非常复杂，事件后果已明显超出全市区域，对社会财产、人身安全、政治稳定和社会秩序造成特别严重危害或威胁，具体满足下列条件之一：

① 造成 30 人以上死亡（含失踪），或者 100 人以上重伤（中毒），或者直接经济损失 1 亿元以上。

② 需要紧急转移安置 10 万人以上。

③ 超出省政府应急处置能力。

④ 国务院认为需要国务院或交通运输部响应。

4. 预警级别划分

可以预警的自然灾害、事故灾难和公共卫生事件的预警级别，按照突发事件发生的紧急程度、发展势态和可能造成的危害程度分为一级、二级、三级和四级，分别用红色、橙色、黄色和蓝色标示，一级为最高级别。预警级别的划分标准由国务院或者国务院确定的部门制定。

按照突发公共事件严重性和紧急程度，运营突发公共事件预警级别可分为一般（Ⅳ级）、较重（Ⅲ级）、严重（Ⅱ级）、特别严重（Ⅰ级）四级预警，并依次采用蓝色、黄色、橙色和红色表示。

(1) 蓝色预警（Ⅳ级）：预计城市轨道交通运营范围内将要发生一般以上的突发公共事件，事件即将临近，事态可能会扩大。

(2) 黄色预警（Ⅲ级）：预计城市轨道交通运营范围内将要发生较大以上的突发公共事件，事件已经临近，事态有扩大的趋势。

(3) 橙色预警（Ⅱ级）：预计城市轨道交通运营范围内将要发生重大以上的突发公共事件，事件即将发生，事态正在逐步扩大。

(4) 红色预警（Ⅰ级）：预计城市轨道交通运营范围内将要发生特别重大以上的突发公共事件，事件即将发生，事态正在蔓延。

二、各类突发事件的信息通报

1. 信息通报原则

1）迅速、准确、完整、逐级上报的原则，任何员工发现或接到突发事件信息，均应立即执行规定的通报流程，不得延误、中断或缺漏。

城市轨道交通突发事件
分类及信息报告原则

2）已确认信息的总部内部通报，采取先总部领导、总部值班经理、单位生产调度，再信息群发的原则。

3）重大突发事件（事态复杂）的报告，采取总部内部、企业应急领导小组办公室、企业领导、政府抢险部门并举的原则。

4）突发事件因现场一时难以判断清楚时，可先报现场情况，而后继续确认，随时报告。发现报告内容有误时，应立即给予更正。发生突发事件时，应认真确认现场情况，坚持迅速、准确、客观的报告原则。

2. 信息通报内容

现场情况报告的内容应包括：

1）报控制中心人姓名、职务、单位。
2）事件发生类别、时间、地点。
3）事件发生概况、原因及影响运营程度。
4）人员伤亡情况、设备设施损坏情况。
5）已经采取的措施。
6）任何需要的援助。
7）其他必须说明的内容及要求。

3. 信息通报流程

城市轨道交通运营场所发生突发事件时，员工发现后应迅速报告，以便各有关方面积极采取措施，确保能有效控制事件的发展态势，将损失降到最低限度。信息通报一般遵循的流程：突发事件现场→信息控制中心→应急处理专业机构和外部支援，相关信息通报流程如下：

1）发生在车站时，由车站行车值班员或现场人员立即向行车调度员报告。
2）发生在车辆段时，由事发地归属单位生产调度或现场人员立即向行车调度员报告。
3）发生在区间时，由驾驶员或现场人员立即向行车调度员或通过车站行车值班员向行车调度员报告。
4）供电系统发生影响运营的故障，由现场值班人员立即向电力调度员报告，电力调度员接到报告后立即报告主任调度员，并向行车调度员通报。

在进行信息通报时，若发生需要外部支援的突发事件（如火灾、爆炸、人员伤亡、治安/刑事案件等），应坚持就近迅速通报的原则：

1）现场人员有条件时应立即报110、120。
2）控制中心当值人员接到报告后应立即报110、120。
3）控制中心接报后视情况通知有关部门（如市应急指挥中心、市交通局、市公安局、市急救中心等政府组织机构）。

事故发生后，事故发生单位在报告的同时，应按相应应急预案要求，开展应急救援工作，防止事故扩大。

三、突发事件的应急处理原则

1. 突发公共事件的特征

城市轨道交通运行于特殊环境中，根据其运行特点，一旦发生由于设备以及人为因素造成的突发事件和灾害，不但会给人民的生命财产带来威胁，而且会造成严重的社会影响。

（1）全线性。由于城市轨道交通列车具有依赖于单一轨道连续运行的特点，一旦在运行线路上发生严重事件、灾害，会造成整条线路的运营中断，甚至可能影响其他线路的正常运行，而且在一定时间内难以恢复正常运行。

（2）连带性。城市轨道交通客流量大，而客流在一定时间内局限于有限的封闭区域内，一旦发生突发事件、灾害，除了乘客可能受到直接伤害外，还极易造成其他各类次生、衍生和耦合灾害。

（3）局限性。当城市轨道交通发生严重突发事件、灾害，在实施救援时，由于事发地点空间的限制给救援工作带来难度。救援工作延续时间越长，灾害的影响程度就越大。

（4）群体性。在城市轨道交通车站、隧道、商场区域，单位面积人数多。在发生突发事件、灾害时，极易造成群死群伤，社会影响大。

2. 突发公共事件的处理原则

凡是在正线、辅助线、车厂线及运营单位所管辖范围内由于地铁自身原因造成人员伤亡、设备损坏、经济损失、中断行车、火灾或其他危及运营安全的情况，均构成运营事故。如果是因为不可抗力、社会治安等非城市轨道交通责任原因产生后果的不列入城市轨道交通运营事故的统计范围。

运营事故的处理坚持"四不放过"原则，即事故原因未查清楚不放过；事故责任者和周围群众未受到教育不放过；未制订防止事故重复发生的措施不放过；事故责任者未受处理不放过。若在地铁运营场所内发生运营突发事件则按以下原则进行处理：

（1）坚持高度集中、统一指挥、逐级负责的原则。各部门、运营分公司、运营总部均建立"高度集中、统一指挥、逐级负责"的应急指挥体系。发生一般、较大突发公共事件应由城市轨道交通公司负责指挥处理，发生重大、特别重大突发公共事件应由市交通局和市应急指挥中心负责指挥处理。

（2）坚持"先救人，后救物；先全面，后局部"的原则。优先组织人员疏散、伤员抢救，同时兼顾重点设备和环境的保护，将损失降至最低限度。

（3）坚持就近处理的原则。例如：行车事故发生时，在上一级行车事故负责人到达现场前，员工按表9-2规定担任现场临时行车事故处理负责人；在上一级行车事故处理负责人到达现场后，则由上一级事故处理人担任现场指挥。发生突发事件时，一般事故处理负责人由指定人员担任，负责组织事件初期的应急处理。

表 9-2 突发事件发生处所对应事故处理负责人

突发事件发生处所	事故处理负责人
列车上（列车不在车站时）	本列车驾驶员
列车上（列车在车站时）	所在站值班站长
车站	所在站值班站长
区间线路上	行车调度员指定的值班站长
在车辆段各生产部门辖区	辖区管理负责人
车厂	车厂调度
运营公司其他场所	现场最近最高职务的员工

（4）员工要反应迅速，做到早发现、早报告、早控制。城市轨道交通各车站、车厂现场工作人员、列车驾驶员以及控制中心调度员要加强现场监控和信息的接收与报送工作，对城市轨道交通运营突发公共事件做到早发现、早报告、早处置。城市轨道交通控制中心要快速、准确地向城市轨道交通公司应急处理领导小组和应急处理工作组发布突发公共事件信

息，便于城市轨道交通公司及时决策。城市轨道交通公司要及时向市交通局和市应急指挥中心报告突发公共事件动态信息。

（5）员工在突发公共事件应急处理过程中应兼顾现场的保护工作，以利于公安、消防和事件调查部门的现场取证。

（6）坚持对外宣传归口管理的原则，不得擅自发布相关信息。

四、常见突发事件的应急处理

运营突发事件
的处理原则

城市轨道交通系统作为一种大型载客交通工具，因设备故障或人为行为等因素，可能会发生突发事故。在发生突发事故后，有效的应急处理可以避免事故扩大并减少事故损失。下面简单介绍突发事件发生后的一些基本处理要点。

大面积停电的信息发布工作

大面积停电的客运组织工作

大面积停电的应急处理原则

大面积停电的故障维修工作

大面积停电的行车指挥工作

大面积停电的运营恢复工作

1. 大面积停电的应急处理

大面积停电分为一级停电事件、二级停电事件和三级停电事件。一级停电事件是指所有城市轨道交通供电系统主变电所停电，导致城市轨道交通被迫停运的事件。二级停电事件是指城市轨道交通线路的供电系统出现一个以上、但不是所有主变电所停电，导致较大范围的车站或车辆段全部交流停电、接触网停电而造成局部中断行车的事件。三级停电事件是指局部车站或车辆段出现两路35kV交流电源停电，导致局部接触网停电，导致局部中断行车的事件。

1）城市轨道交通线路发生停电事故时，应沉着镇静，稳定乘客情绪、维持秩序，尽力保证乘客安全。控制中心根据停电影响情况，组织抢修抢险，发布列车停运、急救和车站关闭命令，并及时将灾情向上级报告。

2）车站工作人员应加强检查紧急照明的启动情况，巡查各部位如升降电梯中是否有人员被困等，根据控制中心命令清站和关闭车站。

3）列车驾驶员负责维持列车进站停车后，组织车上乘客向车站疏散。如果列车在区间停车，则利用列车广播安抚乘客，要求乘客不擅自操作车上设备，并立即报告行车调度，按行车调度指令操作。

2. 火灾的应急处理

（1）车站发生火灾时的处理措施。

1）车站立即向乘客广播发生火灾情况，暂停列车服务，并指引车站乘客有序地进行疏散，撤离车站。同时，向控制中心报告，视火灾情况报119火警和120急救中心。

火灾现场应急处理

2）组织人员进行灭火和关闭车站的各类电梯，救助受伤的乘客。

3）列车驾驶员接到车站火灾通知后，听从行车调度指挥，并通过列车做好乘客广播。

4）控制中心接报后，立即执行列车火灾应急程序，扣住列车不能进入火灾车站，保持与驾驶员和车站的联系，并视情况报119火警和120急救中心。

（2）列车在站台发生火灾时的处理措施。

1）驾驶员开启客室门（屏蔽门），并通过列车广播安抚乘客，引导乘客疏散和使用列车的灭火器进行灭火自救，并确认火灾位置向车站和控制中心报告。

2）车站接报后，立即广播通知乘客列车发生火灾情况，暂停列车服务。同时，组织人员进行灭火和引导乘客有序进行疏散，并视火灾情况报 119 火警和 120 急救中心。

3）控制中心接报后，立即执行列车火灾应急程序，控制好列车间的距离，保持与驾驶员和车站的联系，并视情况报 119 火警和 120 急救中心。

（3）列车在区间（隧道）发生火灾时的处理措施。

1）驾驶员保持列车运行至前方车站后，开门疏散乘客。在运行途中通过列车广播安抚乘客，引导乘客使用车厢内的灭火器进行灭火自救，并确认火灾位置向车站和控制中心报告。

2）如果列车在区间（隧道）不能运行，则应打开列车的逃生装置，引导乘客有序地往就近车站方向疏散。

3）车站接报后，立即广播通知乘客，引导乘客进行紧急疏散，并安排人员前往事故列车接应驾驶员，组织乘客进行疏散。

4）控制中心接报后，立即执行列车火灾应急程序，控制好列车间的距离，保持与驾驶员和车站的联系，并视情况报 119 火警和 120 急救中心。

3. 特殊气象的应急处理

（1）特殊气象应急预案分类。与城市轨道交通运营相关的气象灾害预警信号有台风、暴雨、高温、大雾、大风、雷电、灰霾等七类。根据特殊气象对城市轨道交通运营的影响，特殊气象应急预案包含以下六个类别：

1）台风、雷雨大风（含龙卷风）应急预案。

2）暴雨应急预案。

3）高温应急预案。

4）大雾、灰霾应急预案。

5）冰雹、道路结冰应急预案。

6）寒冷应急预案。

特殊气象的
应急处理

（2）特殊气象应急预案启动原则。特殊气象应急预案启动以当地气象台发布的气象预警信号为准，当发布相应的台风、雷雨大风、暴雨、高温、大雾、灰霾、冰雹、道路结冰及寒冷等气象预警信号后，由责任控制中心在受影响的线路范围内启动相应的特殊气象应急预案。

（3）相应的特殊气象应急预案的解除原则。满足以下两个条件，责任控制中心可解除相应的特殊气象灾害应急预案，并向下令启动预案的领导汇报。

1）当地某区域气象台解除相应的台风、雷雨大风、暴雨、高温、大雾、灰霾、冰雹、道路结冰及寒冷等气象预警信号后。

2）控制中心确认受相应的特殊气象影响的设备已全部恢复正常。

（4）停止某线路段运营的启动及解除程序。

1）启动程序。当需要停止某线路段运营时，控制中心 OCC 向运营总部总经理汇报，总经理下令启动；因特殊情况联系不上时，分别依次由运营分管安全、行车组织的副总经理下令启动。

2）解除程序。当达到恢复某线路段运营条件时，控制中心 OCC 向运营总部总经理汇报，总经理下令恢复；因特殊情况联系不上时，分别依次由运营分管安全、行车组织的副总经理下令解除。

3）恢复因台风、雷雨大风（含龙卷风）造成高架或地面路段停运的行车条件：接获气象台取消橙色信号及在过去1h监测到的最高风速低于74km/h（8级）。

恢复高架段行车的程序：①组织客车或工程车限速25 km/h进行线路检查；②安排专业维修人员跟车检查相关设备设施；确认具备条件后，恢复正常运营服务。

（5）特殊气象发生险情的应急处理原则。

1）抓住主要矛盾，先全面、后局部，先救人、后救物，先抢救通信、供电等要害部位，后抢救一般设施。

2）根据需要，各部门要积极合理地调动人力、物力投入抢险，在确保安全的情况下，尽快开通线路，恢复运营（含局部线路）。

3）发生灾害时，应迅速准确地报告事故情况，确保信息渠道畅通。

4）各部门、员工均应采取有效措施控制事态、减少损失，防止次生灾害的发生。

5）贯彻抢险与运营并重、城市轨道交通运输与公交运输系统统筹兼顾的工作方针，在积极稳妥地处理事故的同时，按照总部相关规定最大限度地维持城市轨道交通运营或尽快恢复城市轨道交通运营。

4. 正线车辆脱轨的应急处理

1）确定脱轨后，控制中心应立即扣停开往受影响区域的列车，对已进入该区间的列车，组织其退回始发车站。

2）控制中心应通知电力调度做好关闭脱轨区段的牵引电流和挂接地线的准备。

3）应通知相关线路的车辆控制中心派出救援队起复车辆，启动应急城市轨道交通与公交接驳预案。

4）控制中心、驾驶员和车站应组织乘客疏散，确认具备停电条件后，控制中心组织停电。

5）如果在隧道内脱轨，控制中心应组织隧道送风。

6）组织好抢修期间的客车降级运营工作（小交路运营）。

7）维修调度在接到车辆脱轨事故的明确报告后，应立即组织车辆抢险队前往事故现场，车辆抢险队员接到车厂控制中心DCC维修调度命令时须出发前往事故现场。

正线车辆脱轨的应急处理

8）第一个赶往事故现场的员工，自动成为车辆事故现场抢险指挥负责人，负责现场抢险工作并将所观察到的情况反馈回事发分部车厂控制中心DCC，使DCC能够及时获得现场情况，做出有利于抢险工作的人员和设备安排；当车辆抢险指挥小组成员赶到后，现场抢险指挥向车辆抢险指挥小组成员汇报现场情况，并将指挥权移交。

9）起复后，必须执行以下的工作：

① 确认接地线拆除和线路出清后，通知电力调度送电，做好恢复正常运营的准备工作。

② 组织一列客车清客或工程车前往救援，连挂脱轨列车限速运行进入就近的存车线，待运营结束后再安排事故列车回厂检修。

10）组织备用客车上线服务。

5. 大客流应急处理

城市轨道交通车站的客流主要由进站客流、出站客流、换乘客流三部分组成。车站客流组织原则坚持地下站由下至上、由内至外的原则，高架站由上至下、由

大客流应急处理

内至外的原则。而车站大客流一般是指车站在某一时段集中到达的客流量超过车站正常客运设施或客运组织措施所能承担的流量时的客流，大客流一般在大型活动散场时或重要节假日期间发生。大客流的组织措施主要有增加列车的运力、增加车站的售检票能力、采取临时疏导措施、做好进出站客流的组织工作。

（1）启动条件。大客流应急预案启动条件：因城市轨道交通周边环境影响或因设备故障导致设备能力不足等不可预见的情况造成突发性进的出站客流增大，超过车站设备承受能力。

（2）现场应急处理。车站发生突发性大客流时，由站长或值班站长负责现场客运组织，安排并监督各岗位的职责落实情况。

1）根据"三级客流控制"的原则，站长或值班站长在车站出入口、入闸机组、站厅与站台的楼梯、扶梯处进行客流控制。

2）站长或值班站长及时了解产生突发客流的原因、规模，及可能持续的时间，合理安排岗位。

3）车站行车值班员及时播放相应的广播疏导乘客。

4）值班站长及时组织人员维持购票秩序，增设兑零点，对乘客做好疏导、服务工作。

5）票亭减缓兑零速度。

6）行车值班员监控15min进站客流变化，车站现有人员无法应付突发性大客流时，值班站长应组织驻站人员参与客流控制，同时安排行车值班员通知公安部门协助，报告行车调度请求支援。

7）出现特大客流时，车务部门应立即请示控制中心，要求调派列车直达特大客流车站进行增援。

8）站台拥挤时，值班站长应立即安排其他岗位员工或支援人员到站台维持候车秩序，对站厅与站台的楼梯、扶梯处进行第一级客流控制，先让下车乘客出站，再放坐车的乘客进入站台，控制进站的乘客人数。行车值班员及站台员工应利用广播提醒乘客注意安全，同时加强对站台乘客候车动态及站台屏蔽门工作状态的监控。

9）若因设备故障，造成列车晚点、车站乘客拥挤，车站值班站长应安排行车值班员及时通知公安部门协助，安排巡视岗、客运值班员在出入口、票亭及进闸机前摆放立柱告示，告知购票进闸的乘客客车延误信息，同时做好退票和公交接驳的准备工作。

10）由于特殊气象（如暴雨）导致突发性大客流时，车站值班站长应及时安排员工做好滞留乘客的疏散工作。

需调整本站员工工作岗位或工作内容时，由站长、值班站长根据现场情况组织安排；需抽调其他车站临时支援人员时，由站长、值班站长报车务部门生产管理人员，由车务部门生产管理人员协调人员配置。

（3）结束条件。车站客流有效缓解、恢复正常后，站长或值班站长报告城市轨道交通控制中心，经城市轨道交通控制中心同意后可宣布结束预案的实施，各岗位员工恢复正常工作，临时支援人员在现场指挥的安排下回原车站、原岗位。

6. 隧道疏散的应急处理

（1）列车驾驶员的应急处理。

1）列车停车后，应立即播放广播安抚乘客，提醒乘客保持镇定，切勿打开车门跳下轨道，并将列车位置（区间、百米标、上下行正线）及现场情况报告控制中心，或设法联系就近车站。

2) 接到行车调度通知开始疏散后，应确认疏散方向，并做好疏散准备。

3) 待车站工作人员到达后，应打开每列车疏散平台侧靠近疏散方向的第一、二个车门，组织乘客从该车门下车，通过疏散平台疏散到就近车站。

4) 广播引导乘客疏散，并协助车站工作人员维持疏散的秩序。

(2) 控制中心的应急处理。

1) 控制中心接报信息，确认需进行乘客疏散后，按向就近车站疏散的原则组织乘客疏散。

2) 通知就近车站安排人员进入区间组织乘客疏散。

3) 通知邻线列车在疏散的区间限速运行，并注意瞭望和鸣笛。

4) 按规定开启区间照明和隧道通风系统。

(3) 车站的应急处理。

1) 接到行车调度要组织列车区间疏散的命令后，确认疏散方向。

2) 按规定穿戴好防护用品，得到行车调度同意后，值班站长带领人员进入区间。

3) 车站工作人员到达现场后，应安排人员在列车头部及尾部引导，在正线与入段线连接处、联络通道、疏散平台断开处等关键地点安排人员引导乘客。

4) 通知驾驶员在疏散平台侧，打开每列车靠近疏散方向的第一、二个车门，组织乘客从该车门下车，通过疏散平台疏散到就近车站。

7. 列车故障救援应急处理

1) 出现列车故障时，及时组织备用车上线调整运行。

2) 若故障车在车站内，故障车在清客后再与救援列车连挂；若故障车在区间，故障车与救援列车连挂后运行到前方车站清客；担任救援任务的客车，按行车组织规则执行。

3) 列车发生故障时，行车调度应视情况及时将后续第二列或第三列客车扣停在就近设有辅助线的车站内，并做好小交路运营的准备。

4) 发生客车故障救援时，运营遵循有限度列车服务的原则，列车的运行间隔由行调组织调整。在中间站折返至上行线或下行线时，若客车采用站前折返，需在折返站的前一站清客；若采用站后折返，则在折返站本站清客。行车调度必须按要求及时通知本线和另一线车站相关的运营信息，必要时，另一线路行车调度应采取有效措施配合、协助故障线路的行车调度进行救援。

5) 在故障明确、可以进行准确判断后，调度应严格遵循行车组织方案。若在各项前提条件不满足，或故障不明显、判断偏误情况下，应采取机动灵活的措施进行行车组织。

6) 列车救援时，按规定速度推进运行（驾驶员须按车辆故障处理指南操作相应的开关）。

7) 列车在区间出现故障，无人引导时，原则上不要求驾驶员到后端驾驶室尝试动车，达到时限后应立即组织救援。

8. 危险、危害、有毒物质泄漏应急处理

如果遇到危险、危害、有毒物质泄漏，应镇定自如，采取以下应急措施：

1) 立即向 110、120 报警台报警（如在分公司内应通知 OCC、物资部），注意：如果是易燃易爆物质泄漏要离开危险区报警，以防引起燃烧爆炸。

危险、危害、有毒物质泄漏应急处理

2) 迅速通知周围人员、周边群众（特别是下风向居住区）撤离危险区。
3) 工作人员可参照应急预案或 MSDS 的应急措施进行处置。
4) 处于危险区的人员要立即朝侧风向迅速离开危险区域，再朝上风向安全地带撤离。
5) 在危险区撤离时，要将手帕、衣服弄湿后，捂住口、鼻离开危险区域。
6) 在危险区域绝不能使用明火和手机，也不能开电灯等电器设备。
7) 受泄漏物危害的人员，事后要及时到医院诊治。

9. 突发公共卫生事件应急处理

《中华人民共和国传染病防治法》第三条规定传染病分为甲类、乙类和丙类。各类疫情处理原则见表 9-3。

表 9-3　各类疫情处理原则

疫情程度	应采取措施
当车站出现多例法定甲类传染病时	封站
当车站出现一例法定甲类传染病时	关站（对与疑似人员有过密切接触的物品、人员进行消毒、隔离，对疏散的乘客逐一登记）
当车站出现一例或多例除法定甲类传染病外的传染病时	对与疑似人员有过密切接触的人员、物品进行登记、消毒

如果传染源在列车上，驾驶员接到列车上有恶性传染源的信息时，应立即做好个人防护，按控制中心指挥运行。必要时，关闭驾驶员室内通风，驶往指定停车地点停车，是否开门按控制中心命令执行。同时广播安抚乘客。

如果传染源在车站，驾驶员的应急处理包括根据控制中心命令到达事发站均不停站通过；广播安抚乘客；事后按照控制中心指示恢复正常运营。

单元三　现场急救常识

【情境导入】

我国年突发事件平均数量高达 120 万次，而城市轨道交通中发生的突发事件也不在少数，相当多的伤亡是因为没得到迅速有效的救治所致。在无法抵御的自然灾害或者是突发事故面前，能掌握正确的自救互救的知识和技能显得十分重要，在意外发生后，第一时间应急处置和妥善急救对于挽救生命、后续治疗以及减少事故损失有着举足轻重的作用。

【单元要求】

（1）熟悉报警、火灾现场、触电现场、中毒现场等突发事件的现场处置流程。
（2）初步掌握心肺复苏、止血、骨折等现场应急救援技能。

【知识内容】

一、报警

1. 发生火灾时

1) 迅速拨打电话"119"，向公安消防队报警。

2）讲清火灾发生的单位（部门）名称及其详细地址，包括周围有何明显建筑或单位。

3）讲清燃烧的物品，如化学原料、油类、电器等。

4）讲清火势情况，如看见冒烟、火光、火势猛烈等，特别要讲清楚有否人员被困等情况。

5）如果在城市轨道交通范围内发生火警，除拨打"119"外，同时应报 OCC 大楼值班室；消防栓、箱上安装了火警手动报警器的，可立动报警器手柄或击碎玻璃报警。如果在隧道内发生火灾，可用隧道电话报告前方车站；如果发生在列车上，可按压车厢内的紧急情况按钮。

6）讲清报警人姓名、所用电话号码，以便消防部门电话联系及时了解火灾情况，调集灭火力量，有道路口的情况下引导消防车进来。

2. 发生治安、刑事案件时

1）报警要快，要迅速找电话拨通"110"，首先向值班人员讲发生了什么事，发生的时间、地点以及现在的状况如何。

2）报警时要实事求是，如实反映情况，以便值班人员做出较准确的判断，并采取适当的措施。报警人报出自己的姓名、住址或工作单位，说明报警时所使用的电话号码，便于报警台与报警人联系。

3）不要乱报警、假报警。乱报警会影响其他市民的报警，妨碍公安人员执行公务。报假警妨碍公安机关执行公务的行为，视情节轻重而造成的后果追究责任。

4）报警或报案后，应注意保持现场，不得移动或破坏现场物品，报案人或知情人都应积极配合公安机关调查、取证，力争早日破案。

5）在车站发生治安案件、刑事案件及违法犯罪行为时，应立即向车警务站和车站报告，在车辆段内向车厂轮值工程师（DCC）报告。

二、火灾现场应急处置

1）火灾现场第一发现人在确保自身安全的情况下，应首先报火警，启动火灾报警装置；同时报告现场值班人员或应急救援人员。

2）如果火势较小，而且火灾现场附近没有易燃易爆或有毒的危险品，在火灾现场的应急救援人员应尽快用灭火器材扑救初期火灾。

3）发生火灾后，除扑救现场初期火灾的人员外，其他人员应向着背离火灾方向的逃生出口进行紧急疏散。

4）如果火势较大，现场应急救援人员应果断撤离，并将火场情况如实上报本单位应急救援部门和到达现场的消防部门。

5）在有人员受伤的情况下，要先抢救伤员。

6）到达安全地点的人员不得随意走动，要服从现场应急救援指挥部门的指令。

三、触电事故现场应急处置

1. 脱离电源

脱离电源是指把触电者接触的那一部分带电设备的开关、刀闸或其他断路设备断开，或设法将触电者与带电设备脱离。不同触电场合脱离电源的方法如下：

（1）低压设备触电。

1）拉开电源开关或刀闸、拔出电源插头。

2）用绝缘工具、干燥的木棒、木板、绳索等不导电的东西解脱触电者。

3）抓住触电者干燥而不贴身的衣服，将其拖开；切记要避免碰到金属物体和触电者的裸露身躯。

4）戴绝缘手套或将手用干燥衣物等包起后再解脱触电者。

5）站在绝缘垫上或干板上，先绝缘自己然后进行救护。

（2）高压设备触电。迅速切断电源，或用适合该电压等级的绝缘工具（戴绝缘手套、穿绝缘靴并使用绝缘棒）解脱触电者。救护人员自己在抢救过程中应注意保持自身与周围带电部分必要的安全距离。

（3）架空线路触电。

1）低压带电线路。立即切断线路电源，或者由救护人员迅速登杆，系好自己的安全皮带后，用带绝缘胶柄的钢丝钳、干燥的不导电物体或绝缘物体将触电者拉离电源。

2）高压带电线路。不可能迅速切断开关的，可采用抛挂足够截面的适当长度的金属短路线的方法，使电源开关跳闸。抛挂前，将短路线一端固定在铁塔或接地线上，另一端系重物。

（4）断落在地的高压导线触电。尚未确认线路无电且救护人员未做好安全措施（如穿绝缘靴）时，不能接近断线点 8~10m 范围内，以防跨步电压触电。触电者脱离带电导线后应迅速带离 8~10m 以外，并立即进行触电急救。

2. 触电者脱离电源后的处置

1）触电者如果神志清醒，应使其就地躺平，严密观察，暂时不要站立或走动。

2）触电者如果神志不清，应就地仰面躺平，确保其气道通畅，并用 5s 时间，呼叫触电者或轻拍其肩部，以判定触电者是否意识丧失；禁止摇动触电者头部来呼叫触电者。

3）需要抢救的触电者，应立即就地进行抢救，并设法联系医疗部门接替救治。

四、中毒事故现场应急处置

1）若中毒场所在地沟、设备、贮罐等地点，救援人员必须佩戴防护面具进入设备或场所抢救中毒人员，并且至少有一个人在外面做联络工作。

2）对吸入有毒气体的中毒者，应立即将中毒者移到空气流通的地方，解开领口和紧身衣物、腰带及妨碍呼吸的一切物品，让其头偏向一侧，以保持呼吸通畅，有条件时给氧，同时注意保暖、静卧，并且密切观察中毒者的病情变化。

3）若皮肤中毒或化学灼伤，应迅速脱去受污染的衣物、鞋袜，并尽快用清水冲洗 15~20min。

4）对于口服中毒者，可考虑采用催吐、洗胃或导泻等方法去除毒物或减少毒物污染程度。

五、心肺复苏

心肺复苏（CPR）是针对骤停的心跳和呼吸采取的"救命技术"，其对象为意外事件中心跳和呼吸停止的伤员或病人。实施心肺复苏的具体步骤如下。

1. 判断患者有无意识

轻拍患者的肩部，并大声呼喊，如果患者没有反应（如睁眼、说话、肢体活动等），说明没有意识。

2. 抢救的体位

患者正确的抢救体位是水平仰卧位，即患者平卧，头、颈、躯干不扭曲，两上肢放在躯干旁边；抢救者应跪在患者肩部上侧，这样不需要移动自己的膝部，就可依次进行人工呼吸和胸外心脏按压。

3. 保持患者呼吸道畅通

可以通过取出假牙，用手指掏出口腔里的异物，仰头举颏法等方法保持患者呼吸道畅通。仰头举颏法实施步骤如下：

1）解开病人的领带、衣扣。
2）救护人一手压额，使病人头部后仰。
3）另一只手的食指、中指置于下颌骨下方。
4）将颏部向前抬起，使咽喉和气道在一条水平线上。
5）清除病人口鼻内的污泥、土块、痰、涕、呕吐物，使呼吸道通畅，必要时嘴对嘴吸出阻塞呼吸道的痰和异物。

4. 判断患者呼吸（要在3~5s内完成）

1）看胸部有无起伏。
2）听有无出气声音。
3）用脸感觉有无气流拂面。

若无呼吸，应立即进行人工呼吸。

5. 人工呼吸

1）保持伤员的气道畅通。
2）用压前额的那只手的拇指、食指捏紧伤员的鼻孔，另一只手托下颌。
3）救护者深吸一口气，用口紧贴并包住伤员口部用力吹气，使胸廓扩张。
4）一次吹气完毕后，救护者与患者的口脱开，并吸气准备第二次吹气。
5）按以上步骤反复进行，吹气频率为每分钟12~15次。
6）伤员口腔紧闭不能撬开时，也可用口对鼻吹气法，用一手闭住伤员的口，对鼻吹气，其余同口对口人工呼吸法。

6. 判断伤员脉搏

1）若有脉搏，继续人工呼吸。
2）若无脉搏，进行胸外心脏按压。

7. 胸外心脏按压

1）用一只手的掌根按在伤员胸骨中下切迹上两指胸骨正中部位。
2）另一只手压在该手的手背上，双手手指均立跷起，不能平压在胸壁上。
3）双肘关节伸直，利用体重和肩臂力量垂直向下挤压。
4）使胸骨下陷4cm左右，略停顿后在原位放松，但手掌根不能离开胸壁定位点。
5）单人抢救时，每按压15次后吹气2次，反复进行；双人抢救时，每按压5次后由另一人吹气1次，反复进行。

六、止血

当一个人一次失血量不超过血液总量的10%时，对健康无明显影响，失去的血量能很快恢复；当失血量超过30%时，就可能危及生命。

1）毛细血管出血止血方法。血液从伤口渗出，出血量少时，色红，危险性小，只需要在伤口上盖上消毒纱布或干净手帕等，扎紧即可止血。

2）静脉出血止血方法。血色暗红，缓慢不断流出时，一般抬高出血肢体以减少出血，然后在出血处放几层纱布，加压包扎即可达到止血目的。

3）动脉出血止血方法。血色鲜红，出血来自伤口的近心端，呈搏动性喷血时，出血量多，速度快，危险性大。动脉出血一般使用间接指压法止血，即在出血动脉的近心端用手指把动脉压在骨面上，予以止血。

七、骨折急救

骨折的急救是在骨折发生后的及时处理，包括检查诊断和必要的临时措施。

1）肢体骨折可用夹板、木棍、竹竿等将断骨上、下方两个关节固定。若无固定物，则可将受伤的上肢绑在胸部，将受伤的下肢同健肢一并绑起来，避免骨折部位移动，以减少疼痛，防止伤势恶化。

2）开放性骨折，伴有大出血者，先止血，再固定，并用干净布片或纱布覆盖伤口，然后速送医院救治，切勿将外露的断骨推回伤口内。若在包扎伤口时骨折端已自行滑回创口内，则到医院后，须向负责医生说明，提醒注意。

3）疑有颈椎损伤的，在使伤员平卧后，用沙土袋（或其他代替物）放置在头部两侧以使颈部固定不动。

4）腰椎骨折应使伤员平卧在硬木板（或门板）上，并将腰椎躯干及两下肢一同进行固定预防瘫痪。搬运时应数人合作，保持平稳，不能扭曲。平地搬运时伤员头部在后，上楼、下楼、下坡时头部在上，搬运中应严密观察伤员，防止伤情突变。

5）断指的处理方法：将断指用清洁布巾包好，不要用水冲洗创伤面，也不要用各种溶液浸泡。若有条件，可将包好的断指置于冰块中间。

【考核与提高】

一、单项选择题

1. 按照社会危害程度、影响范围等因素，自然灾害、事故灾难、公共卫生事件分为（　　）和一般四级。
   A. 重大、较大　　　　　　　　　　B. 特别重大、重大、较大
   C. 一级、二级、三级　　　　　　　D. 三级、二级、一级

2. 按照《中华人民共和国突发事件应对法》，突发事件可分为（　　）和社会安全事件。
   A. 自然灾害、人为事故　　　　　　B. 自然灾害、事故灾难、公共卫生事件
   C. 地震灾难、人为火灾、交通事故　D. 自然灾害、安全事故、卫生事故

3. 按照《中华人民共和国突发事件应对法》，自然灾害、事故灾难和公共卫生事件的预警级别可分为一级、二级、三级和四级，分别用（　　）和蓝色标志。
   A. 红色、橙色、黄色　　　　　　　B. 黑色、红色、黄色

C. 红色、白色、黄色　　　　　　　　　　D. 黑色、橙色、白色

4. 当你发现火情时，在积极扑救的同时，应立即迅速向"119"报警，正确的报警方法是（　　）。
   A. 讲清地址、火灾性质、火灾范围和回答接警人员的提问
   B. 讲清单位、火灾原因、扑救情况
   C. 讲清地址、火灾原因和报警人的姓名
   D. 讲清火灾原因和损失情况

5. 下列关于火场逃生不正确的方法是（　　）。
   A. 不要往着火点上层跑　　　　　　　　B. 在夜晚不要穿戴整齐后再往外逃
   C. 走安全通道逃生　　　　　　　　　　D. 乘电梯逃离现场

6. 发现人员燃气中毒时，下列正确的做法为（　　）。
   A. 立即在房间内打电话　　　　　　　　B. 立即打开电灯
   C. 立即打开房间门窗　　　　　　　　　D. 迅速用明火查找燃气泄漏点

7. 火灾是城市主要灾害事故之一，火场逃生显得尤为重要。当你被烈火围困时，应采取的逃生方法是（　　）。
   A. 迅速披上塑料雨衣，携带财物，边奔跑边呼救
   B. 大声呼救，等待人员来救援
   C. 迅速放低身体，用湿毛巾捂住嘴鼻，尽快逃离火场
   D. 以上都可以

8. 当你遇到人员停止呼吸、心脏停搏时，应迅速采取（　　）措施后及时送往医院。
   A. 口对口人工呼吸　　　　　　　　　　B. 口对口人工呼吸和心脏按压
   C. 心脏按压　　　　　　　　　　　　　D. 拍打头部

9. 当你遇到有毒气体泄漏事故时，应（　　）。
   A. 向侧风或侧上风方向迅速撤离　　　　B. 向下风方向或侧下风方向撤离
   C. 往高处撤离　　　　　　　　　　　　D. 以上都可以

10. 在高楼中被火围困的人员，不正确的求救方法是（　　）。
    A. 向室外抛扔枕头等软物求救　　　　　B. 夜间可打手电求救
    C. 向室外抛扔电器等大型物件求救　　　D. 使用电话、手机等通信工具求救

11. 现场救护的五大急救技术是指止血、包扎、骨折固定、（　　）和心肺复苏。
    A. 口对口呼吸　　　B. 打针　　　　C. 吊盐水　　　　D. 搬运

12. 城市轨道交通列车车头着火时，乘客从车尾下车后应步行至（　　）车站。
    A. 前方　　　　　　B. 后方　　　　C. 前、后方　　　D. 都不是

13. 市民在乘坐城市轨道交通时，应该主动配合（　　）接受安全检查。
    A. 城市轨道交通安检工作人员　　　　　B. 乘客
    C. 单位领导　　　　　　　　　　　　　D. 以上都不是

14. 轨道交通（　　）乘客携带易燃、易爆、有毒和有放射性等危险品乘坐城市轨道交通列车。
    A. 允许　　　　　　B. 鼓励　　　　C. 禁止　　　　　D. 无所谓

15. 以下几种逃生方法中，（　　）是不正确的。
    A. 用湿毛巾捂着嘴巴和鼻子　　　　　　B. 弯着身子快速跑到安全地点
    C. 躲在床底下，等待消防人员救援　　　D. 马上从最近的消防通道跑到安全地点

16. 从方法论角度，事故应急预案属于（　　）。
    A. 事前预防　　　　B. 事中应急　　C. 事后教训　　　D. 事后管理

17. 城市轨道交通运营过程中发生突发事件，事故处理负责人由（　　）担任，负责组织事件、事故初期的应急处理。

A. 指定人员　　　　　B. 行调　　　　　C. OCC 控制主任　　　D. 车站值班站长

18. 城市轨道交通企业部门内处理突发事件、事故、故障时必须执行（　　）的原则，参与应急处理的各岗位员工都应紧急行动，迅速开展工作。

A. 就近处理　　　　　　　　　　　　B. 少数服从多数
C. 高度集中、统一指挥　　　　　　　D. 服从大局

19. 城市轨道交通车站发生突发事件时，事故处理负责人由（　　）担任。

A. 轴心站站长　　　　　　　　　　　B. 行调指定的值班站长
C. 所在站值班站长　　　　　　　　　D. 现场最高职务的员工

20. 突发事件发生于区间线路上时，事故处理负责人由（　　）担任。

A. OCC 控制主任　　　　　　　　　　B. 行调指定的值班站长
C. 行调指定的行车值班员　　　　　　D. 现场最高职务的员工

21. 运用库发生突发事件，事故处理负责人由（　　）担任。

A. OCC 控制主任　　　　　　　　　　B. 行调指定的值班站长
C. DCC 值班主任　　　　　　　　　　D. 现场最高职务的员工

22. 城市轨道交通员工在应急事件处理时，坚持对外宣传（　　）的原则，不得擅自发布相关信息。

A. 集中控制　　　　B. 归口管理　　　C. 授权发布　　　D. 保密

23. 与城市轨道交通运营相关的气象灾害预警信号有（　　）类信号。

A. 七　　　　　　　B. 九　　　　　　C. 六　　　　　　D. 四

24. 城市轨道交通车站三级客流控制的关键点在（　　）、站厅到站台的楼扶梯口、出入口。

A. 入闸机　　　　　B. 边门　　　　　C. 出闸机　　　　D. 垂直电梯处

二、多项选择题

1. 城市轨道交通员工在突发事件应急处理过程中应兼顾现场的保护工作，以利于（　　）的现场取证。

A. 公安　　　　　　B. 消防　　　　　C. 事件调查部门
D. 车站　　　　　　E. 媒体

2. 下列与城市轨道交通运营相关的气象灾害预警信号有（　　）。

A. 暴雨　　　　　　B. 高温　　　　　C. 大雾
D. 大风　　　　　　E. 雷电

3. （　　）是气象灾害预警信号的等级颜色。

A. 紫色　　　　　　B. 绿色　　　　　C. 红色
D. 白色　　　　　　E. 蓝色

4. 气象灾害预警信号中的（　　）不设级别。

A. 大雾　　　　　　B. 雷电　　　　　C. 台风
D. 灰霾　　　　　　E. 暴雨

5. 城市轨道交通车站客流组织应在车站的（　　）位置进行控制客流控制。

A. 车站出入口　　　B. 车站入闸机　　C. 站厅与站台的楼梯（电扶梯口）
D. TVM 处　　　　　E. 车站出闸机

三、判断题

1. 在选用止血方法时，不管是大出血，还是一般出血都应首先选用压止。（　　）
2. 当有刀子、木棒等物刺入腹部时，在急救时应立即拔除，然后再送往医院救治。（　　）
3. 对于骨折伤员，可以给其口服止痛片等，以减轻伤者的痛苦。（　　）
4. 身上着火后，应迅速用灭火器灭火。（　　）
5. 身上着火被熄灭后，应马上把粘在皮肤上的衣物脱下来。（　　）
6. 在伤员急救过程中，如果医务人员有限，要分清主次，对危及生命的重大受伤首先处置，一般小伤

放在后面处理。（　　）

7. 计算病人呼吸一般以1min为计算单位，并且一吸一呼应算作两次。（　　）

8. 进行人工呼吸前，应先清除患者口腔内的痰、血块和其他杂物等，以保证呼吸道通畅。（　　）

9. 高层楼着火后，楼上的人要马上乘电梯逃离。（　　）

10. 对于工作和生活中出现的危急病人，要尽量避免在现场对其进行急救，而应及时去医院救治。（　　）

11. 城市轨道交通运营过程中发生突发事件，事故处理负责人由指定人员担任，负责组织事件、事故初期的应急处理。（　　）

12. 城市轨道交通列车在区间线路上发生火灾时，由行车调度人员指定的值班站长担任事故处理主任。（　　）

13. 城市轨道交通员工在应急事件处理时，坚持对外宣传保密管理的原则，不得擅自发布相关信息。（　　）

14. 与城市轨道交通运营相关的气象灾害预警信号有台风、暴雨、高温、大雾、大风、雷电、灰霾七类。（　　）

15. 气象灾害预警信号中的雷电和大风不设级别。（　　）

四、简答题

1. 突发事件的定义是什么？有哪几种类型？城市轨道交通运营突发事件一般按什么样的原则进行处理？

2. 城市轨道交通车站大客流的定义是什么？

3. 应急预案有哪几个层次？

模块十 城市轨道交通职业危害与防护

◆【模块导学】

2010年6月23日上午10时17分，某市1号线乘务中心丙班30组驾驶员黄某某、副驾驶员张某（男，23岁）按60号表驾驶415车回四惠车辆段，进2号联络线，准备入洗刷库，执行洗刷作业。

10时23分，列车运行入洗刷库的停车库。洗刷作业过程中，驾驶员黄某某在前部驾驶室驾驶列车，副驾驶员张某在尾部驾驶室监护作业。洗刷作业完毕，与信号楼联系确认后，驾驶员黄某某驾驶列车出库。

10时32分至10时35分，运行至四惠段东牵线，在规定位置停车后，黄某某更换操纵台，步行至尾部驾驶室，准备折返回停车列检库。此时发现副驾驶员张某不在驾驶室内。

因调车信号已开放，黄某某确认列车两侧无人后，独自驾驶列车回库。入库停车后，黄某某去运转室询问张某是否退勤，经值班员任某某确认，张某没有退勤。

10时36分，运转室甲班值班员任某某向运转室值班班长汪某某报告，丙班30组副驾驶员张某不知去向。汪某某立即赶到值班室和黄某某一起去洗刷库寻找张某，途经中平交道北门时遇到了丙班24组副驾驶员呼某，三人一同去了洗刷库，经询问，洗刷库管理员称415车副驾驶员出库时在尾部驾驶室内。三人随即出库，沿出库线路寻找。

10时55分，至距东平交道口东侧67m处，发现张某头部朝西脚朝东，蜷卧于道床南侧。当时张某头部有血迹，口鼻涌血，呼唤没有反应。

11时02分，呼某打120叫急救车，汪某某向乘务中心领导报告。随后，呼某背着张某，由黄某某和汪某某协助，将张某移到东平交道口处。

11时18分，急救车到达现场后医务人员立即对张某进行抢救，最终因抢救无效死亡。

事故调查组对事故进行调查分析，事故发生直接原因是副驾驶员张某违章作业。间接原因有：一是运营二分公司安全管理有缺陷，缺少严格的安全检查监督机制，致使存在职工违章现象，安全规章制度落实不到位，个别职工安全意识淡薄；二是责任范围内所属设备管理不清，运营二分公司对四惠车辆段所管辖的设备管理不善，未制订通风系统动力控制箱、按钮箱安全操作规程，未指定设备负责人，未制订该设备的维护、保养制度。运营二分公司对所管辖的设备隐患排查不彻底，四惠车辆段通风系统2004年安装完毕后长期处于无人维护、管理的状态；三是照明问题，四惠车辆段车场作业环境照明不足，东平交道口距事发地点有五盏灯不亮，事故地点照明度不足。

当前，随着全国对安全生产形势的重视，职业危害防治工作倍受社会关注，但相当多的企业，特别是中小微型用人单位普遍存在对职业危害防治工作重视不够，职业卫生管理基础较为薄弱的问题，且绝大多数用人单位对职业危害防治法规标准把握不准。2015年3月，国家安全生产监督管理总局出台了《用人单位职业病危害防治八条规定》，重点围绕责任制、工作场所、防护设施、防护用品、警示告知、定期检测、培训教育、健康监护8个方面对所有产生职业危害的用人单位提出了明确要求。

城市轨道交通项目建成营运后可能产生的主要职业危害因素有噪声、电磁辐射、高温、粉尘、毒物等，这些因素与项目选址、总体布局、生产设备布局、职业病防护设施设计、卫生辅助用室设置、职业卫生管理和应急措施等方面密切相关。虽然城市轨道交通属于一般职业病危害，但必须按职业危害预评价要求，采取相应的防护措施，使运营过程中产生的职业危害降到最低。

【学习目标】

（1）能了解各种类型的职业病危害因素的危害、防治。
（2）能陈述职业病的防治和职业卫生保护权利的规定。
（3）能接受和运用城轨生产岗位上存在的职业病危害因素的防治措施。
（4）能熟知基本劳动防护用品的适用性和作用。
（5）能正确使用劳动防护用品，判断不同场合劳动防护用品的选用。

单元一　职业病与防治

【情境导入】

2014年全国职业病报告共报告职业病29 972例。职业卫生是关系员工福祉、企业利益、经济发展与社会安定的大事，随着政策的调整、经济的发展和科技的进步，我国在职业卫生领域取得了长足发展，但也存在一定问题。许多在职人员都或多或少存在着一些职业病，如生物因素所致职业病、职业性哮喘、职业性肿瘤、职业性耳鼻喉口腔疾病、职业性眼病、物理因素所致职业病等。这一系列的病状都显示了劳动者面临着较大的生理和心理的问题。然而，许多人对自己的工作的危险性并不了解，这也导致职业病在我国多发以及有扩大的趋势。

【单元要求】

（1）了解职业危害因素及其来源、分类。
（2）掌握职业病的定义及其分类。
（3）了解职业病防治中劳动者、用人单位等相关方的权责。

【知识内容】

为了保护员工人身安全，避免职业病危害，根据国家规范和运营生产实际，城市轨道交通运营企业每年都应定期邀请职业病防治院开展职业危害检测，或者根据实际需求委托其他专业机构进行专项检测，明确城市轨道交通运营各岗位劳动防护用品配置标准，以避免或降低职业危害影响。

一、职业危害因素及来源

在生产过程中、劳动过程中、作业环境中存在的危害劳动者健康的因素，称为职业危害因素。职业危害因素主要来源于以下三个方面。

1. 生产过程中的职业性危害因素

在生产过程中，职业性危害因素来源于原料、中间产物、产品、机器设备的工业毒物、粉尘、噪声、高温、振动、电离辐射及非电离辐射等。

2. 劳动过程中的有害因素

在劳动过程中，作业时间过长、作业强度过大、精神或心理过度紧张、劳动制度与劳动组织不合理、作业姿势不合理等均可对劳动者的健康造成损害。

3. 生产环境中的有害因素

生产环境中的有害因素主要是指自然环境因素、厂房建筑或布局不合理、光照不足等不良环境因素，如城市轨道交通地下车站空间相对封闭、长年不见阳光、潮湿等。

二、职业危害因素分类

职业危害因素一般可分为以下几个类型。

1. 化学因素

（1）生产性毒物。例如：铅、铬、锰、汞、苯、有机磷农药、一氧化碳、硫化氢、甲烷、氮氧化物、氨等。

（2）生产性粉尘。例如：滑石粉尘、尘铅粉尘、合成纤维粉、木质粉尘、骨质粉尘。长期在粉尘的环境中作业，可能引起各种尘肺病（如矽肺、石棉肺、煤肺、金属肺等）。

2. 物理因素

（1）异常气候条件。异常气候条件包括高温、高湿、低温及热辐射，长期在高温和强烈热辐射条件下作业，可能引发热射病、热痉挛、日射病等。

（2）异常气压。异常气压包括高气压和低气压，如高山上作业可引发高山病。

（3）噪声。长期在噪声强烈的环境中作业，如纺织作业，可引起职业性耳聋。

（4）振动。长期在振动环境中作业，可引起振动病。

（5）辐射线。辐射线包括电离辐射（如X射线）、非电离辐射（如红外线、紫外线）。

3. 生物因素

生物因素包括附着于皮毛上的炭疽杆菌、布氏杆菌、森林脑炎病毒、真菌孢子等。

城市轨道交通运营因为涉及的工种和设备非常多，生产岗位上存在的职业病危害因素也是多样化的，具体见表10-1。

表 10-1　城市轨道交通运营生产岗位主要存在的职业病危害因素

岗　位	主要职业病危害因素
车辆检修岗位	粉尘、噪声、化学毒物（苯系物）、射频辐射
车辆维修设备岗位	粉尘、噪声
工建维修岗位	粉尘、噪声
通号维修岗位	工频电磁场
机电维修岗位	噪声、工频电磁辐射
自动化维修岗位	噪声、工频电磁辐射、油漆
供电维修岗位	粉尘、噪声、工频电磁辐射
中心站、车站岗位	射频辐射、工频辐射
乘务岗位	粉尘、噪声、工频电磁辐射、射频辐射
调度中心岗位	工频电磁辐射

三、职业病及职业病分类

1. 职业病的定义

职业病是由于职业活动而产生的疾病，但并不是所有在工作中得的病都是职业病。

《中华人民共和国职业病防治法》（以下简称《职业病防治法》）规定，职业病是指企业、事业单位和个体经济组织等用人单位的劳动者在职业活动中，因接触粉尘、放射性物质和其他有毒、有害因素而引起的疾病。

职业病的分类和目录由国务院卫生行政部门会同国务院安全生产监督管理部门、劳动保障行政部门制定、调整并公布。

职业病防治工作坚持预防为主、防治结合的方针，建立用人单位负责、行政机关监管、行业自律、职工参与和社会监督的机制，实行分类管理、综合治理。

构成职业病必须具备四个要件：

1）患病主体必须是企业、事业单位或者个体经济组织的劳动者。

2）必须是在从事职业活动的过程中产生的。

3）必须是因接触粉尘、放射性物质和其他有毒、有害物质等职业病危害因素而引起的，其中放射性物质是指放射性同位素或射线装置发出的，包括 α 射线、β 射线、γ 射线、中子、X 射线等电离辐射。

4）必须是国家公布的职业病分类和目录所列的职业病，有明确的职业相关性，按照职业病诊断标准，由法定职业病诊断机构明确诊断。

在上述四个要件中，缺少任何一个要件，都不属于国家法定的职业病。

2. 职业病分类

《职业病分类和目录》（国卫疾控发〔2013〕48号）规定了职业病共为10大类132种，其中包括职业性尘肺病及其他呼吸系统疾病（尘肺病13种、其他呼吸系统疾病6种）、职业性皮肤病（9种）、职业性眼病（3种）、职业性耳鼻喉口腔疾病（4种）、职业性化学中毒（60种）、物理因素所致职业病（7种）、职业性放射性疾病（11种）、职业性传染病（5种）、职业性肿瘤（11种）、其他职业病（3种）。

四、职业病的防治

1. 劳动者职业卫生保护权利

劳动者依法享有职业卫生保护的权利,用人单位应当为劳动者创造符合国家职业卫生标准和卫生要求的工作环境和条件,并采取措施保障劳动者获得职业卫生保护。

对从事接触职业病危害的作业的劳动者,用人单位应当按照国务院安全生产监督管理部门、卫生行政部门的规定组织上岗前、在岗期间和离岗时的职业健康检查,并将检查结果书面告知劳动者。职业健康检查费用由用人单位承担。

用人单位不得安排未经上岗前职业健康检查的劳动者从事接触职业病危害的作业;不得安排有职业禁忌的劳动者从事其所禁忌的作业;对在职业健康检查中发现有与所从事的职业相关的健康损害的劳动者,应当调离原工作岗位,并妥善安置;对未进行离岗前职业健康检查的劳动者不得解除或者终止与其订立的劳动合同。

用人单位应当为劳动者建立职业健康监护档案,并按照规定的期限妥善保存。

职业健康监护档案应当包括劳动者的职业史、职业病危害接触史、职业健康检查结果和职业病诊疗等有关个人健康资料。

劳动者离开用人单位时,有权索取本人职业健康监护档案复印件,用人单位应当如实、无偿提供,并在所提供的复印件上签章。

劳动者享有下列职业卫生保护权利:

1)获得职业卫生教育、培训。
2)获得职业健康检查、职业病诊疗等职业病防治服务。
3)了解工作场所产生或者可能产生的职业病危害因素、危害后果和应当采取的职业病防护措施。
4)要求用人单位提供符合防治职业病要求的职业病防护设施和个人使用的职业病防护用品,改善工作条件。
5)对违反职业病防治法律、法规以及危及生命健康的行为提出批评、检举和控告。
6)拒绝违章指挥和强令进行没有职业病防护措施的作业。
7)参与用人单位职业卫生工作的民主管理,对职业病防治工作提出意见和建议。

2. 用人单位的职业病防治职责

1)用人单位应当为劳动者创造符合国家职业卫生标准和卫生要求的工作环境和条件,并采取措施保障劳动者获得职业卫生保护。
2)用人单位应当建立、健全职业病防治责任制,加强对职业病防治的管理,提高职业病防治水平,对本单位产生的职业病危害承担责任。
3)用人单位必须采用有效的职业病防护设施,并为劳动者提供个人使用的职业病防护用品。用人单位为劳动者个人提供的职业病防护用品必须符合防治职业病的要求,不符合要求的不得使用。
4)用人单位必须依法参加工伤社会保险。

3. 职业病诊断和职业病病人保障

(1)职业病诊断。职业病诊断应当由省级以上人民政府卫生行政部门批准的医疗卫生机构承担,劳动者可以在用人单位所在地或者本人居住地前往依法承担职业病诊断的医疗卫生机构进行职业病诊断。职业病诊断，应当综合分析病人的职业史、职业病危害接触史和现场危害调查与评价、临床表现以及辅助检查结果等因素。

没有证据否定职业病危害因素与病人临床表现之间的必然联系的，应当诊断为职业病。

承担职业病诊断的医疗卫生机构在进行职业病诊断时，应当组织三名以上取得职业病诊断资格的执业医师集体诊断。职业病诊断证明书应当由参与诊断的医师共同签署，并经承担职业病诊断的医疗卫生机构审核盖章。

（2）职业病病人保障。医疗卫生机构发现疑似职业病病人时，应当告知劳动者本人并及时通知用人单位。用人单位应当及时安排对疑似职业病病人进行诊断；在疑似职业病病人诊断或者医学观察期间，不得解除或者终止与其订立的劳动合同。疑似职业病病人在诊断、医学观察期间的费用，由用人单位承担。

职业病病人依法享受国家规定的职业病待遇。用人单位应当按照国家有关规定，安排职业病病人进行治疗、康复和定期检查；用人单位对不适宜继续从事原工作的职业病病人，应当调离原岗位，并妥善安置；用人单位对从事接触职业病危害的作业的劳动者，应当给予适当岗位津贴。职业病病人的诊疗、康复费用，伤残以及丧失劳动能力的职业病病人的社会保障，按照国家有关工伤社会保险的规定执行。

职业病病人除依法享有工伤社会保险外，依照有关民事法律，尚有获得赔偿的权利的，有权向用人单位提出赔偿要求。劳动者被诊断患有职业病，但用人单位没有依法参加工伤社会保险的，其医疗和生活保障由最后的用人单位承担；最后的用人单位有证据证明该职业病是先前用人单位的职业病危害造成的，由先前的用人单位承担。职业病病人变动工作单位的，其依法享有的待遇不变。

单元二　常见的职业危害与防治

【情境导入】

近年来，由于缺乏对职业病防治及劳动保护法律法规的了解，很多务工人员在不知不觉中被职业病侵袭。根据《职业病防治法》的规定，我国职业病防治工作坚持预防为主、防治结合的方针，实行分类管理、综合治理。劳动者依法享有职业卫生保护的权利，用人单位负有依法参加工伤社会保险、为劳动者创造符合国家职业卫生标准和卫生要求的工作环境和条件、建立健全职业病防治责任制、加强对职业病防治的管理等义务。

【单元要求】

（1）了解生产性毒物、粉尘、高温作业、生产性噪声、电磁辐射等危害，初步掌握各自的防治要点。

（2）了解城市轨道交通运营生产岗位上存在的职业病危害因素，初步掌握常见危害因素的防治要点。

【知识内容】

职业病危害是指对从事职业活动的劳动者可能导致职业病的各种危害。职业病危害因素包括职业活动中存在的各种有害的化学、物理、生物因素,以及在作业过程中产生的其他职业有害因素。

一、生产性毒物的危害与防治

在生产过程中使用或产生的各种对人体有害的化学毒物,称为生产性毒物。

1. 生产性毒物的来源

生产中的原料、辅料、中间产品、成品、副产品、废弃物、夹杂物等,都可能是生产性毒物的来源。

(1) 生产原料。例如生产颜料、蓄电池使用的氧化铅,生产合成纤维、染料使用的苯等。

(2) 辅助材料。例如橡胶、印刷行业用作溶剂的苯和汽油。

(3) 中间产品。例如用苯和硝酸生产苯胺时产生的硝基苯。

(4) 成品。例如农药厂生产的各种农药。

(5) 副产品及废弃物。例如炼焦时产生的煤焦油、沥青,冶炼金属时产生的二氧化硫。

(6) 夹杂物。例如硫酸中混杂的砷等。

2. 生产性毒物的形态

(1) 气体。它包括在生产场所的温度、气压条件下散发于空气中的氯、氨、一氧化碳、甲烷等。

(2) 蒸气。它包括固体升华、液体蒸发时形成的蒸气,如水银蒸气、苯气等。

(3) 雾。它是指混悬于空气中的液体微粒,如喷洒农药和喷漆时所形成的雾滴,镀铬和蓄电池充电时逸出的铬酸雾、硫酸雾等。

(4) 烟。它是指直径小于 $0.1\mu m$ 的悬浮于空气中的固体微粒,如熔铜时产生的氧化锌烟尘,熔铬时产生的氧化铬烟尘,电焊时产生的焊烟尘等。

(5) 粉尘。它是指能够较长时间悬浮于空气中的固体微粒,直径大多在 $0.1\sim10\mu m$,如固体物质的机械加工、粉碎、筛分、包装等可引起粉尘飞扬。

3. 城市轨道交通作业场所存在的有毒有害气体

1) 地下车站内由于通风不良而会造成高温、高湿,或由于建筑装修所用材料不当而散发各类有害气体,对站内人员会造成一定的危害。

2) 车辆段、停车场等作业场所的电焊、除锈、吹扫、充电产生的各类废气、烟尘、废热,都会造成一定程度的污染。

4. 生产性毒物进入人体的途径

生产性毒物主要经呼吸道和皮肤进入人体,经消化道进入的较少。

(1) 呼吸道。生产性毒物经呼吸道进入人体是最常见、最主要的途径。凡呈气体、蒸气和气溶胶形态的毒物都可经呼吸道侵入人体,毒物经呼吸道吸收后不经过肝脏转化、解毒而直接进入血液循环分布于全身。

(2) 皮肤。有些毒物可经过无伤的皮肤或由毛孔与皮脂腺、汗腺侵入人体,毒物经皮肤吸收后,也不经过肝脏直接进入血液循环而分布全身。

(3) 消化道。这种途径较少见,一般见于不遵守个人卫生制度或发生意外事故的情况。经消化道进入人体的毒物,大部分经肝脏转化、解毒后,才进入血液循环。

5. 生产性毒物对人体的危害

（1）职业中毒。在生产劳动过程中，由接触生产性毒物所引起的中毒称为职业中毒。职业中毒根据接触毒物时间长短、发病缓急可分为急性、亚急性和慢性三类。

生产性毒物品种繁多、毒害作用各不相同，进入人体后可引起不同器官、系统的损害。因此，职业中毒的临床表现较为复杂，主要临床表现如下：

1）神经系统病变，如神经衰弱综合征、多发性神经炎、中毒性脑病等。

2）呼吸系统病变，如支气管炎、哮喘、肺水肿、肺气肿等。

3）血液系统病变，如白细胞增多或减少、再生障碍性贫血、溶血性贫血等。

4）循环系统病变，如心律失常、心肌病、肺源性心脏病等。

5）消化系统病变，如出血性肠胃炎等。

6）中毒性肝病乏力，如脾脏肿大、肝肾综合征、肝性脑病、肝硬化等。

7）中毒性肾病，如急性肾小管坏死性肾病、慢性肾小管损害、肾病综合征等。

8）其他，如一些毒物可引起金属烟热、腹绞痛、胃肠功能紊乱、骨骼病变及内分泌功能障碍等。

（2）带毒状态。接触工业毒物，但无中毒症状和体征，尿中或其他生物材料中所含的毒物量（或代谢产物）超过正常值上限，或试验呈阳性，这种状态称为带毒状态或毒物吸收状态。

（3）致突变、致畸、致癌。某些化学毒物可引起肌体遗传物质的变异，如致突变、致癌、致畸。

6. 常用的生产性毒物控制措施

（1）替代。尽可能以无毒、低毒的工艺和物料代替有毒、高毒的工艺和物料，这是防毒的根本性措施。

（2）采用密闭、通风排毒系统。

1）密闭罩。在工艺条件允许的情况下，尽可能将毒源密闭起来，然后通过通风管将含毒空气吸出，送往净化装置，净化后排放入大气。

2）开口罩。在生产工艺操作不能采取密闭罩排气时，可按生产设备和操作的特点，设计开口式的排气罩，按结构形式分为上吸罩、侧吸罩和下吸罩三种。

3）通风橱。通风橱是密闭与侧吸罩相结合的一种特殊排气罩，可以将产生有害物的操作和设备完全放在通风橱内，便于操作。通风橱内应形成负压状态，以防止有害物逸出。按排气方式可分为上部排气式、下部排气式和供气式三种。

4）洗涤法。洗涤法是一种常见的净化方法，在工业上已经得到广泛的应用，如冶金行业的高炉煤气、转炉煤气、焦炉煤气、发生炉煤气净化；化工行业的工业气体净化；机电行业的苯及其衍生物等有机蒸气净化；电力行业的烟气脱硫净化等。常用的洗涤液有水、酸性溶液、碱性溶液、氧化剂溶液和有机溶剂。

5）袋滤法。袋滤法是粉尘通过过滤介质受阻，而将固体颗粒物分离出来的方法。在袋滤器内，粉尘将经过沉降、凝聚、过滤和清灰等物理过程，实现无害化排放。

6）燃烧法。燃烧法是使有害气体中的可燃成分与氧结合进行燃烧，使其转化为二氧化碳和水，净化为无害物排放的方法。燃烧法分为直接燃烧法和催化燃烧法。

以一般方法难以处理的有毒物，且其危害性极大时，可用直接燃烧法处理掉，如沥青烟、炼油厂尾气等；催化燃烧法多用于机电、轻工行业产生的小气量苯、醇、酯、醚、醛、酮、烷、酚类等有机蒸气的净化。

（3）个体防护。毒物侵入人体的途径，除呼吸道外，还有口、皮肤，所以在有毒的作业场所尤其要注意个体防护。在作业场所使用的防护用品有防护服装、防尘口罩和防毒面具等。

二、粉尘的危害与防治

1. 粉尘及其分类

粉尘是长时间浮游于空气中的固体微粒。在生产中，与生产过程有关而形成的粉尘称为生产性粉尘。

生产性粉尘的来源主要包括：机械加工、矿石开采、工业原料加工、纺织物加工处理、基础建设、粉末状物质包装及搬运等。生产性粉尘按照理化性质可分为无机粉尘、有机粉尘和混合性粉尘三种类型。

2. 粉尘对人体的危害

生产性粉尘的种类繁多，理化性状各不相同，对人体所造成的危害也多种多样。

长期吸入含游离二氧化硅的无机粉尘可引起以纤维化为主的尘肺，尘肺为国家法定职业病。有机粉尘常引起变态反应性哮喘和肺泡炎、慢性阻塞性肺病。作业场所产生的粉尘多是混合性的，常引起不同程度的肺纤维化尘肺，如铅、锰、砷化物等粉尘，能在支气管和肺泡壁上溶解后吸收，导致中毒。

3. 城市轨道交通作业场所的粉尘危害

在城市轨道交通运营生产中，车辆段的检修、维修和供电、工建的维修及乘务岗位都会存在一定程度的粉尘危害。城市轨道交通中的地铁是半封闭的地下空间，列车在其间来来回回做活塞运动，隧道中含有大量粉尘。同时，来自隧道和空调系统的粉尘，悬浮于空气中，较难排出室外。有数据表明各地铁站点的粉尘浓度基本上均超标，人流量大的车站，粉尘浓度也普遍较大。

地铁环境中的粉尘污染对环境和人员的危害已引起国内外环境专家的关注。地铁系统中的空气成分与地面上的差别很大，其含有大量细微颗粒金属粉尘，可透入包括肺、脑、肝、肾在内的主要人体器官，可能会对人体造成很大危害。

目前，城市轨道交通运营企业在粉尘作业场所，主要采用通风除尘措施。例如，机加间电焊工位加装了移动式吸尘器，这极大地降低了空气中粉尘浓度。

4. 粉尘危害防治

粉尘作业的劳动防护管理应采取三级防护原则。

（1）一级预防。一级预防包括以下几个方面：

1）综合防尘，即改革生产工艺、生产设备，尽量将手工操作变为机械化、自动化和密闭化、遥控化操作，尽可能采用不含或含游离二氧化硅低的材料代替含游离二氧化硅高的材料；在工艺要求许可的条件下，尽可能采用湿法作业；使用个人防尘用品，做好个人防护。

2）定期检测，即对作业环境的粉尘浓度实施定期检测，使作业环境的粉尘浓度达到国家标准规定的允许范围之内。

3）健康体检，即根据国家有关规定，对工人进行就业前的健康体检，对患有职业禁忌症者、未成年人、女职工，不得安排其从事禁忌范围的工作。

4）宣传教育，普及防尘的基本知识。

5）加强维护，对除尘系统加强维护和管理，使除尘系统处于完好、有效状态。

(2) 二级预防。二级预防包括建立专人负责的防尘机构，制订防尘规划和各项规章制度；对新从事粉尘作业的职工，必须进行健康检查；对在职的从事粉尘作业的职工，必须定期进行健康检查，发现不宜从事接尘工作的职工，要及时调离。

(3) 三级预防。三级预防包括对已确诊为尘肺病的职工，及时调离原工作岗位，安排合理的治疗或疗养。患者的社会保险待遇应按国家有关规定办理。

三、高温作业的危害与防治

1. 高温作业的类型

在高气温或同时还存在高湿度或强辐射的不良条件下进行的生产劳动，称为高温作业。我国制定的高温作业分级标准规定：工业企业和服务行业工作地点具有生产性热源，其气温等于或高于本地区夏季室外通风设计计算温度2℃的作业，列为高温作业，通常分为以下三种类型：①高温强热辐射作业。②高温、高湿作业。③夏季露天作业。

2. 高温对健康的危害

在高温环境下作业，人体从高温环境接受对流与辐射热量，加上劳动和高温环境增加的代谢产生热量，远远超过人体的散热量。若这个循环过程不断发展，人体通过一系列的体温调节还是不能维持机体的热平衡时，就会造成机体过度蓄热，由于排汗增多而丧失大量水分和盐分，常会引起中暑。同时，在高温条件下作业，人体丧失大量水分，体内血液重新分配，有可能会引起消化系统、泌尿系统和神经系统等方面的问题。

3. 高温对城市轨道交通运营安全的影响

1）由于外界气温过高和场地人流过大，员工中暑及病患乘客在车站晕倒的可能性增加。

2）湿度大、气温高易使车辆段等作业场所内的作业人员注意力不集中，反应迟钝，准确性下降，从而导致操作失误，引发事故。

3）城市轨道交通地下车站的环境湿度大可使电气设备受潮、绝缘下降，引起触电事故。

4）高温会导致钢轨胀轨跑道产生危险。

5）城市轨道交通各种电气设备受高温影响，散热困难导致热量积聚，容易引起电气火灾。

4. 防止高温作业危害的措施

1）合理布置热源，革新技术，改进生产工艺过程和操作过程，改善厂房和工具设备，减少高温部件、产品暴露的时间和面积，避免高温和热辐射对工人的影响。

2）应尽量采取措施进行降温，如隔热、通风、淋水、装设机械排风装置、空调。

3）高温作业应尽量缩短工作时间，增加工作休息次数，延长午休时间。

4）加强个人防护，合理组织生产，如供给耐燃、坚固、热导率较小的白色工作服，加强对防护服装的清洗、修补和管理工作，并加强个人保健，供给足够的含盐清凉饮料。

5）中暑病人的处理。发现中暑病人后，首先应使患者脱离高温作业环境，到通风良好的阴凉地方休息，解开衣服，给予含盐的清凉饮料。必要时，可进行刮痧疗法或针刺相关穴位。如果有头昏、恶心、呕吐或腹泻症状，应及时就医；如果出现呼吸、循环衰竭，应紧急送医院处理。

目前，城市轨道交通运营企业在高温作业场所，主要采用降温保健措施。例如，深圳城市轨道交通的前海车辆段架大修库，设进气口和开侧窗，利用空气对流进行通风降温，对于自然通风不能满足降温要求的部位采用机械通风措施降温，同时供给高温作业员工凉茶、含盐饮料等保健物资，加强身体健康预防。

四、生产性噪声的危害与防治

在工业生产中，机械转动、气流排放、车辆运行等产生的噪声会污染工作环境，影响人体的健康，因此消除和减弱噪声就成了亟待解决的问题。

1. 生产性噪声的种类

在生产过程中产生的一切声音都可称为生产性噪声。大致种类如下：

（1）机械性噪声。机械性噪声是由于机械的撞击、转动、摩擦而产生的，如机床、纺织机、球磨机、电锯等发出的声音。

（2）流体动力性噪声。流体动力性噪声是由于气体压力突变或流体流动而产生的，如通风机、空压机、喷射器、汽笛或放水、冲刷等发出的声音。

（3）电磁性噪声。电磁性噪声是由于电机中交变电磁力相互作用而产生的，如发电机、变压器等发出的声音。

2. 噪声对人体的危害

噪声对人体的影响是多方面的，包括对听觉系统、神经系统、心血管系统和消化系统等方面的影响，其中对听觉系统的影响比较突出。在强烈噪声环境里作业，听觉器官首先受害，主要表现为听力减弱、听觉敏感性下降；长期在噪声作用下，可导致永久性耳聋。噪声聋属于慢性过程，患者初期除主观感觉耳鸣外，无耳聋感觉，交谈及社会活动能正常进行。随着病程的进一步发展，当听力损失到语言频段且达到一定程度时，患者主观感觉语言听力出现障碍，表现出生活交谈中的耳聋现象，即所谓的噪声聋。

3. 城市轨道交通作业场所存在的噪声危害

1）在城市轨道交通工程施工过程中，施工现场的打桩机、破碎机、大型挖土机、空压机、风镐等施工机械设备会制造"轰隆隆的"强烈噪声。这些设备产生70dB（A）噪声的影响范围半径可达到100~170m，另外运输建材、渣土的重型运输车辆其近场声级达90dB（A）以上。根据实测资料，施工噪声是显著的，其中打桩机产生70dB（A）噪声的影响范围可达到$1.5km^2$，60dB（A）噪声的影响范围可达到$6.6km^2$。

2）城市轨道交通运营生产中的主要噪声源为行车噪声、风亭噪声及空调冷却塔、变电所等车站辅助设备设施噪声。其中行车噪声在高架线路上产生的噪声强度可以达到80~85dB（A），影响范围大。另外，城市轨道交通车辆段、停车场的空压机、水泵、鼓风机、引风机、气动电动工具等设备都会产生较大的噪声，对人体造成一定影响。

3）城市轨道交通车站环控设备的运行、列车运行及广播或人流噪声，尤其是地下站台的活塞风带来的噪声，会对车站服务和乘客造成一定的不良影响。

4. 噪声防治措施

1）工业企业噪声卫生标准。GB/T 50087—2013《工业企业噪声控制设计规范》规定工作场地的噪声容许标准生产车间为85dB（A），主控室等为60dB（A）对接触不足8h的工作，噪声标准可相应放宽。

2）控制和消除噪声源，这是防止噪声危害的根本措施。通过研制与选择低噪声设备，改进生产加工工艺，提高机械设备的加工精度和装配质量，可降低声源辐射的声功率。

3）通过吸声、隔声、消声、隔振等常用的噪声控制技术措施，或使声波改变传播方向，或把声能转化成热能，可达到减少到达接受者处声能量值的效果。

4）个人防护。在作业环境噪声强度比较高或特殊噪声条件下，工人戴耳塞或耳罩，合理组织工作和安排休息时间，往往可取得较好的防声效果。

5）应定期对接触噪声的工人进行健康检查，特别是听力检查，观察听力变化情况，以便及早发现听力损伤，及时采取有效的防护措施。

目前，城市轨道交通运营企业在噪声作业场所，主要采用间休降噪的措施。城市轨道交通长期接触生产性噪声的工种，因单次作业持续接触噪声时间短，故岗位未达到连续噪声暴露时间保护标准，例如驾驶员岗，噪声声级相对较高，但作业持续时间短，运营企业仍然采取严格轮休、间休机制和驾驶室降噪设计，做到多重保障。

五、电磁辐射的危害与防治

任何带电体周围都存在着电场，周期变化的电场就会产生周期变化的磁场，电场和磁场的交互变化产生电磁波，电磁波向空中发射或泄漏的现象称为电磁辐射。电磁辐射分为非电离辐射和电离辐射，非电离辐射包括射频辐射、工频辐射、紫外线辐射和红外线辐射，过量的电磁辐射会造成电磁污染。

在城市轨道交通运营生产的过程中，种类多样的电气设备的使用会产生一定的电磁辐射，尤其变电设备、通信设备，主要的辐射范围一是沿线周围环境，二是变电所职工工作环境。对于电磁辐射应加以控制，以减少甚至消除对人体的伤害。根据资料，城市轨道交通变电所设计施工时采取了相应的电磁辐射屏蔽措施，若符合相关国家标准，则对变电所内职工的健康不会造成危害，对周围居民环境的辐射污染更小。

1. 电磁辐射的健康危害

（1）射频辐射。射频辐射对人体健康的影响是多方面的，对多个系统均有损害作用，可引起头痛、记忆力下降、神经衰弱症等神经紧张反应；对外周血象的影响表现为白细胞数不稳定，有下降倾向；消化系统症状表现为食欲不振、胃酸过多等；还可影响生殖系统；职业性低强度微波慢性作用可加速晶状体自然老化过程，从而出现微波性白内障，有时可使视网膜改变。

（2）紫外线辐射。物体温度达1200℃以上时，辐射光谱中可出现紫外线。强烈的紫外线辐射会对人体产生影响，引起红斑、皮肤皱缩、老化等。紫外线被角膜和结膜上皮所吸收时，会引起急性角膜结膜炎、电光性眼炎，被晶状体吸收时，可致白内障。

职业性角膜结膜炎、职业性电光性眼炎和职业性白内障均为法定职业病。

2. 电离辐射的预防与控制

辐射的强度取决于辐射源的强度、受辐射的物体与辐射源的距离、暴露时间以及保护屏的类型。

预防与应该采取的控制措施有：

1）尽量不使用或少使用有辐射的设备。
2）对工作接触的设备所发出的或可能发出的射线类别的安全信息了解清楚。
3）所有的辐射源均要得到确认，并且进行标志。
4）对辐射源加以封闭及使用屏障。
5）正确使用个体防护用品、用具。
6）设置适当的安全装置，并定期保养及检查。
7）对于放射物质的销售、使用、储存、运输和报废，要有书面的许可认证。
8）要定期评审安全措施。
9）应急计划中要包括辐射危险的内容，同时要有在其他紧急状态出现或现有辐射防护受到威胁时的应急处理方案。
10）设置辐射防护咨询人员，其职责是对使用、预防、控制及暴露等问题进行监视及咨询。
11）减少与辐射接触的时间，增大与辐射源之间的距离。伤害程度与接触时间成正比，也就是说接触电磁辐射的时间越长，受到的伤害越大；而与距离的平方成反比，距离拉大十倍，受到的辐射就是原来的百分之一，距离拉大一百倍，受到的辐射就是万分之一。

单元三　常见防护用品及其使用

【情境导入】

个人防护用品是保护劳动者在劳动过程中的安全和健康所必需的预防性装备，不同种类个人防护用品本身所具有的防护作用是有不同限度的，有些作业环境条件复杂多变，超过允许的防护范围，个人防护用品将不起作用。因此，要正确使用个人防护用品，根据作业环境的危害程度合理选择个人防护用品的种类，才能避免发生意外。

【单元要求】

(1) 掌握劳动防护用品的定义、分类。
(2) 初步掌握劳动防护用品的使用，并会根据不同场合选用合适的劳动防护用品。
(3) 了解劳动防护用品的管理规定以及用人单位的职责。

【知识内容】

一、基本术语

劳动防护用品是指由用人单位为劳动者配备的，使其在劳动过程中免遭或者减轻事故伤害及职业病危害的个体防护装备。

个体防护装备是指从业人员为防御物理、化学、生物等外界因素伤害所穿戴、配备和使用的各种护品的总称。在生产作业场所穿戴、配备和使用的劳动防护用品也称个体防护装备。

劳动者在生产劳动过程中由于作业条件或其他突发原因，会受到尘、毒、噪声、辐射、电击等危害的威胁，此时应使用劳动防护用品保护人身安全与健康。《安全生产法》第四十二条规定："生产经营单位必须为从业人员提供符合国家标准或者行业标准的劳动防护用品，并监督、教育从业人员按照使用规则佩戴、使用。"《职业病防治法》规定："用人单位必须采用有效的职业病防护设施，并为劳动者提供适合个人使用的职业病防护用品。"使用劳动防护用品，是保障从业人员人身安全与健康的重要措施，也是保障生产经营单位安全生产的基础。

【案例解析】未按要求穿戴防护用品事故

- 事故经过

某一冬天，某集装箱有限公司一位刚从学校毕业不到半年的大学生正在车间实习。他没有穿戴标准防火安全带，在约2~3层楼高度位置维修设备。结果一不小心，一脚踩空从高空坠落下来，正好落入他的工作位置下方的一个热水池中，池上又无任何防护措施，结果被热水烫伤致死（在送医院的路上身亡）。

- 事故原因

1）高空作业没戴安全带。
2）热水池上无任何防护措施。

- 事故教训

1）要戴好标准防火安全带。
2）厂方应在热水池上设置防护盖或铁网等。

二、劳动防护用品分类

《用人单位劳动防护用品管理规范》规定用人单位应当为劳动者提供符合国家标准或者行业标准的劳动防护用品。使用进口的劳动防护用品的，其防护性能不得低于我国相关标准。劳动防护用品具体可以分为以下几大类。

1. 头部防护用品

头部防护用品是为防御头部不受外来物体打击和其他因素危害而配备的劳动防护装备。根据防护功能要求，主要有一般防护帽、防尘帽、防寒帽、安全帽、防静电帽、防高温帽、防电磁辐射帽、防昆虫帽八类产品。其中安全帽的使用比例较高，一般塑料安全帽的使用期限为三年。

在隧道区间、施工现场、地沟等存在冲击伤害的作业场所，或头部有可能触电时，或需在低矮的部位行走，或进行建筑维修、设备安装、电气维修作业，或头部有可能碰撞到尖锐、坚硬的物体时，必须佩戴安全帽。佩戴安全帽时，应注意下列事项：

1）戴安全帽前应将帽后调整带按自己头型调整到适合的位置，然后将帽内弹性带系牢。

2）不得把安全帽歪戴，也不得把帽檐戴在脑后方。

3）安全帽的下颌带必须扣在颌下，并系牢，松紧要适度。

4）安全帽体使用时不得自行开孔。

5）安全帽在使用过程中应定期检查，发现龟裂、下凹、裂痕和磨损等异常现象应立即更换，不准再继续使用。任何受过重击、有裂痕的安全帽，不论有无损坏现象均应报废。

6）严禁使用帽内无缓冲层的安全帽。

7）在现场作业中，不得将安全帽脱下搁置一旁，或当坐垫使用。

8）新领的安全帽，应检查是否有劳动部门允许生产的证明及产品合格证，是否破损、薄厚不均，缓冲层及调整带和弹性带是否齐全有效，产品的规格及技术性能是否与作业的防护要求吻合。

2. 呼吸器官防护用品

呼吸器官防护用品是为防御有害气体、蒸气、粉尘、烟、雾从呼吸道吸入，直接向使用者供氧或清洁空气，保证尘、毒污染或缺氧环境中作业人员正常呼吸的防护用品。呼吸器官防护用品主要有防尘口罩和防毒口罩。

3. 眼（面）部防护用品

眼（面）部防护用品是为预防烟雾、尘粒、金属火花和飞屑、热辐射、电磁辐射、激光、化学飞溅等伤害眼睛或面部的防护用品。根据防护功能，大致可分为防尘类、防水类、防冲击类、防高温类、防电磁辐射类、防射线类、防化学飞溅类、防风沙类、防强光类九类。

在产生物质的颗粒和碎屑、火花和热流、耀眼的光线和烟雾会对眼睛造成伤害的作业过程中，作业人员必须佩戴护目镜。金属切削作业、混凝土凿毛作业、手提砂轮机作业等必须佩戴平光护目镜。

4. 听觉器官防护用品

听觉器官防护用品是能够防止过量的声能侵入外耳道的，使人耳避免噪声过度刺激的，减少听力损失并预防由噪声对人身引起不良影响的个体防护用品。听觉器官防护用品主要有耳塞、耳罩和防噪声头盔三类。

凡平均音压超过85分贝的噪声的作业场所，员工应佩戴耳塞、耳罩等防音防护用品。区间隧道内的施工，严禁使用耳塞、耳罩。

5. 手部防护用品

手部防护用品是具有保护手和手臂功能的，供作业者劳动时戴用的劳动防护手套。手部防护用品按照防护功能分为一般防护手套、防水手套、防寒手套、防毒手套、防静电手套、防高温手套、防X射线手套、防酸碱手套、防油手套、防振手套、防切割手套、绝缘手套等。值得注意的是操作旋转机床时禁止戴手套作业。

根据工件、设备及作业情况，作业人员应选择适当材料制作的，操作方便的手套：

1）带电作业必须佩戴绝缘手套。

2）接触酸和碱物品时，应佩戴耐酸、耐碱手套。

3）主要用于接触矿物油、植物油及脂肪簇的各种溶剂作业时应佩戴橡胶耐油手套。

4）使用钻床、铣床、传送机及设备具有夹挤危险部位的操作人员，禁止使用手套。

6. 足部防护用品

足部防护用品是防止生产过程中有害物质和能量损伤劳动者足部的防护用品。足部防护用品按照防护功能分为防尘鞋、防水鞋、防寒鞋、防冲击鞋、防静电鞋、防高温鞋、防酸碱鞋、防油鞋、防烫脚鞋、防滑鞋、防穿刺鞋、防电绝缘鞋、防振鞋十三类。

在特殊工作环境中，必须按照工作环境的性质选用适合的防护鞋，不允许穿着普通的工作鞋或不符合防护要求的防护鞋进行工作。穿着绝缘鞋时，必须在规定的电压范围内使用；绝缘鞋（靴）胶料部分无破损，且每半年做一次预防性试验；在浸水、油、酸、碱等条件上不得作为辅助安全用具使用。

7. 躯干防护用品

躯干防护用品是通常所讲的防护服。根据防护功能，防护服分为一般防护服、防水服、防寒服、防砸背心、防毒服、阻燃服、防静电服、防高温服、防电磁辐射服、耐酸碱服、防油服、水上救生衣、防昆虫服、防风沙服十四类。

作业人员作业时必须穿着工作服：

1）操作转动机械时，袖口必须扎紧。
2）从事特殊作业的人员必须按照作业防护要求穿着特殊作业防护服。
3）焊接作业人员宜穿浅色或白色帆布工作服。

8. 防坠落用品

防坠落用品是防止人体从高处坠落的防护用品，一般通过绳带，将高处作业者的身体系接于固定物体上，或在作业场所的边沿下放张网，以防不慎坠落。这类用品主要有安全带和安全网。

在高空作业、悬空作业、临边作业和洞口作业时，必须系挂好安全带。系挂安全带时，应注意下列事项：

1）安全带使用前应检查绳带有无变质、卡环是否有裂纹、卡簧弹跳性是否良好。
2）如果安全带无固定挂处，应采用适当强度的钢丝绳或采取其他方法，如果作业高处有接触网，在确认停电后，可选用接触网作为挂点。禁止把安全带挂在移动或带尖锐棱角或不牢固的物件上。
3）安全带必须高挂低用，杜绝低挂高用。
4）安全带要拴挂在牢固的构件或物体上，应防止摆动或碰撞，绳子不能打结使用，钩子应挂在连接环上。
5）安全带绳保护套应保持完好，如果保护套损坏或脱落，必须停止使用。
6）安全带严禁擅自接长使用。使用3m及以上的长绳时必须要加缓冲器，各部件不得随意拆除。
7）安全带在使用前要检查各部位是否完好无损，必须详细检查安全带缝制部分和挂钩部分捻线是否发生裂断和残损等。
8）安全带在使用后，要注意维护和保管，不要接触高温、明火、强酸、强碱或尖锐物体，不要存放在潮湿的环境。

9. 防护用品

护肤用品用于防止皮肤免受化学、物理等因素的危害。

除了以上9种防护用品外，还有其他防护用品。不同的防护用品有不同的适用场所，表10-2所列为个体防护用品的选用。

表 10-2　个体防护用品的选用

场　　所	防 护 用 品
有危害健康的气体、蒸气或粉尘	口罩、防护眼镜、防毒面具
有噪声、强光、辐射热和飞溅的火花、碎片	耳器（耳罩）、防护眼镜（护目镜、防冲击眼镜等）、面具、帽盔
经常站在有水或者其他液体的地面操作	防水鞋
高处作业	安全带
电气作业	绝缘皮鞋、绝缘手套
经常在露天工作	防水、防雨用具
在寒冷气候中必须露天工作	御寒用品（防寒工作帽）
产生大量一氧化碳等有毒气体的工作	防毒面具，必要时应该设立防毒求助站
接触化学品	防酸碱工作服、手套、鞋等

城市轨道交通运营企业主要应对涉及尘肺、噪声聋和中暑等职业危害的因素进行重点管控。除了加强个人防护，配备防尘口罩、连体防护服、耳罩和太阳帽等个人防护用品之外，还要主动采取技术整改等措施避免或降低职业危害影响。

三、劳动防护用品管理

劳动防护用品是由用人单位提供的，保障劳动者安全与健康的辅助性、预防性措施，不得以劳动防护用品替代工程防护设施和其他技术、管理措施。

用人单位根据安全生产、防止职业性伤害的需要，按照不同工种、不同劳动条件，为员工免费提供符合国家标准或者行业标准规定的劳动防护用品，并监督、教育、指导员工在作业时正确佩戴、使用劳动防护用品。用人单位在新员工上岗前，应为新员工配置劳保防护用品，员工应按照劳动防护用品的使用规则和防护要求，正确使用劳动防护用品。未按规定佩戴和使用劳动防护用品的，不得上岗作业。用人单位的具体责任如下：

1）用人单位应根据工作场所中的职业危害因素及其危害程度，按照法律、法规、标准的规定，为从业人员免费提供符合国家规定的护品，不得以货币或其他物品替代应当配备的护品。

2）用人单位应到定点经营单位或生产企业购买特种劳动防护用品。护品必须具有"三证"，即生产许可证、产品合格证和安全鉴定证。购买的护品须经本单位安全管理部门验收，并应按照护品的使用要求，在使用前对其防护功能进行必要的检查。

3）用人单位应教育从业人员，按照护品的使用规则和防护要求，正确使用护品，使职工做到"三会"：会检查护品的可靠性；会正确使用护品；会正确维护保养护品，并进行监督检查。

4）用人单位应按照产品说明书的要求，及时更换、报废过期和失效的护品。

5）用人单位应建立健全护品的购买、验收、保管、发放、使用、更换、报废等管理制度和使用档案，并切实贯彻执行和进行必要的监督检查。

【考核与提高】

一、单项选择题

1. 下列防护用品中，安全带和安全绳属于(　　)。

A. 呼吸器官防护用品 B. 听觉器官防护用品
C. 眼部防护用品 D. 防坠落用品

2. 劳动防护用品必须具有"三证"，不属于"三证"的是（ ）。
A. 安全鉴定证 B. 生产许可证 C. 检验合格证 D. 产品合格证

3. 用人单位应当要求从业人员对于劳动防护用品（简称"护品"）做到"三会"，下述不属于"三会"内容的是（ ）。
A. 会修理护品 B. 会检查护品的可靠性
C. 会正确使用护品 D. 会正确维护保养护品

4. 正确选用劳动保护用品是保证劳动者安全与健康的前提，下列不属于选用劳动保护用品的基本原则是（ ）。
A. 根据标准 B. 穿戴舒适方便、不影响工作
C. 根据岗位实际情况和防护用品防护性能 D. 防寒保暖

5. 在剪切机械造成的事故中，伤害人体最多的部位是（ ）。
A. 手和手指 B. 脚 C. 眼睛 D. 头

6. 在作业场所液化气浓度较高时，应佩戴（ ）。
A. 面罩 B. 口罩 C. 眼罩 D. 防毒面具

7. 工伤保险费应当由（ ）缴纳。
A. 用人单位 B. 职工个人 C. 一部分由职工个人 D. 一部分由单位

8. 操作旋转机械时佩戴（ ）是错误的。
A. 护发帽 B. 手套 C. 防异物伤害护目镜 D. 工作牌

9. 特种劳动防护用品实行（ ）制度。
A. 安全标志管理 B. 登记 C. 备案 D. 口头转述

10. 机械在运转状态下，操作人员（ ）。
A. 可对机械进行加油清扫 B. 可与旁人聊天 C. 严禁拆除安全装置 D. 以上都不对

11. 工人操作机械时，要求穿着紧身适体的工作服，以防（ ）。
A. 着凉 B. 被机器转动部分缠绕 C. 被机器弄污 D. 不整齐

12. 被确诊患有职业病的职工，职业病诊断机构应发给其"职业病诊断证明书"，并享受国家规定的（ ）。
A. 医疗保险待遇 B. 工伤保险待遇 C. 养老保险待遇

13. 依据《职业病防治法》规定，劳动者不能到（ ）进行职业病诊断。
A. 用人单位所在地依法承担职业病诊断的医疗机构
B. 本人居住地依法承担职业病诊断的医疗机构
C. 用人单位所在地和劳动者本人居住地以外的职业病诊断医疗机构

14. 职业病病人除依法享有工伤社会保险外，依照（ ），尚有获得赔偿的权利的，有权向（ ）提出赔偿要求。
A. 《职业病防治法》；地方政府卫生行政部门
B. 有关民事法律；用人单位
C. 《刑法》；行业主管部门

15. 从业人员发现直接危及人身安全的紧急情况时，应（ ）。
A. 停止作业，撤离危险现场 B. 继续作业
C. 向上级汇报，等待上级指令

二、判断题

1. 劳动者与用人单位签订劳动合同（含聘用合同）时，有权了解工作过程中产生的职业病危害及其后

果、职业病防护措施和待遇等,并要求在劳动合同中写明。(　　)

2. 劳动者离开用人单位时,有权索取本人职业健康监护档案复印件,并要求用人单位在所提供的复印件上签章。(　　)

3. 车工可以戴手套操作。(　　)

4. 机器保护罩的主要作用是使机器较为美观。(　　)

5. 职业病人不适宜从事原工作的,可以要求调离。(　　)

6. 劳动者可以选择用人单位所在地或劳动者的经常居住地的职业病诊断机构进行诊断。(　　)

7. 用人单位必须采用有效的职业病防护措施,并为劳动者提供个人使用的职业病防护用品。(　　)

8. 用人单位应当规定对从事接触职业病危害作业的劳动者,组织上岗前、在岗期间、应急时和离岗时的职业健康检查,并将检查结果如实告知劳动者。(　　)

9. 职业健康检查和相关医学观察的费用应由劳动者自己承担。(　　)

10. 从业人员有权对本单位安全生产工作中存在的问题提出批评、检举、控告。(　　)

三、简答题

1. 什么叫职业病?构成职业病必须具备哪几个必要条件?
2. 劳动者享有哪些职业卫生保护权利?
3. 《职业病防治法》规定用人单位的责任主要包括哪些?
4. 职业病有害因素来源于哪几个方面?
5. 什么是职业病危害因素?

【案例分析】 某车辆段未拆接地线合闸送电事故

11时40分　作业人员梁某、伍某断开L-22道2143号隔离开关,在22道北端验电正常后,挂好接地线。

断电作业完成后,大修调度古某将2143号隔离开关钥匙移交给检修三分部作业负责人全某管理,随后离开作业现场。

15时30分　03012、03013列车在L-22道完成限界检查作业后调离L-22道。

15时40分　作业负责人全某将铁柜钥匙(该铁柜存放有防护用品和接地线钥匙)交给伍某、梁某,要求做好送电前的操作准备(即穿戴好防护用品),铁柜钥匙与隔离开关钥匙串在一起。

作业人员梁某、伍某穿戴好防护用品后,在没有接到作业负责人全某的合闸指令,没有填写隔离开关合闸申请单,也没有拆除接地线的情况下,擅自将2143号隔离开关合闸送电,引起车辆段B所214开关ΔI动作跳闸,1D3区接触网断电。

请结合本模块的学习内容,分析事故原因并提出相应的防范措施。

(资料来源:广州地铁安全案例汇编。)

参 考 文 献

[1] 周小南. 城市轨道交通运营安全[M]. 北京：中国劳动社会保障出版社，2008.
[2] 邵辉，邢志祥，王凯全. 安全行为管理[M]. 北京：化学工业出版社，2008.
[3] 隋鹏程，陈宝智，隋旭. 安全原理[M]. 北京：化学工业出版社，2005.
[4] 陈宝智，王金波. 安全管理[M]. 天津：天津大学出版社，1999.
[5] 肖贵平，朱晓宁. 交通安全工程[M]. 北京：中国铁道出版社，2004.
[6] 毛保华. 城市轨道交通规划与设计[M]. 北京：人民交通出版社，2006.
[7] 简炼. 地铁智能交通系统研究与实践[M]. 北京：中国铁道出版社，2007.
[8] 何静. 城市轨道交通运营管理[M]. 北京：中国铁道出版社，2007.
[9] 谭复兴，高伟君，等. 城市轨道交通系统概论[M]. 北京：中国水利水电出版社，2007.
[10] 汪元辉. 安全系统工程[M]. 天津：天津大学出版社，1999.
[11] 王艳辉，祝凌曦. 城市轨道交通运营安全管理方法与技术[M]. 北京：北京交通大学出版社，2014.
[12] 马子彦. 轨道交通运营事故案例分析[M]. 北京：北京交通大学出版社，2015.